2022 年高等教育领域人才与人事工作研究论文集

刘金兰　主编

对外经济贸易大学出版社
中国·北京

图书在版编目（CIP）数据

2022年高等教育领域人才与人事工作研究论文集 / 刘金兰主编. —北京：对外经济贸易大学出版社，2023.9

ISBN 978-7-5663-2549-5

Ⅰ. ①2… Ⅱ. ①刘… Ⅲ. ①高等学校–人才培养–中国–文集②高等学校–人事管理–中国–文集 Ⅳ. ①G649.2-53

中国国家版本馆 CIP 数据核字（2023）第 198701 号

2022 年高等教育领域人才与人事工作研究论文集

刘金兰　主编

责任编辑：陈培风

出版发行：对外经济贸易大学出版社

社　　址：北京市朝阳区惠新东街 10 号

网　　址：www.uibep.com

资源网址：www.uibepresources.com

邮政编码：100029

邮购电话：010－64492338

发行部电话：010－64492342

E-mail：uibep@126.com

成品尺寸：170mm×240mm

印　　张：21

字　　数：388 千字

ISBN 978-7-5663-2549-5

印　　刷：北京九州迅驰传媒文化有限公司

版　　次：2023 年 9 月北京第 1 版

印　　次：2023 年 9 月第 1 次印刷

定　　价：75.00 元

序

为深入学习贯彻党的二十大精神，全面落实习近平总书记关于做好新时代人才工作的重要思想和中央人才工作会议精神，加强高等教育领域人事人才相关主题的交流研讨，对外经济贸易大学党委教师工作部/人力资源处于 2022 年年末面向全校教职工及兄弟院校同仁征集高等教育领域人才与人事工作研究论文。征文期间，我们收到数十篇凝聚着业内专家学者和一线管理人员智慧和心血的优秀研究论文。各位同仁围绕人才发展战略、人才引育探索、师资队伍建设、评价制度改革、绩效分配管理、教职员工发展等诸多方面进行了有益探讨。经分类整理、评阅修改和审核校对，我们将 41 篇优秀研究论文汇编成《2022 年高等教育领域人才与人事工作研究论文集》，并在多方通力协作下顺利将其出版。

习近平总书记在党的二十大报告中指出，“高质量发展是全面建设社会主义现代化国家的首要任务”“教育、科技、人才是全面建设社会主义现代化国家的基础性、战略性支撑。必须坚持科技是第一生产力、人才是第一资源、创新是第一动力”。我们要深刻领会以习近平同志为核心的党中央做出的教育、科技、人才一体部署的战略意义和赋予教育的新使命新任务，加快推进教育高质量发展。近年来，高校以深化教育评价改革为契机，着力推进和落实人才发展体制机制改革和新时代教师队伍建设改革中的新任务，在人事人才工作取得进展和成绩的同时更加真切地感受到机遇与挑战并存。如何做好人事人才工作在战略规划、体制机制和综合改革中的宏观设计，如何在高层次人才引育工作中扩大规模、提升质量、创新机制，如何建设一支具有鲜明贸大特色的高质量师资队伍，如何树立正确的选人用人导向、建立科学有效的评价体系，如何制定科学合理规范的绩效考核体系，如何为不同系列、不同用工形式的教职工设计畅通的发展路径，如何进一步推进综合人事制度改革，优化人力资源制度环境，等等，都是高校人事人才工作始终在思考和完善的重大课题。

本论文集中，作者们通过深入的理论分析和实证研究，与各位读者分享了高校人事人才工作相关的案例、经验、模型、方案、设想等多种形式的研究成果，希望能为高校人事人才工作的同仁们提供一些工作参考，更欢迎学者和同行们的批评和指正，以期共同推进高校人事人才领域理论研究和实践发展。最后，祝贺《2022年高等教育领域人才与人事工作研究论文集》顺利出版，感谢所有作者和编者为本论文集的出版所付出的辛苦和努力。

刘金兰

2023年8月

目　录

加强高校人文学科师资队伍建设的路径探析

——以北京大学人文基金为例

孙　翀

摘　要：人文学科因其引领社会思潮前进、促进社会发展创造力、提升人类文化修养等特性，在高校的各学科中占据举足轻重的地位。然而，由于人文学科的研究主要集中于精神层面，与理工科相比，实用性及科技成果转化能力较低，通过何种方式加强人文学科师资队伍建设、改善人文学科教师收入成为摆在高校面前的一大难题。本研究通过分析北京大学人文基金项目设立情况及实施成效，为进一步优化高校人文学科师资队伍建设工作提供参考。

关键词：高校；人文学科；师资队伍建设；人文基金

人文学科因其引领社会思潮前进、促进社会发展创造力、提升人类文化修养等特性，在高等学校的各学科中占据举足轻重的地位。然而由于人文学科主要致力于精神层面的建设，与理工学科相比，实用性及科技成果转化能力较低，如何加强人文学科师资队伍建设、促进人文学科高质量发展，在一定程度上困扰着高校管理者。

北京大学作为一所以文理基础教学和研究为主的综合性一流大学，自建校以来一直十分重视人文学科发展和师资队伍建设。借助国家加快推进文化建设的时代机遇，依托北京大学人文学科的深厚底蕴，北京大学重点支持人文学科的建设和发展，鼓励教师“深入研究、挖掘和阐发中华优秀传统文化讲仁爱、重民本、守诚信、崇正义、尚和合、求大同的时代价值”[①]，提高民族道德修养，打造中国精神力量，提升中国文化在世界的影响力。提高人文学科的综合竞争力已经被列入北京大学的战略规划。

为弘扬和传承中国传统文化，提升中国文化在世界的影响力，自 2010 年起，北京大学与光华教育基金会共同出资设立“北京大学人文基金”（以下简

① 习近平 2014 年 2 月 24 日在十八届中央政治局第十三次集体学习时的讲话：https://www.xuexi.cn/lgpage/detail/index.html？id=7551238581303191513&amp；item_id=7551238581303191513。

称“人文基金”），依托北京大学人文学科的深厚底蕴，支持学校人文学科师资队伍建设和国际交流。到目前为止，人文基金项目已顺利运行十余年，该项目的执行为加强北京大学人文学科师资队伍建设、优化人文学科教师收入结构做出了突出贡献，同时也希望项目运行的宝贵经验可以为其他学校提供重要的参考依据。

一、人文基金设立要求及评审条件

为促进两岸文化交流，共同弘扬和传承中华文化，提升中华文化在世界的影响力，北京大学与光华教育基金会每年出资 1 200 万人民币，设立“北京大学人文基金”，支持北大人文学科师资队伍建设和国际交流。北京大学人文基金项目主要面向中国语言文学系、历史学系、哲学系和考古文博学院等四个传统人文方向的院系。学校高度重视人文基金项目，从学校领导、职能部门到院系都广泛参与，群策群力，贡献智慧。人文基金项目主要包括设立人文讲席教授、奖励杰出青年学者、资助学术访问活动等三方面内容。

（一）人文讲席教授

北京大学制定了人文讲席教授管理办法，明确了遴选候选人的基本条件，规定了评审程序，确保项目实施公开、公正、公平。

1. 聘任条件

根据《北京大学人文讲席教授管理办法》[①]，候选人需满足下列条件：（1）具有优秀的思想道德品质、严谨求实的优良学风、良好的团队精神；（2）在所属学科领域取得过国际和国内学术界公认的重要研究成果，处于国际领先地位；（3）能够系统讲授两门以上反映最新研究成果的本学科领域专业课程；（4）对学科发展具有战略性和创造性构想，能够把握学科发展趋势，带领科研团队开展高水平学术研究；（5）身体健康，精力充沛，能够满工作量地胜任教学科研一线工作。

2. 评审程序

申请人应提供详尽的应聘材料，填写《北京大学讲席教授推荐审批表》。应聘材料包括：本人亲笔签名的应聘申请（含工作设想）；个人学习及工作简历；近五年的教学科研工作和成果目录；不超过五篇（部）的代表性学术论文或专著；任现职证明；三位不同单位的本学科领域国际知名同行专家学者的推

① 北京大学人文讲席教授管理办法：http://hr.pku.edu.cn/docs/2021－05/cc6f0d10745c4b51a6a44a2f7f1ee42c.pdf。

荐信。

院系召开学术委员会，根据申请材料对应聘人进行初选。原则上，初选候选人应来校做公开学术报告，试讲专业课程。各院系根据应聘材料、学术委员会意见及公开学术报告或试讲专业课程等情况，向学校提交综合推荐意见。

学校人文讲席教授评价专家小组负责对各院系推荐的候选人进行综合评审。学校人事部根据专家小组评审意见，起草聘任合同，经学校人才工作领导小组审核批准后方可任用。

（二）人文杰出青年学者

为更好地鼓励人文学科领域的优秀青年学者潜心钻研、踏实工作，促进北京大学人文学科的发展，学校制定了人文杰出青年学者奖管理办法。

1. 入选条件

在充分考虑人文学科领域、年龄、师风师德和教学科研等多方面的因素后，人文杰出青年学者奖获得者应具备的条件包括：（1）北京大学中国语言文学系、历史学系、哲学系和考古文博学院全职在岗工作的青年学者；（2）热爱祖国，有良好的社会公德和高尚的职业道德；（3）承担教学任务且教学效果良好，科研成果显著，在推动人文科学发展及中外人文科学交流等方面做出重要贡献；（4）50 周岁以下（以评奖当年 7 月 1 日未满 50 周岁为准）。

2. 评审程序

学校严格进行人文杰出青年学者奖的评审工作，以便可以按照捐赠方要求选出合适的人选。具体评审程序包括：（1）指标分配，每年奖励名额为 50 名，根据院系的教师规模、教学科研成绩，将奖励名额分配到各院系；（2）院系评选，院系学术委员会制定符合学科特点的评选办法，从符合条件的候选人中评选出获奖候选人；（3）奖教金评审委员会审议，奖教金评审委员会实行票决制，对院系上报获奖候选人以无记名投票方式进行表决，确定正式获奖候选人；（4）主管校领导批准，获奖候选人名单在全校范围内公示一周，公示期满无异议后，经主管校领导批准后公布正式获奖人名单。

（三）高级访问学者

为鼓励人文学科的高端国际访问，加强中华文明与世界文明的交流与沟通，特别是为两岸人文领域的教育合作与学术交流搭建平台，学校在人文基金中设置高级访问学者项目，项目分为派出和接收两个环节。

1. 资助申请

派出的高级访问学者必须为北京大学中国语言文学系、历史学系、哲学系和考古文博学院的全职在职教师；具有副高级以上专业技术职称；在本校连续工作两年以上；获得境外著名高校或研究机构邀请出访 3—12 个月，邀请函必须明确其他已获得的资助情况和金额，有明确的出访目的和具体的研究计划，提出明确的预期成果。

被接收的高级访问学者必须具有境外著名高校助理教授以上教职或著名研究机构的相应研究职位；来北京大学中国语言文学系、历史学系、哲学系、考古文博学院访问交流 1 个月以上，并与北京大学相关院系的教师开展深入系统的学术交流或合作研究；在北京大学访问期间至少讲授一门课程或开设系列讲座，且所开设的课程和系列讲座不少于 10 学时，或者与北京大学现职教师开展至少一项合作研究。

为了更好地发挥人文基金作用，促进海峡两岸的交流发展，进一步规范遴选流程，提高项目质量，自 2018 年起，北京大学对人文基金博士后项目进行了进一步优化，采取了以下配套资助的办法：为已经获得导师自筹经费资助的来自台湾或者是做海峡两岸相关研究的博士后提供配套资助；在导师自筹经费的基础上，配套经费补足至博雅博士后的资助标准，同时配套人文基金科研补助；人文基金对已经获得学校博雅博士后资格的来自台湾或者是做海峡两岸相关研究的博士后提供博雅博士后资助，同时配套人文基金科研补助。

2. 资助管理

院系负责对派出和来访学者的学术条件、教学研究计划、预期成果和资助申请进行初审，并负责来访高级学者的日常管理服务和考核评估工作。学校人事部负责对派出学者的复审以及资助方案的审批，并将其纳入学校教职工的薪酬管理系统。对于来访学者，学校国际合作部负责协助其办理签证，其中来自港澳台地区的须先由国际合作部进行政治条件审核，人事部负责资助方案的审批，并纳入外专管理。访问结束时，派出高级学者和来访高级学者应提交《北京大学人文基金资助高级访问学者配套资助执行报告》。

二、人文基金实施成效

人文基金项目实施以来，北京大学延揽了一批包括前哈佛燕京学社社长杜维明、享誉世界的哲学家 Thomas Rockmore、国内外公认中国经济史领域权威学者李伯重等在内的全球人文领域的杰出学者，稳定了重要学术人才队伍，扩展了北大学者的学术视野，加强了国际交流和文化互动，为进一步促进学校人文学科的发展创造了良好的条件。

（一）推动人文特聘教授项目平稳有序开展。

学校在充分参考人才梯队建设的基础上，根据与光华教育基金会签订的协议内容，制定了《北京大学人文特聘教授管理办法》，在中国语言文学系、历史学系、哲学系、考古文博学院设立人文特聘教授岗位，每个批次聘任人文特聘教授 30 名，聘期两年。截至目前，“人文特聘教授”项目已执行到第五批，共有 150 人次受聘人文特聘教授。该项目的实施对于稳定一流学术人才，建设高水平师资队伍，提升学校人文学科学术地位等发挥了重要作用。在项目设立前的几年，学校人文学科学术队伍人才流失较为严重，随着该项目的设立，教师待遇得到改善，教师队伍稳定性明显得到了加强。

（二）促进人文学科师资队伍建设

人文基金项目的实施，促进和推动了北大人文学科多层次人才体系的构建，加强了人文学科和其他学科的交叉，提升了人文学者们的学科自信与成就感，激励老师们潜心学术，开展高水平的教学科研，提供高质量的社会服务。以哲学系为例，其引进的人文讲席教授安乐哲是世界公认的比较哲学界的杰出领军人物，他的加入有力地提升了北大中国哲学学科的国际化水平，促进了相关学科发展和人才培养。

（三）开辟了交流合作新渠道

人文基金项目为促进中华文明与世界文明的沟通，特别是海峡两岸人文领域的教育合作和学术交流搭建了重要平台，有力地促进了北大人文学科的人才培养和学科发展。截至目前，该项目共资助高级访问学者 219 人次，学术团队短期交流项目 6 个以及博士后 3 人。高水平的学术交流与互动加强了北大人文学科与世界学术界的紧密联系，为人文学科的发展提供了更为广阔和领先的国际化平台。

三、人文基金对促进人文学科发展的启示

自从 2017 年国家提出“双一流”建设的重大战略决策之后，我国高等教育迎来了高速发展的窗口期，各高校通过加强人才引进、优化学科布局、促进产学研结合等方式，不断提升学校办学水平。然而在发展的过程中，教育经费成为制约高校发展的瓶颈，如果可以在财政拨款之外，通过各种渠道加强学校与各界的联系和合作，筹集管理校友和企业捐赠的资金，便可极大助

力学校师资队伍建设。北京大学人文基金就是一个成功的案例，光华教育基金会面向北京大学积淀深厚、成就突出的人文学科设立人文基金项目，在人文基金的支持下，学校不断提升在人文领域的优势和影响，持续加强人文学科建设水平。

具体来讲，人文基金项目分不同层次给予人文学科支持。站在引进高层次人才的角度，从海内外引进人文讲席教授，延揽全球人文领域一流的学者，扩展北大学者学术视野，推动北大人文学科发展，推动学科整体建设；邀请人文讲席教授为学生开设讲座、课程等，促进了北大学生对学科前沿领域的了解，扩展了国际视野。通过设立人文杰出青年学者奖，不仅肯定和激励人文学科青年教师专心于学术研究，而且能缓解一定的经济压力，稳定北大的重要学术人才队伍；同时，还能帮助打破论资排辈的习惯，促进青年学者尽快成长，让青年学者看到一种突破惯性阶梯的可能性，并提高教学科研的积极性。高级访问学者项目的设立，对增强两岸的学术交流和文化互动，加深两岸的合作起到了重要的推动作用；出访学者积极利用国际学术资源进行卓有成效的研究创作，推动北大的国际化发展。在学科建设及学术队伍的建设上，由于实行严格的申请和评审制度，有科研工作量和成果的要求，一定程度上调动了全体教师工作积极性，体现了健康的竞争机制，促进了教师对于科研申报和从事研究发表的积极性，教师获得各类重要科研项目以及科研成果发表的质量和数量明显提升。

党的二十大报告中指出，"加强基础学科、新兴学科、交叉学科建设，加快建设中国特色、世界一流的大学和优势学科"①。人文学科作为文科类基础学科的重要组成部分，聚焦于人类的精神世界，着眼于文化的传承与创新，在引领学科发展，为中国和世界的学术和文化建设续写新篇章等方面发挥着不可忽视的作用。北京大学人文基金项目的执行为兄弟高校加强人文学科建设提供了可参考的执行依据，在今后的工作中，要充分发挥基金项目的功效，更加重视人文学科在社会发展中的作用，探索更多可行性路径，深入推进人文学科发展，真正做到"百花齐放，百家争鸣"，坚定文化自信，更好地传播中国声音。

参考文献

[1] 曾志平，艾建平，周蒲荣. 国家自然科学基金在学科建设中的地位[J]. 湖南师范大学自然科学学报，2007，(01)：125-128.

① 中国共产党第二十次全国代表大会上的报告：http://www.gov.cn/xinwen/2022-10/25/content_5721685.htm。

［2］谢发平. 对人文学科改革与发展的几点思考［J］. 教育教学论坛，2013，（48）：105－106.

［3］黄大宏. 人文学科发展的现实价值与前景［J］. 重庆社会科学，2016，（06）：11.

［4］田增志. 浅谈人文学科发展的现实价值与前景［J］. 现代职业教育，2017，（29）：144.

作者简介

孙翀，北京大学人事部机构编制委员会办公室主任，助理研究员；研究方向：高等教育人事管理；电子邮箱：rsbsc@pku.edu.cn。

基于评价导向的中财大人才队伍建设实践

刘红瑞

摘　要：高校教师队伍建设既要符合社会主义市场经济条件下的教育规律，又要从全球高等教育发展趋势和国家教育发展规划的视角来进行，还要从双循环的视角进一步落实，发挥好高校教师评价的指挥棒作用，与高校的发展战略相匹配。本文结合最新教育评价改革导向，进一步厘清上述问题，认为推进高校教师评价改革更为关键的是使不同类型岗位的教师都有成长发展的平台。

关键词：高校人才；人才评价；队伍建设

教师是教育发展的第一资源，高校人才队伍建设事关教育事业改革发展，事关社会主义建设者和接班人的培养。习近平总书记在中央人才工作会议上指出，要坚持党管人才，坚持面向世界科技前沿、面向经济主战场、面向国家重大需求、面向人民生命健康，深入实施新时代人才强国战略，全方位培养、引进、用好人才，加快建设世界重要人才中心和创新高地，为2035年基本实现社会主义现代化提供人才支撑，为2050年全面建成社会主义现代化强国打好基础。党的二十大报告对“教育、科技、人才”做出三位一体部署，提出了“加强师德师风建设，培养高素质教师队伍，弘扬尊师重教社会风尚”的要求。

一、人才评价机制改革

2020年10月，中共中央、国务院印发《深化新时代教育评价改革总体方案》，对全面贯彻党的教育方针，完善立德树人体制机制，引导全党全社会树立科学的教育发展观、人才成长观、选人用人观，具有重大而深远的意义。高校建立以人才为中心的评价机制，不仅是破“五唯”的政策要求，也是落实人力资源是第一资源的理念。2018年2月，中共中央办公厅、国务院办公厅印发《关于分类推进人才评价机制改革的指导意见》，指出：人才评价是人才发展体制机制的重要组成部分，健全科学的人才分类评价机制，对于树立正确用人导向、激励引导人才职业发展、调动人才创新创业积极性、加快建设人才强国具有重要作用。要抓住人才评价改革的关键点，分类健全人才评价标准，改进和创新人才评价方式，加快推进重点领域人才评价改革，健全完善人才评价管理服务制度，引导不同类型岗位的教师都有成长发展的平台。

一是高校教师的评价考核应与高校的发展战略相匹配。《中华人民共和国高等教育法》明文指出，我国大学具有教学相长、科学研究、社会服务三项基本职能，大学职能的内涵演变大致包含以教学职能为主导的阶段，科学研究职能与社会服务职能多元化职能定位阶段，现阶段《关于加强和改进新形势下高校思想政治工作的意见》，将文化传承功能予以明确。围绕四项职能，高校人才队伍建设直接关系着高校人才培养、科学研究、社会服务的建设质量，高校人才要坚持“四个面向”，以回归大学宗旨、回归学术本质、回应社会需求为导向，且要致力于从建设与“双一流”大学相匹配的一流师资队伍的角度进行人才规划。

二是人才是经济社会发展第一资源的特征更加明显。高校教师是科研队伍的重要组成部分，习近平指出：人才是实现民族振兴、赢得国际竞争主动的战略资源。在双循环背景下，加快培养一批活跃在世界学术前沿的科学家、领军人物等高层次人才显得尤为重要。充分利用和开发好国内国际两种人才资源，实施创新型驱动战略，需进一步深化人才机制的改革。2016 年 5 月，中共中央印发《关于深化人才发展体制机制改革的意见》，就构建具有国际竞争力的引才用才机制做了阐述。教育部印发《关于正确认识和规范使用高校人才称号的若干意见》，着眼于树立正确人才观，推进人才称号回归学术性、荣誉性本质，着力打造具有世界先进水平的高等学校教师创新团队。高校人才工作要选好着力点，正确认识和规范使用高校人才称号，科学统筹规划高层次人才引进和培育，切实扭转高校“唯帽子”倾向，对于激发教师创造力、提升学术和社会贡献水平具有重要意义。

三是优化“质量导向”人才梯队建设生态。推动人才高质量发展，“重点评价学术贡献、社会贡献以及支撑人才培养情况，不得将论文数、项目数、课题经费等科研量化指标与绩效工资分配、奖励挂钩”。目前高校对人才的评价体系注重工作量化指标的考核，对教学的评价考核过度关注教学课时量、教学成绩、指导学生数等量化指标，忽视了对教学质量的评价；对科研工作的评价较多关注发表数量，评价指标不能完全反映实际情况。根据知识型工作对象和工作成果衡量具有复杂性，统筹考虑青年人才、学科特征，遵循人才成长规律，科学设置评价周期，促进教师专心教学、潜心研究，成为人才评价指标改革的迫切需求。要夯实人才队伍发展的专业支持体系，形成激励长效机制，推动教师终身学习和专业自主发展，发展性地评价更加重要。进一步优化人才梯队建设生态，对取得重大理论创新成果、前沿技术突破、解决重大工程技术难题、在经济社会事业发展中做出重大贡献的，申报高级职称时论文不作限制性要求。

四是积极推进科教融合的评价机制。“双一流”建设要求高校正确处理好教学和科研的关系。长期以来，高校的教师职称评聘规则主要侧重于考核教师科研方面的工作，但其与“人人尽展其才”的人才观相背离。欲促进科教融合、重视科研的教育价值、重视教学的根本，需对教学教研岗位、教学科研岗位、科研岗位等进行深入研究，要根据不同学科、不同岗位特点，坚持分类评价。完善学术评价体系和标准，推行代表性成果评价，健全成果评价办法；注重过程评价和结果评价，规范学术评价方法，探索长周期评价机制。积极构建分类科学、标准合理、过程可控、结果可用的人才评价机制。

五是建立多元主体参与的人才队伍建设同行评价机制。高校精准提出人才招聘和引进岗位需求，不设置人才“帽子”指标，探索各类优秀人才的引育模式，建立良好的用人育人环境。创新校际学科和研究方式，规范柔性引进，加强健全兼职兼薪管理制度，消除人才结构短期短缺现象；吸引具有创新实践经验的人才兼职任教，实施更加积极有效的人才引进政策。注重个人评价与团队评价相结合，建立多元主体的同行评价机制。完善同行专家评议机制，在小同行、大同行评价与基础性评价结合的基础上，关注国际同行评议，充分发挥“小同行”对同一领域内科研成果的学术水平的判断，协调“大同行”对相关学科发展统筹考虑，在尊重客观规律、现实基础上，关注政府、企业、行业等直接相关方进入“同行”，对人才培养、科研成果、社会服务、文化传承的促进发挥共评共建作用。

二、基于评价导向的中财大人才队伍建设实践

习近平总书记指出“找准教师教育中存在的主要问题，寻求深化教师教育改革的突破口和着力点”。中央财经大学坚持“四个面向”，坚持党管人才，积极构建多渠道、多层次高端人才引育体系，建立全员合约化、动态化岗位管理机制，充分发挥人才评价的导向性和激励性，健全体现优劳优酬导向的分配制度，着力打通人才使用、发挥作用中的体制机制障碍，形成了中财大实践经验。

一是以强化高校教师思想政治素质和师德师风建设为首要任务。教师思想政治状况和师德水平决定着人才培养质量，学校将师德师风作为教师素质的首要要求。学校创新师德建设机制，坚持德育为先、能力为重，完善全过程、全方位师德师风建设长效机制，强化师德监督和师德激励，完善“大思政”工作格局。成立师德建设委员会，形成了党委统一领导、党政齐抓共管、党委教师

工作部牵头协调、各相关职能部门和教学科研单位分工负责、上下联动的师德建设机制。建立了《关于建立健全师德建设长效机制的实施意见（试行）》《教师职业道德规范》《师德“一票否决制”实施细则》等制度办法体系。在人才引进、人才项目遴选各环节做好思想政治与师德师风“双靶管”，完善师德教育、宣传、考核体系，打造三大红色品牌项目，启动建设教师青马工程培训班，加强对青年教师、海归教师群体的教育引领，加强思想引领和师德感召。

二是以教师成长平台为着力点，加强高素质教师队伍建设。强化高层次人才支撑引领作用，构建多渠道、多层次高端人才引育体系。以经济学学科群建设为重点，引进海内外战略性、跨学科领军人才，拓宽特设岗位制度的覆盖面，以“高、精、尖、缺”为导向延揽人才，加大力度引进数据科学、人工智能相关领域的紧缺人才。实施“621 人才工程”，构建学校资深教授、讲席教授、特聘教授、青年学者、菁英学者、新苗学者等 6 个层次的“龙马学者”人才支持计划，以形成与国家、省部各类高层次人才计划的对接培养，构建大师引领、青年腾飞、梯队合理、鼓励拔尖的高层次人才引育体系。充分发挥校内人才项目的孵化作用，实现与国家和北京市各类高层次人才计划对接培养，健全“多层次人才支持体系”和“学术团队支持体系”，形成从青年教师入校到成长为学术带头人、学科带头人、领军人才、战略型学者的全过程培育支持体系。

三是以推进人事制度改革为突破口，健全合约化、动态化岗位管理机制。理顺“引才、育才、用才”环节，形成事业编制、年薪制、师资博士后、柔性引进等多样化引才模式，面向年薪制教师，通过“预聘—长聘”机制，规范考核和管理，明确学校、学院管理权责，有效施加压力，激发人才动力与活力，构建现代化高校教师职业发展新通道。面向传统轨教师，推进岗位分类分级改革、教师工作综合评价改革，建立以能力为导向的岗位聘任制度、职称晋升制度和考核评价体系，打破岗位固化，搭建各类教师间的转换平台，做实动态化岗位考核与合约化聘任机制。健全绩效考核体系，完善以绩取酬、优劳优酬的岗位绩效工资薪酬体系。以长聘教职改革、校内人才梯队建设为契机，建立协议工资分配机制，进一步完善多种薪酬激励分配机制共存的收入分配体系，实现绩效分配向关键岗位、高水平人才、业务骨干和做出突出贡献的人员倾斜。

四是以提高教师专业素质能力为关键，构建教师教学专业发展机制。基于教学专业化成长路经，遵循持续培育理念，实践探索形成了“研究先导，项目推进，个性服务，经验共享，形成辐射”的教师教学发展模式。着力推动教师国际化能力建设，创建“教学班主任”制，建设教学成长档案。鼓励教师形成教学特色和教学风格，营造教育家脱颖而出的制度环境。加强教师实践锻炼和系统培训，多途径满足教师个性化专业发展的需要。充分发挥资深教师和优秀青年教师在教学方面的传、帮、带作用，形成了教师队伍建设团队共进、百花齐放的“中财大现象”。

五是用好教育评价指挥棒。教育评价是一个实践性难题，《深化新时代教育评价改革总体方案》着力做到破立结合，改革协同推进。破除“重科研轻教学、重教书轻育人”等行为，建立“潜心教学、全心育人”的制度要求，提出“坚师德师风作为第一标准、突出教育教学实绩、强化一线学生工作、改进高校教师科研评价、推进人才称号回归学术性荣誉性”5项任务。学校突出教书育人实绩，着力加强实际考核导向，合理设置定性与定量指标，注重代表性成果的质量、贡献、影响，克服“五唯”倾向，对申报人员的思想政治素质、师德师风、教育教学能力、学术水平、科研能力、社会服务、履行现职情况等进行全面考核，兼顾共性与个性指标，注重考核结果反馈，强化结果运用。

三、小结

高素质队伍建设是解决好教育发展不充分问题的重要抓手，学校要把教师工作置于教育事业发展的重点支持战略领域，立足新发展阶段、贯彻新发展理念，构建新发展格局，以教师队伍建设改革为抓手，以落实立德树人根本任务为落脚点，着力培养教师成为“有理想信念、有道德情操、有扎实学识、有仁爱之心”的“四有”好老师，做学生为学、为事、为人的大先生，成为“学生锤炼品格、学习知识、创新思维、奉献祖国”的引路人，形成教师队伍建设的新路径新模式，提升教师队伍治理效能。重点可以从以下几方面做起。

一是创新师德建设机制。把理想信念、职业道德、法治教育、心理健康教育等融入教师培养、培训和管理工作，推动师德建设长效化、制度化。

二是深化重点领域改革，以问题为导向，进一步破解体制机制障碍和瓶颈问题，让教师安心、热心、舒心、静心从教，形成教师专业成长长效机制。

三是着力形成人才队伍递推式建设。建立健全教师专业发展的激励机制，完善教师荣誉表彰体系，充分发挥好人才引领作用，将教师队伍建设与学校职能发挥相得益彰，推动教师终身学习和专业自主发展。

四是优化教师管理服务，建设智能化、沉浸式数字化专业支持体系，激发教师的积极性、主动性、创造性，营造有利于教师可持续发展的良性环境。

五是要以评价促改革，聚焦国家战略需求，突出目标导向，重视增值评价，探索长周期评价，建立完善退出机制，真正发挥出评价的指挥棒作用。

参考文献

[1] 中共中央、国务院印发《深化新时代教育评价改革总体方案》，2020.10.

[2] 中共中央办公厅、国务院办公厅印发《关于分类推进人才评价机制改革的指导意见》，2018.2.

[3] 中共中央、国务院印发《关于加强和改进新形势下高校思想政治工作的意见》，2019.5.

[4] 中共中央印发《关于深化人才发展体制机制改革的意见》，2016.3.

[5] 教育部印发《关于正确认识和规范使用高校人才称号的若干意见》，2020.12.

[6] 构建符合中国实际、具有世界水平的教育评价体系——教育部负责人就《深化新时代教育评加改革总体方案》答记者问

[7] 林慧芝，刘振天. 高校教师科研评价改革的方向与重点[J]. 中国高等教育，2021（9）：13－14.

[8] 江铁，陈若松. 全面考核和突出重点相结合　科学开展高校人才评价[J]. 中国高等教育，2022（9）：39－41.

作者简介

刘红瑞，中央财经大学助理研究员，管理学博士；研究方向：高等教育与大学管理、人才队伍建设；电子邮箱：liu.hong.rui@163.com。

人才制度背景下的中国农业大学新实践

徐启飞

摘　要：党的二十大报告指出，教育、科技、人才是全面建设社会主义现代化国家的基础性、战略性支撑。人才是第一资源，更是高校在发展过程中最至关重要的因素，中国农业大学深入推进“人才强校”战略，持续深化人事人才体制机制改革，构建全方位人才支持体系，为我国新时代高校人才工作提供实践探索经验。

关键词：高校人才；队伍建设；制度沿革

党的十八大以来，党中央深刻回答了为什么建设、什么是、怎样建设人才强国的重大理论和实践问题，为高校人才工作提供了根本遵循。习近平总书记在中央人才工作会议上指出：要坚持“四个面向”，深入实施新时代人才强国战略，全方位培养、引进、用好人才。中共中央、国务院出台《关于全面深化新时代教师队伍建设改革的意见》，对新时代教师队伍建设工作做出了全面的战略部署。兴国必先强师，全面深化新时代教师队伍建设，打造一支能够胜任时代和国家需要的教师队伍，是中国特色社会主义进入新时代的必然要求。

一、人才聘用制度沿革

围绕用好用活人才，完善促进人才发展的制度环境是关键。我国人才制度改革大体经历了终身任职制、职务聘任制、岗位聘任制以及以劳动合同聘用制为基本特征的自主探索几个阶段。

第一阶段，终身任职制。新中国成立后，我国高校人才聘用实行任命制，高校教师实行终身任职制。

第二阶段，职务聘任制。1986 年 2 月，国务院发布《关于实行专业技术职务聘任制度的规定》，开启了我国事业单位职务聘任制改革。

教育部制定出台《高等学校教师职务试行条例》，明确了聘任制目的：充分发挥高等学校教师为我国教育事业服务的积极性、创造性，激励教师提高教育水平、学术水平及履行相应职责的能力，努力完成本职工作，促进人才合理流动。1993 年发布的《中华人民共和国教师法》第十七条规定：学校和其他教育机构应当逐步实行教师聘任制。实施聘任制的制度办法由国务院教育行政部门规定。1998 年发布的《中华人民共和国高等教育法》第四十八条规定：高校教师实行教师聘任制。1999 年教育部印发的《关于新时期加强高等学校教师队伍建设的意见》指出：坚持教师及相关专业技术岗位职务聘任制度的正确方向，进一步完善和强化教师职务聘任制度。2000 年，中央组织部、人事部和教育部联合印发《关于深化高等学校人事制度改革的实施意见》，要求高等学校的教师和其他专业技术人员实行职务聘任制。专业技术职务聘任要理顺评审与聘任的关系，淡化“身份”评审，强化岗位责任。

第三阶段，岗位聘任制。2007 年颁布的《中华人民共和国劳动合同法》第九十六条规定：事业单位与实行聘用制的工作人员订立、履行、变更、解除或者终止劳动合同，法律、行政法规或者国务院另有规定的，依照其规定；未做规定的，依照本法有关规定执行。2010 年教育部发布《国家中长期教育改革和发展规划纲要（2010—2020 年）》，要求高校“全面试行聘任制度和岗位管理制度”。

第四阶段，以劳动合同聘用制为基本特征的自主探索阶段。自 2008 年 1 月《劳动合同法》与 2014 年《事业单位人事管理条例》实施以来，高校开始进入以劳动合同聘用制为基本特征的自主探索阶段。总体体现为岗位设置的多样性、薪酬分配的灵活性、岗位聘任的契约化、评聘程序与过程的刚性化。

笔者认为，教师聘用制的制度设计总体以效率为取向，具有明显的外在激励与约束特征，更关注责任到位与任期目标，但其在一定程度上带来组织与行为的功利化，有悖于学术创新的不确定性，引发了更为复杂的问题。

二、基于问题导向的机制建设考虑

面对新征程、新使命、新目标，在人才主要制度框架下，紧紧围绕国家发展战略需要和经济社会发展需求，深入推进人才强教、人才强校的战略，一方面，需结合学科和队伍建设实际，明确目标任务、重点领域和优先次序，注重梯队建设与结构优化，统筹人才引进、培养和使用；另一方面，需坚持问题导向，对有普遍共识的意见与可以解决的问题进行研究，探索政策配套衔接、切实理顺体制机制显得尤为重要。

一是做好顶层设计，加强统筹谋划。高校在制定人才引进政策时，要充分考虑到学校未来发展定位、目前实际情况、学校学科特点等方面，依据科学合理的设计理念来制定政策，既要有长期计划，又要有短期计划，要分阶段分步骤制定并实施，不同时期侧重点各有不同，统筹不同学科的各自特点，按照实际需求引进人才，保证人才引进政策既有全面性又有系统性，更要突出高校优势特色，遵循高校整体发展方案。此外，还要用发展的眼光看待人才引进工作，在新兴学科、前沿交叉学科等方面要提前布局，做好谋划。

二是完善政策制度，确保精准引进。高校在实施人才引进过程中，要不断完善人才引进制度，在岗位设置、候选人考察、审批等引进过程中要始终坚持精准的原则。在岗位设置方面要以立德树人、教书育人为根本导向，与高校发展目标、国家战略需求紧密结合，注重支持特色优势学科、新兴前沿交叉学科和新研究方向，根据学科专业建设目标和师资队伍建设需求等设置岗位，做好岗位论证，按需设岗；在候选人考察方面要对候选人定位、候选人研究内容与本学科发展匹配度、候选人研究内容推动本学科未来发展的作用等方面进行人岗匹配论证；在引进审批时不仅要对候选人学术水平进行评议，还要对候选人进行背景调查、风险评估、意识形态、思想品行考察等，从政治上把关。此外，在人才引进过程中要鼓励团队引进，完善团队引进保障政策，加大团队建设支持力度。

三是深化体制机制，促进人才发展。高校在引进人才培养、使用等过程中，要坚持深化人才发展体制机制改革。完善人才管理体制机制，明确人才优先发展，优化人才岗位层次体系和团队类型，加强团队引进，引导人财物资源有序向人才和创新团队聚集，加快建立人才优先发展体系。完善分类发展体系，根据学科差异性、岗位特殊性、人才成长规律性，在岗位聘任、考核评价、职称晋升等方面施行分类发展，为人才提供多元的职业发展通道，创造环境促进人才追求卓越，构建与高质量发展相适应的人才分类发展体系。建立科学的人才使用制度，注重前沿新兴学科和跨学院跨学科交叉融合等领域人才的培养和使用，推动实质性学科交叉融合，建立健全以创新“价值、能力、贡献”为导向的人才使用体系。

四是做好服务保障，营造良好环境。高校要做好引入人才的服务工作，坚持营造识才、爱才、敬才、用才的环境，持续完善人才支持保障和福利待遇制度，加强支撑队伍建设，提升人才服务水平。坚持一流人才创造一流业绩，一流业绩需要一流回报，一流回报吸引和稳定一流人才，基于“多劳多得、优劳优酬”的原则，建立以知识价值为导向的，更具全球竞争力的、激励与约束相结合的薪资收入和福利体系，并将待遇保障提升的重点放在青年人才群体，解决人才实际困难和“急难愁盼”问题，促进人才安心、专心、潜心从事研究。

三、中国农业大学的实践探索

中国农业大学围绕加快建设世界重要人才中心和创新高地、着力形成人才国际竞争比较优势的目标任务，遵循人才成长发展规律，构建外引内培同向聚合的全方位人才队伍建设机制，建立了系统人才工作组织体系。

一是坚持党管人才多元聚力，加强人才队伍顶层谋划。以党管人才为根本点，构建党委统一领导，组织部门牵头抓总，职能部门密切配合，用人主体主动作为，全校广泛参与的人才工作格局。以学科建设为龙头，以制度激励为关键，系统做好人才队伍建设顶层设计，全力推动实施“3343”人事人才工作新体系建设，将全校全体教职员工紧密凝聚到学校事业发展主航道。同时，扩大二级单位人事人才管理自主权，压实其在人才引进、培养、使用各具体实践环节中的主体责任；推进落实部门协同工作机制，加强各职能部门相互配合，建立部门协调联合工作体系，凝聚人才服务支持合力。

二是优化人才分类分层引进，精准对接学科建设发展。全面实施“315 人才引进工程”升级版，完善人才引进管理办法，优化五个层次人才岗位，并细化引进层次、学术标准和聘任条件，按照基本保障类、新兴前沿交叉类、经费自理事业编编制等分类下达进人指标，严格人岗匹配精准度论证，以“高精尖缺”为导向，紧跟社会经济的发展和国家需求变化，聚焦“双一流”建设学科和新兴前沿交叉学科领域，凝聚人才合力。坚持分级评审、科学遴选，包括学院、人才工作委员会（或分委员会）、学校，单独设置马克思主义理论学科人才引进评审委员会。对于已通过具有高社会认可度第三方评价的、业绩特别突出的高水平人才，可直接提交学校人才工作组进行“一事一议”，实现不拘一格降人才。同时，全面落实博士后倍增计划，围绕“1＋1+4”博士后改革系列文件，支持青年人才挑大梁、当主角，博士后招收人数与 2018 年相比实现翻番。

三是完善人才自主培养体系，引导人才服务国家战略。坚持构建农科特色的人才综合评价体系和支持体系。一方面，严格贯彻中央深化教育评价改革要求，完善专业技术职务聘任管理办法，实行同行专家评价和代表作评价制度，突出创新价值、能力、贡献评价导向，畅通破格晋升渠道，助力青年人才快速成长，学校年度获得破格晋升人数首次突破两位数。增设成果转化与社会服务系列教师岗位，建立起涵盖教学、科研、社会服务的多通道教师发展体系，为突出贡献、树立标杆，学校单独设置该系列二级、三级岗位，严格标准、严把程序，真正遴选出在攻克生物育种等领域关键技术、推动食品粮食安全和生态环境综合治理等方面有重大贡献的教师，进一步增强岗位意识，提升人才服务国家战略的能力。另一方面，着力实施“2115人才培育发展支持计划”升级版，为人才持续提供全方位、全过程、全覆盖的精准化和个性化工作支持，已入选人才及团队2019年—2021年对全校关键业绩贡献达到95%，一大批教师奋战在良种培育推广、黑土地保护、乡村振兴、精准扶贫等服务“三农”一线。同时谋划启动战略科学家与顶尖业绩团队支持计划、教学团队支持计划、人才培优行动、中青年人才支持计划等，深挖人才队伍发展潜力。

四是健全人才考核约束机制，激励人才持续追求卓越。制定教师岗位基本职责，开展教师工作量考核，持续强化教师岗位职责意识，坚持科学分类评价，统筹各类型教师关于教学、科研、社会服务等评价指标比重，明确不同层次、不同类型教师的具体任务标准等，激发教师队伍潜能。完善专技人员聘期考核机制，实现人才减负增效。统筹常规考核、绿色通道、团队考核和代表性成果“四位一体”的综合评价考核模式，体现分型、分类的差异化、个性化考核理念，突出重大业绩贡献导向。同时，优化聘期考核结果运用，实行岗位目标管理，最终近600名教师升级聘任，近30名教师转岗聘任，近10名教师因聘期考核不合格低聘，根本破除了岗位聘任“能上不能下”的僵化状况，促进了人岗匹配度进一步提升，起到了引导教师在适合的岗位上潜心研究的作用，使其自觉为实现高水平农业科技自立自强、全面推进乡村振兴贡献更多智慧力量。

四、结语

进入新时代，高校人才工作更为重要。要做好这一工作，一是要从党和国家事业发展全局的高度，深入分析新形势新任务新挑战，研究探索新时代人才工作的系列理论和实践问题。二是要深入贯彻落实“人才强校”主战略，落实党管人才原则，以人才引领发展，建立积聚人才机制体制，加快形成具有竞争力的人才制度优势。三是要结合学校发展方向、学科建设目标，制定实施符合高校自身发展特点和需求的人才制度，营造识才、爱才、敬才、用才的环境，做好全方位培养、引进、用好人才支持保障。四是让事业激励人才，让人才成就事业。做到人才为本，充分发挥二级用人主体的主观能动性，确保下放的权限接得住、用得好，有意识发现和培养具有战略科学家潜质的高层次复合型人才，建设国家战略人才创新高地，为全面建设社会主义现代化国家提供人才支撑。

参考文献

[1] 习近平出席中央人才工作会议并发表重要讲话，http://www.gov.cn/xinwen/

2021-09/28/content_5639868.htm，2021.09.28.
[2] 张丽萍，万校基. 高校高层次人才队伍建设问题与对策[J]. 继续教育研究，2021（3）：96-100.
[3] 魏强. 我国高校人才引进工作存在的问题及其对策［J］. 现代教育，2019（1）：43-44.
[4] 郭子奎. 浅谈高校人才引进与培养对策［J］. 当代教育实践与教学研究（电子刊），2018（3）：212-213
[5] 鲁文辉. 高校教师“准聘与长聘”职务聘任改革的制度逻辑反思［J］. 中国人民大学教育学刊，2021（3）：104-115.

作者简介

徐启飞，中国农业大学社保中心主任（正处长级）兼人事处副处长，中国高等教育学会人事人才与教师发展研究分会副秘书长；研究方向：高校人力资源管理；电子邮箱：xuqifei@cau.edu.cn。

常态化推进师德专题教育的实践探索
——以北京交通大学为例

贠小琴

摘　要：师德教育是教师培养的首位工作，也是落实立德树人根本任务的基础保障，自2021年起，北京交通大学根据教育部的统一部署，全面推进师德专题教育，系统学习习近平总书记关于教育和师德师风的重要论述，强化“四史”、教师优秀典型、教师职业规范等内容的学习，实现了师德专题教育全覆盖，在培养造就高素质教师队伍、激发教师学习内生动力、厚植校园师道文化等方面取得了较好成效。下一步，应运用“六个必须坚持”中的立场观点和方法，充分认识师德教育的重要性，激发教师涵养师德的内生动力，营造尊师重教良好氛围，推动师德教育见行见效。

关键词：师德教育；师德师风建设；北京交通大学

党的二十大报告关于教师队伍建设明确提出了“加强师德师风建设，培养高素质教师队伍，弘扬尊师重教社会风尚”的要求[2]，师德教育是教师培养的基础，是师德建设工作的要点。自2021年起，北京交通大学根据教育部的统一部署，从学校、学院和教师三个维度形成工作合力，全面开展师德专题教育[2]，注重融入日常、系统组织、分类指导，形成长效机制，常态化开展，不断提高教师的思想素养、师德水平和育人能力，以高质量教师思想政治和师德师风建设工作促进教师队伍和教育高质量发展。

一、推进师德专题教育的主要做法

2021年，教育部以“四史”学习教育为重点在教育系统开展师德专题教育[2]。北京交通大学根据教育部相关工作要求，自2021年起全面开展师德专题教育，从学校、学院和教师三个维度形成工作合力，注重融入日常、系统组织、分类指导，经过两年多的实践与完善，推进了师德专题教育常态化、系统化。

（一）系统学习习近平总书记关于教育和师德师风的重要论述

学校抓实教师集中理论学习，以学习交流、研讨班、培训班等形式，组织教师深入学习习近平总书记关于教育的重要论述和关于师德师风建设的指示批示精神，引导教师牢记总书记关于“四有”好老师等的殷切嘱托和期望，用以指导自己授课、育人、科研等工作。进一步在学懂弄通做实上下功夫，组织师德师风大讲坛、全校教师“共上一堂师德课”等活动，邀请全国师德师风建设专家委员会委员等专家做专题辅导报告，组织教师深入学习习近平总书记关于师德师风建设的重要论述，解读新时代高校师德师风建设工作的形势与任务。

（二）深入开展“四史”学习教育

创新党史学习教育形式，组织海外留学、访学归国教师前往粤港澳大湾区核心城市广州、深圳两地开展海外归国教师国情研修活动，回顾革命与改革的峥嵘岁月，引导海外归国教师深入了解世情、党情、国情、社情、民情，强化责任担当。开展“校史中的党史故事”教师校史讲述活动，引导教师生动鲜活地讲好党的故事、讲好交大故事，激励广大教师从“四史”和校史中汲取智慧和力量，引导教师发扬北京交通大学“饮水思源、爱国荣校”的光荣传统。坚持校级抓总与院级创新相结合，各二级党组织充分运用红色题材党史主题展览、革命博物馆等红色资源，多形式、多载体、多渠道开展学习和体验式培训[3]，引导教师在亲身体验中感受历史力量，提升学习效果。

（三）有力推进师德优秀典型宣传学习

学校注重教师优秀典型的选树和宣传，组织校级优秀教师及优秀教育工作者、我最敬爱的老师等评选活动，开展“讲述我的育人故事”榜样宣讲，通过微信公众号、微博、视频号、校园网、强国号等宣传媒体推出优秀教师先进事迹，激励广大教师见贤思齐。着眼荣誉激励，召开庆祝教师节暨表彰大会，举办老教师荣休仪式和新入职教师宣誓仪式，增进教师职业神圣感，强化教师职业生涯仪式感。各二级党组织结合实际开展形式多样的先进事迹宣传学习，计算机学院制定了本单位师德师风先进个人评选的相关制度方案，交通运输学院在中国科学报和中国交通报进行师德先进个人专题报道，土建学院举行王梦恕院士纪念园揭牌仪式暨学术思想座谈会，机电学院通过学院官网、微信公众号等宣传平台对“我心目中的大先生”年度人物获得者刘志明、优秀青年教师樊文刚等先进教师事迹进行广泛宣传，传递师德正能量，发挥师德引领和辐射作用。

（四）广泛组织教师学习《新时代高校教师职业行为十项准则》

学校强化教育学习，增强规范意识，将师德规范最新要求编制成师德师风“口袋书”并印发给全体教师作为日常学习教材，确保每位教师知准则、守底线。强化宣讲到位，在新教师入职培训和新任研究生导师培训中开展师德师风专题教育，帮助教师扣好职业发展的“第一粒扣子”。强化氛围营造，将“十项准则”内容制作成宣传海报，在各单位宣传栏、橱窗等显著位置张贴，推动“十项准则”宣传学习。强化过程把关，将准则规范纳入各级各类教师培训，融入教师岗招聘、评奖评优、职称评审等环节，完善了思想政治表现和师德师风考察工作。

（五）集中开展师德警示教育和诚信教育

校、院两级定期召开警示教育会，以教育部网站公开曝光的违反教师职业行为十项准则典型案例及本单位师德失范案例为反面教材，警示教师知红线、明底线。推进教师诚信制度建设，开展教师信用承诺，在教师招聘引进、入职离职审批、申请各层次人才计划等环节开展信用承诺工作。推进个人诚信建设，不断加强对各层次人才计划申报工作中教师诚信的审查把关，如实记录申请人在公平诚信、学术规范等方面的情况，并形成书面材料，对失信人员依规实施相应措施。

二、师德专题教育的工作成效

通过持续开展师德专题教育，学校教师队伍思想政治素质和师德师风修养得到进一步提升，广大教师潜心立德树人、敬业立学，涌现出了以第二批“全国高校黄大年式教师团队”、宝钢优秀教师等为代表的优秀教师典型。广大教师对师德建设月系列活动、教师志愿者服务团、海外归国教师国情研修、中华优秀传统文化读书班等涵养高尚师德的品牌活动给予高度评价和认可，表示从中获益匪浅。

（一）统筹开展与突出特色相结合，实现师德专题教育全覆盖

学校层面开展了覆盖全体教师、涉及师德教育各个方面的活动，立足于师德专题教育的实效性和可持续性，着力在树立师德教育品牌上下功夫。将党史学习和校史学习相结合，开展“校史中的党史故事”教师校史讲述，引导教师生动鲜活地讲好党的故事、讲好交大故事，激励广大教师从“四史”和校史中

汲取智慧和力量；举办教师中华优秀传统文化读书班，充分发挥传统文化提升教师修养、涵养高尚师德的重要作用；在教师节开展“师德建设月”系列活动，营造尊师重教氛围，弘扬师道文化，提升教师的获得感、幸福感；教师志愿者服务团全面启动校史讲解和文化研究、招生宣传、冬奥服务、街区建设服务站等志愿项目，在服务学生、服务学校和服务社会中彰显大学教师的使命。各学院结合工作实际与学科特色开展了形式多样的专题教育活动，如法学院民商法教师结合“我为师生办实事”活动积极参与离退休、工会等单位的志愿法律咨询活动；土建学院八位教师制作发布八期“同行锦囊”三分钟系列视频课，分享课程思政经验做法，为提升育人效果增加“新配方”，等等。学校和各学院以特色活动的开展促进了师德专题教育学习全覆盖。

（二）理论学习与实践体验相结合，培养造就高素质教师队伍

学校党委高度重视教师理论学习与实践教育的结合，着力提升师德专题教育工作实效。引导广大教师学深悟透习近平总书记关于师德师风的重要论述，着力开展好“四史”和中华优秀传统文化的学习教育。开展校院两级青年教师暑期社会实践活动，引导青年教师打牢思想根基，锤炼品德修为，推动高素质青年教师队伍建设工作不断深化。各学院在学校党委领导下积极开展各类活动，如马克思主义学院发挥学科优势组建师生党史宣讲团，经管学院组织党员干部、骨干教师赴山东临沂开展“重温百年党史、践行育人初心”体验式教学培训，通过理论学习与实践教育相结合，拓展渠道、创新形式，培养对党忠诚、堪当重任的高素质教师队伍。

（三）分析研判与解决问题相结合，促进教育学习入脑入心

通过定期开展教师思想政治状况调查，不断增强教师思想政治工作的精准度。每年召开教师思想政治和师德师风建设工作会议，专题研究推进各项工作任务落到实处。开展教师思想政治工作调研，采用问卷调查、座谈访谈等方式掌握教师思想动态，了解教师发展需求，并将解决思想问题与解决实际问题结合起来。举办“高校教师心理危机的预防与干预”讲座、开展教职工心理咨询服务，各学院开展教职工专题心理讲座，关注教师心理健康，解决教师实际问题，关爱教师成长发展，为教师提供更好的发展平台，让教师在增强职业幸福感的同时不断思考和践行成为“四有”好老师。

（四）政策激励与宣传引领相结合，厚植校园师道文化

坚持高位引领，组织全体教师学习张桂梅、王红旭等老师的先进事迹，同

时树立教师先进典型，以身边人、身边事激励引导教师以先进典型为榜样，传承红色基因，积极担当作为。各二级党组织结合学院特色开展了形式多样的宣传、表彰活动，如机电学院专项设立“机电奖教金”，注重挖掘教学科研一线潜心育人、言传身教、为人师表、治学严谨的先进集体和个人；计算机与信息技术学院党委通过制定《学院师德师风先进个人评选活动方案》，激励广大教师见贤思齐，提升教书育人的能力和素养；体育部在学校 OA 系统工作简报版块和微信企业号“体育风采”栏目发表师德专题教育相关新闻稿，积极通过网络传播正能量，扩大专题教育影响范围，提升教育成效。

三、关于师德专题教育的几点启示

基于师德专题教育体系日趋成熟，笔者认为，推进师德专题教育落实见效，需运用“六个必须坚持”中的立场观点和方法[6]，充分认识师德教育的重要意义，激发教师涵养师德的内生动力，营造尊师重教良好氛围，推动师德教育见行见效，为培养造就高素质教师队伍提供坚实保障。下一步，应重点在以下几个方面着力。

（一）坚持自信自立，充分认识师德教育的重要意义

百年大计，教育为本，教育大计，教师为本。今天我们正向着全面建成社会主义现代化强国的第二个百年奋斗目标迈进，在“为党育人、为国育才”的使命与责任面前，教师的职业道德素养凸显出极大的重要性，需要把师德教育作为基础中的基础、关键中的关键来抓。必须坚持自信自立，引导广大教师充分认识新时代师德教育的必要性和紧迫性，在工作中不断学习如何成为一名合格的高校教师，在职业生涯中不断思考如何涵养高尚师德，努力成为不愧于“人民教师”这一称号的新时代的教育者。

（二）坚持人民至上，激发教师涵养师德的内生动力

教育是文化传递，也是人格心灵的“唤醒”[3]。对教师的教育也应充分尊重教育的规律，尊重教师成长发展的规律，坚持教师为本，以教师为中心开展工作，让教师充分感受到关心、尊重和发展，才能激发教师自觉涵养高尚师德的内生动力。着眼于解决教师思想、心理困惑和工作、生活中的实际困难，才能举措得当、深入人心，让教师从自身需要的角度去认识师德教育的重要性，增加学习的主动性，从而指导个人教书育人实践，努力成为党和人民满意的好老师[4]。

（三）坚持守正创新，营造尊师重教良好氛围

师德教育应以守正为基础，守正才能帮助教师更好地肩负起自己的使命和

责任，不迷失方向、不犯颠覆性错误。加强理想信念和职业规范的教育，需要创新理念、思路和方法，采取有针对性的方法举措，引导教师将教育转化为内在信念和行为品质。同时应加强正面引领，强化师德激励和教师表彰活动，举办教师荣休仪式和新教师入职宣誓仪式，表彰先进，树立典型，进一步团结和凝聚全校力量，切实加强师德师风建设。

（四）坚持系统观念，推动师德教育见行见效

开展师德教育应加强工作统筹和顶层设计，完善教师教育培训体系，从体制机制上完善师德教育学校、学院、党支部、教师四级联动机制，尤其压实二级学院的责任，推动教师职业行为“十项准则”和职业规范学习教育常态化，强化落实相应工作措施，把师德教育融入具体业务中同谋划、同部署、同推进、同考核，并在学校内部巡察工作中加入教师思政和师德师风建设工作。

参考文献

［1］北京交通大学坚持德法并举　分级分类统筹推进师德专题教育（教育部简报〔2021〕第16期）［EB/OL］. 2021－09－17. http://www.moe.gov.cn/jyb_sjzl/s3165/202109/t20210917_564003.html.

［2］教育部关于在教育系统开展师德专题教育的通知［EB/OL］.（2021－04－29）［2021－4－30］. http://www.moe.gov.cn/srcsite/A10/s7002/202105/t20210510_530466.html.

［3］任友群. 学习贯彻党的二十大精神　筑牢高校教师队伍思想之基［J］. 中国高教研究，2023（2）：1－6.

［4］［5］习近平. 高举中国特色社会主义伟大旗帜　为全面建设社会主义现代化国家而团结奋斗——在中国共产党第二十次全国代表大会上的报告［N］. 人民日报，2022－10－26.

［6］习近平. 做党和人民满意的好老师——同北京师范大学师生代表座谈时的讲话［N］. 人民日报，2014－9－10（2）.

作者简介

贠小琴，北京交通大学党委教师工作部师德建设科科长，助理研究员；研究方向：思想政治教育（教师教育方向）；电子邮箱：xqyun@bjtu.edu.cn。

基于高校教师在线发布信息内容甄别的师德师风预警研究

秦春雷

摘　要：新媒体时代，高校教师积极利用社交媒体发布信息，传递观点、见解，为繁荣高校校园文化、丰富知识传播带来了新气息，但一些在线发布中的不当内容、论点极易滋生演化为舆情事件，使得新时代大学师德师风建设工作面临严峻挑战。针对在此类事件的处置实践中存在人工识别效率低、手工复核工作量大、缺乏预警机制、事后被动处理舆情压力大等问题，本文梳理了基于高校教师在线发布内容甄别的师德师风工作建设思路，提出了事件语料库组建、言论表征提取、不当言论识别模型构建、预警策略优化等建设内容，为进一步完善高校思想政治工作治理体系、提升治理能力提供一定的理论参考。

关键词：高校教师；在线发布内容；不当言论；师德师风

新媒体时代的迅猛发展，深刻影响着人们的学习、生活和思维方式，作为有知识、有文化、有思想的社会群体，高校教师通过新媒体平台面向公众发布信息，普及文化知识、传播思想观点、发表评论和意见，给大学校园文化营造、科学知识传播、教育新风向引领带来了革新性的变化。同时，网络技术的发展也对高校教师的政治观念、价值取向带来诸多的影响。转型时期的中国社会正处于“战略机遇期”与“矛盾高发期”并存的特殊时期，加之高校教育评估、人事聘用、科研考核等的深入改革，一些高校教师在工作、生活中各种负面情绪的交织、碰撞、网络宣泄，使得高校舆情事件频发，高校教师师德师风工作压力剧增。为此，本文通过收集、整理近年来高校教师在线不当言论事件，构建语料库，尝试借助深度学习、机器学习、内容分析等理论方法，实施高校教师在线发布信息内容的智能、自动识别，以期为高校加强和改进教师思想政治工作提供参考。

一、多元社会思潮下个别教师在线发表言论表现及面临的管理难题

（一）准确认知自媒体时代教师群体在线发布言论表现

当前，我国正处于全面深化改革的关键时期，国内外思想文化交融较量，形势日趋复杂，多元社会思潮不断涌入，高校教师作为社会生活的参与者，受到来自社会变革各方面的影响，绝大部分教师能不忘初心，在线传播正能量，但也有个别教师理想信念淡薄，思想观点严重背离了当代社会所倡导的主流价值，在线发表了诋毁改革、曲解党和国家政策、诋毁英雄模范人物等不当和错误言论，出现了诸多不当言论事件，如近期的中央党校蔡霞、湖北大学梁艳萍、海南大学王小妮、哈尔滨师范大学于琳琦等。不当言论事件在社会上引起了极大关注，影响极其恶劣。此类事件表明，在不同利益群体共存、利益诉求多元化的社会环境下，“正确与错误”“积极与消极”等价值观念的交汇碰撞，加大了高校教师思想政治工作的复杂性和艰巨性[1]。新时代高校教师思想政治工作正面临着主流意识形态主旋律响度不够、新媒体助推各种错误思潮、个别教师不当言论频出等严峻挑战[2]。

（二）精准把握当下师德师风工作的管理难题

网络平台对在线信息发布、传播没有时空限制，导致不当言论的传播呈现出篇幅长短不一、主题繁杂且多元、发布时间随机、舆论波及面广等特点。针对不当言论舆情的上述特点，自党的十八大以来，按照新时代党的建设总要求，高校在上级主管部门的带领下，教师思政工作得到了明显加强，对高校教师不当言论进行了重点关注和严格惩处。但在工作实践中，由于技术手段滞后、工作机制合力尚未完全形成等原因，使得处置教师不当言论事件时，存在缺乏预警机制、人工识别效率低、手工复核工作量大、事后被动处理舆情压力大等问题，导致高校教师“触碰”红线问题有效预防措施和警示教育不到位，致使不当言论事件时有发生，负面舆情次生危机频发，给社会造成了极大的负面影响[1]。上述不当言论事件均是在酝酿为网络舆情后才引起高校及主管部门关注的，给后续处置造成非常被动的局面。此外，事后取证复核时，发现失范教师除了事发的不当言论以外，在社交媒体上均有发表不当言论的历史。

近年来，学者通过研读习近平关于高校教师思想政治工作的重要论述，从内涵、特征、路径出发[2-4]，梳理了思政工作体系，提出了“全过程·常态化”[5]、

思政教育公共空间[6]、双维度模式[7]等新理念，建构了思政工作质量评价指标体系[8]。这些研究多以学生为中心，从理论、历史、实践等维度，提炼了思政工作的优化路径，从宏观层面为新时代高校思想政治工作理论体系构筑奠定了基础；但对于微观层面（治理视域）下，高校对教师在线发表言论，尤其是不当言论的识别方法、监管策略缺乏深入研究，无法实时洞察不当言论、准确把握失范教师的言论主题特征与观点走势，难以为高校思政工作的警示教育、正确意识形态引导提供决策支持[9,10]。

二、基于在线发布信息甄别的高校教师师德师风工作建设路径

通过对高校教师在线发布信息形成的文本语料进行量化，可以分析教师日常生活状态下的心理特征、话语手法与修辞策略，并且能有效避免被试效应产生的干扰，克服以往心理学实验室研究、问卷调查等方法生态效度差、实验者偏差、研究成本高、样本较小等困难[11]。在教育教学领域，许多学者将微博文本作为介质，构建用户画像模型[12,13]，以期对师生心理、语言风格进行探讨分析。学者多集中于学生学习、教师教学两类行为特征，聚焦教学活动，依托教评数据、研修社区数据，建立教师教学的画像，从多个维度描述教师教学的特征，刻画了教师个体的教学状况[14,15]，但对高校教师在线发布不当言论行为涉猎较少，思政视域下的不当言论甄别模型构建研究目前鲜有涉足[16]。

（一）整体设计思想

通过收集、整理高校教师在线发布不当信息的案例，运用教育管理、计算机科学、信息管理等理论，采用主题建模、观点挖掘、深度学习等多学科交叉方法，建构语料库，借鉴特征工程的思想，提取师德失范教师的言论表征组建用户画像；基于卷积神经网络，建构融合词句特征的不当言论识别模型，提炼不当言论分级预警规则，组建预警策略规则库。

（二）具体建设路径

1. 采集高校教师在线发布信息，构建语料库

采用将不当言论典型案例作为种子集，根据微博认证、教师个人主页、教师微博等数据源的特点，设计网络爬虫，归集教师的不当言论内容和基本信息，对文本内容进行分词、去停用词和词性筛选等清洗流程，形成语料库。

2. 提取高校教师网络不当言论表征，计算主题词相似性

通过 LIWC 词库、文心（TextMind）等工具对事件中教师发布信息的文本进

行分析，获得每一个叙事、修辞、认知等相关文本特征，检验不同类型不当言论在文本特征上的差异性，为构建预测模型奠定基础。基于语料库，结合师德师风负面清单以及处置结果，细分言论主题类别；使用主题模型挖掘语料文本数据，获得主题词表、主题词共现矩阵，提取不当言论主题词特征，建立主题词相似性计算算法。

3. 观点倾向性计算

通过句子成分分析，形成语句级别的语料；将依存句法分析与批判性话语分析相结合，提出观点倾向计算模型，计算分析每段内容的观点倾向，并按观点倾向对其归类和排序，实现对在线发布信息内容失范教师的观点极性、强度以及属性进行挖掘。

4. 基于深度学习的不当言论识别与预警

对于给定的主题词特征，采用词嵌入技术、卷积神经网络方法，将观点特征标签（主题核心词、倾向性、强度）进行向量化表示，构建融合词句特征的不当言论识别模型；采用粗糙集理论，将不当言论案例集，映射成条件属性，处置结果为决策属性的决策表；其中，决策属性＝{批评教育、诫勉谈话、责令检查、通报批评、取消导师资格、警告、记过等}为处置方案；建立可辨识矩阵，开展属性约简，简化决策表，提取不当言论分级预警规则，生成预警策略规则库。最后，导入不同主题类型的不当言论数据，训练、学习初始规则集、约简规则集，优化不当言论分级预警策略规则库，总结形成针对不同主题类型、操作可行的分类分级预警方案。

三、基于在线发布信息内容甄别的高校教师师德工作实践

（一）构建语料库

通过文献收集、阅读，汇总近年来高校教师在线发布不当言论事件的数量、类型（依据《新时期高校教师职业行为十项准则》划分类型）；以“高校教师＋不当言论”“大学教师＋不当言论”等相关关键词，搜索慧科新闻数据库，下载媒体报道内容；抓取新华网、凤凰网、人民网、百度新闻等网媒资讯，提炼热点事件及其关键词；然后，依据事件相关关键词对新浪微博平台上的特定事件进行数据爬取；而后，提取事件涉事人所在高校、教育部等相关政府部门官方微博信息；最终由这些微博以及其转发评论文本、传统媒体报道、网络媒体资讯共同构成该语料库。目前依托数据采集系统，已收集整理了湖北大学梁艳萍、海南大学王小妮、南昌大学桑园和静娅、四川轻化工大学李志、哈尔滨师范大

学历史文化学院于琳琦、华东政法大学法学院包毅楠等 53 个事件语料。

（二）不当言论主题词特征提取及相似性计算

基于上述语料库，首先运用文本分析软件 LIWC 对所有 53 个事件的内容、用户评论、回复进行语言层面的量化分析，验证不同类型不当言论事件在内容叙事手法、修辞策略上的差异性。回归模型的实证结果表明，不当言论在触及、违反爱国守法、敬业爱生、教书育人、严谨治学、服务社会五项行为准则上的文本特征差异显著；据此，基于典型事件的语料库，根据处置结果，按照《新时代高校教师职业行为十项准则》，细分了不当言论所属主题类别；结合类别，对各主题下事件的语料内容进行分析，形成了“侮辱祖国”“支持港独”“诋毁历史”等不当主题的词表，构建了共现矩阵，通过主题相关度进行增量聚类，形成不同的主题簇，并运用融入注意力机制的卷积神经网络，构建主题簇中核心词的特征提取模型；然后建立基于左右信息熵的主题词相似性计算算法，度量特定文本内容中主题词与已有主题簇中核心词间的相似性，并基于已有典型事件数据，进行了实验检验，发现该算法具有更高的准确率和召回率。

（三）基于依存关系的观点倾向性计算

基于 53 个事件的语料中主题词特征提取的结果，利用知网 HowNet 情感词典，查找句中带有感情色彩的词语，记录其倾向初始值；借鉴依存句法分析思想，以发布内容中主题核心词前后出现的情感词为分析处理开始，抽取修饰依存关系作为约束条件，对文本分句、分词及词性进行标注；继而逐词判断是否为情感倾向性词，如果出现倾向词，则将之抽取出并添加入情感词列表；如果有否定词、程度副词出现，则根据情感扩展词典进行相应处理；按照〈主题核心词，高强度负情感词〉、〈主题核心词，中强度负情感词〉、〈主题核心词，低强度负情感词〉三种二元组形式，组建观点属性，构建了“名词+形容词”“名词+副词+副词+形容词”“名词+副词+形容词”“名词+的+形容词”等匹配形式，将不当言论的文本进行分句，形成句子“S1，S2，…，Sm”。对划分出来的“S1，S2，…，Sm”模式匹配，与上述模式匹配，判断观点属性二元组。最后以句子中每个主题核心词的倾向性及强度平均值作为整个句子的倾向性分析结果，即失范教师的观点倾向性、强度。

（四）不当言论自动识别与智能预警

将 53 个事件中各个事件观点的倾向性、强度特征，结合爱国守法、敬业爱生、教书育人、严谨治学、服务社会这五个具体主题类型，采用词嵌入技术、卷积神经网络方法，将观点特征标签（主题核心词、倾向性、强度）进行向量化描述；利用粗糙集理论，构建条件属性为{主题类型、主题核心词、倾向性、强度}，决策属性为处理处置办法（属性值为批评教育、诫勉谈话、责令检查、通报批评、取消导师资格、警告、记过等）；然后进行数据离散化，构建可辨识矩阵，使用属性约简算法，简化决策表，提取了不当言论分级预警规则；并将53 个事件语料分为了学习集、测试集，检验了规则的合理性、准确性，确定了倾向性、态度的分级阈值，以及对应处置预案，组建了初始策略规则库。

（五）实际运用与检验

最后，在 Z 大学教师工作部的工作实践中进行了运用和检验。基于 Z 大学现任教师的大 V 微博名单，通过动态采集学校教师微博信息，对其发布内容的主题归类、观点倾向性进行计算，甄别出 2020 年 7 月 A 教师在微博发布了违反《新时代高校教师职业行为十项准则》相关规定的不当言论，涉及“通过信息网络发表错误观点，或编造散布不良信息”，其主题属于服务社会类型。利用相似性算法，计算得到不当言论观点相似性值为 0.87，强度为 0.6，并根据上述预警规则，教师工作部及时进行调查，依据师德失范行为的相关处理办法，对 A 教师进行了相关处理，阻止了不当内容的进一步发布，有效阻断了舆情传播链。同时，将给微博语料中主题核心词、情感词等加入主题词表、情感词典中，并将倾向性、态度、处置方案加入初始策略库中，丰富充实规则库。

四、基于在线发布内容甄别的师德师风建设建议

（一）拓展信息源，为提升预警能力奠定数据基础

目前事件语料大多主要基于微博、贴吧等社交媒体以及传统媒体，这些信息源反馈机制为事后取证、分析、处置提供了良好依据，但实时性较弱，不利于不当言论舆情事先预警与管控。为此，结合学校纪委监察、宣传部、学工部、教师所在院系等部门针对特定教师要做好数据的存储、汇集、脱敏保密工作，为事前预警提供更实时的数据支撑。

（二）细化主题类型，提高事前预警的精准性

现有的主题类型是按照《新时期高校教师职业行为十项准则》进行的分类，粒度较粗，不当言论中内容叙述、主题词选择运用具有较强的网络口语化，为此需要依托新闻传播、社会学等相关学科知识，建立并不断完善同义词、相近

词表，以进一步细化不当言论的具体类型，为提高事前预警、积极处置精准性提供依据。

（三）动态更新策略库，提高师德师风工作的时效性

已有的策略库主要基于本文所收集的 53 个事件语料，无法为师德师风工作的时效性提供保障。为此，应结合时下的社会热点事件，融合学校各类信息源，设计动态数据采集、分析方案，实现事件语料的定期采集、规则库的不断动态更新，以提高师德师风工作的时效性、智能性、长效化。

［本文系 2020 年北京高校思想政治工作研究支持课题“高校教师网络不当言论表征提取、识别与分级预警研究”（BJSZ2020YB15）的阶段性成果；2021 年度中央财经大学党建和思想政治工作理论研究课题“高校师德师风事件的网络舆论预警及引导策略研究”之研究成果。］

参考文献

［1］樊伟. 坚守高校思政工作铸魂本色［N］.［EB/OL］人民网－理论频道，2020 年 5 月 7 日.

［2］曾庆洪. 特征、策略与路径：新时代加强高校思想政治工作研究［J］. 思想教育研究，2020（1）：135－139.

［3］徐海鑫. 新时代高校思想政治工作的理论基础，内在逻辑与实践遵循［J］. 四川大学学报：哲学社会科学版，2019（4）：99－105.

［4］王海威，王艳. 新时代牢牢掌握高校意识形态工作领导权管理权话语权［J］. 思想理论教育导刊，2019，（7）：118－122.

［5］刘新庚，彭烨，刘邦捷. 高校思想政治工作“全过程・常态化”方法模式探索［J］. 中南大学学报（社会科学版），2019，025（006）：146－152.

［6］展伟. 高校思想政治教育公共空间建设与营造的现状、问题及改进建议——基于江苏省 20 所本科高校的调查分析［J］. 国家教育行政学院学报. 2020（8）：42－50.

［7］冯培. 构建同向同行，同频共振高校思想政治工作体系的着力点［J］. 思想理论教育，2020（9）：22－26.

［8］冯刚，史宏月. 建构高校思想政治教育工作质量评价指标体系的方法与路径［J］. 东北师大学报（哲学社会科学版），2020（5）：145－152.

［9］冯刚，成黎明　治理视域下高校思想政治工作体系构建的逻辑与路径［J］. 思想理论教育，2020（8）：11－16.

[10] 郑晓东，肖军霞. 新形势下高校师德师风建设的时代价值与实践路径[J]. 思想理论教育导刊，2019（8）：147－151.

[11] Singh T, Kumari M, Pal T L, et al. Current Trends in Text Mining for Social Media [J]. International Journal of Grid & Distributed Computing, 2017, 10(6): 11－28.

[12] Pan Y, Huo Y, Tang J, et al. Exploiting Relational Tag Expansion for Dynamic User Profile in a Tag-aware Ranking Recommender System [J]. Information Sciences, 2020, 545: 448－464.

[13] 张亚楠，黄晶丽，王刚. 考虑全局和局部信息的科研人员科研行为立体精准画像构建方法 [J]. 情报学报，2019，038（010）：1012－1021.

[14] 胡小勇，林梓柔. 精准教研视域下的教师画像研究 [J]. 电化教育研究，2019（7）：84－91.

[15] 王永固，陈俊文，丁继红等. 数据驱动的教师网络研修社区数字画像构建与应用——基于"浙江名师网"的数据分析 [J]. 远程教育杂志，2020（4）：74－83.

[16] 陈尧. 教师画像与评分系统的设计与实现 [D]. 重庆：重庆大学，2018.

作者简介

秦春雷，中央财经大学教师工作部副部长、人事处副处长、人才工作办公室副主任，研究员；研究方向：高等教育管理研究、教师思政研究；电子邮箱：qcl0801@126.com。

新时期高校管理队伍岗位聘任制的思考

朱嘉宝

摘　要：在新的历史时期，改革和提升高校人力资源管理工作是建设一流大学和一流学科的必然选择。高校必须坚持党管人才原则，加强师德师风建设，深化人事制度改革。高校的人力资源要围绕学科布局调整和结构优化，完善高层次人才培养、引进机制；拓展选拔视野，抓好教育培训，强化立德树人，健全激励机制，建立“人岗相宜”的合理流动机制以及绿色评价激励、薪酬分配机制，充分激发全体教师的内生动力和活力，创建与一流大学相匹配的高水平师资队伍。随着各地高校人事制度改革政策文件的出台，推动高校管理人员岗位聘任制度改革是新时代深化高校人事制度改革的必然选择。岗位聘任制度改革为高校建立起了一套适合各校特点的、较为科学合理的管理制度，逐步打造出一支专业、精干、高效的管理人员队伍。文章从阐明岗位聘任制的内涵入手，对目前高校行政管理者岗位聘任制存在的问题进行剖析，在此基础上从多个方面给出了改进的策略和建议。

关键词：新时代；人事制度改革；岗位聘任制

引言

习近平总书记在中国共产党第二十次全国代表大会报告中指出，教育、科技、人才是全面建设社会主义现代化国家的基础性、战略性支撑。人力资源是大学的战略性资源，是大学的核心竞争力，一流管理队伍是建成一流大学和一流学科的保障。高校是培养和使用人才的主要场所，因此应致力于培养德才兼备的高素质人才队伍，将优秀人才集聚到教学、科研、管理、服务和支撑保障等领域。通过引进和培育更多的学术大师、教学名师、管理高手、服务能手，高校才能真正将人才视为立校之本、兴校之基、强校之源。为深化高校干部人事制度改革、创新内部管理机制、优化人力资源配置，高校需从自身需求出发，不断摸索、改进管理人员岗位聘任制度。

一、岗位聘任制相关概念及理论基础

（一）高校岗位聘任制相关概念

聘任制是一种以效率和公平为原则的人才招聘和选择制度，其评价标准通常具有多维度、多角度、多层级特点，主要包括思想品质、业务素质、工作能力、创造潜力等方面。它可以以口头或书面等方式确认为合同，一旦成立便具有法律效力，合同双方都必须履行合同中所规定的义务。

高校人员岗位聘任制指的是在用人单位和劳动者之间具有同等意愿的前提下，以学校需要为依据，对教职工的工作岗位进行合理安排，并以签署聘任合同的形式，聘请一名与该职位相匹配的人员来担任其工作的一种制度。教职工一旦被聘任到相应岗位，就会按照其岗位所对应的工资水平领取薪酬，同时，薪酬也将随着职位等级的不同而进行适当的调整。在聘用制期满后，可视聘期内教职工的工作成果和业绩，确定继续雇佣或终止雇佣关系。

（二）高校岗位聘任制理论基础

1. 双因素理论

美国著名行为科学家赫茨伯格等人使用“关键事件法”调查了200名工程师和会计师，发现影响员工工作满意或不满意的因素各有不同。能够提高员工满意度的因素通常与工作内容有关，被称为激励因素（或内部因素）；而能够防止员工感到不满意的因素则与工作环境或条件有关，被称为健康因素（或外部因素）。赫兹伯格等人认为，当健康因素无法满足时，员工会感到不满意，即便这些因素符合了员工的意愿，也只是减少了人们的不满，并没有让他们觉得很满意。相比之下，激励因素的满足则是员工行为更重要的动力源。因此，为了真正调动员工的积极性，不能仅仅关注健康因素，更应该注重提高激励因素的水平[1]。

2. 马斯洛需求层次理论

马斯洛的需求层次理论[2]将人类的需求分为五个层次，按照其重要程度和发生发展的先后顺序分别是生理需要、安全需要、社交需要、尊重需要和自我实现需要。马斯洛的观点认为，人需要有一个从低级向高级发展的过程，同时认为人具有物质和精神两类需求，两者不能互相代替。这一理论在一定程度上反映了人类行为和心理活动的共同规律，也为管理工作提供了启示。通过各种调研方式，可以了解员工未得到满足的需求，并有针对性地进行激励，这样才能更好地激发职工的工作热情，提升职工的工作效能。

二、高校岗位聘任制下行政人员管理存在的问题

（一）因人设岗

目前，一些施行岗位聘任制度的高校中，仍然存在行政管理干部“因人设岗”的做法。个别学校的领导或管理人员为了帮助自己的亲朋好友找到工作，利用高校聘用制的机会，设定岗位用人条件并按照这些条件招聘其亲友。这种做法限制了人才的合理引进，对高校行政管理人员的流动产生不利影响，制约了高校的可持续发展。此外，在招聘和内部晋升过程中，有些高校虽然声称坚持社会公平和公正，但实际上却有暗箱操作、公开违纪违法等行为，这造成了严重的不良影响，进一步限制了高校优秀人才的有效流动。

（二）内部管理制度不健全

目前，我国大学尚未实行真正的聘任制度，使得一些岗位行政人员的工作松懈。这种情况下，个别管理人员会因为缺乏动力和压力而不思进取，无法全力以赴投入到教学和研究中，对学校的日常教学和科研工作产生了不良影响，对高校发展产生了不良作用。此外，一些表现较差的行政管理人员仍然占用着学校编制，而优秀的人才由于编制的限制无法进入这一队伍，这不仅制约了学校的良性竞争，而且不能很好地发挥人才的作用。

同时，评价体系还不健全。为缓解人员短缺带来的压力，校方存在减轻行政管理人员考核压力，只要求其完成学校规定的行政管理任务，对于他们在科研、行政等领域的实践成绩没有任何附加的要求的现象。另外，一些大学在确定评估标准时，可能会出现失衡，在管理层员工科研考核过程中仅仅追求高质量和高目标，而忽视了管理者工作的基本规则，从而造成了考核评估准则与管理者工作的现实状况不符的结果。

（三）部分人员素质有待提高

在计划经济时期，大学对国家和政府具有依赖性，这种心态难以在短时间内根除。当前，我国的普通高等院校相当一部分资金是依靠政府资助拨款，大学对政府的依赖性较强。与此同时，教职工对学校的依赖性较强，不把自己当成“社会人”，而是当成“高校的人”，把自己不能得到好的职位、不能得到升迁，都怪罪于校方，认为是学校没能让人才充分发挥作用。由于这种习惯性思

维方式，有些人以为他们应该因改革而获得更多的工资，而他们不知道的是，为了获得更多的工资，他们也应该为此付出更多的努力。还有一些人看到其他人待遇提高了一点就心理不平，耿耿于怀，却看不到他人的努力和对工作的付出。所以，每个大学的管理人员都要改变他们的思想，接受能升能降、能进能出的人事管理体制。

（四）配套机制与政策法律不健全

这种情况下，管理人员的权益保障变得困难。因此，建立管理人员维权机构是十分必要的。这个机构可以由管理人员组成，或者由学校建立专门的机构来负责处理管理人员的维权事宜。机构可以提供法律咨询、协商调解、法律援助等服务，帮助行政管理人员了解自己的权利和义务，同时也可以促进高校与管理人员之间的沟通与合作，保障管理人员的权益，维护高校的稳定和发展。高校和其管理人员在聘任制实施过程中面临许多人事纠纷和管理挑战，这可能导致双方之间出现命令与服从、管理与被管理的原始状态。要防止此类现象的出现，应设立行政管理人员相关的维权机构，以便协调和处理与聘任制相关的问题。这些机构可以借鉴国外已有的成功实践，如英国的“劳资仲裁法院”、美国的“功绩制保护委员会”、日本的“公平委员会”等。以适当方式处理劳动关系中的人事争议，维护劳动关系中当事人的正当利益，可以有效地深化、落实、维护行政管理人员聘任制，并确保管理人员的正常流动。

另一方面，管理人员聘任制改革面临着一些困难和挑战。首先，该改革需要克服计划经济时代形成的固有社会环境对其带来的影响；其次，我国高校教师聘任制度的适用范围还存在较大的争论，在理论界和法律领域对其适用范围、实施方式等方面还没有形成一致意见。

三、完善高校岗位聘任制的对策与建议

（一）细化需求，打破壁垒

高校教师队伍的建设与发展对学校学科的发展具有重要作用。作为一所教学、科研并重的综合性大学，应该在职位设置上对各学科间的发展进行充分考虑，对职位进行科学、灵活的设置，为学科发展提供必要的支撑。这就要求各学院清楚地了解各职位对技能的要求、职责和资质等方面的差异，并深知只有通过科学设置岗位和细化岗位职责，才能为高校的发展打下必要的基础。

同时，要打破大学内部、大学与其他产业、专业机构的隔阂，积极探讨大

学人才使用的有效途径。应根据不同类型、层次、行业特点，采取多样化、弹性的录用方式。要以“不求所有，但求所用”为宗旨，加大对国内外优秀管理人才及各行各业优秀人才的挖掘与使用力度。在人才培养上，可以采取“柔性引进”、全职兼职相结合、合作研究、受邀访问等多种灵活的方法。还可以采取互聘、联聘、兼聘、返聘等各种聘用方式，并且要依据管理人员的实际情况，采取不同聘期的聘用制度，积极拓展人才招聘渠道，促进人才跨行业、跨地区、跨国家交流，使人才资源得到最大程度的共享。

（二）规范流程，竞争上岗

岗位聘任过程中应该增加聘用过程的透明度，使高校的招聘岗位真正向市场开放。唯有如此，方可招揽到更多的优秀专业人员，并从中挑选出与该专业职位要求相符的专业人员，达到“优中选优”的目的，以加强教师队伍建设，提高办学质量。高校在招聘人才的程序上，必须面向社会发布招聘需求，遵循“公开、平等、择优”的原则，吸引社会各界的优秀人才参与竞聘，以确保合适的人才能够参与岗位竞争。在竞聘选拔后，需要经过二级用人单位、人力资源部和学校的层层审查和考核，确保整个过程公开、公正、透明。引入市场竞争意识可以调动教师的积极性，活跃思维，推动我国科技进步，推动大学间的合理人事流动，为高校人才队伍建设注入健康活力，避免“任人唯亲”现象的发生。

（三）推动激励，创新考核

在高校岗位聘任制改革中，必须要有配套的薪酬制度与之相适应。在薪酬分配时要确保分配的公平性，要保证工资报酬与个人贡献成正比例，确保“同工同酬”。保证公平性的同时也要强调激励作用。在实行岗位聘任制后，虽然基本工资差距不大，但绩效工资与职责完成情况挂钩，体现了一定的激励性。在绩效薪酬的设置上，要适当地将其差异化，尤其是对功劳较大、责任较大的员工，要提高他们的薪酬水平，做到按劳分配，最大程度调动员工工作的积极性。

为了激发管理人员的上进心和积极性，高校需要强化他们的竞争意识，让他们有紧迫感。要实现这一目标，首先要从高校高层管理者着手，因为管理人员职务聘任工作的策划与实施是由他们负责的，只有他们的思想、思路正确，才能切实地做好聘任制工作，从而彻底地杜绝聘用流于形式、讲人情等不正之风。

四、结论

我国高校教师岗位聘任制度改革的本意和目标就是要突破传统的事业单位人事管理体制的制约，提高高校的独立自主性，建立一个教师能进能出、待遇能高能低、职务能上能下的管理体系，全力推进学校高质量“双一流”建设，构建团结协作、绿色高效校园氛围。由于高校教师管理制度的独特性，我国相继出台了一系列的改革举措，以解决职称“地位”的僵化、职称评审后的积极性不足等问题，我们在这方面的研究也应顺应社会发展，提出更合理、更具创新的对策，以更好地推动岗位聘任制的实施。

参考文献

［1］赵健楠. 双因素理论视角下普通高校教师培训现状研究［D］. 黑龙江大学，2022.

［2］Maslow A H. A Dynamic Theory of Human Motivation［J］. 1958.

作者简介

朱嘉宝，北京理工大学人力资源部项目主管，助理研究员；研究方向：高等教育管理、人才发展战略；电子邮箱：solozhu@aliyun.com。

双因素理论在“双一流”高校高层次人才引进策略中的应用

高一琼　白　华

摘　要：在“双一流”建设的驱动作用和“人才强校”战略的使命引领下，高校在人力资源市场上掀起对高层次人才的“争夺赛”。一方面，人才引进能够在短时间内给师资队伍注入新鲜血液，另一方面，“抢才大战”的负面效果也逐渐显现。如何在有序规范的框架内开展高层次人才引进工作成为近年来高校组织人事工作的重要研究课题。本文通过双因素理论分析当前高校引才政策及其局限性，结合高校的组织特性和高层次人才特质，建议高校将保健因素控制在适当水平，提升非经济性保健因素的标准和水平，强化激励因素在引才留才中的作用。

关键词：高层次人才；人才引进；激励因素；保障因素

一、引言

随着“双一流”建设战略的深入实施，高等教育院校和学科间呈现出竞争发展态势，高层次人才的存量成为影响排名的重要“砝码”。长期以来，人才引进是高等院校积极响应“人才强国”战略和满足自身事业发展需求的常态化人事和组织工作，在“双一流”建设驱动作用和“人才强校”战略的使命引领下，高校在人力资源市场中纷纷向高层次人才抛出“橄榄枝”。

在“双一流”建设对入选高校和学科进行动态调整的压力下，一流高校对高层次人才的追逐和争夺愈演愈烈，“抢才大战”的负面效果也逐渐显现。一方面，引才待遇逐步加码而高层次人才稀缺性大，在人才市场的零和博弈中引进人才的稳定性欠佳，“引进再流失”造成极大的经济、行政等成本浪费；另一方面，优渥的引才政策造成高层次人才和普通人才间的待遇鸿沟，易滋生不满情绪甚至主动离职，破坏人才生态环境的稳定性。

为防止院校间无序竞争和恶意抢才，教育部在2017年出台了《关于坚持正确导向促进高校高层次人才合理有序流动的通知》，强调“不得片面以高薪酬高待遇竞价抢挖人才，不得简单以‘学术头衔’‘人才头衔’确定薪酬待遇、配置学术资源”。该文件为高层次人才引进工作提供了价值引领和政策指导，在有序规范的框架内开展高层次人才引进工作成为近年来高校组织人事工作的重要研究课题。

二、“双一流”高校高层次人才引进策略及局限性

“双一流”高校根据发展定位纷纷出台高层次人才引进管理条例、实施办法等，同时依据市场变化发布具体引才信息。纵览近年来的引才政策和招聘公告，“双一流”高校高层次人才引进工作呈现出以下趋势：第一，高校高层次人才梯队层级逐渐清晰，人才金字塔的顶端依次为国家最高级别“人才头衔”“学术称号”获得者、国家专项高层次人才计划入选者、国家级科学基金项目青年人才获得者。第二，普遍采用多种形式组合的物质激励作为主要吸引，薪酬激励包括基础年薪、岗位津贴等，配套支持包括人才专项经费支持、科研启动金、科研团队建设经费、安家费、房补等，物质激励水平会依据高层次人才层级拉开明显差距。第三，积极提供配套服务解决人才后顾之忧，如安家落户、家属安置、子女入学、医疗保健、福利保险等。

“双一流”高校高层次人才引进工作方案或招聘公告在内容上一般包括引进目标、引进对象或条件、薪酬待遇、配套保障、考核管理五大方面。通过比较其共同点和差异性，“双一流”高校在高层次人才引进策略上显示出以下特点：引进对象上更加青睐具有省部级以上人才奖项或称号的高层次人才；引进条件上更加青睐具有高级职称和高水平期刊发表的高层次人才；薪酬待遇是引才政策的重点宣传内容，引才成本呈增长态势，但与所在地区经济社会发展水平相关；配套保障规定范围广、保障全，通过提供稀缺性社会资源来解决高层次人才生活的后顾之忧；考核管理上一般仅对考核内容和评价标准做出原则性规定，考核结果与绩效奖励相挂钩。

高校实施以具有竞争力的岗位、薪酬和保障为主要举措的引才策略，旨在短期内高效完成引才数量指标，一定程度上是包括“双一流”动态调整在内的多种师资队伍绩效考评压力下的被迫选择，其局限性主要表现在：一是重视外在、忽视内涵。“学术资本化”与高校“内涵式发展”的目标相背离，破坏了人才的学术本位，导致人才频繁流动以取得不断加码的薪酬待遇。二是重视头衔、忽视使用。引才过程强调速度和数量而忽视了基于师资队伍建设的具体需求，

高层次人才发展领域和学校发展目标契合度低，导致双方资源浪费。三是重视引进、忽视考核。常见的考核方式为年度和聘期考核相结合，以可量化的岗位任务书完成情况决定考核结果，忽视综合指标的同质化评价体系易降低了人才对学校的认同感，使其产生再次流动的倾向。

三、双因素理论下影响高层次人才引进的因素分析

1959 年，美国行为科学家赫茨伯格提出了双因素理论（Two Factors Theory），该理论认为促进人们工作动力主要有两方面因素，即激励因素和保健因素，故又称激励保健理论（Motivator – Hygiene Theory）。保健因素是满足员工基本需求的因素，激励因素是提高员工满意度的因素。

保健因素和激励因素紧密相连且在一定条件下互相转化，其实质区别是“平等”与“公平”的区别。保健因素即平等的因素，是每个员工都必需的、必要的、共同享有的基本保障，该因素不带来满足感，可一旦缺失会导致员工的不满和抵触，即“不满”的对立面为“没有不满”；激励因素即公平的因素，要能够体现工作层级、层次、成效等方面的区分，该因素会提升员工的满意感，但因素缺失却不代表不满意，即满意的对立面为“没有满意”。

将双因素理论应用于研究高校高层次人才的引进问题上，通过改善外部环境和提高个人的满足感来共同激发个体工作的积极性，促使高端人才更多地关注与工作本身相关的因素，这种激励方式比保健因素的作用更长久。既要保障保健因素达到基本满足程度，又要尽量地加大激励因素的成分。一方面，要注重高层次人才的特质、需求及其所从事的以创新为主要特质的工作特点，另一方面，要从保障和激励两个维度分析和探索人才引进的制约因素，从而最大程度激发高层次人才工作的积极主动性。

从高校和高层次人才的关系上来看，高校对于高层次人才而言是发挥个人价值和专业特长的平台，需要满足人才自我发展和自我实现的需要，并给予人才可实现的成长空间和发展机会，而高层次人才作为高校的重要战略资源，该群体经过多年学术积累沉淀，专业技能强、教学科研成果丰硕，在研究领域内居于领先水平并拥有较高的认可度和影响力，其核心特征是高进取性、高创造性、高稀缺性、高流动性，对高校的教学、科研、管理以及师资队伍、科研团队建设等方方面面都发挥着基础性作用。

通过对“双一流”高校高层次人才引进策略分析可知，引才因素中既有物质保障方面的，也有精神激励层面的。用双因素理论来分析其局限性，首先需要明确保健因素和激励因素所对应的范围和边界。保健因素属于外因，用来消

除高层次人才在物质方面的不满意，包括与工作或岗位相关的薪酬待遇、安家落户、医疗保健、子女入学、配偶安置等；激励因素属于内因，通过激励高层次人才使其产生成就感、责任感、满足感等，包括科研配套条件、科研团队建设、学术交流平台搭建、职业发展路径、考核评价体系等。

结合高层次人才特质和双因素理论，高校引才策略中对保健因素的宣传更加强化和突出，对激励因素的关注和投入稍显欠缺。可观的薪酬和“保姆式”配套保障能够消除高层次人才“不满意”的情绪，但“不满意”的对立面是“没有不满意”，并不能促使其积极主动地工作，也不会降低其再次流动的意愿，且如若未来薪酬未能够达到预期涨幅或配套保障措施在落实中遇到阻碍或效果欠佳，都会让不满意的情绪反弹。与此相对，高层次人才更加关注个人专业与学科建设匹配度、职业成长路径与支持、专业发展前途、工作成就感等激励因素，对激励因素感到满意会起到激发工作热情、提升工作满意度、潜心专业研究的正向作用并持续较长时间。总体上，在高层次人才引进工作中，高校应将保健因素控制在适当水平上，提升非经济性保健因素的标准和水平，同时将关注力和资源更多地投入在对激励因素的强化和完善上。

四、“双一流”高校高层次人才引进建议及对策

高校在高层次人才引进、管理、使用、考核工作中具有核心地位，需要将学校发展、学科发展、人才发展三者相结合，通过平衡人才市场多主体间的利益和关系，最大可能实现高层次人才在高等教育领域的积极作用。在保健因素上，在发挥经济要素对人才的吸引作用的同时注重完善人才薪酬体系，提高人才服务的水平和质量；在激励因素上，建立健全人事管理机制，激发高校人力资源配置内生动力；把握好保健因素和激励因素二者关系，在一定条件下二者可相互转化。

（一）科学制定引才计划，合理制定人才薪酬制度，重视非经济性保健因素

高层次人才发展和学科发展的适配性对人才的稳定性起到至关重要的作用，增强引进人才的适配性依赖于制定科学的引才计划。高校要紧密结合国家重大战略需求和经济社会发展需要，统筹把握学校定位、学科发展规划和人才队伍建设等情况，充分调研各学科细分领域的用人需求和人才市场信息，科学制定人才队伍近期和中长期发展规划，确定高层次人力资源的规模与结构、投

入比例和相关标准，精准提出人才招聘和引进岗位需求，坚持人岗相适的原则延揽人才，重视学术团队和潜力型人才的引进。

“双一流”高校在重视经济因素对高层次人才吸引作用的同时，也应当关注到薪酬制度对引才用才留才发挥重要作用。高校在国家关于事业单位绩效工资改革的原则要求下，应结合实际情况，坚持“以岗定薪、按劳取酬、优劳优酬”原则，坚持激励与约束并重、精神和物质激励结合、岗位职责和收入水平匹配，根据岗位职责、工作业绩、实际贡献等，合理确定收入水平，切忌简单粗暴地将人才称号作为硬性指标或发布“明码标价”的招聘信息行为；建立人才薪酬待遇与其履职年限、长期贡献相匹配的机制，引导高层次人才稳定服务所在高校，降低流动意愿；要统筹好不同层次、不同类型人才的收入分配水平，消除引进人才和非引进人才、有称号人才和其他人才之间不合理的或过大的收入差距。

在高层次人才服务工作中，高校应增强职能部门服务意识和联动能力，提升人才服务工作的专业性和持续性。一方面，高校应加强人才引进后的跟踪管理，跟进劳动合同和规章制度中关于人才服务工作的落地情况，避免因职能部门沟通不畅、分工不清等原因导致服务项目进度拖沓或效果欠佳；另一方面，主动倾听高层次人才针对学校方方面面的意见建议，给予其发出声音的机会，在以人为本的前提下提供精准化和个性化的配套服务，增强其对高校事业发展的认同感和获得感。

（二）健全多元人才考核评价机制，激发人力资源配置内生动力

良性的综合考核评价体系具备完善的自我动态修复机制，不断释放其应有的活力和作用。随着综合评价改革的持续推进，高校逐渐破除人才评价中“唯论文”“唯帽子”“唯职称”“唯学历”“唯奖项”的倾向，向综合考虑科研成果、人才培养、学科建设、团队建设等多元考评机制转变，完善评价标准，创新评价方式，营造人才成长的良好氛围。

在考核评价指标的设计上，坚持以全面性、完整性和前瞻性为目标，既要体现高层次人才的基本情况、教学水平、科研能力等，又要体现其在专业研究领域中的潜力和与学校学科发展的契合度，让考评体系为学科和人才发展服务。在考核评价体系的实施中，坚持分层考核和分类考核相结合、定期考核和不定期考核相结合的原则，对高层次人才适当延长考核周期以鼓励持续研究和长期积累；加强分类评价，建立符合人才发展规律的分类评价标准，建立以同行专家评审为基础的评价机制，将具有创新性和标志性的学术成果作为重要评价依据，突出市场评价，强调社会评价，重视结果反馈；进一步推行校院两级相结

合的评价方式，将考核、职称评定、年度考核、队伍建设等权力下放学院，增强学院在学校宏观规划指导下的特色发展能力；简化考核评价程序，善用信息化手段，节约时间和行政成本，让高层次人才不被考评繁琐流程所累。

（三）搭建交流平台，提供发展支持，促进高层次人才培育和集聚

“双一流”高校不仅要有能力引进高层次人才，更要善于搭建高层次人才交流平台、提供多样化发展支持，激发人才发挥自我价值的满足感，以促进高层次人才的培育和集聚。一是要积极为高层次人才搭建优质学科交流平台，促进其跨学科、跨行业、跨国别交流，强化高层次学术团队建设和高水平交叉学科发展，向学科领军地位不断攀升；二是要利用“双一流”高校的资源优势，进一步加大对高层次人才培育支持力度，创新高层次人才发展体制机制，促使各方面人才各得其所、尽展其才，为不同发展阶段的人才提供需要的支持，将国家人才计划与学校实际紧密结合，建立具有学校特色的人才培养和支持体系；三是发挥高层次人才在梯队建设中的作用，通过赋予其更多的路线决定权、经费支配权、资源调度权等自主权，人才松绑才能将才华和能量充分释放，并发挥其在培育中青年人才和校外引才中的作用。

［本文受对外经济贸易大学工会工作专项资金资助，项目批准号为2019ghzd020。］

参考文献

［1］郑虹，薛佳佳. 关于新发展阶段高校高层次人才引进、培育的思考［J］. 人才资源开发，2022（24）：30－32.

［2］黎盼，郝一帆. 关于高校高层次人才引进的探索与思考［J］. 西部素质教育，2022，8（14）：103－106.

［3］宋喆. 供给侧改革视域下“双一流”高校高层次人才引进及培育机制研究［J］. 大学，2022（01）：34－37.

［4］李强. 新形势下高校高层次人才引进机制建设探讨［J］. 就业与保障，2021（20）：115－116.

［5］宁秋芝. 一流大学高层次人才引进政策实行中的问题及优化措施研究［D］. 吉林大学，2021.

［6］李红双，李璐，林婵. 地方高校高层次人才引进与长效机制的构建［J］. 中国市场，2021（10）：186－187.

［7］朱思颖. 一流大学高层次人才引进中的无序竞争及治理研究［D］. 浙江工业大学，2020.

[8] 张朝，牛书田. 双因素理论下高校教师工作激励机制研究［J］. 山东理工大学学报（社会科学版），2017，33（05）：92－95.
[9] 曹问，陈茂直. 双因素理论与中国高校绩效工资改革［J］. 重庆大学学报（社会科学版），2014，20（02）：86－91.
[10] 田子俊. 双因素理论与地方高校高层次人才队伍建设［J］. 华北水利水电学院学报（社科版），2006（01）：45－47.
[11]（美）赫茨伯格等. 赫茨伯格的双因素理论［M］. 北京：中国人民大学出版社，2009.

作者简介

高一琼，对外经济贸易大学人力资源处副处长，副研究员，文学硕士；研究方向：高等教育管理、人才资源管理；电子邮箱：02021@uibe.edu.cn。

白华，对外经济贸易大学人力资源处，馆员；研究方向：高等教育管理、人才资源管理；电子邮箱：02674@uibe.edu.cn。

财经类高校智库人才队伍建设与发展路径探析

刘天一　郭建成

摘　要：智库是国家软实力的代表之一，财经类高校智库作为中国特色新型智库在彰显中国特色、中国风格、中国气派方面发挥着重要作用。加强财经类高校智库人才队伍建设工作，完善人才队伍管理机制，提升智库人才管理服务水平，是加强中国特色财经类高校智库建设的核心要务。本文在相关研究基础上，以党的二十大精神为指引，加快建设高水平财经类高校智库，对财经类高校智库现状进行阐述，详细剖析了财经类高校智库建设当前面临的困境，立足财经类高校智库服务经济社会发展的特色优势，抓住智库建设的机遇，提出财经类高校智库发展路径，进而提升财经类高校智库影响力。

关键词：财经类高校；人才队伍；智库建设；财经特色

党的十八大以来，中国特色新型高校智库建设硕果累累。党的十八届三中全会和五中全会提出，要继续加强中国特色新型高校智库建设，全面开展哲学社会科学领域的创新工程，制定、完善社会治理决策的咨询制度，打造制度框架、完善建设细节。党的十九大报告强调，推动马克思主义哲学思想深入中国特色社会主义思想体系，构建中国特色哲学社会科学学科体系、学术体系、话语体系，为建设中国特色新型高校智库提供科学指引。深刻领会党的二十大精神，以党的二十大精神为指引，随着《国家“十四五”时期哲学社会科学发展规划》《面向2035高校哲学社会科学高质量发展行动计划》等系列文件的颁布，高校智库建设和智库发展环境迎来新契机。高校是全国哲学社会科学“五路大军”的重要力量，高校智库在我国智库体系中占据重要地位，在此背景下，探讨财经类高校智库的使命和发展路径，对于推动我国新型智库建设、诠释中国特色、彰显中国风格、体现中国气派都具有重要意义。

一、智库概述

根据 2015 年印发的《关于加强中国特色新型智库建设的意见》[①]，智库共分为七类，分别是：党政部门、社科院、党校行政学院、高校、军队、科研院所和企业、社会智库。当前，收录在中国智库索引中的智库类型涵盖党政部门、社科院、党校行政学院、高校、军队、科研院所和企业、社会智库、传媒智库、平台型智库和其他智库。党政军智库主要包括国务院发展研究中心、各地党校等，其指依据相关条例建立于党、政、军系列内部，为各级领导层建言献策的智库机构。社科院是具有明显中国特色的智库，从经费来源角度看，社科院是受中共中央领导、由国家财政拨款支持建立，主要通过项目委托等形式开展政策研究和决策咨询的机构，作为国家高端型智库，是高校智库建设的重要参照。高校智库是由大学独立组建或在其他组织和团体的支持下组建的，主要以影响公共决策和公共舆论为目的的研究机构。出资来源于民营经济的各类主体投资，并且关注社会群众的需求是民间智库的主要特征。

另外，有学者根据不同分类方式对智库作了分类，戴栗军[②]依据不同形式，将智库详细作了分类：根据起源，分为富豪出资建立、政府出资建立、政见相同者集资建立、某些政治人物创立；根据隶属关系，分为官方智库、半官方智库、民间智库、大学智库；根据政治倾向，分为保守型、激进型、中间型；根据职能性质，分为学术型、政策游说型、与政府签约合同型；根据服务对象，分为军事外交型、内政型、政党型。除此几类重点智库以外，混合所有制和转制类智库在 21 世纪后兴起[③]。

政府智库、民间智库和高校智库成为中国智库不可或缺的一部分，形成了官方智库和民间智库多元主体共存共发展的特色[④]。

如今，全球已有上万家智库，其中美国和中国是世界上智库数量最多的两个国家。据浙江大学信息资源分析与应用研究中心（CIRAA）发布《全球智库影响力评价报告》显示[⑤]，美国布鲁金斯学会、中国国务院发展研究中心、美国城

① 中共中央办公厅，国务院办公厅. 关于加强中国特色新型智库建设的意见［J］. 中华人民共和国国务院公报，2015（4）：4－8.

② 戴栗军，颜建勇. 财经类大学智库的定位及发展路径研究［J］. 黑龙江高教研究，2014（11）：32－35.

③ 朱旭峰. 构建中国特色新型智库研究的理论框架［J］. 中国行政管理，2014（05）：29－33.

④ 李国强. 对“加强中国特色新型智库建设”的认识和探索［J］. 中国行政管理，2014（05）：16－19.

⑤ 中国工程科技知识中心与浙江大学信息资源分析与应用研究中心智库研究小组.《全球智库影响力评价报告2021》.

市研究所、美国进步中心、巴西瓦加斯基金会、韩国开发研究院、美国兰德公司、美国世界银行研究所、美国传统基金会、中国工程院分别排名十大世界顶级智库。在中国，共有 3 个智库进入“世界 20 强的顶级智库”，分别是国务院发展研究中心、北京大学国家发展研究院、中国工程院。在高校智库建设方面，北京大学国家发展研究院、中国人民大学国家发展与战略研究院、浙江大学区域协调发展研究中心、清华大学国情研究院、北京理工大学能源与环境政策研究中心、复旦发展研究院、中国人民大学重阳金融研究院、浙江师范大学非洲研究院、北京大学国际战略研究院、清华大学国际关系研究院名列前十，尚无财经类高校智库进入榜单前二十。

二、高校智库的特征

根据教育部发布的《中国特色新型高校智库建设推进计划》，高校智库建设应注重人才队伍建设、舆情监管、问答平台等功能，每个模块之间相互关联，起到相辅相成的作用①。

高校智库应立足国情，融合学校特色，形成独立的研究领域，在领域内有重要的影响，并不断创新内容，完善管理机制；高校智库由于科研的独立性、管理的科学性、人才培养和管理模式的多元化和灵活性，使其在科研产出和咨政建言方面更加中立，能更好地彰显影响力。与其他智库相比，高校智库在人才培养和学科研究方面更容易激发思维和创造新的知识，产出创造性的思想成果和建议政策，为决策者提供参考。

智库发展离不开人才支持，高校是高层次人才聚集的地方，同时也是培养人才的地方，各种学科、专业有明显的优势，智库的特点是智力集聚，高校良好的知识生态环境和丰富的教师基础，在思想产出方面往往会带来新的突破，因此，高校智库在经济社会发展中必定发挥重要作用。

另外，相对于社会专业智库来说，高校还具有以下优势②，一是高校注重学科融合，多学科可以解决不同专业的复杂问题，学科交叉融合和协同创新是高校有利的优势。二是高校基础设施资源优势，例如智慧教室、国家重点实验室、数据库等基础设施。三是高校具有独立性的特征，高校师生能够对学术观点持正确积极的态度，也能够发出具有中国特色的主流声音，为新时代发展助力。

---

① 韩万渠. 中国高校智库的组织变迁、发展困境与对策研究［J］. 高教探索，2016（05）：21－26

② 姜朝晖. 中国特色新型高校智库：内涵，特征及定位［J］. 高校教育管理，2016，10（2）：6.

三、财经类高校智库的使命

财经领域是财经类高校智库的焦点所在，以党的二十大精神为指引，坚持中国特色社会主义，站在国家治理层面，对影响我国经济发展动向的经济问题进行深入剖析，始终坚持具体问题具体分析，将理论基础与中国经济社会发展的实际有效融合作为财经类高校智库建设的主要脉络[①]。要将智库的能力建设放在财经类高校智库建设的首要位置。教育是科技强国和人才强国的基础支撑，科技是教育强国和人才强国的动力源泉，人才是教育强国和科技强国的重要保障。财经类高校智库成果质量、卓越创新、人才培养是为财经类高校高质量发展提供源动力。财经类高校智库建设和发展关键是形成独特的综合研判和实时响应能力，需要有思想、敢创新、能执行的人才和团队，以及秉承开放、合作、共享的体系和组织形式[②]。财经类高校智库发展要适应国民经济和社会发展的需要，深入贯彻落实党的二十大精神，努力展现更多高质量财经领域成果，完善重大决策咨询研究快速响应机制，将理论研究用于为国家、地方政府在社会经济领域的决策上护航。经济全球化是世界发展趋势，为适应世界局势发展需要，财经类高校智库还要对中国改革开放以来的经济发展道路进行总结，夯实中国故事的国际影响力[③④]。

四、财经类高校智库发展困境

（一）财经类高校智库学科结构简单

智库需要解决的是具有高难度系数和综合性的重大现实问题，这些问题正是党和国家、人民群众关切的热门和难点问题，此类问题具有的共同特点是：复杂性和综合性，这是在不断实践中得出的真问题，而非科学研究中的专业问题、学术问题，很多现实问题不能依赖某个单一学科解决，财经类高校智库因其独特单一的学科特点，品牌规模尚未形成，在提供决策参考方面，单一维度片面的分析较多，综合研判和长远谋略较少，很难满足决策支持和功能服务的需求。

---

① 高培勇. 中国特色新型财经智库的建设（代发刊词）[J]. 财经智库，2016，1（01）：5－14+137.

② 吕炜，靳继东. 财经类高校智库建设的现实需求和关键问题［N］. 中国社会科学报，2018－07－19（002）.

③ 朱宁洁，王冬. 财经类高校建设高水平智库发展策略研究［J］. 高等财经教育研究，2017，20（02）：20－23.

④ 南荣素. 建设高校财经智库为经济发展重大需求服务［J］. 中国高等教育，2013（20）：39－40.

（二）财经类高校智库人才队伍建设和体制机制不健全

近年来，财经类高校积极参与智库建设工作，且卓有成效，能够为各行业决策部门提供参考，有效解决实际问题。与此同时，少部分智库研究过于注重传播方法，导致很多研究内容缺乏独创性，从而忽略了研究过程和质量，导致以上问题的成因除资源有限、智库初期建设等问题外，直接原因是人才队伍建设体系不完善以及制度不健全。智库的内部治理结构包含各类规章制度、工作人员的分工协作、科研人员的针对性研究，大多财经类高校智库缺乏科学严谨的制度、人员等结构配置，规章制度未进行长远规划设计，工作人员和科研人员大多由教职工兼任，具备实践经验和决策咨询经验的人才占比较少，这一现状会进一步加剧财经类高校智库“小、散、弱”问题，影响智库发展。

（三）财经类高校智库建设的转化机制不完善

财经类高校智库的服务对象以政府为主，大多为非营利性质，因此并不关注市场转化，市场转化效益低，经费主要来源于财政拨款，社会影响力较弱。智库是政府发挥权力和高校产出智力的桥梁，目前，三者的衔接机制并不完善，高校的科学研究更具有持久性和学术性，而政府的实际政策实施更侧重实操性，具有强烈的目标导向、问题导向，智库作为“连接中介”并没有找到其中的平衡点。同时，智库和政府之间存在信息不对称现象，智库不了解政府的需求，还会有大量智库学者无法涉足的敏感领域问题，无法掌握一手数据，另外智库学者分析出因决策部门不够了解运营流程，以及缺乏交流等原因，都会导致智库产出一些低质量、滞后的研究内容，影响智库建设的转化效率。

五、财经类高校智库发展路径

财经类高校智库的发展路径应该以提升学校的综合实力为核心，从优化管理体制机制、强化人才队伍建设、注重产品传播三方面，突破财经类高校智库发展面临的困境，以构建一个具有国际竞争力的财经类高校智库为目标，强有力地推动财经类高校智库的发展。

（一）优化管理体制机制，坚持开放运营模式

财经类高校智库建设的首要着力点是加强智库的管理体制机制创新。从学校层面加强顶层设计，统筹各方协同推进，有效促进资源整合，由“各自为战”转为“联合攻关”，打造咨政建言共同发力的局面。在系统管理和布局规划方面

有前瞻性，简化行政管理程序，解放智库研究人员。智库在组建团队方面要以研究人员为主、管理人员为辅，最大限度发挥团队的协同作用。财经类高校智库的建设应充分发挥财经特色，扬长避短，与其他类型智库错位发展，将服务方向聚焦在国家关切、人民关注的经济问题上。

在运营模式方面，要放眼全球，用广阔的视角建设智库工作。财经类高校智库要顺应新时代的潮流，还要迎接国际形势的变化带来的机遇和挑战，这也对财经类高校智库建设提出了更高要求，要用全球视角研究重大问题，提高处理国际事务的能力。同时，增强智库之间合作互动也尤为重要，定时开展国际专题合作，促进高校智库之间学习交流合作。强化财经类高校智库国际平台建设，组建财经类高校智库联盟，构建国际智库交流平台，充分诠释中国风格和气派。

（二）打造高水平人才队伍，为加强智库发展奠定基础

建设高水平财经类高校智库的关键因素是组建高水平的专家人才队伍。人才是教育强国和科技强国的重要保障，加强人才队伍建设，能够为财经类高校智库建设提供强有力的支撑。智库的研究人员需要将理论基础与实践相融合，深化调查研究，通过调查研究找到解决问题的办法，充分认识社会和政府的运行规律，了解政策制定与学术研究的差异。同时，智库应打通“政产学研用”协同创新通道，激发人才队伍的创新活力，提高创新产出质量，加快知识产权转化，形成以人才引擎驱动成果转化的良性循环。

智库应发挥主观能动性，充分吸收人才，包括社会优秀人才、企业优秀人才、政府部门优秀人才，通过全职与兼职、外聘与内聘等多方面相结合的方式，建立智库与各界、各领域的人才流动模式，积极打造跨专业、跨学科、跨学院、跨学校的人才聚集和合作模式。同时，创新科研评价改革，将社会服务成果纳入评价体系中，与职称和职务晋升相结合，增强科研人员参与智库研究的内生动力，加强智库发展保障。

（三）注重产品传播，提高品牌化水平

增强智库影响力的重要途径是做好产品和传播，注重渠道建设。怀进鹏部长在哲学社会科学知识体系建构和高校咨政服务能力提升工程推进会上强调，高校智库要紧密围绕治国理政和国家关切的重大问题，产出有深度、有影响的成果，加强智库成果报送和应用。财经类高校智库建设要把重点放在提高研究质量、推动内容创新上，深入开展针对重大实际问题、长期问题和战略问题的前瞻性研究，系统地提出建设性和运营的政策建议，打造品牌化产品。另外，

还应在提升学术、政策、社会和国际影响力等方面下功夫，在提升学术影响力方面，可以通过开展论坛研讨促进学习交流，也可以在知名期刊发表高质量学术文章；在提升政策影响力方面，应加强对前瞻性、保留和战略问题的研究，获得更深入的政策思考和创新的研究成果，拓宽转化渠道，提升对政策制定者的影响力。智库和媒体是双向依赖关系，要积极在主流媒体上进行采访和发表评论，推广宣传有价值的研究成果，引导大众舆论，引领思想潮流，扩大社会影响力。另外，智库应积极主动参与国际话语权的竞争，加强与全球各机构的合作与交流，增强国际影响力。

六、结语

智库是国家“软实力”的重要标志，中国财经类高校智库高质量发展是成为具有国际影响力智库的必要条件。财经类高校智库要坚持胸怀天下，牢记“国之大者”，彰显财经特色，创新体制机制，建强人才队伍，注重产品传播，切实把党的二十大精神融入智库建设的全过程。充分发挥财经类高校智库人才优势，在新时代发展中展现新作为。

参考文献

[1] 中共中央办公厅，国务院办公厅. 关于加强中国特色新型智库建设的意见 [J]. 中华人民共和国国务院公报，2015（04）：4－8.
[2] 戴栗军，颜建勇. 财经类大学智库的定位及发展路径研究 [J]. 黑龙江高教研究，2014（11）：32－35.
[3] 朱旭峰. 构建中国特色新型智库研究的理论框架 [J]. 中国行政管理，2014（05）：29－33.
[4] 李国强. 对“加强中国特色新型智库建设”的认识和探索 [J]. 中国行政管理，2014（05）：16－19.
[5] 中国工程科技知识中心与浙江大学信息资源分析与应用研究中心智库研究小组.《全球智库影响力评价报告 2021》.
[6] 韩万渠. 中国高校智库的组织变迁、发展困境与对策研究 [J]. 高教探索，2016（05）：21－26.
[7] 姜朝晖. 中国特色新型高校智库：内涵，特征及定位 [J]. 高校教育管理，2016，10（2）：6.
[8] 高培勇. 中国特色新型财经智库的建设（代发刊词）[J]. 财经智库，2016，1（01）：5－14+137.

［9］吕炜，靳继东. 财经类高校智库建设的现实需求和关键问题［N］. 中国社会科学报，2018－07－19（002）.
［10］朱宁洁，王冬. 财经类高校建设高水平智库发展策略研究［J］. 高等财经教育研究，2017，20（02）：20－23.
［11］南荣素. 建设高校财经智库为经济发展重大需求服务［J］. 中国高等教育，2013（20）：39－40.

作者简介

刘天一，对外经济贸易大学教务处，研究实习员；研究方向：教学管理；电子邮箱：2762498107@qq.com。

郭建成，对外经济贸易大学科研处，研究实习员；研究方向：智库管理、科研管理、科研信息化；电子邮箱：guojiancheng@uibe.edu.cn。

教育评价改革视域下的高校辅导员思想政治教育话语评价研究

黄戈林　周　姮

摘　要： 辅导员思想政治教育话语是反映高校思想政治工作实践发展、变革创新、生存现状的“显微镜”。开展辅导员思想政治教育话语评价，事关新时代教育评价改革在高校的落地落实，事关新征程上思想政治工作的守正创新。本文从评价目的、评价重点、评价方法、评价周期、评价反馈五个维度规划辅导员思想政治教育话语的评价蓝图，从“内在要素”“关系要素”“外在要素”三个角度构建辅导员思想政治教育话语的评价内容，并在此基础上探索设置辅导员思想政治教育话语三级评价指标及观测项目，以期提升新时代新征程上辅导员队伍职业能力，完善高校思想政治工作质量评价机制。

关键词： 辅导员；思想政治教育；话语；评价

辅导员思想政治教育话语是指辅导员在大学生日常思想政治教育与管理语境中，按照中国特色社会主义建设者和接班人应当具备的思想观念、政治观点、道德规范，遵循一定语言规范、规则和规律，建构学生思想和行为的言语符号，是反映高校思想政治工作实践发展、变革创新、生存现状的“显微镜”和“度量衡”。开展辅导员思想政治教育话语评价，是以科学评价机制反哺高校辅导员队伍职业能力提升的重要举措，事关新时代教育评价改革在高校的落地落实，事关新征程上思想政治工作的守正创新。党的十八大以来，以习近平同志为核心的党中央高度重视高校思想政治工作。2017 年，中共教育部党组印发《高校思想政治工作质量提升工程实施纲要》，指出要“健全高校思想政治工作质量评价机制，研究制定高校思想政治工作评价指标体系”①，为辅导员思想政治教育话语评价提供了工作遵循。2020 年，中共中央、国务院印发《深化新时代教育评价改革总体方案》，强调“改进结果评价，强化过程评价，探索增值评价，健

---

① 中华人民共和国教育部. 中共教育部党组关于印发《高校思想政治工作质量提升工程实施纲要》的通知［EB/OL］.［2017－12－06］http://www.moe.gov.cn/srcsite/A12/s7060/201712/t20171206_320698.html.

全综合评价”[①]的评价原则，为辅导员思想政治教育话语评价提供了行动指南。本文拟通过构建辅导员思想政治教育话语评价蓝图，并探索评价内容及评价指标体系，以期在新时代新征程上助推高校辅导员思想政治教育话语进一步优化，以及高校思想政治工作质量评价机制进一步完善。

一、辅导员思想政治教育话语评价蓝图设计

从词源上看，“评价”和“价值”同源，评价的实质就是价值观的外化。因而教育评价被认为是一种根据一定价值尺度，通过收集信息对教育活动价值做出判断的实践活动。可以说，教育评价事关教育发展方向，有什么样的评价指挥棒，就有什么样的办学导向。作为评价理念、方式和实施的“三位一体”，设计规划评价蓝图对于增强评价内容的科学化和有效性有重要意义[②]。因此，辅导员思想政治教育话语评价蓝图可以从评价目的、评价重点、评价方法、评价周期和评价反馈五个维度进行探析。

（一）辅导员思想政治教育话语评价目的

斯塔弗尔比姆指出，“评价最重要的意图不是为了证明（Prove），而是为了改进（Improve）”[③]，进言之，在评价目的上切忌将辅导员思想政治教育话语沦为大学生日常思想政治教育与管理评比“锦标赛制”的附庸，而应以超越量化评价的模式审视辅导员思想政治教育话语评价，让其回归诊断性、建设性和发展性的评价功能，回归辅导员“自我诊断”“自我教育”“自我提升”的评价立场。通过评价向“人”的因素的回归，向“促进发展”的指引，向“内在动力”的侧重，势必能增强辅导员精心“打磨”思想政治教育话语的主观能动性和自我卷入感。因为一旦评价过多地向测量、甄别、选拔、排名等工具性价值倾斜，评价本身对辅导员思想政治教育话语能力的提升、对自我完善的关注、对自我发展的激励就会被弱化。因此，在评价目的上，要立足辅导员本位，实现“对辅导员思想政治教育话语的评价”向“为辅导员思想政治教育话语的评价”的转变。

---

① 中国政府网. 中共中央、国务院印发《深化新时代教育评价改革总体方案》［EB/OL］.［2020－10－13］http://www.gov.cn/gongbao/content/2020/content_5554488.htm.

② 王凯. 发展性校本学生评价研究［M］. 上海：华东师范大学出版社，2009：126－128.

③ 高江勇. 大学教育评价中的过度量化：表现、困境及治理［J］. 中国高教研究，2019（10）：61－67.

（二）辅导员思想政治教育话语评价重点

当前，高等教育领域的评价大多采取自上而下的以绩效为中心、以管理为取向的评价模式，这很容易催生迎合指标量化、忽视过程质量的功利浮躁现象。有学者针对高校“课程思政”教学评价提出，既要注重“物质场域”，即对学生知识和能力的获得进行评价，又要兼顾“精神场域”，即对思想政治教育内容选择与融入、学生的获得感等进行评价①。这同样适用于辅导员思想政治教育话语的评价。在评价重点上，既要对客观上的“获得”进行考量，强调学生从辅导员思想政治教育话语中获得的知识、信息等实际内容，又要对主观上的“感受”予以重视，关注学生对辅导员思想政治教育话语的感性认识、主观心态的变化，形成“以实际获得为根基，以主观感受为补充，关照主观和客观的匹配关系”②的获得感内容结构。进言之，可以从青年学生心理层面、思想层面、行为层面的获得感③考察辅导员思想政治教育话语效果。

（三）辅导员思想政治教育话语评价方法

在评价方法上，为补齐量化评价的短板，还需强调质性评价。从量化评价看，需要借助描述性分析对评价内容进行指标构建，突出“情景性”和“表现性”的操作性评价。关注辅导员综合运用智识、经验、技能进行表现的能力，即聚焦辅导员在思想政治教育话语内容、表达、传播等维度的实际状况。从质性评价看，则需要在评价内容指标构建基础上，通过结构化访谈突出“时”“度”“效”的结论性评价。聚焦学生和辅导员对思想政治教育话语效能的体认上，即学生能否感受到在辅导员思想政治教育话语中的获得感，辅导员能否感受到在自身言说中的效能感。评价方法还涉及评价主体及主体之间的权重。对于辅导员思想政治教育话语评价主体，除了话语客体学生以外，还应该包含话语主体辅导员自身，同时在评价权重上也应向学生给予更多“倾斜”。因此，通过“评价共同体”的建立，不仅能提升辅导员作为话语主体的自觉性，也能增强学生作为评价主体的能动性。

（四）辅导员思想政治教育话语评价周期

把握辅导员思想政治教育话语评价，要注重共时性和历时性的统一。“对问

① 光明网. 消除高校专业课课程思政实施的误区［EB/OL］.［2019－11－07］http://theory.gmw.cn/2019－11/07/content_33300381.htm.

② 程仕波. 高校思想政治教育获得感的基本特征与提升路径［J］. 思想理论教育，2017（12）：57－62.

③ 黄冬霞，吴满意. 思想政治教育获得感：内涵、构成和形成机理［J］. 思想教育研究，2017（06）：28－32.

题的评估不完全等同于效果评价，二者的重心有别，即前者侧重于过程和机制，后者侧重于结果和定性”①，意味着对辅导员思想政治教育话语的评价，不能只关注话语内容、表达和传播，更应该关注辅导员“以言取效”“以言行事”的成效，即关注辅导员能否通过话语建构之力，把“走近”学生群体的优势转化为“走进”学生心灵的优势，助力更多“时代新人”的培育，助推高校立德树人根本任务的实现。因此，在评价周期上就要具备既立足当下，又放眼未来的评价视野，强化对辅导员思想政治教育话语的动态评价。从短期评价看，重点在于评价辅导员思想政治教育话语的表达能力，便于辅导员从方法论层面调试，促进话语自觉的生成；从长期评价看，重点在于评价辅导员思想政治教育话语的效果产出，便于辅导员从价值论层面上反思，促进话语能力的增强。

（五）辅导员思想政治教育话语评价反馈

辅导员思想政治教育话语评价反馈是指将评价结果运用到辅导员和学生共同参与的话语实践，以深化双方对辅导员思想政治教育话语的认知，提高辅导员思想政治教育话语水平，进而为思想政治教育话语体系的完善提供经验借鉴与决策参考。在评价反馈上，要从完善机制入手，一是保证信源真实可靠。通过搭建便捷的评价反馈平台，努力做到辅导员和学生的评价信息与客观实际相符，避免评价失真。二是保证评价渠道顺畅。通过有效衔接评价渠道内部各环节，努力减少信息耗损。三是保证过程动态调试。因为评价信息经过反馈回到话语实践本身，可能会出现评价反馈结果与原来设计的评价目标有偏差的情况，或是超越了目标，或是未达到目标，再或是偏离了目标。但是，不论出现哪种情况，都要在实践基础上进一步调整辅导员思想政治教育话语评价策略，完善评价反馈机制，增强话语评价实效。

二、辅导员思想政治教育话语评价内容构建

评价内容是评价蓝图的具体化呈现。作为一种能动的建构性力量，辅导员思想政治教育话语在内容上不仅关涉话语内容、表达等“内在要素”，还关涉辅导员和学生这一对话语主客体“关系要素”，以及支持辅导员思想政治教育话语优化的“外在要素”。因此，可以从上述三个维度对辅导员思想政治教育话语评价内容进行建构。

---

① 刘占虎. 高校思想政治理论课的长波效应与评估机制探析［J］. 思想教育研究，2019（09）：89－94.

（一）关于辅导员思想政治教育话语“内在要素”的评价

辅导员思想政治教育话语的“内在要素”是辅导员思想政治教育话语结构的核心部分，主要包括话语内容建构、话语表达能力、话语传播能力、话语语境把握、话语实际效果五要素。对于辅导员思想政治话语内容建构的评价，应考察话语内容的政治性、生活性、时效性；对于辅导员思想政治话语表达能力的评价，应考察话语表达的生活性、适切性、艺术性；对于辅导员思想政治话语传播能力的评价，应考察辅导员对传播媒介的利用情况、学生对传播媒介的接入情况，以及辅导员对学生媒介素养培育的宣传教育情况；对于辅导员思想政治话语语境把握的评价，应考察辅导员对话语场域、时机的把握情况；对于辅导员思想政治话语实际效果的评价，应从学生的情感、思想和行动层面考量对辅导员思想政治教育话语的获得感，以及辅导员在自身言说过程中的效能感。

（二）关于辅导员思想政治教育话语“关系要素”的评价

辅导员和学生之间的话语“关系要素”是辅导员思想政治教育话语实践的关键部分。可以说，没有自觉、稳固的话语主客体共在关系的构建，没有话语主客体差异前提下的协作努力，辅导员思想政治教育话语就不会产生影响力。因此，对于辅导员思想政治教育话语主客体关系的评价，需要建立在两者的角色规定性上，考量两者的能动作用发挥程度。对于居话语关系主导地位的辅导员，应从主导言说行为、营造主客体关系的意识上综合考察其平等对话和主导话语的自觉意识；对于居话语关系中受动地位的青年学生，应从自我教育主体性的发挥上考察其主动参与辅导员思想政治教育话语实践，并主动吸收、反刍辅导员思想政治教育话语效果的自觉意识。

（三）关于辅导员思想政治教育话语“外在要素”的评价

辅导员思想政治教育话语“外在要素”是辅导员思想政治教育话语结构的外围部分。第斯多惠指出，“谁要享有发展与培养，必须用自己内部的活动和努力获得”①，这说明辅导员有意识的主动学习和提升是思想政治教育话语优化的必由之路。因此，亟需以较为系统完备的培训资源及制度环境等外在驱动因素支撑辅导员思想政治教育话语“内功”的增强。因此，在培训支持的评价上，应聚焦辅导员思想政治教育话语方面的培训频次、质量状况等。在制度支持的

① ［德］第斯多惠. 德国教师培养指南［M］. 袁一安，译. 北京：人民教育出版社，1990：78.

评价上，应聚焦保障辅导员思想政治教育话语实践的评价、激励等保障机制的完善程度。

三、辅导员思想政治教育话语评价指标设置

评价指标是评价内容的操作化呈现。辅导员思想政治教育话语评价指标及观测项目的选取是对评价内容的分级考察与定量分析。根据辅导员思想政治教育话语评价蓝图的规划以及评价内容的构建，可以探索以辅导员思想政治教育话语“内在要素”“关系要素”“外在要素”评价为一级评价指标，并以此构建二级评价指标及三级评价观测项目，形成辅导员思想政治教育话语量化评价和质性评价的基本框架。

（一）辅导员思想政治教育话语一级评价指标

根据辅导员思想政治教育话语评价内容进行分类设定，形成 3 个一级评价指标，分别为：对辅导员思想政治教育话语“内在要素”的评价、对辅导员思想政治教育话语“关系要素”的评价、对辅导员思想政治教育话语“外在要素”的评价。

（二）辅导员思想政治教育话语二级评价指标

根据辅导员思想政治教育话语一级评价指标内容进行细化设定，形成 11 个二级评价指标。在对辅导员思想政治教育话语“内在要素”的评价一级指标下设置对辅导员思想政治教育话语内容建构、表达能力、传播能力、语境把握、实际效果 5 个二级指标。在对辅导员思想政治教育话语“关系要素”的评价一级指标下设置对辅导员平等对话意识、话语主导意识的评价，对学生主动参与意识、吸收反刍意识的评价 4 个二级指标。在对辅导员思想政治教育话语“外在要素”的评价一级指标下设置对辅导员思想政治教育话语的制度支持、培训支持的评价 2 个二级指标。

（三）辅导员思想政治教育话语三级观测项目

根据辅导员思想政治教育话语二级评价指标内容，结合辅导员思想政治教育话语实践情况，可以遵循师生分类、方便操作的原则，建立三级评价观测项目。在量化评价中，每个评价观测项目均可采用李克特 5 点评分量表测量，评分选项为“非常符合”“比较符合”“一般”“不大符合”“很不符合”，分别赋值 5 分、4 分、3 分、2 分和 1 分。在质性评价中，每个评价观测项目均可转换为

半开放性的访谈题目。

第一，针对学生作为评价主体的高校辅导员思想政治教育话语评价三级观测项目有 25 项，具体见表 1。

表 1　以学生为评价主体的高校辅导员思想政治教育话语评价三级观测项目

一级指标	二级指标	三级观测项目
对辅导员思想政治教育话语“内在要素”的评价	对话语内容建构的评价	辅导员的教育引导内容很贴近生活、很“接地气”？
		辅导员的教育引导内容很贴近学生、很“跟潮流”？
		辅导员在教育引导内容中，有关于意识形态等大是大非问题的批驳？
	对话语表达能力的评价	辅导员在教育引导过程中，善于循循善诱、说理言情？
		辅导员在教育引导过程中，善于讲故事、打比方、做比较？
		辅导员在教育引导过程中，手势、身势、面部表情等运用得恰到好处？
		辅导员能把文件式、官方性的语言转化为你乐于接受的语言进行表述？
	对话语传播能力的评价	辅导员能熟练运用微信、微博、抖音等开展教育引导？
		你时常关注辅导员运用微信、微博、抖音等传播平台进行的教育引导？
		辅导员时常开展关于新媒体信息鉴别与批判等媒介素养的教育？
	对话语语境把握的评价	辅导员能根据场景、时机等不同，适时转换教育引领的言说方式？
		辅导员能捕捉不同场景、时机等语境，及时进行有针对性的教育引领？
	对话语实际效果的评价	总体上，你与辅导员交流后，情感上感到被理解？
		总体上，你与辅导员交流后，思想上认为受启发？
		总体上，你能把辅导员给你的意见建议付诸行动？
对辅导员思想政治教育话语“关系要素”的评价	对辅导员平等对话、话语主导意识的评价	你与辅导员在日常交流对话过程中，有相当充分的言说机会？
		你与辅导员在日常交流对话过程中，感受到辅导员的亲切感？
		辅导员时常通过线上线下等渠道主动找你交流，约 2～3 人次/周？
		辅导员时常组织年级大会、班会等主题教育活动，约 2～3 次/学期？
		辅导员时常撰写或转发与你学习生活有帮助的网络文章，约 2～3 次/周？

续表

一级指标	二级指标	三级观测项目
对辅导员思想政治教育话语“关系要素”的评价	对学生主动参与、吸收反刍意识的评价	你时常主动通过线上线下等渠道找辅导员交流，约 2～3 次/学期？
		你时常自愿参加辅导员组织的年级大会、班会等主题教育活动？
		你时常主动阅读辅导员撰写或转发的对你学习生活有帮助的网络文章？
		辅导员给你意见建议后，常常引发你的深刻思考？
		即便过去了一段时间，你也会回味、反思辅导员给你的意见建议？

第二，针对辅导员作为评价主体的高校辅导员思想政治教育话语三级评价观测项目有 23 项，具体见表 2。

表 2　以辅导员为评价主体的高校辅导员思想政治教育话语评价三级观测项目

一级指标	二级指标	三级观测项目
对辅导员思想政治教育话语“内在要素”的评价	对话语内容建构的评价	您的教育引导内容很贴近生活、很“接地气”？
		您的教育引导内容很贴近学生、很“跟潮流”？
		您在教育引导内容中，有关于意识形态等大是大非问题的批驳？
	对话语表达能力的评价	您在教育引导过程中，善于循循善诱、说理言情？
		您在教育引导过程中，善于讲故事、打比方、做比较？
		您在教育引导过程中，手势、身势、面部表情等运用得恰到好处？
		您能把文件式、官方性的语言转化为大学生乐于接受的语言进行表述？
	对话语传播能力的评价	您能熟练运用微信、微博、抖音等开展教育引导？
		您时常开展关于新媒体信息鉴别与批判等媒介素养的教育？
	话语语境把握的评价	您能根据场景、时机等不同，适时转换教育引领的言说方式？
		您能捕捉不同场景、时机等语境，及时进行有针对性的教育引领？
	话语实际效果的评价	总体上，您在对学生的教育引导过程中，感到较高的自我效能感？

续表

一级指标	二级指标	三级观测项目
对辅导员思想政治教育话语“关系要素”的评价	对辅导员平等对话、话语主导意识的评价	您与学生在日常交流对话过程中，能给予学生相当充分的言说机会？
		您与学生在日常交流对话过程中，能展示出平易近人的话语姿态？
		您时常通过线上线下等渠道主动找学生交流，约 2～3 人次/周？
		您时常组织年级大会、班会等主题教育活动，约 2～3 次/学期？
		您时常撰写或转发与大学生学习生活有帮助的网络文章，约 2～3 次/周？
	对学生主动参与、吸收反刍意识的评价	学生时常主动通过线上线下等渠道找您交流，约 2～3 人次/周？
		学生时常自愿参加您组织的年级大会、班会等主题教育活动？
对辅导员思想政治教育话语“支持要素”的评价	对制度支持评价	您所在高校对辅导员职责边界明晰，能保障您开展思想政治教育话语实践的时间？
		您所在高校有关于辅导员思想政治教育话语实践的评价、激励或课题经费支持的机制？
	对培训支持评价	您参加过辅导员思想政治教育话语方面的培训，大约 1～2 次/学期？
		您在辅导员思想政治教育话语方面的培训中收获很大？

参考文献

[1] [德] 第斯多惠. 德国教师培养指南 [M]. 袁一安，译. 北京：人民教育出版社，1990.

[2] 王凯. 发展性校本学生评价研究 [M]. 上海：华东师范大学出版社，2009.

[3] 程仕波. 高校思想政治教育获得感的基本特征与提升路径 [J]. 思想理论教育，2017（12）：57－62.

[4] 黄冬霞，吴满意. 思想政治教育获得感：内涵、构成和形成机理 [J]. 思想教育研究，2017（06）：28－32.

[5] 高江勇. 大学教育评价中的过度量化：表现、困境及治理 [J]. 中国高教研究，2019（10）：61－67.

[6] 刘占虎. 高校思想政治理论课的长波效应与评估机制探析 [J]. 思想教育研究，2019（09）：89－94.

［7］光明网. 消除高校专业课课程思政实施的误区［EB/OL］.［2019－11－07］http://theory.gmw.cn/2019－11/07/content_33300381.htm.
［8］中华人民共和国教育部. 中共教育部党组关于印发《高校思想政治工作质量提升工程实施纲要》的通知［EB/OL］.［2017－12－06］http：//www.moe.gov.cn/srcsite/A12/s7060/201712/t20171206_320698.html.
［9］中国政府网. 中共中央、国务院印发《深化新时代教育评价改革总体方案》［EB/OL］.［2020－10－13］http://www.gov.cn/gongbao/content/2020/content_5554488.htm.

作者简介

黄戈林，对外经济贸易大学党委教师工作部办公室主任，副研究员；研究方向：思想政治教育；电子邮箱：huanggelin@139.com。

周姮，对外经济贸易大学党委教师工作部办公室科员，助理研究员；研究方向：高等教育；电子邮箱：hengbnu@163.com。

数字经济背景下普通高校人才服务保障体系优化路径探索

卢　林

摘　要：本文基于数字经济背景，从理论上分析了数字经济对高等教育的影响和冲击以及高等教育数字化对高校人才服务保障管理工作的影响和要求，并在此基础上对我校人才服务保障数字化体系建设的可行性和现状进行了分析和梳理，最终提出了包括建立数字化支撑辅助体系、建设人才服务保障“数字高地”、组建校内数字化技术研发团队、打通技术技能类人才招聘渠道和通过虚拟现实技术提高线上课堂互动质量在内的优化我校人才服务保障工作的路径。

关键词：数字经济；普通高校；人才服务；保障体系

一、研究背景和意义

随着创新成为经济社会发展的重要动力，人才成为支撑发展的重要资源①，高校在人才队伍建设中发挥的作用日益重要。高校不仅聚集了科研主力，而且肩负着为各个行业培养人才的重要使命。高等教育人才培养与经济社会发展紧密相关，当前，新一轮科技革命和产业变革迅速发展，数字经济方兴未艾，数字经济和开源经济等多种新经济形态交叠出现，劳动力市场对人力资本的需求发生了诸多变化。从 2020 年到 2035 年，促进以数字化和人工智能为主的新兴产业健康发展并加快构建促进人才自由流动的人力资本市场化配置体制机制成为促进我国经济增长的有效途径（刘伟，2020）。因此，在数字经济与实体经济深度融合过程中，审时度势不断适应新经济形态变化，加速高等教育管理数字化转型，探索普通高校人才服务保障体系的优化路径，对于充分发挥高校在人才培养中的堡垒作用具有重要意义。

---

① 习近平总书记 2021 年 9 月 27 日在中央人才工作会议上的讲话。

二、文献综述和相关概念界定

（一）文献综述

随着新兴信息技术的发展，世界经济数字化转型成为大势所趋，这对高等教育产生了重要影响。高等教育发展的内部治理以及高等教育内部与外部环境的关系均发生了诸多变化，高等教育加快自身系统性变革，与外部界限趋于模糊（张男星，2022）。一方面，推动高等教育自身的组织和运行机制的数字化转型，建立数字经济人才培养体系使高等教育人才培养模式、教育内容、教育方法、教育组织形式面临数字化变革与升级（王洪梅，2017；程建钢，2022；杨贺光，2021），另一方面，技术赋能实现教育系统内外“虚实共存”，在线教育不仅使教育资源区域化共享，也为终身教育学习体系的完善提供了可能（纪雯雯，2021；沈光辉，2020）。与此同时，伴随着高等教育数字化过程，数字安全与伦理问题也成为不可忽视的重要问题（袁利平，2022）。

国际经验证据表明，构建数字化领导力并建设数字化教学环境是引领高等教育数字化转型的重要力量（苏珊，2022），换言之，与教学科研数字化转型同样重要的是高等教育内部管理的数字化。新冠疫情期间，停课不停学的线上授课模式对高等教育数字化转型提出了更加迫切的需求。但管理理念落后、数据平台不完善、“数据孤岛”现象等因素成为制约高等教育转型的诸多因素（黄林奇，2020）。为了探索高校数字化管理路径，诸多学者分别从高校财务管理（李宛融，2017）、人力资源管理（薛竹隐，2021；陈时芳，2022）、资产管理（赵强，2017；张晓宏，2020）、档案和图书管理（金俊兰，2010；王磊，2019；邢建民，2017）、后勤管理（苗茁，2020；盛金锋，2017；袁驰，2017）的角度分模块对数字化转型的路径进行了讨论和探索，其中不乏针对某一高校的案例分析（杨朔，2020；袁诗琼，2019；董永帅，2022）。

（二）相关概念界定

1. 数字经济

“数字经济”这一术语最早由 Tapscott（1996）提出，其概念并没有一致的界定，而是随着信息经济、互联网经济、新经济不同发展阶段（Brent and Steven，1999；Turcan and Juho，2014；张化尧等，2020）而有所侧重。G20 杭州峰会将数字经济定义为以使用数字化的知识和信息作为关键生产要素、以现代信息网络作为重要载体、以信息通信技术的有效使用作为效率提升和经济结构优化的重要推动力的一系列经济活动。诸多学者将数字经济的含义进一步具象化，综合起来即在数字技术的创新驱动作用下，借助互联网平台载体，通过发挥数据要素的效用价值，表现出新业态和新模式的一系列经济活动（Berisha-Shaqiri and Berisha-Namani，2015；李广乾等，2018；肖红军等，2019；Bharadwaj and Pavlou，2013；Richter et al.，2017；Teece et al.，2018；徐鹏等，2020；陈晓红，2022）。

2. 高等教育数字化转型

数字经济表现为产业数字化和数字产业化的过程，数字生产要素与三大产业的融合所产生的人才需求转变，使高校人才培养和高等教育管理的数字化转型成为必然趋势。美国高等教育信息技术机构 EDUCAUSE 将高等教育的数字化转型定义为“通过文化、人员和技术深入而协调一致的转变，优化和转变教育机构运营、战略方向和价值主张的过程”[①]。由此可见，高等教育数字化具有以下特征：第一，高等教育的数字化转型是一个在技术支撑下包括教学、科研、管理在内的系统工程，最终目标不仅要实现基础信息的数字转化，还包括基面数字化基础上的内部治理、价值导向、系统运营模式的数字转化；第二，高等教育数字化不同于信息化，在此过程中，物理信息向数字信息的转换是基础，在数字战略框架下推动高等教育内外变革并最终通过过程优化提高价值创造效率是最终目标[②]。第三，高等教育数字化转型目标的实现需要信息技术、大数据技术、智能技术等多种融合技术的支撑。

三、高等教育数字化对高校人才服务保障管理工作的影响和要求

（一）技术融合辅助高等教育管理机制趋于扁平化，降低信息传输成本，提高管理效率

高校人才服务工作与管理机制密切相关，在高等教育管理和人才服务过程中，信息传输的流向、流速、效率和成本均对政策执行力度、问题反馈真实性、上级决策参考系等产生重要影响。数字化和智能化辅助的信息治理使信息流的收集和传输得到优化，同时，信息形成、筛选和传输效率得到提升，有利于优化人才服务质量。

① CHRISTOPHER D B, MCCORMACK M. Driving digital transformation in higher education [EB/OL]. https://library.educause.edu/resources/2020/6/driving-digital-transformation-in-higher-education.

② UNESCO Institute for Information Technologies in Education. UNESCO Institute for Information Technologies in Education Medium-Term Strategy 2022-2025[EB/OL]. https://iite.unesco.org/wp-content/uploads/2022/03/UNESCO-IITE-Medium-Term-Strategy-2022-2025.pdf.

（二）数字化管理使信息更加公开透明，权限内信息共享和局域内信息管理得到优化，避免“信息寻租”，促进信息获取环节的机会公平

数字管理辅助优化的人才服务与管理通过透明的数字化信息和智能明晰的技术传播路径，有效避免了信息截流、传播路径扭曲、信息选择性传播等问题，在有权限的局域内，通过公开透明的信息共享，有效避免信息寻租，促进信息获取环节的机会公平。

（三）“数字智能分析+移动互联终端”的技术支撑结构降低了高校管理的人力资源成本，智能机器人成为优化人才服务工作的辅助成员

人口老龄化加速对从事高校人才管理和服务保障工作的人员队伍造成了一定影响，尤其大后勤服务保障体系普遍面临工人队伍断档和人员短缺问题。随着高校管理和服务对人员质量要求提高，高校管理和服务人员招聘的学历起点要求也不断提升，低学历工勤人员逐渐被淘汰，而大后勤服务保障工作对从业人员的技术技能要求较高，如果没有较强的技术管理体系作支撑，高学历进入门槛并不能较好地解决技能类工作需求。因此，“数智化技术体系支撑+新技术管理人员”成为提升人才服务保障质量的有效模式。在高校人才服务保障工作中，通过数字化转型实现简单重复性高的工作任务由机器替代人，成为降低高校人力资源成本、提升人才服务保障质量和效率的有效手段。

（四）高等教育数字化管理有助于通过智能化处理和信息共享机制融合不同管理模块信息，缓解因高校管理系统局部信息化所形成的“信息孤岛”现象

高校信息化探索建设过程中，存在局部信息化问题，即在同一管理体系内，不同二级主体之间信息化建设缺少衔接和规划协调，形成信息孤岛。数字化管理在信息化建设基础上，通过明确的目标定位、扁平的内部管理机制、规划明确的系统布局、不同信息模块之间权限内的互联共享、智能分析导航和偏航预警、反馈修正等系统建设，有效缓解信息孤岛和重复建设现象。

（五）高校数字化管理有利于辅助形成全面综合的人才“画像”，这对于建立多元综合的人才评价体系从而更好地破除五唯，进而优化人才发展培养路径提供了全方位的数据基础和技术支持

高校人才评价关系到人才培养机制和体系设计、育人质量、人才流动和配置等，当前，高校人才评价仍然存在唯分数、唯升学、唯文凭、唯论文、唯帽子现

象，五唯评价体系虽然在一定程度上使人才评价工作有据可依、有规可循，但忽略人才发展和培养规律的单维评价体系并不能在就业市场实现劳动配置最优，或者说单纯的五唯评价并不能真实全面的量化人力资源特征，从而造成劳动力市场供需信息不对称，增加人才筛选成本。随着高等教育进入普及化阶段，高等教育在劳动力市场的筛选功能趋于弱化，用人单位更加注重人力资源与就业岗位的契合程度和社会价值创造能力。数字化人才“画像”为建立多元真实的评价体系提供了数据要素和建维基础。高等教育阶段的人才培养通过行为数据采集形成包括兴趣爱好、学习能力、研发能力、组织能力、人际交往能力、社会活动参与情况、心理健康水平、外围评价、自我预期等在内的多维数字画像，并与高等教育之间的数字化人才档案和人才自我发展预期相融合，通过抽象的复合能力价值矩阵，形成对接不同就业岗位特征需求的供给信号，实现更加精准和信息对称的人才供求对接。

（六）但数据融合和信息共享所引起的信息安全与隐私保护、技术折旧加速、新技术溢价成本、过度依赖技术治理等问题，成为高等教育数字化过程中的隐忧

高校人才服务保障工作的数字化治理水平提高，虽然降低了基础信息摄入和筛选成本，但同时也增加了信息泄露的风险，容易对个人造成信息损失并引起信息收集方与信息被收集者的法律纠纷。同时，高校人才服务保障体系的数字化建设，需要新技术研发应用与持续的更新维护投入，新技术较高的市场溢价对高校造成了一定的数字化开发成本，技术折旧加速，也在一定程度上增加了高校财务的成本收益风险。同时，过度依赖技术治理同样面临人文关怀缺失、价值导向“跑偏”的伦理争辩。如何明确数字治理的技术定位并搭建好制度监管体系，是在数字化转型过程中需要结合高校实际进行具体分析的重要课题。

四、我校人才服务保障数字化体系建设的可行性和现状分析

（一）学校中长期发展规划融合了与新经济发展相适应的与时俱进的发展理念

近年来，随着大数据技术、人工智能技术、移动互联网技术的开发和普及，在学校中长期发展规划中信息经济、共享经济、智慧经济、绿色低碳经济的发展

理念融入其中，绿色低碳校园、智慧校园、共享办公室等正在持续建设过程中。

（二）学校具备实行人才服务保障数字化管理的体系和机制。

人才服务保障数字化建设是一个系统工程，教育投入、技术开发、管理体系建设是完善数字化管理的系列配套举措。从教育投入看，我校每年保持了持续的信息化建设投入，尤其近年来，数字经济实验室、国家安全实验室等高端实验室项目投资建设落地，为数字教学和科研提供了先进的软硬件设施保障。从技术开发看，以计算机中心作为归口管理的信息技术部门，推动校内多部门信息系统落地，并不断推进各系统之间的统筹。

（三）学校支撑数字校园建设的硬件支撑条件不断优化。

1. 新增资产总体分析

物联网是建设数字校园的硬件基础，设备类固定资产是物联网建设的物理基点。表 1 列出了近五年来我校设备类固定资产与非设备类固定资产原值的比值，用来衡量我校准数字化水平建设情况。其计算方法为，选取 2017—2021 年每一年的新增固定资产作为分析对象，设备类固定资产主要包括网络设备、计算机设备、实验室设备、教室设备、电子图书等，非设备类固定资产主要包括家具用具、纸质图书、文物等，按照教育部固定资产分类，非设备类固定资产的数据中剔除了房屋建筑物类，主要原因为房屋建筑物类原值较大，且其入账周期较长，会对某一年度的数据产生较大影响。从表中可以看出，近五年来我校准数字化水平整体提升较大，尤其在 2020 年及之后，数字化硬件设备原值较之前增长近三倍，这种变化表现在图 1 中，便是前三年数字化水平基本保持稳定，2020 年达到高峰，2021 年稍有回落。计算机中心是全校网络信息建设的中枢和集成部门，全校网络信息建设服务器皆由计算机中心统一管理，且学校每年的信息化建设专项经费由信息处统一执行。因此，计算机中心设备类固定资产投入也能一定程度上反映了我校准数字化建设的硬件投入，表 2 显示近五年来我校计算机中心设备类投入经过了先增加后下降的倒 U 形变化趋势。

表 1　　2017 年—2021 年校园准数字化水平

年份	2017	2018	2019	2020	2021
准数字化水平	2.4	2.47	2.22	7.82	5.36

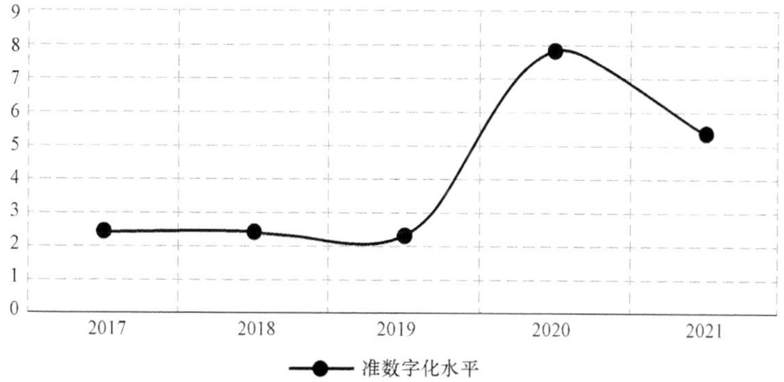

图 1　2017 年—2021 年我校准数字化水平变化折线图

表 2　　**计算机中心设备类固定资产原值**

年份	2017	2018	2019	2020	2021
设备原值	256 630	3 207 414	3 304 790	2 703 885.84	859 918

2. 存量资产差异分析

为更加准确详细描述我校准数字化水平，在上文对全校近五年来新增固定资产为分析对象的基础上，我们进一步以 2021 年规模学院为分析对象，分析二级部门存量资产的准数字化水平差异。规模学院主要指招生、师资、资产数量达到一定规模的二级学院，具体包括英语学院、国际经贸学院、国际商学院、金融学院、法学院、信息学院、外语学院、继续教育学院、保险学院、政府管理学院。表 3 列出了十个规模学院的设备类、非设备类固定资产原值，固定资产总值和准数字化水平，准数字化水平的计算方法同上。学院排序按照资产总值进行降序排列。

表 3　　**2021 年规模学院准数字化水平**

序号	学院	设备类原值	非设备类原值	资产总值	准数字化水平
1	英语学院	7 675 866.65	938 475.96	8 614 342.61	8.18
2	国际经贸学院	7 116 574.86	1 438 868.18	8 555 443.04	4.95
3	国际商学院	5 754 318	2 092 195	7 846 513	2.75
4	金融学院	5 674 515.31	899 304.88	6 573 820.19	6.31
5	法学院	4 836 217.39	1 104 675.19	5 940 892.58	4.38
6	信息学院	5 072 108.61	809 935.1	5 882 043.71	6.26
7	外语学院	3 562 006.11	1 118 845	4 680 851.11	3.18
8	继续教育学院	2 149 631	376 540.9	2 526 171.9	5.71
9	保险学院	1 235 592.93	688 182	1 923 774.93	1.8
10	政府管理学院	854 474.03	354 114	1 208 588.03	2.41

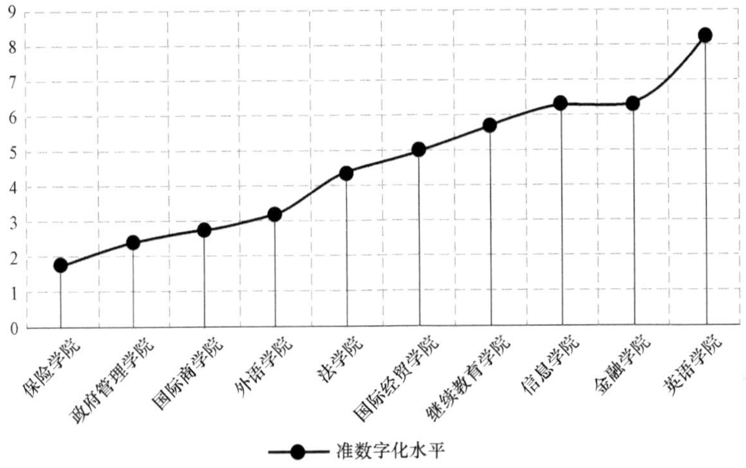

图 2　2021 年规模学院准数字化水平升序排列

通过对比图 2 和表 3 发现，英语学院不仅是固定资产大院也是准数字化水平强院，属于大而强模式，除此之外，法学院和外语学院的固定资产规模和准数字化水平排序也基本相当，处于排序中段位置，属于稳步模式，保险学院和政府管理学院的固定资产规模与准数字化水平排名基本一致，处于排序尾段位置，属于小而弱模式，金融学院、信息学院、继续教育学院的准数字化水平排名远优于其固定资产规模排名，处于赶超模式，而仅从校内规模学院的相关指标角度分析，国际经贸学院和商学院虽然是固定资产大院，却不是准数字化强院，属于落后模式。

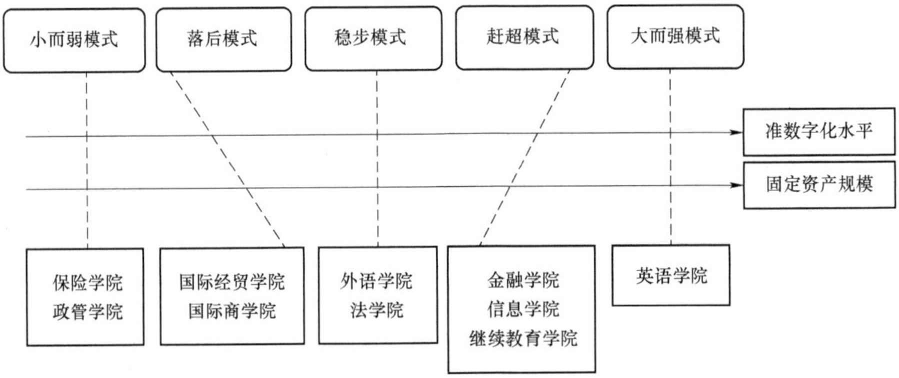

图 3　2021 年规模学院准数字化与资产规模匹配度

（四）存在问题

第一，从信息网络辅助能力看，建立了若干“信息丘陵”，但未形成一体化

“数字高原”，导致权限内信息共享成本较高；第二，从技术开发更新成本看，缺乏自有数字网络技术开发团队，导致外购技术服务的成本溢价较高，较高的信息技术投入成本以及较快的技术淘汰更新速度和难以测量的成本收益比，使高校管理者面临是否追加技术投入的两难选择；第三，从优化人才服务保障工作的新型生产要素看，缺乏内部自有数据资源的整合，尚未形成优化人才服务保障工作的优质数字生产要素池，目前学校数据库资源丰富，但均是购买的数据库使用权。事实上，在优势学科基础上开发并积累自有数据池，具备数据调研、挖掘、整合、共享能力，对于进一步提升人才培养和服务质量，辅助提升人才科研产出具有重要意义。

五、高校数字化服务保障体系优化路径探索

（一）推动建立人才服务保障管理的数字化支撑辅助体系，以数字内嵌的网格化管理形成信息流闭环，助力智慧校园建设

数字信息是建设智慧校园的基础要素，通过建立数字内嵌的管理网格，畅通信息传输和共享渠道，有利于形成优化改进人才服务工作的智能辅助系统。依托校内基于“个体—二级部门—学校”的三级管理体系，设置数字化网格管理的基点、节点和端点，畅通信息收集和传输流动通道，在数字网络基点，普及基于移动互联网终端的信息无线摄入技术，使个体均能通过手机等移动终端方便快捷的参与权限内信息录入和维护，基点之上的中间管理者通过在网格节点审核和提取经过智能化处理的信息，分类汇总需要上报的事项，数字网格端点的高层管理者，

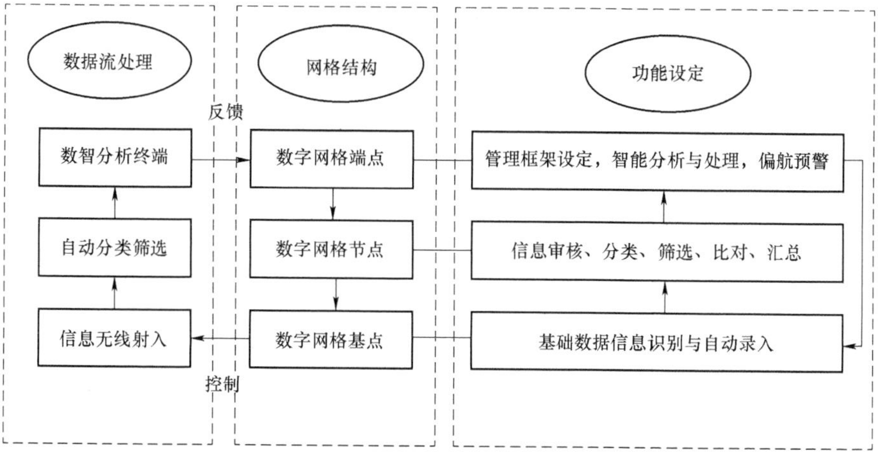

图 4　智慧校园建设数字化支撑辅助体系

依据信息反馈不断调整和修订管理策略，并在数智分析终端将最新策略进行明晰的数字化设定，在不断摄入、传输、反馈、修正、控制的闭环系统中逐步逼近人才服务最优策略。

（二）充分发挥已有“信息丘陵”的基础作用，以数智化体系推进不同“信息孤岛”之间的信息共享和互联，促进形成人才服务保障管理的“数字高地”

学校已有信息化建设为人才培养和发展提供了数字化管理的基础，但基于权责分工的切块管理也在一定程度上造成“信息孤岛”现象。因此，建立人力资源管理、财务管理、资产管理支撑保障系统之间的对接和互联，对接科研管理系统和人力资源管理系统，畅通学生管理系统和就业培训平台之间的信息通道，在数据共享的同时赋值相应的权限等级，保障隐私和数据安全，将信息丘陵连结成数字高地，才能发挥数字化校园服务管理体系在人才服务保障中的智能管理作用。

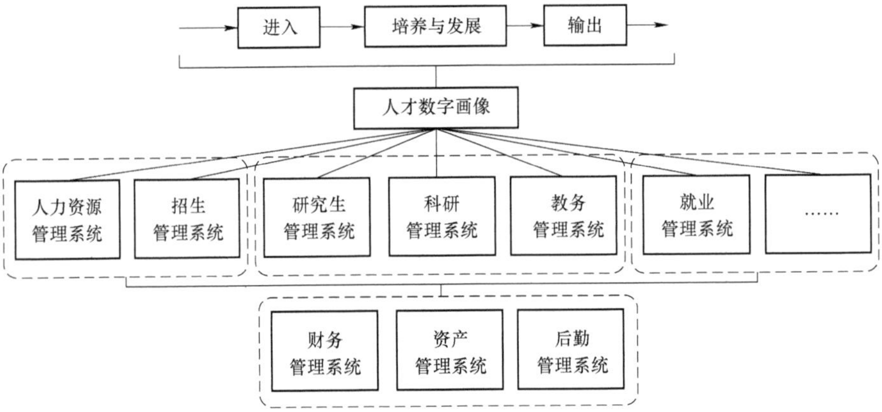

图5　从“信息孤岛”到“数字高地”

（三）重视大数据和人工智能等新技术对人才服务保障工作的基础支撑和智能辅助作用，充分利用学校科研比较优势，组建校内数字化技术研发团队，使新技术外部溢价内部化，降低技术应用成本

在智慧校园建设和数字辅助管理体系建设过程中，离不开大数据技术、人工智能技术、网络融合技术等多种技术的开发和应用。由于技术壁垒的存在，新技术溢价使市场存在技术红利，外购技术成本较高。因此，依托学校目前以数字经济实验室、网络信息中心、信息学院以及统计学院为主的现有的数字信息研究智库，充分调动数智人才的积极性，根据学校智慧校园建设的现实需求，设置理论

研究与应用、技术开发与应用课题，组建一支服务于本校数字校园建设的技术技能团队，不仅对于降低技术开发和应用成本具有重要意义，而且对于技术的后期升级和维护也提供了人员和服务保障。

（四）尝试建立与职称分类评价体系相适应的人才招聘体系，打通从高等职业院校招聘技术技能类人才的渠道，以扩充大后勤服务团队，同时，以智能机器人逐步取代部分重复机械性工作，抵抗人力资源成本上升

在学校行政管理体系中，人尽其用、人岗相适是做好人才服务保障工作的前提。但目前编制受限、管理类人才相对过剩、用工成本上升等问题在一定程度上制约着人事管理工作的进一步优化。在当前的职称分类评价体系中，针对校医院、图书馆、档案馆、学刊部、网络中心、财务处等对专业性要求较高的管理服务部门设置了专业技术岗，但对于校园工程项目、基建项目、维修改造项目、特种设备管理、法务管理等岗位仍缺乏相应的专业技术人才。目前学校招聘的行政管理和专技岗应届毕业生皆来自国内外顶尖的研究型大学，但专技岗对专业能力和应用能力要求较高，随着我国“研究型大学—应用型大学”双轨制改革的深度推进，针对专技岗打开应用型大学招聘渠道，成为未来优化人才配置的一种思路。随着人力资源成本上升，专业技术类工作的外包服务成本不断上升，在优化专技岗人员招聘渠道和配置的同时，辅之以智能机器人取代部分重复机械性工作，成为降低用工成本、管理工作优化升级的发展趋势。

（五）在线上教育蓬勃发展的同时，注重线上教育质量，使用 VR 等技术提高线上课堂的师生互动质量

线上教育成为疫情期间停课不停学的基本保障，随着疫情趋于局部化，正常生活教学秩序逐渐恢复，但线上教育这种流空间知识传播方式已经成为线下教育不可或缺的重要补充。虽然线上教育为知识传播、人才培养带来了诸多便利，但网课带来的师生之间互动效果下降、课堂管理质量下降、学生之间情感交流减少等问题影响了教育对人的多维培养目标的实现。依托现代网络技术的线上教育，如何在已有技术条件基础上，进一步提升智能化和仿真度，在人机交互和人与人沟通方面不断趋近于线下教育体验，成为未来线上教育的发展趋势。

参考文献

［1］刘伟，陈彦斌. 2020—2035 年中国经济增长与基本实现社会主义现代化［J］. 中国人民大学学报，2020，34（04）：54－68.

［2］张男星，王新凤. 乌卡时代高等教育发展的境遇及其应对思考［J］. 中国高教研究，2022（09）：83－87.
［3］王洪梅，王运武，吴健. 3D数字化教学资源、未来课堂与智慧学习三元关系的新探讨［J］. 远程教育杂志，2017，35（02）：29－35.
［4］程建钢，崔依冉，李梅，韩锡斌. 高等教育教学数字化转型的核心要素分析——基于学校、专业与课程的视角［J］. 中国电化教育，2022（07）：31－36.
［5］杨贺光. 数字化教学资源应用效果的影响因素研究［D］. 沈阳师范大学，2021.
［6］纪雯雯，刘向兵. 数字经济发展对未来教育的影响与应对［J］. 国家教育行政学院学报，2021（03）：58－66.
［7］沈光辉，陈明，程方昭，魏顺平. 终身教育大数据应用模型与服务平台构建研究［J］. 中国远程教育，2020（12）：59－68.
［8］袁利平，林琳. 大数据赋能高等教育治理的逻辑理路、现实境遇及行动选择［J］. 高校教育管理，2022，16（03）：32－45.
［9］苏珊，马志强. 高等教育数字化转型的国际经验：基于CIPP模型的实践案例［J］. 中国教育信息化，2022，28（08）：18－24.
［10］黄林奇. 疫情防控下高校教育管理的数字化建设：现实与未来［J］. 海峡科学，2020（05）：68－70.
［11］李宛融. 论数字化时代高校财务管理信息化［D］. 哈尔滨师范大学，2017.
［12］薛竹隐. 高校人力资源管理的数字化转型路径［J］. 人才资源开发，
［13］2021（17）：43－44.
［14］陈时芳，龙辉明，王颖. 大数据时代高职院校人力资源信息化路径研究［J］. 现代职业教育，2022（26）：148－150.
［15］赵强. 大数据思维下的高校资产管理改革［J］. 中国现代教育装备，2017（01）：1－3.
［16］张晓宏. 数字经济时代下高校资产管理研究［J］. 投资与合作，2020（09）：118－119+134.
［17］金俊兰. 基于信息数字化的高校档案管理新体系构建［J］. 湖北师范学院学报（哲学社会科学版），2010，30（04）：150－151.
［18］王磊. 高校学生学籍档案的数字化管理模式研究［J］. 山西档案，2019（06）：74－78.
［19］邢建民. 数字化时代高校档案管理信息化建设模式初探［J］. 中国管理信息化，2017，20（04）：183.
［20］苗苗. “互联网+”时代高校后勤管理的创新发展研究［J］. 中国管理信息

化，2020，23（06）：134－135.
［21］盛金锋. 智慧后勤：“互联网+高校后勤”的理念及其实现路径［J］. 湖北科技学院学报，2017，37（05）：120－125.
［22］袁驰. 数字化视角下的高校后勤管理方式改革［J］. 当代教研论丛，2017（05）：85.
［23］杨朔. 基于“互联网+”的高校后勤改革实践与思考——以北京师范大学为例［J］. 高校后勤研究，2020（11）：14－17.
［24］袁诗琼. 高校后勤水电管理系统的设计与实现——以西南交通大学为例［J］. 高校后勤研究，2019（07）：43－46.
［25］董永帅，张建设. 基于 BIM 技术的楼宇数字化管理平台——以某高校土木工程学院教学楼为例［J］. 智能建筑与智慧城市，2022（03）：121－123.
［26］李广乾，陶涛. 电子商务平台生态化与平台治理政策［J］. 管理世界，2018 年第 6 期.
［27］肖红军，李平. 平台型企业社会责任的生态化治理［J］. 管理世界，2019 年第 4 期.
［28］徐鹏，徐向艺. 人工智能时代企业管理变革的逻辑与分析框架［J］. 管理世界，2020 年第 1 期.
［29］陈晓红，李杨扬，宋丽洁，汪阳洁. 数字经济理论体系与研究展望［J］. 管理世界，2022，38（02）：208－224+13－16.
［30］Berisha-Shaqiri, A. and Berisha-Namani, M., 2015, “Information Technology and the Digital Economy”, Mediterranean Journal of Social Sciences, 6(6), pp. 78.
［31］Turcan, R. V. and Juho, A., 2014, “What Happens to International New Ventures beyond Start-up: An Exploratory Study”, Journal of International Entrepreneurship, 12(2), pp. 129－145.
［32］Bharadwaj, A. and Pavlou, P. A., 2013, “Digital Business Strategy: Toward a Next Generation of Insights”, MIS Quarterly, 37(2), pp. 471－482.
［33］Richter, C., Kraus, S. and Brem, A., 2017, “Digital Entrepreneurship: Innovative Business Models for the Sharing Economy”, Creativity and Innovation Management, 26(3), pp. 300－310.
［34］Teece, D. J., 2018, “Profiting from Innovation in the Digital Economy: Enabling Technologies, Standards, and Licensing Models in the Wireless World”, Research Policy, 47(8), pp. 1367－1387.

作者简介

卢林，对外经济贸易大学资产管理处设备科主任，副研究员；研究方向：教育经济、高等教育管理；电子邮箱：02352@uibe.edu.cn

高校普通党政教辅人员培训体系建设研究

杜纪庆

摘　要：现代高等教育的发展要求高校普通党政管理人员具备专业精神和责任感，以高等教育学、管理学和心理学等为基础的知识体系，以及以岗位技能、创新力和终身学习力等为主的能力体系。当前高校没有针对普通党政教辅人员建立系统的培训体系，存在培训制度不完善、培训内容无法满足岗位及人员培训需求、培训方法和模式单一、培训评价考核不到位、培训激励措施不完善等问题，从而达不到预期的培训效果。本文针对上述问题提出相应改进措施，如以需求为导向的培训计划、科学合理设计培训内容、创新培训模式、构建培训效果评价激励体系，以期为构建符合新时代高校需求的党政教辅人员培训体系提供参考。

关键词：高校普通党政教辅人员；高校管理；培训体系

现代高等教育的发展，要求高校党政管理人员不断地进行学习，更新自己的知识和能力系统。高校普通党政教辅人员培训体系是党政教辅人员优化管理知识体系，提升业务能力和管理水平的主要途径，对高校管理创新的实现和管理效益的提升具有非常重要的意义。近年来，高校党政教辅人员队伍的发展呈现出高学历、高素质和年轻化的特点，具有很大的提升潜力。与此同时，高校党政教辅人员在个人发展和职业培训方面不如一线授课教师受重视，高等院校对于党政教辅人员的培训普遍存在投入不足，没有建立起科学、系统、合理的培训体系，不利于高校党政教辅人员的个人发展和自我实现，不利于提升高校党政教辅工作的实效性。因此，如何建立科学系统合理的培训体系，有效提升高校党政教辅人员的综合素质和管理能力，是值得深入研究的课题。

一、高校普通党政教辅人员所需的知识体系和能力结构

20 世纪以来，胜任力这一概念被越来越多地引入高等教育领域，许多高等教育研究者将高校管理人员所需的知识体系和能力结构统称为胜任力，并且从

各个角度对胜任力的内涵和外延进行了界定。李娜娜、卢君认为，胜任力包括责任心、协同创新能力、政治素养、爱岗敬业、耐心热情、学习能力、担当精神和奉献精神①，董晓林、马连杰认为，胜任力可以归类为8项，即业务素养、民主责任、学习适应、教育视野、影响力、同僚关系、职业技能和性格特征②；姜良杰从管理技能、人际技能、工作技能、性格特征、职业道德、创新能力6个维度进行界定③。综上所述，笔者认为，高校普通党政教辅人员的胜任力可以从情志、知识和能力三个层次的内涵来阐述，底层情志为专业化精神和责任感，中层知识为高等教育管理相关专业知识和素养，高层能力包括各岗位技能、创新能力和终身学习力。

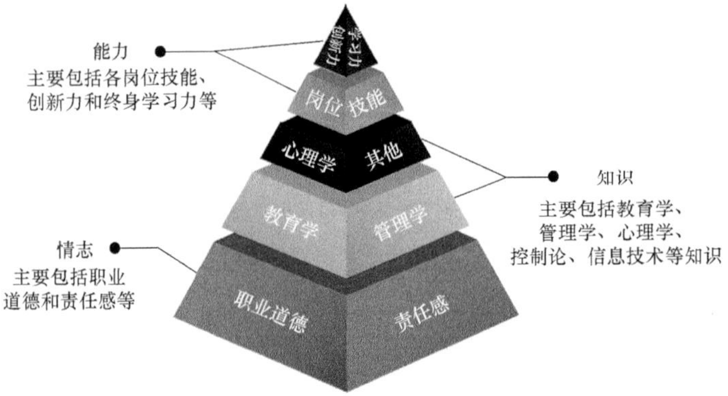

高校普通党政管理人员所需的知识体系和能力结构图

（一）情志

高校管理人员应具备专业精神和责任感。专业化是社会分工的必然产物，适度的专业化有助于提高生产效率和效益，促进社会发展的进步。高校党政教辅人员专业化将越来越不可避免，而专业精神主要是指专业化人员必须具备职业道德，干一行爱一行，用专业的态度对待专业的工作。高校党政教辅人员作为高校日常运行的管理者，必须加强自己的综合素质和职业道德的培养，热爱教育工作，遵守校规校纪，爱岗敬业、廉洁奉公，具有奉献精神，并且经过长期的工作，将专业精神内化为自觉自愿的行动。

高校党政教辅人员面临着繁杂重复的日常工作，还要及时应对突发事件的

① 李娜娜，卢君. 高校机关职员胜任力研究［J］. 人力资源管理，2016（12）：171－173.

② 董晓林，马连杰. 高校行政管理人员胜任力与工作绩效的关系［J］. 高等教育研究，2013，34（10）：22－27.

③ 姜良杰. 高校行政办公人员的胜任力模型构建［J］. 华北电力大学学报（社会科学版），2010（1）：50－53.

处理，工作范围覆盖了学生培养、教师服务、科研管理等，工作量非常大。这就要求高校党政教辅人员必须具备高度的责任感，对学校对教师对学生具有满腔的热情和认真负责的态度，才能完成上述复杂的工作，保障高校管理工作不出纰漏，高效运转。

（二）知识

高校党政教辅人员的基础知识结构应包括教育学、管理学、心理学、党建知识、法律常识等。更具体来说，高校党政教辅人员需要具备教育学（主要包括高等教育学、教育哲学、教育经济学、教育管理学等）的基础知识、管理学（主要包括人力资源管理、现代管理科学、教育管理学、学校管理学等）及心理学（主要包括教育心理学、心理统计、心理测量学等）相关知识；还需要掌握一定的法律常识。目前高校党政教辅人员所学专业不一，专业范围既涵盖教育学、管理学、心理学，也包括政治学、新闻传播、汉语言文学等，并不是所有人员都具备教育学、管理学以及心理学等与高校管理紧密相关的专业知识。因此，做好入职前以及入职后培训，补足相关方面知识的空缺，是高校党政教辅人员培训的重中之重。

（三）能力

关于高校管理人员需要的能力，帕特里夏·帕廷顿认为，管理是指在一些特定领域具有的职业能力，如财务、人事、专业、事务等方面①。

首先，高校党政教辅人员应该具备所在岗位的各岗位技能，比如，各种专业技术人员必须具备各对应岗位的技能，财务人员必须精通财务会计技能，从事人事工作人员必须精通人力资源相关技能，从事新闻宣传人员必须具备敏锐的新闻嗅觉和扎实的写作能力；同时，除了专业技术人员，综合管理部门的人员的能力要求更高，应该同时具备良好的电脑应用能力、公文写作能力、组织协调能力和超强的执行力等。

其次，高校党政教辅人员应该具备创新能力。创新越来越成为产业发展、国家振兴的灵魂，高校理所当然地成为创新的起点。高等教育管理应以创新为主线，实施素质教育和创新教育，改革学生管理方式，改进科研组织模式，优化资源配置，推进科研管理创新，推动教学内容、教学方式改革和教学管理创新，致力于创新型人才产出。这就要求高校党政教辅人员具备创新理念和创新

---

① 帕特里夏·帕廷顿，卡罗琳·斯坦顿. 高等院校员工发展管理［M］. 王强，译. 南京：江苏教育出版社，2009.

能力，把握高校管理工作的程序性范式和创新性突破之间的平衡，不断实现在管理观念、管理方式、管理行为、管理手段上的创新，为高等教育跨越式发展提供创新的源泉。

最后，高校党政教辅人员应该具备终身学习力。终身学习力是个体或者组织持续不断地学习的能力，是个人或者组织不断进行知识积累和更新，从而提升个人或者组织能力，达到创新性发展的必然要求。高校管理工作的新发展要求构建学习型高校管理组织，终身学习力上升到了空前重要的位置。高校党政教辅人员必然需要具备终身学习力，才能够有效地做好高等教育管理和运行工作，为高等教育的高质量发展奠定基础。

二、当前高校普通党政教辅人员培训存在的问题和不足

（一）制度保障不够

从现实情况来看，高校对专任教师的培训支持力度远远大于对党政教辅人员培训支持力度。各高校对于专任教师培训一般具有较为完备的培训制度和规划，且各方面培训资源也较党政教辅人员培训丰富。而单就党政教辅人员来说，处级（含）以上干部参加培训的频率也远远大于普通行政人员，在制度保障方面也比普通党政教辅人员完备得多。这些充分说明，高校普通党政教辅人员在培训制度保障方面比不上教师，也比不上处级以上干部。这也与何淑通所做的调查相印证：高校处级干部培训进修机会多于基层管理人员，表明高校对领导干部的培训重视程度远超基层管理队伍①。

（二）没有形成系统的培训体系

由于高校党政教辅人员培训的传统理念制约，加上经费限制、领导重视程度不一而足，导致高校党政教辅人员培训没有形成系统的培训体系。高校对党政教辅人员的培训没有进行长期规划，已有的培训经常表现出零散和随机的特点，同时也远远未达到党政教辅各岗位人员的全员覆盖和高校管理工作的岗前、岗中全过程覆盖，在实效性方面也差强人意。与此同时，党政教辅人员也往往被动参与培训，在参训热情和参训态度上也大打折扣，对参训人员教育管理知识和业务能力提升帮助有限。

---

① 何淑通. 高校管理人员在职培训状况之调查研究［J］. 当代继续教育，2019（4）.

（三）培训内容无法满足岗位和人员需求

1. 培训内容不能满足岗位需求

高校党政教辅培训的基本目标应该是弥补岗位所需和员工实际拥有的知识与能力之间的差距，使员工更好地胜任岗位职责。现有培训内容重视常规知识技能培训，采取相对整齐划一的培训模式，忽视了各岗位之间的差异，缺乏具体岗位的针对性，不能满足高校各具体管理岗位所需。调查结果表明，33%的参培人员认为培训中普遍重理论轻实践，44%的参培人员认为培训中理论和实践脱节，无法用学到的科学理论解决面临的实际问题[①]。这就要求在设计培训内容时，需要分析对比不同岗位对人员综合素质的需求和当前高校党政教辅人员的知识能力现状，找出差距，把握重点内容，有针对性地确定培训内容，制定培训计划。

2. 培训内容没有针对不同人员的需求

随着时代的发展，高校党政教辅人员对培训的需求越来越多样化，对培训内容的要求也越来越高。有的参训人员注重知识和能力提高，有的参训人员注重学历提升，也有的参训人员希望得到实践锻炼的机会。而现行培训内容没有根据不同参训人员的需求进行分类分层设计、制定有针对性的培训计划，不能达到全面提高参训人员的专业能力和综合能力的培训要求。此外，现行培训内容在某种程度上缺乏专门针对参训人员的性格特征、个性特质、工作动机等内在品质的塑造。

（四）培训方法和模式单一

现行高校党政教辅人员培训方法和培训模式相对单一，主流授课模式依然是课堂式教学，缺乏多元化的授课模式，课堂教学仍然缺乏互动性、实践性和讨论式、案例式教学手段。调查发现，就培训形式而言，最受参学人员欢迎的培训形式依次是案例研讨（78.23%）、拓展训练（69.35%）、网络培训（66.13%）和考察调研（60.48%）[②]。一方面，这种讲课—听课的授课方式在内容和形式的吸引力方面欠缺，不利于参训学员提高兴趣、高度参与；另一方面，不适应具有灵活多变特点的高校管理工作任务需求。此外，因为没有建立党政教辅人员培训网络体系，诸多现代化手段和网络培训资源也未应用到培训中去，参训学员在集中培训结束以后，很少能够继续进行自主学习。上述原因造成部分培训

---

① 骆行. 高校基层管理人员培训现状及对策研究［J］. 长春教育学院学报，2020 年第 9 期（总第 287 期）.

② 张国兴，王东. 高校管理干部教育培训工作针对性研究［J］. 国家教育行政学院学报，2013，（1）.

效果欠佳，参训学员对培训评价不高。

（五）培训评价、考核不到位

在高校普通党政教辅人员实际培训工作中，由于培训人员人手紧张、缺乏评估体系等原因，大多数培训都未达到对培训效果进行科学评估的要求，部分高校会针对参训学员进行简单的调查问卷，有些高校没有专门针对培训效果进行评价。这样就导致高校党政教辅人员的培训效果和收益成为难以评估的黑箱，高校每年都投入资金进行党政教辅人员培训，但是每年的培训效果不佳，在某种程度上流于形式。

三、针对现存问题，建立、完善高校普通党政教辅人员培训体系

（一）制定以需求为导向的培训计划

1. 从工作岗位角度出发，分类别分层次分析培训需求

高校党政教辅人员工作岗位大致可以分为组织类、宣传类、人事类、教务类、财务类、资产类、综合类等各种类型，以往高校党政人员培训往往采取一刀切的方式，没有按照工作岗位类别，分门别类地进行培训需求分析，导致培训达不到预期效果。今后应按照岗位类别，除了教育学、管理学、心理学等基础知识外，还应根据不同岗位设置培训计划和培训课程，相关参训人员可根据岗位需求进行菜单式选课进行培训，达到事半功倍的效果。

2. 从高校党政教辅人员的个体角度分析培训需求

通过岗位所需知识结构与能力结构与党政教辅人员自身能力水平的对比，找出差距，匹配需求。具体可以通过两种手段，首先可以使用调查问卷，对参训人员的个体需求进行归纳总结，比如除了党政教辅人员需要具备的基本理论和能力外，有的参训人员还重视实践能力，希望能够到其他岗位挂职锻炼，有的参训人员希望能够进行某些理论知识体系学习，强化科研能力等；其次还可以根据参训人员的工作情况和考核情况中发掘培训需求，做到有的放矢地提供培训计划和内容。

（二）搭建党政教辅人员全程网络培训平台

信息技术的发展为高校党政教辅人员培训带领新的机遇，高校党政教辅人员培训要加快数字化建设，构建“互联网＋培训”新模式，克服传统培训耗时、

费力和效果不佳的不足，发挥网络平台不受时间地点的限制、降低培训成本的优势，创新培训模式，丰富培训形式，提高培训成效。在党政教辅人员全程网络培训平台上，职员的培训项目、培训成绩、选课、学分统计、考核、线上课程安排、作业等有关信息和数据都能够实现准确而快速的操作和提取。通过信息技术的加持，培训组织者可以做到省时省力，能够更高效、高质量地推进培训工作。

此外，全程网络培训平台切合高校党政教辅人员自我学习和终身学习的理念，实现集中培训和自我学习、终身学习相结合。通过培训平台，他们可以利用工作间隙随时随地复习回顾前期培训内容，也可以根据自身需求，方便地获取高质量网络培训资源进行自学，在学习方式上也更加灵活。

（三）科学设计培训内容

科学设计培训内容是提升高校党政教辅人员培训实效性的关键。高校应结合党政教辅人员的岗位不同特点，在分析培训需求的基础上，将岗位培训需求和个人培训需求结合起来，分类别、分层次、分岗位匹配实用的培训内容和培训讲师，增强培训的针对性和实效性。在课程设计上，应既包括基础教育管理理论，也包括不同岗位的知识和技能内容，还需要对党政教辅人员的情志素质进行培训。既要提升党政教辅人员的综合素质，也要满足参训人员的个性化培训需求。

具体说来，课程体系可分为以下三大模块。

1. 基础教育学、管理学知识模块： 主要包括教育学和心理学相关知识、高等教育管理学相关知识以及人际沟通与交往相关知识等。

2. 各类管理岗位技能模块： 主要包括教学管理技能、科研管理技能、财务技能、人力资源管理技能、资产管理技能、学生管理技能、公文写作能力、网络系统应用安全能力、语言能力等。

3. 情志模块： 主要包括职业道德、责任感、思想政治素质等。

此外，还应该包括实地考察、挂职锻炼等实践类课程，高校可以按计划定期组织党政教辅人员定期进行外出培训与进修，向发达国家或地区高校学习借鉴先进的管理经验。

（四）创新培训模式

当前高校普通党政教辅人员存在学历高、年龄较轻的特点，他们具备比较全面的信息技术技能，综合素质得到进一步提升，对培训方式的要求也越来越

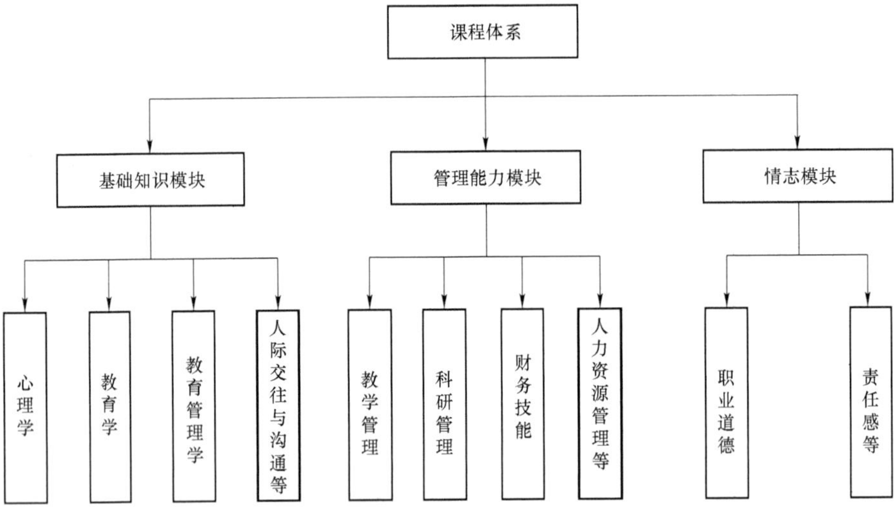

高。与之相应的，高校应主动创新培训模式，采取多种培训手段相结合，提升参训人员的互动参与度。从培训时间安排上来说，通过专门培训和定期培训相结合、固定时间和机动时间相结合、岗前培训和岗中培训相结合；从培训实施地点来说，校内培训与外派进修相结合、脱产培训与在职培训相结合；在学习方式上，线上线下相结合、集体培训与自主学习结合，行政人员培训系统内外资源相结合；在授课方式上，课堂授课与知识讲座、研讨会、参观学习、案例分析、互联网培训多种方式相结合，提升培训效果。

在常规培训之外，还可以安排部分优秀高校普通党政教辅人员进行挂职锻炼，增强实践性环节，满足参训人员的多方面需求；将常规培训与学历提升相结合，调动参训人员积极性；对职业道德如组织观念、服务意识、工作态度和责任心等内容的培训可以采取案例分析、研讨会等生动活泼的培训形式提升培训效果。此外，高校应利用好网络培训平台，深入挖掘网络培训的潜力，丰富培训模式。

（五）完善培训考核和激励机制

完善的培训考核和激励机制是提升培训效果的重要保障。培训考核主要内容包括学员在教育管理知识、岗位技能的掌握以及职业道德和责任感的提升上，具体考核方式主要包括闭卷考试、口试、总结报告、技能实操和实践应用等多种形式。培训考核结束后，参训人员的考核结果和表现应做好记录，并建立详尽的档案，存储于全程网络学习系统中。同时，还要对表现突出的参训人员进行奖励，并且在以后的职务提升中，将培训考核结果作为重要的参考，充分调动参训人员的积极性。此外，党政教辅人员的培训应该与工作实用环节挂钩，培训过程的结束应该意味着培训内容实践应用的开始，参训人员对培训内容的应用也应该纳入培训考核激励机制中。

（六）构建培训效果评价体系

科学可行的培训效果评估体系是高校党政教辅人员培训的有效反馈机制，能够查漏补缺，评估培训的科学性和有效性，强化培训过程，提升培训管理水平，大幅度提升培训效果。这就要求对培训的相关数据进行全面整理归纳，构建培训效果评价体系。

对培训效果的考核和评估常见的做法是访谈法和调查问卷法，征集参选人员对培训的整体感受和价值判断以及对课程内容、授课方式、授课时长、授课效果、教师教学水平等方面的意见建议，在此基础上整理归纳得到的调查数据，对培训内容、培训方式和实际效果进行综合评估。此外，在上述两种方法的基础上，还应加入参训人员培训成绩要素以及对培训内容的应用情况，综合上述数据建立更加完备科学的培训考察评价体系，对培训工作进行综合评估并就相关薄弱环节进行完善和改进。

参考文献

[1] 念潮旭. 高校行政管理人员胜任力研究[J]. 福建师大福清分校学报.
[2] 鞠琳等. 现代大学治理体系建设中高校行政人员胜任力及其提升策略研究——以A大学为例[J]. 高等理科教育.
[3] 胡君辰，郑绍濂. 人力资源开发与管理[M]. 上海：复旦大学出版社，2014.
[4] 萧鸣政. 人力资源开发学[M]. 北京：高等教育出版社，2012.
[5] 李硕. Y学院学生管理人员培训管理研究[D]. 大连理工大学硕士学位论文，2019.
[6] 李晓华. 专业化视野下高校管理人员培训体系研究[D]. 华中科技大学博士学位论文. 2010.

作者简介

杜纪庆，对外经济贸易大学国际发展合作学院办公室主任，助理研究员；研究方向：高等教育学、教育管理学；电子邮箱：lion7102@126.com。

数字化背景下“双一流”高校人才队伍建设研究

张敏丽　李欣欣

摘　要：在教育数字化的大背景下，“双一流”高校如何开展人才队伍建设，助力“双一流”建设取得新突破，是高校发展的一个关键问题。本文通过分析近年教育数字化相关文件和会议精神，厘清数字化同高校人才队伍建设和“双一流”建设之间的关系，并重点调研高校人才队伍建设相关数据类型和数字技术，探讨数字化背景下“双一流”高校人才队伍建设路径，提出可参考的三步走路径方案，包括数据获取、数据处理和影响决策三个关键环节。最后，分析应用此路径可能存在的挑战和机遇。

关键词：人才队伍；教育数字化；“双一流”建设

随着数字技术的不断发展和普及，教育方式正在发生深刻的变革，教育数字化已经成为教育发展的必然趋势。在数字化时代，教育数字化已经成为教育改革和教育现代化的重要方向，教育数字化对于教育发展和教师队伍建设具有极其重要的意义。

一、数字化助推“双一流”高校人才队伍建设

（一）教育数字化对教师队伍建设的重要性

在数字技术不断发展的大环境下，教育信息化成为教育发展的重要方向。构建数字化的教师队伍建设方案是教育现代化进程的重要组成部分，有助于推动教育教学的现代化、国际化和科技化，提高我国教育的国际竞争力。

教育部于 2021 年 9 月发布的《关于实施第二批人工智能助推教师队伍建设行动试点工作的通知》指出，学校要立足新发展阶段、贯彻新发展理念、构建新发展格局，积极推进人工智能、大数据、5G 等新技术与教师队伍建设的融合，

形成新技术助推教师队伍建设的新路径和新模式，打造高水平专业化创新型教师队伍，支撑教育强国战略与教育现代化。世界数字教育大会也指出要强化数据赋能，提升教师教书育人能力。为了实现教师队伍中国式现代化建设，需要构建数字化的教师队伍建设方案，应用人工智能优化教师队伍建设，为高校谋求更好的发展方向。

随着社会对教育的需求不断提高，教师队伍也需要适应变化，数字化助力教师队伍建设可以帮助学校更好地适应社会需求，提高学校教育质量，为社会输送更多人才。

（二）人才队伍建设对“双一流”建设的重要性

师资人才队伍建设是“双一流”建设的重要基础和关键因素。优秀的师资队伍是高水平大学学科建设的重要基础。高水平大学要实现“双一流”建设，需要在学科建设上下足功夫；而学科建设的核心是优秀的师资队伍。只有拥有一支高水平、高质量的师资队伍，才能在学科竞争中占据优势地位，拓展学科研究领域，提高学科水平。

人才队伍是“双一流”建设的智力资源。具有高水平的师资队伍可以为学校提供丰富的学术成果和研究成果，为学校创新创造提供强有力的支撑，同时为国家和社会做出更多更有价值的贡献。此外，高水平大学要实现“双一流”建设，需要在国际化进程中有所突破；而国际化进程的核心是国际化师资队伍。拥有高水平的国际化师资队伍，才能在国际化领域占有一席之地，提升学校的国际影响力和竞争力。

优秀的师资队伍是高水平大学教学水平的重要保证。高水平大学要实现“双一流”建设，需要在教学水平上有所提高。高校具有高水平教学能力的师资队伍，才能实现高水平教学，提高学生的综合素质和创新能力。高水平的师资队伍可以为学生提供更专业、更系统、更全面的学科知识和实践经验，培养出更具有国际竞争力的高素质人才。

二、数字化背景下“双一流”高校人才队伍建设路径

在数字化背景下开展“双一流”高校人才队伍建设，涉及三个关键环节，分别是数据获取、数据处理以及影响决策（见下页图）。广泛的数据源是行动的基础，利用先进的数据处理分析技术、直观恰当的可视化呈现可以从中挖掘出有效信息，帮助了解学校人才队伍情况和整体“双一流”建设水平，发现优势、短板和发展机遇，据此制定下一步行动计划，使高校的学科布局和人才结构得

到进一步优化，实现人才队伍建设的高质量发展。

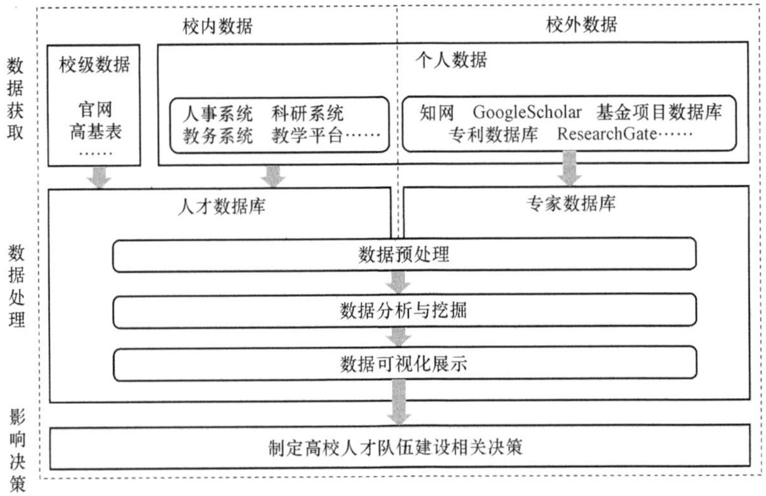

数字化背景下“双一流”高校人才队伍建设路径图

（一）数据获取

“双一流”高校人才队伍建设主要可以充分利用两个层面的数据，一是学校层面的校级数据，二是教师层面的个人数据。从数据来源上分，主要有校内数据和校外数据。

1. 可利用数据的种类

校级数据包括办学基础数据和统计数据等。学校的办学基础数据指的是师生规模、学科专业规模、地理位置、学院机构设置等客观条件，统计数据则是教师层面的数据在学校层面进行汇总，如论文、项目、专著、专利等总数，并可按不同属性分类统计，如不同学院、学科、专业的论文情况，或国家级、省部级项目情况。

教师个体层面的数据包括个人基本数据、教学数据、学术成就数据和学术社交数据等。教师个人基本数据指一些基本信息，例如姓名、性别、出生日期、联系方式等，还有教育背景如学历、毕业院校、所学专业、学位等，以及工作经历，如单位、职称、职务、任职时间等。教学数据包含所授课程、学生反馈、教改项目、获奖等。教师的学术成就数据包括论文、项目、专著、专利、学术任职、学术奖项荣誉、学术研究兴趣等。学术社交数据包括在学术社交平台上关注的学者、参与的讨论等，所属的学术团体、学术协会、学术组织等，参加的学术会议，与学者和机构之间的合作关系等。

2. 可利用数据的获取渠道

学校层面的数据随时间变化幅度不大，一般在学校网站就能获取，此外高校每年向教育部填报的《教育事业综合统计调查表》也包含此类数据。校内的人事系统、科研系统、教务系统和教学平台等都是数据的重要来源，可以获得所有校内教师个人基本数据、教学数据以及大部分学术成就数据。

由于校内系统数据大部分由人工录入，时效性、完整性不足，且仅包括校内人员数据，所以还需要通过校外渠道来充实校内人才数据，获得校外专家数据，最终形成一个校内人才数据库和一个校外专家数据库。校外渠道主要指各类网站，百度百科、维基百科等可以帮助完善教师个人基本数据及学术成就数据，学术网站（Aminer 等）、学术搜索引擎（Google Scholar 等）、电子文献数据库（知网、万方、Web of Science、Scopus 等）、基金项目数据库、专利数据库等能够充实学术成就数据，学术社交平台（Academia.edu 等）能够提供学术社交数据。

（二）数据处理

“双一流”高校人才队伍建设所需数据来源广泛、结构多样、数量庞杂，难以直接从中获得有效信息来辅助决策，因此数据处理尤为重要，主要涉及三个方面：一是数据预处理，二是数据分析与挖掘，三是数据可视化。

1. 数据预处理

原始数据存在冗余和缺失，且没有统一标准，因此需要对原始数据进行预处理，来得到结构统一、描述规范且具有唯一性的完整数据。预处理大致有三个步骤：数据清洗，去除重复数据、缺失值、异常值、错误值等噪声数据，以提高数据的精确性和可靠性；数据转换，对数据进行归一化、标准化、离散化、聚类等转换操作，以便于后续数据分析和建模；数据集成，将多个数据源的数据进行集成、合并、去重等操作，以便于进行全局分析和挖掘。

从校外网站获取的数据存在大量文本类的非结构化数据，需要用到分词、词性标注、实体识别、关键词提取、情感分析等操作，以便于后续的文本挖掘和分析，从中获得有用信息和知识，如职位、邮箱、研究兴趣等。目前常用机器学习和深度学习等自然语言处理技术对非结构化数据进行分类、聚类、降维、预测等操作，以发现其中的模式和规律。

2. 数据分析与挖掘

经过预处理之后的数据虽然结构完整、规则统一，但是很难从中获得有用的信息，来帮助了解学校人才队伍情况和整体“双一流”建设水平，进而辅助决策，因此需要对数据进行标签构造或特征提取，从中抽象出有效信息。将每位教师的研究兴趣或研究方向标签化，每个人的特长优势就一目了然；学术能力或学术影响力标签则常用来衡量某位学者及其研究成果的影响力，如论文被引频次、H 指数、论文下载量和 Altmetrics（替代计量学）等都是常用的指标；学术年龄标签能够体现某位学者研究经验和潜力；合作关系特征能够很好地体现某位学者在研究领域的地位。通过文本挖掘技术，对学者的论文摘要、关键词、参考文献等进行分析和挖掘，可以构造学者的研究方向标签和研究特点标签；通过主题建模技术，对学者的论文进行主题分析，可以提取学者的研究兴趣特点；通过网络分析技术，对学者的合作关系、引用关系等进行分析，可以提取学者的社交特征和学术影响力特征；通过机器学习技术，对学者的论文和研究方向进行分类和预测，可以提取学者的研究趋势特征；通过数据统计分析技术，对学者的论文数量、被引频次、合作次数等进行分析，可以提取学者的学术影响力特征。

对于同名者，需将学术成果等数据进行区分和归属，这就涉及一个关键问题——消歧问题。可以采用多种技术和方法来解决消歧问题，主要包括以下四种：基于特征的方法，通过对学术成果、学术影响力等方面进行特征提取，如论文题目、作者、摘要、关键字、被引用次数、期刊等特征，利用分类、聚类等手段来实现消歧；基于网络的方法，通过合作关系、引用关系等网络结构信息，采用社交网络分析、图论等方法来进行消歧；基于知识库的方法，通过构建学术知识库，将学术成果和信息进行统一管理和归纳，采用实体链接等方法来进行消歧；基于人工智能的方法，通过利用机器学习、深度学习等人工智能技术，对学术成果、学术影响力等信息进行智能分析和判别，以便于进行消歧。

3. 数据可视化展示

数据可视化分析技术可以直观展示个人的研究方向、合作关系、学术成就等，帮助我们更好地了解每位学者的特点和发展趋势；也可以生动展示学校总体的研究方向、合作机构、学术规模等，形象展现学校总体的“双一流”建设情况，使最终的人才队伍建设相关决策更有说服力和可信度。

学者之间、机构之间的合作关系和合作频率可以通过网络图展示，常用的网络可视化工具包括 Gephi、Cytoscape 等。学校或学科的优质学者可以通过气泡图反映，学术能力、影响力或知名度越大，气泡的半径越大，其半径常用 H 指数、论文下载量等指标表示。通过地图可视化可以展示学者和学校的国际影响力和活跃度，比如在哪些国家和地区发表过论文、参加过学术会议等。个人或学校的研究领域和研究热点可以通过热力图或者雷达图展示，比如在哪些领域和主题上发表过论文、被引频次最高的文章等。个人或学校的学术成果、研究方向等随时间的变化趋势，比如论文发表数量、被引频次等指标，可以通过折线图、柱状图等统计图表反映。个人、学校或学科的研究热点，也可以用词云图展示。

（三）制定相关决策

要做好“双一流”高校人才队伍建设工作，首先要制定人才队伍建设的总体规划，明确高校的人才队伍建设目标、方向和重点，以及人才队伍的规模和布局等。通过上述数字化建设路径，可以摸清家底，了解在当前的“双一流”建设过程中，什么学科缺少什么人才，哪些人才可以引进，哪些人才可以培养，要注重培养哪些方面，哪部分人才结构要如何优化，哪些目标可以先完成等。

具体而言，通过分析学校总体和各学科校内人才表现情况，可以明确学校总体和各学科在科研实力和教学实力上的特点。例如某学科优质学者较少，可以考虑引进具有高水平学术背景人才，此时就可以利用人工智能技术综合分析学术能力、学术方向甚至地理位置，从校外专家数据库中智能推荐合适引进的人才；同时还可以加强对现有人才队伍的培训，强化其学科知识，建立健全管理和激励制度，在任职、晋升、评聘、考核、奖惩等方面强化学术成就因素，加强对人才队伍的管理和监督。

如果通过可视化图表发现某学科合作网络单一、国际影响力不足，可以考虑引进海外归国人才等，也可以利用学校现有人才的合作网络搭建与国内外高校、学术机构等的合作交流平台，还可以采取多种措施激励，鼓励在国际舞台上发声。如果发现学校总体教学成果较少、教学反馈不佳，可以考虑引进具有丰富教学经验的优秀人才，并培训现有人才的教学技能，同时制定激励制度，促进人才积极投身教学工作。

针对某学科学术力量不足、发展方向不集中的情况，人工智能算法可以根据校内人才库中每位学者的研究方向、学术年龄等因素智能搭配适应学科发展的最优人才梯队，供决策者参考进行人事调配；人工智能也可根据现有校内人才库中每位学者的研究方向、学术特点，发掘学科增长点，推荐适合建设的新兴交叉学科方向，并为其智能匹配潜在学术团队组合。

三、挑战与展望

（一）面临挑战

目前，已有多个平台实现了为学者构建画像的功能，如百度学术、谷歌学术、中国知网、Web of Science 等，但是人工智能算法应用于人才队伍建设工作仍存在着一定技术短板，如缺乏解释性、数据安全难以保证、专业人才稀缺等。

在解释方面，在人才数据中，无法评判绝对的标准，且现有算法多是黑箱算法，难以解释如何做出决策，因此难以对人工智能产生的结果加以信任。在训练过程中，可能会因为教师基础训练数据中存在的性别、年龄等偏见因素影响系统决策，导致不公平的决策结果；在模型使用上，多数系统在训练数据集上表现优秀，但在实际应用中无法推广到新数据集，导致应用效果不好。

在专业人才方面，高校需要引进人工智能技术相关专业知识和技能的人才支持，然而目前很多高校在人工智能领域的专业人才供给仍然较为紧缺，这也导致了人才队伍的不足，从而限制了高校在人工智能领域的发展。

在数据质量方面，很多高校在人事数据的获取、整理、分析和利用方面存在一定的短板和数据缺失，有些高校甚至没有形成完善的数据采集和管理机制。此外，一些高校的数据质量也较低，影响了人工智能算法的准确性和效果。

在数据安全方面，数据采集和处理往往涉及隐私和安全问题，尤其是教师个人信息更涉及隐私问题。一些高校在数据安全方面存在短板，这会对高校声誉和学生信任产生负面影响。

（二）拓展应用

人工智能算法不仅仅局限于教师人才队伍建设，还可以应用至教师招聘和管理、培训和评估等方面，此外还可以服务于“双一流”建设的人才培养和科学研究。

在高校教师队伍的招聘和管理方面，可以利用人工智能技术开发智能化的招聘系统，通过数据分析和预测，为高校招聘合适的教师人才。此外，人工智能技术还可以帮助高校进行教师绩效管理和薪酬激励，提高教师工作积极性和创新能力。

在教师培训和评估方面，人工智能技术也可以发挥重要作用。例如，开发基于人工智能的教师培训和评估系统，通过分析教师的教学行为和学生反馈数据，为教师提供个性化的培训和评估建议，提高教师教学质量和专业能力。

在“双一流”建设的人才培养和科学研究方面，可以利用人工智能技术开发智能化的教学辅助工具，帮助教师更好地设计教学内容计划。此外，人工智能技术还可以辅助教师进行学生学习行为数据分析，提供个性化的学生辅导和帮助，提高教学效果和学生满意度。在科研领域，可以帮助高校进行大数据分析和挖掘，发现规律，提高研究效率和成果质量，为研究人员提供更好的决策支持和方向指引。此外，利用人工智能技术，实现学术出版的自动化，包括论文审核、排版、语言修辞检测等方面，提高学术出版的效率和质量。

参考文献

[1] 彭程程，吴斌.“智慧校园”学者画像系统研究［J］. 数字图书馆论坛，2019，177（02）：2－11.

[2] 王世奇，刘智锋，王继民. 学者画像研究综述［J］. 图书情报工作，2022，66（20）：73－81.

[3] 王传毅，辜刘建. 加强高校教师队伍建设为现代化建设提供坚实的人才支撑［J］. 中国高教研究，2023，No.354（02）：16－23.

[4] 姚之彦. 高校师资队伍建设的有效途径［J］. 中国高等教育，2019，No. 639（23）：60－61.

作者简介

张敏丽，对外经济贸易大学发展规划处学科建设办公室，助理工程师；研究方向：信息技术、高等教育；电子邮箱：03110@uibe.edu.cn。

李欣欣，对外经济贸易大学发展规划处学科建设办公室，助理经济师；研究方向：统计学、高等教育；电子邮箱：03109@uibe.edu.cn。

基于胜任力理论的高校中层管理干部考核机制研究

赵　贞

摘　要：高校中层管理干部是推动学校事业发展的核心力量和中流砥柱。建立科学、有效、完善的考核机制，对于提升中层管理干部的能力素质、加强高校干部管理水平，以及推动高校高质量发展都有着重要的意义。本文通过阐述胜任力理论及其在高校中层管理干部考核中的作用，结合对目前考核机制现状的剖析，深入分析高校中层管理干部胜任力模型构建及在考核机制中的应用，为高校管理实践者提供可操作的建议以及具有实际应用价值的对策思路。

关键词：胜任力理论；胜任力模型；高校中层管理干部；考核机制

从事高校行政管理工作的人员一般分为基层管理者、中层管理者、高层管理者。中层管理者是指担任领导职务的正处级或副处级领导干部，一般是高校中各职能部门或二级学院的负责人及班子成员，他们一方面要带领本单位本部门实现组织目标，另一方面要贯彻执行高层管理者的决策，具有承上启下的作用，可以说是推动学校事业发展的核心力量和中流砥柱。建立科学、有效、完善的考核机制，对于提升中层管理干部的能力素质、提高高校干部管理水平，以及推动高校高质量发展都有着重要的意义。

一、胜任力理论及在高校中层管理干部考核中的作用

胜任力的概念起源于美国，最早由哈佛大学教授戴维·麦克利兰于 1973 年提出，他在《美国心理学家》杂志上发表文章《测量胜任特征而非智力》，在文章中，他提出胜任力要比传统的智力测量更为有效，更能够检测工作绩效[1]。此后，胜任力作为人力资源管理领域的新名词，受到了很多学者的关注，而胜任力的概念在不同学者的研究中也有着不同的表述，最终麦克利兰和斯宾塞于 1994 年对胜任力进行了的再一次的明确。所谓胜任力，“可以是动机、特质、技能、自我认知、态度或价值观、知识、行为技能——也就是可以被准确测量和计

算的个体特征，这些特征能够明确地的区别绩效优秀者与绩效低下者。[2]”而胜任力模型是指担任某一特定的任务角色所需要具备的胜任特征的总和[3]。虽然不同学者对于胜任力的定义表述不同，但学者们对胜任力的概念形成了三点共识：一是胜任力可以检测并预测员工的工作绩效；二是胜任力具有动态性；三是胜任力能够区分组织中的优秀者与一般者。

随着胜任力理论研究的逐步发展和成熟，基于胜任力理论和构建胜任力模型的方法已经运用到各行业的招聘、面试、选拔、考核、培训等各个领域。在高校领域，基于胜任力视角的应用多见于招聘领域，在考核方面多应用于教师、辅导员等角色，对于中层干部考核的运用并不多见。而从胜任力理论以及相关联的冰山理论可以看出，通过胜任力指标和权重构建模型，考核内容和考核指标更具体更科学，能够更好地挖掘和反映被考核者隐性素质，让考核更全面、更准确，且操作性更强，具有可靠的理论依据和现实意义，是中层管理干部考核机制中应重点考虑的要素。此外，胜任力模型还可以提供一种相对通用的模型，人力资源管理者可以通过运用这种通用的模型，在管理者的选拔、绩效、培训等各环节按照相对统一的标准，从而设计出思路一致的方案。

二、高校中层管理干部考核机制的现状

随着高等教育的高质量发展，各高校在领导干部考核方面进行了很多有益的尝试，并结合自身实际，取得了一些成果。各高校在构建中层管理干部考核机制方面不尽相同，但总体来说存在以下几方面的共性和不足。

1. 从考核对象上看，目前大部分高校的中层干部考核是全校统一进行，适用一套考核方案，没有对考核对象进行分类。高校中层干部虽然层级上都是各部门的领导，但有的是职能机关的处长副处长，有的是二级学院的院长副院长，有的是研究院的带头人，对他们的要求不同，考核方案应该也有所区别。

2. 从考核指标上看，大部分高校采取的是“德、能、勤、绩、廉”的指标，且仅依靠这一级指标进行考核。不足之处在于，一方面，这些指标都具有主观性、不易量化、没有统一标准的特征，打分者很难进行客观评价；另一方面，没有对这些指标设置权重，既无法体现出指标设置的科学性，也不能根据学校对中层干部的不同要求体现出不同的考核侧重点。

3. 从考核评价者来看，目前高校考核方案中对中层干部的打分者一般包括校领导、同级别干部、群众等不同主体，不同主体设置不同比重。但打分者更多的是根据印象和感觉进行主观判断，难免出现打分较为随意的情况；同时，

还有可能出现按照个人情感或恩愿故意拉拢或排挤的现象，这不仅不能体现分数的真实性，也会造成领导干部采取为分数而分数、为保持良好关系而不够担当作为或损失公共利益的行为。

4. 从考核结果上看，存在三方面的问题。第一，结果的效力，中层管理干部测评结果分为优秀、合格、基本合格、不合格四个等级，等级的界定描述很难量化，不同等级之间界限模糊。第二，结果的反馈，由于指标相对粗放，对被考核者来说，并不能明确具体哪里做得好哪里还不够，未来努力和改进的方面是什么。第三，结果的使用，目前高校对中层干部考核的结果使用多体现在评奖评优、职称评定方面，且多作为门槛条件使用，考核评价的使用范围有限、效度有限，应更多地考虑全面性和动态性，让考核可以发挥更大的激励作用。

三、高校中层管理干部胜任力模型构建及在考核机制中的应用研究

（一）胜任力模型构建

随着胜任力理论和胜任力模型的广泛运用，以及国内对高校中层管理干部的考核机制研究的日渐成熟，构建高校中层管理干部的胜任力模型并应用于考核机制中，对于高校的人力资源管理者来说，并不是一件非常困难的事情。归纳起来，构建胜任力模型的方法主要有四种，包括文献综述法、行为事件访谈法、调查问卷法、专家讨论法。笔者认为，鉴于国内关于胜任力模型构建的理论和实证研究已经较多，采用文献归纳胜任力指标体系，可以总结出一套基本具有普遍适用价值的模型，对于高校中层干部考核工作具有指导和借鉴作用。从另一方面来说，构建胜任力模型是微观层面的工作，具体到某所高校、某个特定对象、特定的工作要求和工作职责等，都需要结合实际、因地制宜地构建胜任力模型，这样的模型才能发挥出实际而强大的效力。总结来说，即胜任力模型既具有普遍适用性，也应该根据具体使用场景进行个性化的调整，而这种调整可以由高校的人力资源工作者根据工作需要进行，也可以外请专门的人力资源专家辅助开展。

在这里，笔者梳理了近十年的相关文献，归纳择取了学者们较有代表性的研究成果如下表所示。从中可以看出，在高校领域，对中层管理干部考核的胜任力指标集中在政治素质、大局意识、敬业担当、学习能力、创新能力、廉洁勤政等方面。结合对高校中层干部的工作岗位分析，笔者认为，作为中层管理

高校中层管理干部胜任力指标研究统计

赵敏丽	2013	德	政治立场与大局意识、道德品质、事业心与责任感、理论与政策水平、奉献精神与服务意识、工作作风
		能	解决问题、工作创新、用人授权、语言表达、社会交往
		勤	工作态度与效率、在勤在岗
		绩	工作质量与效益、工作量、个人贡献
		廉	廉洁自律、对下属的廉政教育和管理
李海	2015	核心胜任力	责权和激励的能力、规划能力、创新能力、学习能力、以理管理的能力、执行力
骆占阳 王存喜	2017	德	政治素质、思想品质
		能	决策能力、组织能力、施行能力、创新能力
		勤	精神状态、工作作风
		绩	被考核者每一阶段的工作完成情况、为学校发展做出的贡献
		廉	廉洁自律、是否秉公用权、生活作风
常晶	2017	知识结构	中央和自治区有关会议精神、党和国家的政策法律法规、党员干部的基本要求、有关教育法律法规、高等教育基本理论等
		能力结构	责任担当、组织协调、表达沟通、团队协作、科学决策、自我提升
华晓惠 任丹 李勇 毕士丽	2017	能力要素	学习能力、处理冲突、战略思考和计划、判断与决策、人际关系处理、团队协作、组织协调、语言表达、开拓创新
		知识要素	公共管理知识、岗位业务知识
		个性要素	执行力、责任意识、人文关怀
		管理相关	政治意识、管理经验、工作实绩
郑婷文	2019	基本胜任力	政治素养、职业道德、个性与性格、学历水平、专业技术能力
		重要胜任力	组织协调、影响力、执行力、团队建设、职称晋升
		核心胜任力	学习与创新
张方昉	2020	外在显性胜任力	政治立场、大局意识、团队管理、沟通协调、诚实守信、敬业担当、学术素养、专业技能
		内在隐性胜任力	战略思维、创新精神、学习发展、成就动机、统率决策、感召力、责任心、自律
吴童 谢俊慧	2021	政治素质	政治忠诚、大局观、政绩观、政治理论水平、斗争精神
		领导能力	政策执行力、统筹协调力、队伍管理能力、责任意识、创新推进力、领导艺术
		工作作风	爱校爱岗、清正廉洁、勤政务实、奉献精神、“传帮带”意识
		人格特质	尽责性、外倾性、宜人性、开放性

干部，在学校的全局工作中属于“配角”，在自己领导的工作中又属于“主角”，既是决策的制定者，又是决策的主要执行者，这种双重身份所需要的能力映射到胜任力素质模型中应该重点考虑领导能力、决策能力、执行能力、团队建设能力等核心能力。此外，应该区分显性素质和隐性素质指标类别，不同类别在权重和评分方面也应加以区别设定。

文献综述归纳出的胜任力模型基本上可以在高校中适用，但在具体实践中，还要在此基础上根据具体情况，进一步采用行为事件访谈法、问卷调查法、专家讨论法进行验证和调整。具体来说，行为事件访谈法以目标岗位的任职者为访谈对象，通过深入访谈和收集访谈对象在工作中成功和不成功的事件描述，挖掘影响目标绩效的细节行为，对事件和行为进行汇总分析，对比优秀群体和普通群体，找出目标岗位的核心素质[4]。问卷调查法是进一步对胜任力模型通过问卷方式进行调查，通过设置同意、基本同意、一般、不同意等指标进行打分，确保模型的可靠性和完整性。专家讨论法是邀请相关领域的专家团队，对通过上述方法确定的胜任力素质模型进行讨论、评定和验证。

应该指出的是，构建胜任力模型还要注意三点：第一，模型应该是动态的，在学校不同的发展阶段，或是其他实际工作等原因，对干部考核的要求和目标不同，模型也应随之进行调整，比如，“双一流”高校在建设关键期，中层干部所发挥的作用不可小觑，对干部的要求可能更倾向于创新和担当，更倾向于鼓励优秀者。第二，模型应分类构建，同样是中层管理干部，也应该区别岗位类别、区别正职和副职，同一高校对不同职能机关和不同学院的正职和副职的要求也会不同。第三，确定后的模型应该通用于选拔、考核、培训等一系列人力资源管理体系，确保一致性，这样才能最大程度地发挥出模型的效力。

（二）在考核机制中的应用研究

胜任力理论的成熟的，方法也是明确的，但具体应用时，还有许多操作层面上的工作，应用研究也是不可忽视的。

1. 胜任力模型除确定指标外，需进一步确定指标权重和打分规则。指标权重应先确定一级指标比例分配，二级指标的权重可根据情况考虑是否设置，笔者认为，指标权重越明确，打分越客观；打分规则可根据需要设定百分制或十分制，在此基础上设定刻度，即最小分差，同时制定判断档次并详细描述标准。以十分制为例，在每一个二级考核指标上可以细分为9分、6分和3分的3个行为判断档次，评审官可根据具体候选人表现完成从 0—10 分的参差评分，既标准明确，又留有余地。如“领导能力”一级指标下，二级指标“担当精神”，9 分的标准为“有使命感和献身精神，会很自然地去承担有压力的责任和角色，并以为组织、为社会做出贡献而自豪”。6 分的标准为“有责任感、也有一定的社会责任感，能勇于担当有一定压力的角色和任务”。3 分的标准为“通常只接受环境给定的常规性角色与职责，不太愿意承担额外的责任与压力”。这样做的好处是，第一，打分者可根据具体候选人表现完成从 0—10 分的参差评分，最大程度规避主观因素的影响；第二，总分数是由各个小指标的判断加权得出的，而不是凭感觉随性得出，理性客观；第三，各项分数清晰明确，被考核者的优势和不足一目了然。

2. 胜任力模型只是工具，更为重要的是工具使用者能否正确科学地使用它

考核虽然不是面试招聘，但既然是评价，对评价者也要进行培训，了解评价指标的含义、权重的分配，以及打分的规则。按照对考核模型统一的认知和标准进行打分，从而打出客观的分数，得出符合实际的结果。此外，还可以考虑在极高分和极低分两个档次上附上原因描述，这样可以避免上述提及的因个人恩怨或情感随意打分的情况。

3. 基于胜任力模型的考核机制需要专业人员进行建构和实施，指标一旦确定，最好能在一段时间内使用

上述提及的动态性更多情况指的是在指标相对稳定的情况下，通过调整权重达到考核目的。比如增加创新能力的权重以鼓励发展阶段的需要，或增加担当作为指标以适应危机关键时期发展的需要等。

考核是指挥棒，考核结果是引导管理干部改进和提升的方向。中层干部是高校的核心和骨干，基于胜任力模型的考核机制能够进一步为高校中层干部队伍建设助力，为建设高质量教育体系提供坚强的组织保障。

参考文献

［1］David C. McClelland. Testing for competency rather than intelligence［J］. American Psychologist，1973，28：1－14.

［2］Spencer L.M.，McClelland D.C.，Spencer S.Competency assessment methods：History and state of the art［M］. Boston：Hay-McBer Research Press，1994.

［3］McClelland D C. Identifying competencies with Behavioral Event Interview s. Psychological Science 1998 9：331－339.

[4] 时勘，王继承，李超平. 企业高层管理者胜任特征模型评价的研究 [J]. 心理学报，2002，34（3）：306.

作者简介

赵贞，对外经济贸易大学继续教育与远程教育学院副书记，研究员，博士；研究方向：高等教育管理研究、企业管理；电子邮箱：zhaozhen@uibe.edu.cn。

数字化时代中外合作办学辅导员队伍建设的探索与实践

赵　贞　韩　亮

摘　要：作为国内最早举办中外合作办学项目的高校之一，对外经济贸易大学积极探索与世界知名院校以及在优势学科方面的交流与合作，在数字化时代背景下，通过加强中外合作办学辅导员队伍建设，推动中外合作办学高质量发展。本文通过阐述创新数字化网络思政教育新模式、搭建数字化时代“以人为本”管理服务新路径、建立适应数字化环境的辅导员制度新体系等具体实践，总结成效和经验,从而为数字化时代下中外合作办学辅导员队伍建设提供可借鉴的思路和做法。

关键词：数字化时代；中外合作办学；辅导员队伍建设

随着云计算、大数据、物联网、移动互联网、人工智能等新一代信息技术的发展，中国已经进入全面的数字化时代，在时代浪潮的推动下，高等教育也将再次面临大转型。高校学生作为“数字化生存”的年轻体验者，以互联网、移动通讯和智能终端为主体的新媒体已成为其沟通交流、表达自我的重要途径。作为专门从事日常管理服务和思想政治教育工作的高校辅导员，如何在数字化时代开拓创新，提升工作能力，有效开展工作，已经成为新时代提出的新要求。

对外经济贸易大学是国内最早举办中外合作办学项目的高校之一，三十余年来，积极探索与世界知名院校以及在优势学科方面的合作，在联合培养国际化人才、打造师生交流平台等方面积累了丰富的经验。伴随着中国经济对外开放和中国高等教育国际合作与交流的发展，学校的中外合作办学逐渐呈现出其独有的特色和优势，在国内高校同类项目中享有良好声誉和广泛认可。

党的二十大报告指出，“坚持高水平对外开放，加快构建以国内大循环为主体、国内国际双循环相互促进的新发展格局。”新的时代，中外合作办学迎来了新的发展机遇，将肩负更为重要的历史使命。如何扎根中国大地办教育，加强数字化时代中外合作办学辅导员队伍建设，进而推动中外合作办学高质量发展，培养中外融通的高水平复合型人才，对于中外合作办学内涵式发展具有重要意义。

一、探索与实践

中外合作办学是“外国教育机构同中国教育机构在中国境内合作举办以中国公民为主要招生对象的教育机构活动，是中国教育事业的组成部分。”[1] 截至 2021 年 10 月底，经教育部批准或备案的中外合作办学机构和项目共有 2 447 个，其中本科以上机构和项目 1 295 个，专科层次机构和项目 900 多个[2]。对外经济贸易大学中外合作办学以硕士培养层次为主，主要为本科毕业后的职场人士提供继续深造的途径，学生以成人在职为主，综合素质较高，心理成熟度较高，但也存在对管理服务的要求高、思政教育工作难度大等特点，中外合作办学辅导员工作既面临机遇，也面临挑战。在工作实际中，要不断转变工作观念，创新工作方法，提升工作效率，建立符合数字化时代特征的辅导员制度体系，以增强辅导员工作的有效性，更好地为学生服务，助力教育教学成果。

（一）创新数字化网络思政教育新模式

辅导员是开展学生思想政治教育的骨干力量，是学生日常思想政治教育和管理工作的组织者、实施者和指导者[3]。不同于思政课教师，辅导员开展思想政治教育的形式主要体现在日常集中教育、管理服务、沟通谈心、各种活动中。与传统教育的工作方式相比，基于数字化时代背景下的思想政治教育工作对辅导员育人能力的要求更高，要善于利用数字资源，创新工作方法，通过网络有效开展工作，体现基于数字化网络时代背景下的高校辅导员思想政治教育工作价值。这就要求辅导员借助新媒体技术迅捷、开放和互动的传播优势，坚持线上线下一盘棋、现实虚拟双融合的“一体化”育人理念，建设一个线上与线下相结合、课内与课外相互动、虚拟与现实相统一的立体化教育体系，推动现实空间与虚拟空间的教育协同，构建全方位的网络思政育人环境[4]。

中外合作办学学生在学习的同时，还要兼顾工作和家庭，加上过去三年的疫情影响，线下交流存在困难。数字化网络时代为师生之间、同学之间的交流带来前所未有的便利，时空障碍得以消除，工作和生活可以分散在多处进行，人们可以在数字化生存里获得最大解放。在这样的契机下，一方面，辅导员通过各种线上形式适时、及时地开展思政教育，在数字化的、虚拟的空间里，进行思政相关教育的传播、交流和学习，根据成人在职学生特点，结合学习和工作实践，积极进行鼓励和引导；另一方面，在辅导员的组织下，打破班级限制，建立跨班级联系，各个班级的临时党小组可以跨班组织活动，进行学习和分享，提高思政教育的学生自治能力。

（二）搭建数字化时代“以人为本”管理服务新路径

当前，数字化特征与后疫情时代并存。近三年来，国内高校普遍采纳的互联网教学和管理服务模式得以不断改进升级，以适应和满足课程教学和管理服务的新局面和新要求，保障高等教育在特殊时期的高质量建设发展。

中外合作办学的可持续发展取决于中外合作双方的相互信任和认同，取决于师生群体利益和目标的最大化满足和实现，取决于辅导员队伍“润物细无声”的国际化高水平管理与服务。在搭建数字化时代“以人为本”管理服务新路径方面，辅导员工作更着眼于关注学生心理需求和疏导学习压力，加强集体互助和提升管理服务的有效性。一方面，在新生入学之初，增加“在线心理测试”环节，以一种轻松愉快的方式将刚入学的新生带入学习氛围之中，并通过科学专业的问题设计，在不触及个人隐私和敏感话题的前提下，摸清新一批学员的思想动态和学习目的等，快速了解掌握受疫情影响不得已进行线上学习以及逐步恢复线下教学过渡期等不同阶段的学生心理共性和个性之处，为日后长达两年的教学方式与管理路径归纳出重点和难点，也为未来可能出现的不稳定局面做好应对预案。另一方面，辅导员协助建立班委会和学生会管理模式，指导各个班级班委委员和跨班级学生会组织工作，开展线上线下研讨和交流，利用信息传播的即时性、高效性、动态性，实现每个学生选择和参与的个性化和丰富性。这种基于数字化时代特征的理念和实践给班级内和跨班级的管理和活动策划带来许多新思路，班级凝聚力和集体氛围感大大增强，“个性”问题在“共性”思路中找到解决答案，信息和资源共享也使得辅导员的工作压力得到一定的缓解。

（三）建立适应数字化环境的辅导员制度新体系

建立辅导员制度新体系，提升数字化环境下辅导员工作效率和效度。学校致力于打造一支语言能力强、有海外留学经历背景、具有国际意识和国际视野、相关专业背景，以及有能力开展心理咨询、职业生涯规划、思想政治教育的专业化的高素质的辅导员队伍。一方面，结合中外合作办学特点，制定完善的管理制度。根据中外合作办学辅导员工作的特殊性，学校制定了《中外合作办学辅导员管理制度》和《思政教育与日常管理服务工作细则》，对其选聘配备、岗位职责、工作要求、考核激励，以及工作内容和工作职责等进行了详细规定和具体要求。中外合作办学辅导员除需满足普通高校辅导员的基本要求外，还要对项目特点、学生特征、培养目标、外方教学与管理等有深入的了解。在制定考核标准方面，一定程度上参考外方的考核标准和评定意见。在激励机制中，给予优秀的辅导员特定的培训机会，如选派优秀的中外合作办学辅导员到海外进行交流，既有助于其学习和借鉴外方院校的办学理念、先进的教学方式以及国际化的管理经验等优质资源，也能够深入地了解海外学习中的文化、安全、生活等情况，有利于日后更好地开展工作。

另一方面，加强辅导员队伍培训。充分利用数字化互联网技术，结合数字化学习资源，加强岗前、在岗、岗后培训，全面提升合作办学辅导员队伍素质。对新入职的中外合作办学辅导员开设针对性培训，熟悉和了解中外合作办学不同于其他教育项目的特质性内容；组织辅导员队伍学习研讨，参加辅导员深度辅导工作专题培训、心理健康教育专题培训、心理危机预防实务技能专题培训等，除集中学习外，可通过数字化学习平台，利用碎片化时间，实现时时可学、处处可学、人人可学，结合案例和研讨，多角度改进心理健康工作能力；通过学校建立“党建与业务”相融合为主题的线上线下党支部扩大会议制度，在实践中逐步摸索出提升团队业务能力和增强团队为师生服务的工作方法，并在各个与辅导员工作和学生管理工作相关的业务部门进行推广和实践；持续加强院校间辅导员的交流，互通有无，拓宽沟通渠道、分享管理经验、共享管理成果。

二、成果与成效

通过数字化时代背景下中外合作办学辅导员队伍建设的探索与实践，辅导员工作取得了有效的成果，具体体现在以下几个方面。

1. 思政工作显实效。在数字化网络思政教育新模式下，通过辅导员思政教育和学生分享自治建设等，实现了符合数字化时代以及成人在职学生特点的思政教育，使得思政工作更加有效。在此基础上，学校还制定了《德智体美劳“五育”并举人才培养体系构建实施方案》，面向中外合作办学各项目学生开放线上“五育”课程和数字资源，并将课程常态化长效化，大力推进“五育”并举，深入贯彻新时代党的教育方针，落实立德树人的根本任务。

2. 管理服务更精细。中外合作办学项目中涉及的学生群体从年龄到背景都存在很大差异，在搭建数字化时代“以人为本”管理服务思路下，各个中外合作办学项目结合工作实际分别制定了各项目部的“学生日常管理服务工作方案”，针对不同项目的学生采取针对性的工作方案。辅导员在学习掌握数字技术、运用网络技术开展思政教育、实现对学生的引导和管理的基础上，针对不同学生群体，从细节入手制定工作流程，开展辅导员管理服务工作，学生满意度持续提升。

3. 安稳工作出成绩。辅导员作为一线工作者与学生接触频繁，能够了解学生的真实情况和思想动态，对学生中存在的危机隐患进行预判和监测，从而有效预防危机事件的发生。通过数字化网络等渠道，辅导员对于突发的学生心理问题能够第一时间发现并采取措施，运用心理辅导专业知识和“共情”安抚缓解学生的焦虑和紧张情绪，为预防险情和保障校园安全稳定做出突出贡献。

4. 意识形态有保障。数字化时代背景下中外合作办学意识形态管理呈现新的变化，面临新的挑战。在建立适应数字化环境的辅导员制度体系下，辅导员的专业能力和综合素质不断提升，队伍建设逐步成熟。辅导员队伍对于中外合作办学特点更加了解，应对工作中突发事件的方法更加有效，成为助力中外合作办学融合发展、本土化建设和高质量发展的重要力量。近年来，学校陆续出台相关制度文件，在《中外合作办学意识形态工作清单》和《中外合作办学教参教案审核方案》中，辅导员作为意识形态工作小组以及教参教案审核工作小组的组成成员，在中外合作办学意识形态的管理和落实、把牢意识形态阵地等方面发挥出重要作用。

三、经验与总结

在数字化时代背景下，高校辅导员的工作思路需要跳出以往固有的模式，对自身的责任、目标、路径、结果等环节重新定位和科学评估，需要从根本上改革和创新辅导员队伍的技术性、专业性和权威性。中外合作办学辅导员队伍作为高校辅导员队伍中的“特殊”群体，既承担学生日常管理服务和思想政治教育的责任和使命，同时还承载中外合作办学中多元文化冲突、国家制度差异、社会政治体系不同等所带来的工作压力和工作挑战；同时，疫情时期外籍教师难以入境、学生无法实现海外学习以及后疫情时期逐步恢复线下教学、提升教学质量等面临的一系列现实困难，这都是新常态带来的新挑战。面对未来数字化教育战略更加深入推进，以及国际局势瞬息万变和复杂国际关系影响，高等教育领域合作关系将会出现前所未有的不确定性等挑战，作为中外合作办学的重要参与者，辅导员承担着重要的责任与使命，数字化工作能力是数字化时代对辅导员提出的新要求，也是数字化发展的必然产物，既是辅导员工作必备的能力，也是数字化时代发展的新要求。

参考文献

［1］中华人民共和国国务院令第 372 号［EB/OL］.（2003－03－01）http://www.gov.cn/gongbao/content/2003/content_62030.htm.

［2］中国教育报［EB/OL］.（2021－12－09）https://baijiahao.baidu.com/s？id=1718651697492865791&wfr=spider&for=pc.
［3］普通高等学校辅导员队伍建设规定中华人民共和国教育部令第 43 号［EB/OL］.（2017－09－29）http://www.moe.gov.cn/srcsite/A02/s5911/moe_621/201709/t20170929_315781.html.
［4］时影，舒刚. 数字化时代高校网络思政育人的价值生成与实践路径：基于主体间性视角的考察［J］. 国家教育行政学院学报，2022，（09）：74.

作者简介

赵贞，对外经济贸易大学继续教育与远程教育学院副书记，研究员，博士；研究方向：高等教育管理研究、企业管理；电子邮箱：zhaozhen@uibe.edu.cn。

韩亮，对外经济贸易大学继续教育与远程教育学院中法巴黎一大项目部主任，助理经济师，硕士；研究方向：项目管理、党政管理；电子邮箱：hanliang@ifcmbj.com。

美国终身教职制度的中国本土化：内涵嬗变及演化逻辑

王韵含

摘　要：本文从介绍中美高校“终身教职”制度改革的历史进程入手，对比分析了中美人事制度革新背后的不同驱动力，由于驱动力的不同，美国的制度革新是内生的，从下至上的改革，而中国是外生的，自上而下的改革。接下来，本文剖析了终身教职在中国本土化过程中存在的问题：教师的组织忠诚度低、人才流失问题严重，中国特色的“准聘—长聘制”含金量远不如美国的“终身教职”，中国特色的“准聘—长聘制”助推学术功利主义，不利于青年人才培养等。最后，本文提出了完善高校“准聘—长聘制”的政策建议：“准聘—长聘制”的制度设计应以青年人才培养为根本目的；合理保障“长聘制”教授的待遇与话语权，提高其获得感与组织忠诚度；落实多元化的学术评价机制，遏制学术功利主义的不正之风等。

关键词：高等院校；终身教职；非升即走；准聘—长聘制；代表作制度；同行评议

一、中美高校人事制度革新的背景及根本驱动力

对美国高等院校而言，终身教职（tenure track）这项著名的人事管理制度是与大学自治、学术自由并驾齐驱的三大基石。事实上，它是保障学术自由的一项关键人事制度。追溯到终身教职产生的源头，最初是由教师个体自发提出，得到行业群体的强烈呼应后，由美国大学教授协会（American Association of University Professor，AAUP）倡导发起，最终得到美国高校广泛认可与采用的一项人事制度安排。此项革新的主要驱动力来自两个参与主体，一是教师群体，二是美国高校。从教师群体角度出发，终身教职保障了教师的核心利益——在通过试用期后获得“终身制”的长聘岗位，从此获得不被解雇的职业安全保证，

在追求学术事业的过程中不必再受政治及其他外界干扰，保障了教授享受学术自由的权利，这与美国高校教师的核心价值观一致，由教师自发提出这样的制度革新也是情理之中。此外，美国是发达资本主义国家，学术劳动力市场较为成熟，奉行的是自由市场经济，人力资源要素流动顺畅，没有国内所谓事业编、户籍管理等方面的流动限制。高校的组织管理方式也与我国大不相同，更加类似于企业，每所高校都设有董事会，运营以盈利为目的，私立院校比公立院校数量更多，比如精英高校的代表“常春藤联盟”中8所高校皆为私立院校，因此，市场竞争、优胜劣汰是美国高校进行人事制度改革的根本驱动力。从美国高校的角度出发，要在激烈的学术市场中脱颖而出，在学术圈中赢得更高的地位，吸引更多的生源，首先必须吸引和培养一流的教师团队，终身教职可谓实现这一目的的利器：既可以通过试用期有效地考察和筛选有潜质的学术人才，避免人员经费的浪费，“终身制”长聘岗位的优越待遇和社会地位又可以极大地激励青年人才为之不懈努力，因此，终身教职成为诸多美国名校的金字招牌，吸引着全球各地的有识之士加入。

可以说，终身教职制度是美国高校人事管理制度的重要革新，对推动美国高等教育的发展、促进学术繁荣发挥了重要作用，因此，受到全球各国高校的广泛推崇和学习借鉴。

中国也在看到了美国终身教职的种种优势后，尝试引进与效仿，然而，试点效果并不理想。在近代中国，计划经济背景下诞生的高校人事管理制度较为僵化，高校教师岗位按编制管理，属于“铁饭碗”，可以说，一开始就基本与美国高校“终身制”的长聘岗位相当，因此，打破原来相对轻松的“铁饭碗”，向高度竞争化的“准聘—长聘制”转变的人事制度改革，天然地缺乏群众基础，教师群体对这项改革有抵触情绪。最早发起“准聘—长聘制”改革的，是头部院校，清华大学于1993年实行“非升即转”改革，北京大学于2003年推行教师聘任和职务晋升改革，率先掀开了高校人事制度改革的序幕，此后，浙江大学、华东师范大学等高校也纷纷尝试“准聘—长聘制”改革。2014年，教育部出台《深化教育领域综合改革实施方案》，在清华大学、北京大学试点全面实施教研系列教师岗位“准聘—长聘制”。2018年，中共中央、国务院出台《关于全面深化新时代教师队伍建设改革的意见》，首次提出“准聘与长聘相结合”的高校人事改革方向，由此“准聘—长聘制”成为高校人事改革的必然趋势。

改革开放以来，随着我国市场经济的发展，学术劳动力市场也不断发育，从不完全劳动力市场逐渐向完全劳动力市场转型。根据2017年颁布的《事业单位分类改革方案》，高校被划入公益二类事业单位，与纯公益类的公益一类事业单位相比，高校属于准公益类的事业单位，允许其部分由市场配置资源，但不允许进行以盈利为目的的生产经营活动。在这样的政策背景下，高校具有更多的人事自主权，招聘更加受劳动力市场的影响。但中国高校开展“准聘—长聘制”人事改革，背后的驱动力与美国很不一样，市场经济驱动只占其中一小部分，更多的是由国家高等教育政策导向与战略布局所决定。一方面，随着高等教育行业的迅速发展，高校面临日益激烈的竞争，旧的人事管理体制下优秀人才不能流动，不符合学校要求的人员也无法解雇，对更高素质的科研教学人才的迫切需求，促使高校产生打破原来的教师岗位“铁饭碗”，实行“能进能出、能上能下”更灵活的人事管理制度的需要。另一方面，“双一流”背景下，高校的行政主管部门，为了促进高等教育发展、创建世界一流大学，积极引进西方先进的高校管理经验，提倡通过“准聘—长聘制”实现对教学科研人才更严格的筛选和更有效的激励。也就是说，中国高校的人事制度改革，是外生的，自上而下的，与美国恰好相反，而这种差异是由人事制度改革的根本驱动力不同所带来的。

二、终身教职本土化过程中存在的问题

从前文可知，目前，中国高校普遍采用的“准聘—长聘制”人事管理制度，缘起于从西方国家引进的“终身教职”(tenure track)，然而，由于中美经济政治体制、教育体制、经济发展水平、人文伦理等方面存在较大差异，终身教职制度在本土化过程中，既贡献了许多创新之举、彰显中国特色，也因“水土不服”产生了不少矛盾与问题，下面简述一二。

（一）中国特色的“准聘—长聘制”下教师的组织忠诚度低、人才流失问题严重。美国的“终身教职”，究其本质，无论对教师亦或是院校而言，都是一种高投入、高回报的投资模式，在这个过程中通过教师的优胜劣汰，大浪淘沙，院校收获了世界一流的学术人才，而教师本人也获得了梦寐以求的理想岗位。由于这样一个独特的“相互奔赴”的过程，美国高校在培养人才上往往一掷千金、不遗余力，而美国高校的教授一般在获得终身教职后也倾向于留在本校，继续为母校的学科建设添砖加瓦、培养人才，对母校就有较高的组织忠诚度。而反观中国高校，尽管教育部出台了“破五唯”等规定，但高校在引进人才时，在筛选标准上更多地看科研成果、以“帽子”定人才，忽视对青年教师的培养，而更多地将资源向引进成熟学者、学科带头人等方面倾斜。导致的结果是，青年教师的组织忠诚度较低，即使评上了副教授，符合非升即走的要求，如果有其他高校在引进人才上给予更好的条件，很容易选择跳槽，导致本校人才流失，损失惨重。

（二）中国特色的“准聘—长聘制”含金量远不如美国的“终身教职”。美

国的“终身教职”，追溯其最早产生的原因，是学术精英对“学术自由”的追求，也就是说，在达到学校规定的一系列要求并被授予终身教职后，学者可以完全按自己的心意安排学术工作，而不受学校过多的管束及限制。此外，学校还会给予学者非常丰厚的工资待遇和充足的资源去开展研究。由于评上“终身教职”的条件格外苛刻，学者都以评上终身教职为荣。而中国一些高校的“准聘—长聘制”，评上长聘制副教授的条件没有美国高校高，因此被聘为长聘制副教授或教授，并没有像美国的终身教职一样带给当事人很高的荣誉感和社会地位。此外，中国的长聘制岗位并没有提供像美国终身教职那么高的保障力度，即使被聘为长聘制教授，也无法享受学术自由，还是要继续接受学校委派的任务，通过学校的年度、聘期等考核要求，一旦考核不通过，还是有不再续聘或者被解聘的危险。

（三）中国特色的“准聘—长聘制”助推学术功利主义，不利于青年人才培养。美国的“终身教职”，以追求学术自由为根本目的，对个人而言是一条高竞争、高回报的投资路径，对高校而言不仅是一种有效的人才筛选机制，更是一种长期投入的人才培养机制，美国高校通过这种方式培养了无数诺贝尔奖获得者和卓越的学者、科学家。但中国尝试进行“准聘—长聘制”改革的近三十年来，逐渐演化出绩效工具化的倾向①，从各高校制定的长聘岗位招聘及考核指标可以看到，教师的科研成果、各类人才称号等“帽子”成为唯一的刚性指标，而教师同样应该被看重的教学水平、社会服务能力等职业素养则被忽略不计。在高校排名竞争和“双一流”建设等外部压力下，高校行政管理部门将“准聘—长聘制”与绩效管理紧密联系起来，将“准聘—长聘制”改革目的异化为绩效目标，“准聘—长聘制”则异化为行政部门追求学术绩效的工具。为了追求学术绩效，“以刊定文”“重量轻质”成为学术评价的主流。有些高校还在“准聘—长聘制”的政策文本中，将学术论文发表、科研课题立项的数量和级别与待遇直接挂钩，认为这样就可以更好地激励青年教师开展科学研究工作。然而，科研工作有其客观规律，尤其是基础研究要取得较大突破往往需要很多年的沉淀，“准聘—长聘制”以短期数量为导向的学术评价方式，容易诱导青年教师放弃真正具有学术价值和社会价值，却需要长期投入的研究项目，转而追求“短、平、快”的研究课题，反而不利于自身专业的长期发展。绩效工具化可能短期看能提高高校的科研产出量，但长远来看，不仅不利于高质量的科研产出，不利于青年人才科研能力培养，还会侵蚀青年教师的学术信念，损害其职业道德，进而破坏我国原本健康纯粹的高校学术生态。

---

① 蔡连玉，张迅. 我国高校“预聘—长聘制”绩效工具化及其治理研究［J］. 高教探索，2021（05）：5－11.

三、完善高校“准聘—长聘制”的政策建议

美国的“终身教职”是具有筛选、激励、保障等功效的一系列人事制度安排，虽然对教师的筛选是苛刻而严酷的，但是在这个过程中给教师的支持力度也是极大的，并且保障有力。中国“终身教职”本土化过程中出现的种种制度异化现象，乃是高校行政管理者对“终身教职”的真实内涵理解片面、不准确所致，要完善高校现行的“准聘—长聘制”，首先应谨防学术功利主义对高校学术生态的侵蚀，摒弃人才引进、学科发展上的短视行为，在人才培养与学科发展方面秉持长期主义，尊重人才成长与科研工作的客观规律，树立正确的用人观、治校观，具体而言，建议从以下三个方面入手。

（一）“准聘—长聘制”的制度设计应以青年人才培养为根本目的

“准聘—长聘制”的制度设计，应以青年教师的培养为根本目的。学术绩效考核只是实现目的的手段，切不可本末倒置。一是要在前期充分调研、和本人沟通协商的基础上，科学研判，设置长度合适的“准聘期”。因为合理的预聘期时长设计是平衡聘任政策风险的关键所在[①]。由于科研工作产出成果有一定的周期性，尤其是基础学科，过短的预聘期无法充分考察一名教师的科研潜力，而过长的预聘期则徒增了教师的职业风险。二是在与青年教师签订“准聘—长聘制”合同后，学校应通过一系列的制度安排，尽可能地为青年教师创造良好的成长环境与充足的学术资源，如“一帮一”导师制，让资深教师为青年教师进行一对一的指导；定期举办青年教师沙龙，及时倾听青年教师的感受与反馈；为青年教师设立专项科研课题、定期举办科研新星评比等，激励青年教师投身科研。三是准聘期内，应定期追踪教师的个人成长状况，多与教师沟通，根据其工作开展的实际情况帮助其进行学术职业生涯规划。此外，通过预聘期中期考评，针对教师成长状况进行全面评估，并将考核结果及时向教师进行反馈，帮助待聘教师了解自身学术成长状况及潜力，使其在后期有针对性地调整职业规划。1998 年，美国大学教授协会提出了“聘任后对教师的评估不是为了解聘教师，而是为了促进教师的发展”的原则，在国际上得到广泛认可。只有当“准聘—长聘制”制度设计及配套措施等一切以青年人才培养为本时，才能避免其被工具化，真正发挥它的价值。

① 阎光才．学术聘任制度及其政策风险［J］．高等教育研究，2016（5）：21－29．

（二）合理保障“长聘制”教授的待遇与话语权，提高其获得感与组织忠诚度

对获得“长聘制”岗位的教授，应合理保障其待遇，待遇水平应比预聘期有较大幅度的上涨。此外，还应保证不低于非“准聘—长聘制”序列的同级别教授的工资水平，让“长聘制”岗位的教授有获得感，感觉到被尊重、被重视。此外，学校对“长聘制”教授科研工作上的安排应当不予干涉，不对“长聘制”教授的绩效考核做论文数量、课题数量等方面的硬性要求，在“长聘制”教授想在某一专业领域深耕的时候，为其提供必要的支持，保障“长聘制”教授实现学术自由。在与教师相关的行政事务中，也应保障“长聘制”教授享有一定的话语权，让他们对学校的管理有参与感，对学校有归属感，对“长聘制”教授这一身份有认同感，从而逐渐提高其组织忠诚度，减少获得“长聘制”岗位后的人才流失现象。

（三）落实多元化的学术评价机制，遏制学术功利主义的不正之风

在对“准聘—长聘制”教师进行考核与评估时，应切实贯彻教育部破“五唯”、深化教育评价制度改革的政策要求，落实多元化的学术评价机制，不仅看论文产出与课题立项，还应通过教学质量、社会服务等方面综合考量教师的学术潜质。针对有些基础学科、冷门绝学等短期内难有具体科研产出的特殊学科，倡导以代表作制度、同行评议制度等方式代替传统的量化考核指标，克服传统量化评价体系导致的“重量轻质”“以刊定文”等问题，遏制学术功利主义的不正之风。同行评议制度在西方有着悠久的历史，是一种公认、公允且有效的学术评价方式。然而，这两种制度目前在我国高校并未得到普及，现有的运行情况并不理想。因此，通过管理者的思想革新，设计科学合理的制度安排，改革完善现有学术评价制度，是扭转目前“准聘—长聘制”绩效工具化趋势的关键所在。只有建立科学合理的学术评价机制，才能真正筛选出具有学术趣味与潜力的科研人才，真正促进青年科研人才的成长。

［本研究为对外经济贸易大学2022年人才人事课题、对外经济贸易大学工会工作专项研究课题（2020ghzd007）研究成果。］

参考文献

［1］王传毅，石岚. 美国高校“预聘—长聘”晋升评估的经验与启示［J］. 高等教育评论，2021，9（02）：217-228.
［2］李连梅，姜林. 中国大学“准聘—长聘”制度的缘起、困境与走向［J］. 现代教育管理，2021（07）：105-111.

［3］阎光才. 高校教师聘任制度改革的轨迹、问题与未来去向［J］. 中国高教研究，2019（10）：1－9＋19.
［4］李志峰，江俐. 高校教师长聘教职制度：权利博弈与制度变迁［J］. 高等教育研究，2017，38（02）：25－31.
［5］蔡金花，邱小艳. 公立高等学校“准聘—长聘”制度的合法性研究［J］. 高教探索，2020（06）：36－39＋128.
［6］鲁文辉. 高校教师“准聘与长聘”职务聘任改革的制度逻辑反思［J］. 中国人民大学教育学刊，2021（03）：104－115.
［7］张泽维. “双一流”高校预聘—长聘制改革的现状与问题——基于 42 所“双一流”高校教师聘用制度的分析［J］. 高等教育研究学报，2021，44（04）：77－82＋120.
［8］朱玉成. 高校“预聘—长聘制”改革的风险研判及破解路径［J］. 教师教育研究，2021，33（01）：40－44＋59.
［9］蔡连玉，张迅. 我国高校“预聘—长聘制”绩效工具化及其治理研究［J］. 高教探索，2021（05）：5－11.
［10］尹木子. “预聘—长聘”制度会提升中国大学科研生产力吗？——基于多期双重差分法的政策评估［J］. 高教探索，2020（06）：18－27.
［11］任羽中，俞蕖，赵颖. “预聘—长聘制”对高校科研产出的影响机制与成效分析［J］. 国家教育行政学院学报，2020（04）：41－52.
［12］黄小宾. 高校教师准聘长聘制度的内涵要义、现实考量与机制建构——基于“双一流”B 大学的个案分析［J］. 高等教育研究学报，2021，44（01）：13－19＋64.
［13］刘强. 高校教师“准聘长聘制度”建设思考——以西北工业大学教师聘用制度改革为例［J］. 中国高校科技，2016（03）：50－51.
［14］赵鹏沄. “预聘—长聘”人事制度对青年教师的学术行为策略的影响研究——基于 P 大学的个案研究［J］. 中国人事科学，2022（02）：9－17.
［15］王敏. 清华大学物理系准长聘制十年实践的思考［J］. 清华大学教育研究，2014，35（04）：101－106.
［16］钱颖一. 大学人事制度改革——以清华大学经济管理学院为例［J］. 清华大学教育研究，2013，34（02）：1－8.

作者简介

王韵含，对外经济贸易大学学术刊物部编辑，副研究员；研究方向：高等教育管理、微观经济学；电子邮箱：wangyunhan@uibe.edu.cn。

文献计量在高校海外人才引进评价中的应用

——以某一流学科建设重点大学为例

秦东方

摘　要：［目的/意义］高水平学科师资队伍建设是高校“双一流”建设的重要抓手，传统的海外人才引进渠道亟需拓展。［方法/过程］基于文献计量学方法在学科评价中的优势，将其思路和方法移植到海外人才引进工作中来，选择大数据科学与技术学科，在明确专业引进需求和目标的前提下，首先从专业文献、专业教育和国际科研计划三个角度锁定核心研究机构及目标学者；再针对目标学者，从个人学术能力、导师学术能力、引进可行性等多角度进行分析。［结果/结论］基于以上分析结果，结合国家及学校相关政策指导性意见，合理分配指标权重，构建海外人才引进评价指标体系。

关键词：人才引进；海外人才；文献计量；评价体系

在全面推进“双一流”建设，深入实施创新驱动发展战略的进程中，至关重要的一环是学科队伍建设，即高水平、梯队化的师资队伍建设，这是关于学科建设比较公认的有效抓手和重要着力点。师资是大学的战略性资源，一流师资队伍是创建一流大学和一流学科的关键因素和重要支点。2005 年 3 月，教育部、人社部等部委联合印发《关于在留学人才引进工作中界定海外高层次留学人才的指导意见》，首次对“海外高层次留学人才”进行界定，明确了海外人才引进的基本原则；2008 年，国家海外高层次人才引进计划（简称“千人计划”），以及各地方“百人计划”项目正式启动。随后，《国家中长期教育改革和发展规划纲要（2010—2020）》《统筹推进世界一流大学和一流学科建设总体方案》以及《关于高等学校加快“双一流”建设指导意见》等重要文件先后提出“造就一批教学名师”“为高校集聚具有国际影响的学科领军人才”“加快培养和引进一批活跃在国际学术前沿、满足国家重大战略需求的一流科学家、学科领军人物和创新团队”“精准引进活跃于国际学术前沿的海外高层次人才”，充实、巩固和提升高校现有师资队伍。基于此，国内高校对高素质、高水平、具备国际视野的研究人才和团队的需求日益强烈。同时，伴随人才强国战略的逐步实施，以及国家各级政府、教育主管部门、高校及科研机构等出台的各类人才项目与优惠政策落地，将高校海外人才引进工作推向了高潮。尤其近两年受疫情影响，海外人才的回流呈现增长态势，更是为高校人才引进工作带来了新的机遇和挑战。

一、现状与问题

（一）研究现状

在中国知网（CNKI）数据库中，选取《国家中长期教育改革和发展规划纲要（2010—2020）》发布后2011年至今的十余年为时间跨度，以“主题=（高校/大学）*海外人才”为检索式进行检索，共得到命中期刊文献276篇，其中CSSCI核心期刊论文53篇；硕博士学位论文197篇，其中硕士论文170篇、博士论文27篇。从研究内容来看，这些文献主要集中于对高校海外人才引进工作中存在的问题与对策、引进模式与策略、引进政策与管理机制、引进绩效与效果评价、区域引进现状调研、人才引进项目分析等主题的分析研究，尚未发现有将文献计量法引入和应用于高校海外人才引进评价工作中的期刊论文，仅有上海交通大学鲍明飞的硕士学位论文《海外人才政策变迁的逻辑及内在价值研究——以1990年至2018年中国海外人才引进政策为例》中采用了政策文献计量的分析方法，对1990年至2018年间由国务院、国务院各部委、上海市政府及北京中关村管委会发布的共 235 项海外人才引进政策进行主题词筛选、共词分析与聚类分析，找出各个高频词之间的共现关系，并讨论其不同历史阶段的不同政策主题。

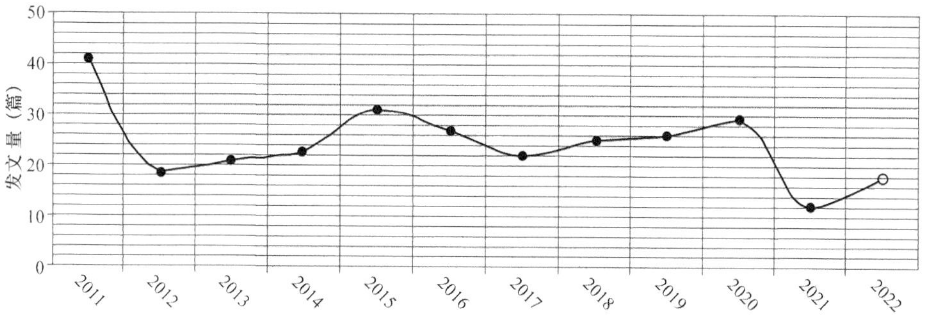

图1　期刊论文发文年度趋势图

从期刊发文趋势来看，自 2010 年《国家中长期教育改革和发展规划纲要（2010—2020）》出台之后，国家和地方的人才类项目相继启动，经费等支持力度增大，相关主题的研究成果数量也逐步上升，期间虽有反复，但在 2015 年《统筹推进世界一流大学和一流学科建设总体方案》出台后，进入了新的增长期。这一增长趋势随着“双一流”建设的推进和各高校海外人才引进工作的深入进一步稳步提升，但在 2020 年新冠疫情爆发之后，各种不确定因素加剧，造成相关主题研究成果出现下降趋势。

（二）传统海外人才引进渠道和方式的缺陷

一直以来，国内高校引进海外人才、获取人才信息的渠道和方式主要有四种，即公开发布招聘启事并接收简历、通过项目合作或合作办学结识相关人才、外包猎头公司和利用商业人才信息库[①]。其中通过发布招聘启事并收集简历的招募方式，是目前比较成熟的招聘方式，其优点为招聘系统化、前期的信息收集工作较为轻松；缺点是受众有限，用人方处于被动收集信息的地位而受到信息不对称的危害，对应聘者诚信度依赖较高，且前期宣讲、投放启事耗时耗力严重[②]。故其广泛应用于普通人才的招聘，少量用于高端海外人才引进。通过项目合作或合作办学结识相关人才的招募方式，解决了信息不对称的问题，对应聘者个人信息了解比较全面，但存在几率小、可遇不可求的问题。此方式是目前高校普遍采用的海外人才引进渠道。通过外包给猎头公司和利用商业人才信息库的招募方式，优点是节省了收集信息之后的洽谈成本，针对度高；缺点是资金成本较高，猎头顾问专业素养欠缺，对科技方向的理解有待深入，订单反应速度慢。实际工作中使用这两种方式的效率并不高[③]。

总体看来，上述四种渠道均较为单一或主观，主要依靠求职方或中介提供的信息，在招聘初期不可避免地存在双方信息不对称的问题，导致无法全面客观地评估求职者的价值，从而直接或间接导致一些求职方为了更加顺利地进入高校而投其所好，向其传递一些利己的虚假信息，给高校带来较大损失，甚至可能引发逆向选择出现“劣胜优汰”现象[④]。此外，学科融合趋势加大，一些衍生出的新学科也很难从传统渠道获得可靠的人才信息。事实上，如何多渠道、全方位、及时了解海外人才的客观信息，一直是高校人才引进工作中的现实难

① 朱勇国，李晨曦. 用什么方式搜募海外高层次人才［J］. 中国人才，2012，21：42－44.

② 李嘉平. 我国高校教师招聘工作存在的问题及其对策［D］. 河北师范大学，2014.

③ 吴琛. 猎头招聘行业效率提升分析［J］. 企业技术开发，2015，21：32－33.

④ 姜飞. 信息不对称条件下高职院校高学历人才引进工作的分析与对策［J］. 青岛职业技术学院学报 2016，29：1－6.

题[①]。有调查显示，海外高端人才的归国意愿受双向推拉作用机制影响，海外国家和地区对华裔科研人员的排斥，国内学术纽带和亲情纽带等社会网络因素增强了他们的回国意愿；但国内在学术发展环境和高校管理机制等方面存在的问题仍是阻碍他们回国的重要因素[②]。因此，拓展搜募渠道、创新搜募方法、了解人才的真实需求和影响因素，对于落实海外人才引进政策、切实享受到引进人才带来的知识转移等优势具有十分重要的意义。

二、海外人才引进评价的文献计量法

（一）几种常用的文献计量指标

文献计量法是目前比较成熟的利用一些可度量的数据指标来评价学者学术影响力和社会影响力的方法。并且，随着网络开放获取平台的兴起，文献计量法的评价指标也在不断发展并呈多样化趋势[③]。目前常用的评价学者学术能力的方法有以下几种。

（1）总被引频次。总被引频次是指某学者所发表论文的被引次数的总和，体现了某学者研究成果的被使用和受重视的程度，以及在学术交流中的作用和地位，代表了领域同行对其的认可度。

（2）H 指数。H 指数由美国物理学家 J.E.Hirsch 于 2005 年提出，用于评价某学者的科研产出，又称为 H 指数或 H 因子（h－factor）。h 代表“高引用次数”（high citations），一名学者的 H 指数是指他至多有 H 篇论文分别被引用了至少 H 次。它巧妙的将论文数量和被引频次结合在一起，克服了其他单项评价指标的缺点。由于其自身也存在缺省，后续陆续有人对其进行了修正，如金壁辉的 AR 指数、L. Egghe 的 G 指数等。

（3）AuthorRank。由孙海生等人从引用认同的角度提出，该方法可通过构建引文网络对学者进行排序，进而比较客观地反映出某学者在学科领域的影响力。

（4）NIF。NIF 又称为标准化影响因子，其计算公式为：$\mathrm{NIF}=\frac{\sum_i c_i a_i}{\sum_i r_i / a_i}$，其中，$c_i$ 和 r_i 分别为某学者发表的第 i 篇论文被他人引用的次数和该文章的参考文献数目，a_i 表示该文章的作者数目。该指标旨在测度某学者对其同行的影响程度与同

① 黄蓉静. 基于信息非对称性的高校人才引进问题探析［J］. 安徽科技学院学报，2013，02：116－119.

② 鲍威，田明周，陈得春. 新形势下海外高端人才的归国意愿及其影响因素［J］. 高等教育研究，2021，42（02）：24－34.

③ 王妍，郭舒，张建勇. 学者影响力评价指标的相关性研究［J］. 图书情报工作，2015，05：106－112+127.

行对其影响程度的比较，若 NIF 远远大于 1，则该作者可被定义为科学的领导者①。

（5）Altmetrics，即替代计量学。Altmetrics 是应社交媒体的出现和学者学术交流行为的变化而产生，其不仅可以做信息论文层面的计量，也可用来评价个人或者机构，评价指标包括但不限于摘要浏览量、点击量、下载量、图片浏览量、全文浏览量、微博数、评论数等。优点是反映快速、及时，评价全面；缺点是评价体系庞大，计算繁琐，指标相互之间关联较强，易导致不公正②。

综上所述，采用文献计量法构建科学评价体系，已经是一种较为全面成熟且被科研界广泛接受和认可的评价方法。基于此，针对高端的海外人才引进而言，面向领域，从科研成果信息出发，用文献计量的方法来进行搜集和评价领域人才信息，相对于传统的人才招募方式更加客观和全面，可以较好地提升海外人才引进的准确度和可信性。

（二）可行性与适用度

当前，文献计量、科学计量等方法在高校中应用最为成熟和广泛的领域是学科评价与学科建设。学科评价是通过利用文献计量等分析工具，从多角度和多渠道对数据进行搜集、整合与分析，构建起多维度的评价指标体系，为高校学科建设提供数据事实依据与管理决策支持。基于此，对于高校海外人才引进的评价工作，文献计量法有着天然良好的可行性与适用度，并能够有效拓展海外人才引进的渠道，原因有以下两点。

第一，在高校学科评价与海外人才引进工作中，评价体系构建都是不可或缺的重要一环。构建评价体系的关键在于可量化的指标，而在引进海外人才时，必然需要通过学术成果来考察其学术水平和能力，这些成果表现恰恰是文献计量法所适用的。

第二，海外人才引进的最终目标是形成高端人才的跨国界流动。这种流动不仅仅是为合适的岗位找到合适的人，更应当表现为知识的迁移、以及学科核心阵地的转移。因此，引进一个人才，不仅仅要看他个人的学术能力，也要综合评价其学术能力在研究方向、专业甚至学科中所处的层次水平等。文献计量法可以深度揭示核心研究机构、核心研究者及其关系，充实并校准评价指标，起到全方位评价拟引进对象的作用。

---

① Matsas G E A. What are scientific leaders？The introduction of anormalized impact factor[J]. Brazilian Journal of Physics，2012，42（5/6）：319－322.

② San Francisco Declaration on Research Assessment—Putting scienceinto the assessment of research［EB/OL］.［2017－12－20］. http://www.ascb.org/dora/.

三、实践案例

（一）研究思路和技术路线

大数据科学与技术是近年来在国内新设立的新兴学科，首批学科点仅仅设在北京大学、中南大学和对外经济贸易大学，其主要研究内容是利用统计方法学与计算机科学知识进行数据分析，为广泛的传统学术领域研究提供有效的预测与解决方案[①]。从学科基础上来说，大数据科学与技术是统计学与计算机科学的交叉，但它比这两个单一学科具有更强的包容性与创新性，它的应用覆盖了医学与公共卫生、工程、法律、教育、设计、商业、经济、政策规划等诸多领域，将为这些领域行业带来巨大的变革与发展。由于该学科是新兴学科，2016年在国内才开始招生，且学科内容涉及数学、统计、外语和计算机，突出特点在于其背景学科的交叉融合性和专业知识技能的复合创新性，因此目前更适合从海外引进基础教师队伍。但另一方面，由于方向过新、学科交叉融合深入，导致人才招聘方向不清晰，用传统的人才引进方式无法及时、客观、快速、准确地定位和获取所需人才。因此，尝试利用文献计量法构建评估模型，并应用于对外经济贸易大学大数据科学与技术专业海外人才的引进工作实践中。

本研究的技术路线（参见图2）简述如下：首先，确定目标领域及其精准的子领域，并收集各子领域关键词；其次，选择合适的文献数据库，利用关键词收集相应的科研成果信息；最后，利用文献计量法对收集到的信息进行清洗、整理、分析和评估，圈定候选人名单和候选人个人资料，以供进一步筛选。

（二）调研与评估流程

整个信息调研与评估流程可分为三步，即明确需求和目标、核心研究机构信息搜集、整理目标学者列表。具体分析如下。

1. 明确需求和目标

明确本次海外人才引进的学科、专业及子方向，并尝试联系所涉及领域或相关领域的专家学者提供线索目标人选和文献。

---

① 对外经济贸易大学信息学院. 信息学院成功申报我校首个工科专业——数据科学与大数据技术专业［EB/OL］.［2018-3-20］. http://it.uibe.edu.cn/xygk/xyxw/36065.htm.

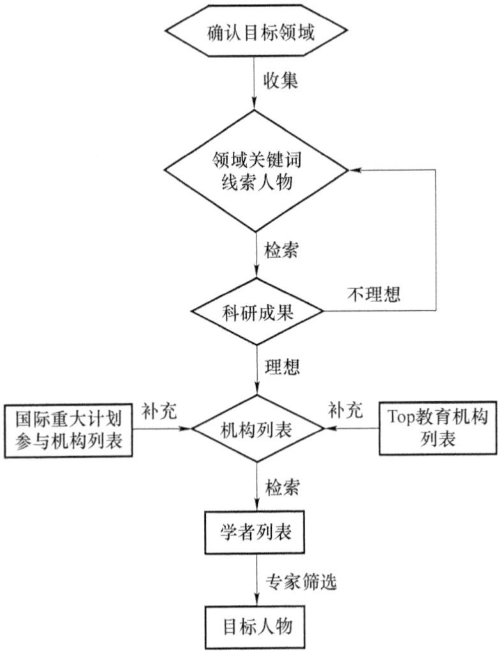

图 2　基于文献计量法的调研路线图

2. 核心研究机构信息搜集

该环节从3个不同角度开展信息搜集工作，分别是从专业文献角度出发、从专业教育角度出发和从国际科研计划角度出发而进行的核心研究机构调研。

（1）从专业文献角度出发，是指在汤森路透的SCI和SSCI两个数据库中，检索出相关文献并抽出TOP机构列表。从线索文献的关键词、作者、引文的共现关系入手，整理成第一版本的关键词，并在相应数据库以 5 年为期搜出第一批目标文献；将第一批目标文献的关键词提取出来并清洗，请专家勾选有效的关键词，形成第二版本的关键词；拿第二版本的关键词作为检索词在主题或篇名字段，以 5 年为期搜出最终的目标文献；将目标文献合并清洗，导入 DDA（Derwent Data Analyzer）数据分析软件，对所需字段进行数据清洗，提取相关信息。清洗作者机构信息 Author Affiliation（Full Name）之后，要求清洗到院系，先按国别后按发文量整理排在前列的相关机构列表。

（2）从专业教育角度出发。近年来，随着互联网对数据挖掘、分析与应用方面人才的不断增加，国外各高校也开设了数据科学相关专业或项目。针对教育机构，可以参考国外学科点，即研究生招生计划（Graduate Programs in History of Science and Related Studies)，其中主要是美国开设相关专业的大学进行调研分析。通过网上调研，综合考虑学校实力，以及具体学科如数学、统计与商科等的实力，最终选取了如下学校（表 1）开展进一步调研。

表 1　　　　国外开设数据科学相关专业的顶尖大学

序号	大学名称	选取理由
1	哈佛大学（Harvard University）	该校曾启动“数据科学项目”（Data Science Initiative）。
2	北卡罗来纳州立大学（North Carolina State University）	美国最早开设数据科学专业的学校，该校曾开发著名的决策支持大型集成信息系统 SAS（Statistics Analysis System）。
3	斯坦福大学（Stanford University）	临近硅谷和学校顶尖的计算机领域研究优势，学者有进行大规模计算的实践。
4	康涅狄格大学（University of Connecticut）	2018 全美公立大学排名第 18 位，数据科学相关专业的课程设计建立在学校与美国通用电气公司（General Electric Company）长期的技术合作关系之上，学生在修读过程中，能有机会将科研成果应用于实践，在商业分析和项目管理方面获得扎实的理论与实践基础。
5	亚利桑那州立大学（Arizona State University）	在上海交通大学的世界大学学生排名中，商科排名全球 22 名，计算机科学排名全球 32 名；在 US News 世界大学排名中，学校位列全球第 121 名，商学院排名全球 24 名，其中供应链管理、城市管理和公共事业专业排名全美前 10 位。
6	卡内基梅隆大学（Carnegie Mellon University）	该校拥有享誉全球的计算机学院，其商学院、工程院以及公共管理学院等也都在全美名列前茅。在 2018 年 QS 世界大学排名中，其计算机与信息系统学排名世界第 3，统计与运筹排名第 8，数学排名第 16。

（3）从国际科研计划出发，可参考国际大型研究计划的参与单位名单。通过项目合作单位，基本可以掌握相关领域主要的研究机构的组成。本研究首先参考了 2012 年美国政府发布的《大数据研究和开发计划》①涉及的 15 个联邦机构名单。针对学会、协会，参考了国际数学联合会（International Mathematical

① KEITH MARZULLO. Administration Issues Strategic Plan for Big Data Research and Development [EB/OL]. [2018-3-20]. http://obamawhitehouse.archives.gov/blog/2016/05/23/administration-issues-strategic-plan-big-data-research-and-development.

Union)、电气和电子工程师协会（Institute of Electrical and Electronics Engineers，简称 IEEE）等协会官方网上所公布的会士（Fellow）名单，从中搜集会士所在机构的名称，进而将这些机构与第二步中所列机构进行对应，验证了所重合机构的确是本领域中的核心研究机构；另一方面，也可以在一定程度上对目标机构进行补充筛选。最终得到包括美国、英国、法国、德国、日本、加拿大、瑞士等28个国家在内的核心研究机构及目标学者信息。

3. 整理目标学者列表

对最终确定的核心研究机构目标学者进行学术能力分析，主要包括领域学者整体规模、学科主要学者、学科子学科主要学者、学科核心影响力学者[①]。也可以将学者区分为成熟学者（PI、课题组长、资深研究员）、青年学者、流动学者（学生、交流人员）来进行分类分析。学术能力分析的主要指标如表2所示。

表2　　海外人才学术能力分析指标

维度	具体指标
海外人才学术能力分析	发文数量
	论文被引情况
	H指数
	国际任职
	获奖情况

人才引进情报分析不仅要考虑拟引进人才的学术水平和影响力，更要考虑其被引进回国的可能性和引进后所带来的团队建设变化[②③]，因此，还需对引进的可行性进行分析，具体指标包括国籍、教育背景、与国内学术界的互动情况等。另外，本研究不考虑经费问题。基于上述两点，构建海外人才引进可行性指标如表3所示。

① 娄丽娜. 文献计量学在科研机构竞争力评价中的应用研究［J］. 图书情报工作，2014，S2：209－211+214.

② 袁庆宏，吕丽霏，王建友. 他山之石，何以攻玉？——影响海外高端人才引进成效的“能力—意愿—机会”分析［J］. 重庆理工大学学报（社会科学），2015，7：43－47.

③ 吴江，张相林. 我国海外人才引进后的团队建设问题［J］. 中国行政管理，2015，09：78－81.

表 3　　海外人才引进可行性指标

<table>
<tr><th colspan="2">维度</th><th>具体指标</th></tr>
<tr><td rowspan="6">海外人才引进可行性</td><td rowspan="5">引进可能性</td><td>国籍</td></tr>
<tr><td>性别</td></tr>
<tr><td>教育背景</td></tr>
<tr><td>近 5 年来参加国内学术活动情况</td></tr>
<tr><td>近 5 年来国内项目交流情况</td></tr>
<tr><td>团队协作能力</td><td>合作系数＝独立署名的论文数/总体论文数</td></tr>
</table>

最后，根据某一流学科建设重点大学对于人才评估的相关政策指导性意见，合理分配各指标权重，建立海外人才引进评价指标体系，如表 4 所示。按照该体系的标准计分结果，筛选出名列前茅的目标学者，逐一接触并进入引进谈判流程。

表 4　　海外人才引进测评指标体系

<table>
<tr><th>类别</th><th>权重</th><th>测评内容</th><th>定量指标</th><th>计分</th></tr>
<tr><td rowspan="4">本人学术能力</td><td rowspan="4">50%</td><td>发文数量</td><td>SCI/SSCI 期刊发文量</td><td>（1）本领域 TOP15%期刊 3 分，普通期刊记 1 分。合作完成论文的，第一作者（或学生为第一作者、申请者作为导师为第二作者）按 100%记分，第二作者或通讯作者按 30%记分，其余作者均不记分。
（2）作为并列第一作者的，排位第一的按 100%积分，其余并列第一作者按 50%记分。</td></tr>
<tr><td>论文被引情况</td><td>作为第一作者完成的代表性论文的 SCI/SSCI 他引情况</td><td>他引次数每 10 次记 0.5 分。</td></tr>
<tr><td>H 指数</td><td>H 指数</td><td>实际计分。</td></tr>
<tr><td>国际任职</td><td>期刊编委</td><td>本领域前 30%的国际期刊编委记 6 分，国际一般期刊（SCI/SSCI）编委记 3 分。</td></tr>
<tr><td>导师学术能力</td><td>20%</td><td>发文数量</td><td>SCI/SSCI 期刊发文量</td><td>（1）本领域 TOP15%期刊 3 分，普通期刊记 1 分。合作完成论文的，第一作者（或学生为第一作者、申请者作为导师为第二作者）按 100%记分，第二作者或通讯作者按 30%记分，其余作者均不记分。
（2）作为并列第一作者的，排位第一的按 100%积分，其余并列第一作者按 50%记分</td></tr>
</table>

续表

类别	权重	测评内容	定量指标	计分
导师学术能力	20%	论文被引情况	作为第一作者完成的代表性论文的SCI/SSCI他引情况	他引次数每10次记0.5分。
		H指数	H指数	实际计分。
		国际任职	期刊编委	本领域前30%的国际期刊编委记6分，国际一般期刊（SCI/SSCI）编委记3分。
引进可行性	30%	国内学术交流积极性	近5年来参加国内学术活动情况	每大于3次记1分。
		国内合作潜质	近5年来国内项目交流情况	每1项记1分。

四、优势与问题

针对特定学科专业方向，构建基于文献计量法的评价指标体系，并将其应用于海外人才引进工作，相较于传统人才招募渠道和方式，主要有三个方面的优势。

（1）招聘方向明晰，方向性强。通过有针对性地调研国外大学专业设置情况和专业实力，能够获取及时有效的信息量。

（2）学者信息搜集全面客观。通过建立多维度的海外人才引进测评指标体系，创新引进学者导师学术能力的测评，打破仅靠口口相传或短时间接触的“第一印象”局限，客观量化了解人才归国带来的学术效应，确保海外引进工作质量。

（3）引进工作效率提升。通过数据搜索，确定目标人选，前置工作流程，启动迅速，周期更短，并计算引进可行性等维度，提高海外人才引进工作效率。

另一方面，在构建并实践基于文献计量法的海外人才引进评价指标体系的过程中也发现了明显的不足之处。首先，在海外人才引进工作中所掌握的人才信息极度匮乏。人才信息的搜集是一个长期可积累的过程，应该逐步建立多部门协同的信息搜集渠道和机制，不断积累数据，构建支持情报分析的人才信息数据库。同时建立健全的日常采集、汇总信息的机制，做好长效的数据积累，并开辟出新的数据采集路径，完善基础数据采集工作。其次，负责人才引进工作人员的数据与情报分析能力欠缺，虽然可通过机构合作的方式解决这一问题，但要想将海外人才引进的工作做深做实，需要建立一个具备随时可提供情报服务能力的团队，可通过安排信息员、联络员等方式，吸引更多的专业人员（如图书馆专业馆员、相关专业科研人员等）参与到情报分析工作中来，拓展情报服务的广度和深度。另外，本研究所选择的人才引进学科为新型学科，因此，该方法在其他较成熟学科中的迁移和适用程度仍有待验证。

参考文献

［1］Confraria, H., & Vargas, F. Scientific systems in Latin America: performance, networks, and collaborations with industry［J］. Journal of Technology Transfer, 2019, 44(3): 874－915.

［2］Gao, J. P., Su, C., Wang, H. Y., Zhai, L. H., & Pan, Y. T. Research fund evaluation based on academic publication output analysis: the case of Chinese research fund evaluation［J］. Scientometrics, 2019, 119(2), 959－972.

［3］Khosa, M., Bhulani, N., Ali, A. A., Singh, J., Khosa, F., & Nasrullah, M. Bibliometrics of Fifty Most-Cited Articles on the Mental Health of Immigrants Living in the United States. Journal of Immigrant and Minority Health, 2019, 21(2), 414-429.

［4］Pan, Y. J. Relationship between Dual Innovation Ability and Scientific Research Performance of High-level Talents in Colleges and Universities[J]. Educational Sciences-Theory & Practice, 2018, 18(6), 3610－3619.

［5］Skute, I., Zalewska-Kurek, K., Hatak, I., & de Weerd-Nederhof, P. Mapping the field: a bibliometric analysis of the literature on university-industry collaborations［J］. Journal of Technology Transfer, 2019, 44(3), 916－947.

［6］Zhang, Y. A., & Dong, X. J. The introduction and training management of high-level talents in chinese universities and colleges［J］. Agro Food Industry Hi-Tech, 2017, 28(1), 2453－2457.

［7］Gao, J. P., Su, C., Wang, H. Y., Zhai, L. H., & Pan, Y. T. Research fund evaluation based on academic publication output analysis: the case of Chinese research fund evaluation［J］. Scientometrics, 2019, 119(2), 959－972.

［8］He, S. Y., Zhao, Y., Fan, Y. S., Zhao, X., Yu, J., Xie, J., ... Su, J. M. Research Trends and Hotspots Analysis Related to Monocarboxylate Transporter 1: A Study Based on Bibliometric Analysis［J］. International Journal of Environmental Research and Public Health, 2019, 16(7).

［9］胡美云. 地方高校海外高层次人才引进市场化机制研究［J］. 科技创业月刊，2021，34（06）：93－97.

［10］李元栋，刘红梅. 地方高校海外人才引进的问题及对策［J］. 教育理论与实践，2020，40（30）：10－12.
［11］陈黎，王凤仪，方爱敏. 高校海外高层次人才精准引进策略分析——以浙江省为例［J］. 教育教学论坛，2020（39）：221－222.

作者简介

秦东方，对外经济贸易大学人力资源处副处长，副研究员，情报学硕士；研究方向：高等教育理论、高校组织机构与人力资源管理；电子邮箱：02099@uibe.edu.cn。

小众学科背景下我国精算学专业师资队伍建设与思考

纪宇辰　饶子裕

摘　要：人才是建设中国特色、世界一流大学和优势学科的第一资源。作为新兴学科和小众学科，我国精算学专业师资队伍存在着招聘难、引进难、人才流失严重、发展动力不足、专业点独立性不足、期刊级别认证不合理等问题。文章以对外经济贸易大学保险学院统计与精算学系为例，结合对一线专职教师的访谈，探讨了我国精算学专业师资队伍建设的经验与存在的问题，并结合国内现状提出了一些建议。

关键词：高等教育；精算学；师资队伍建设

一、引言

党的二十大报告指出，教育、科技和人才是建成社会主义现代化强国的基础性与战略性支撑。未来五年中，我国要深化教育领域综合改革，完善管理与教育评价体系，加快建设中国特色、世界一流高校与优势学科。2016 年，对外经济贸易大学保险学院获批设立我国第一个精算学专业。但基于长期以来保险集团对高级精算师的高定位与优渥待遇，兼具扎实理论基础与丰沛实务经验的精算人才较难流入教学领域。因此，作为实务性极强的小众学科，高素质的精算教师队伍建设需求十分迫切。

文章以对外经济贸易大学保险学院为例，通过访谈法向一线教师了解我国精算学专业师资现状及普遍存在的问题，提出新兴小众学科发展背景下我国高校精算学师资队伍建设对策，以为我国精算学专业师资队伍吸引具备理性思维与国际视野的高质量保险精算技术人才。

二、小众学科背景下精算学专业的发展

精算学是集数学、统计、金融、保险于一体的综合性应用科学，其诞生于 17 世纪，随工业革命形成发展于西欧，在西方发达国家已有近四百年的历史。我国保险业起步较晚，改革开放后，由于保险产品与金融产品的不断创新，金融资源的流动频率与融合度较从前大幅提高，各类保险问题与数理经济模型间的联系日益紧密，投资风险量化研究方法在实际经营中的重要性也愈发凸显。基于金融业与保险业发展的迫切需求，精算学顺势而出，成为二者之间的天然媒介，既能为保险公司经营中的定价、偿付能力评估、担保等问题做出解答，也能为金融公司量化管理投资风险提供行之有效的工具。

2002 年，《中华人民共和国保险法》正式规定“保险公司必须聘用受保险监督管理机构认证的精算专业人员，并建立精算报告制度”[1]，奠定了精算人才在保险业的基石地位。香港大学早在 1994 年就在统计学院开设了精算系本科课程，但直到 2016 年，内地精算学才真正作为独立的本科专业被教育部批准成立，填补了内地高校本科领域精算学教育的空白。截至目前，国内开设精算学本科专业的院校已有 18 所，精算学专业的就业领域也已经从传统商业保险领域逐步向金融投资、社会保险、风险管理、经济预测等非传统精算领域拓展。虽然就业方向广泛，但精算师的培养本身是一个极为漫长和艰苦的过程，通过十余门资格考试一般需要 7 年左右的时间[2]，在企业平台的实操能力也不可或缺，高门槛、低产出与广阔需求使得精算师仍是保险行业最具核心地位的稀缺高级人才。赵宇龙[3]结合调查问卷数据和公司职能角度推演，认为我国的精算人才需求将在 2027 年达到 4～6 万人，且长期保持缺口过万的状态。因此，当前我国精算学专业处于机遇与挑战并存的状态，既蕴藏巨大的市场空间，享有专业含金量高、实用性强的就业红利，也面临着与国际先进教育水平存在差距、国际精算人才引进难的重大挑战。

三、保险学院精算学专业发展与师资现状

（一）保险学院精算学专业发展进程

十余年来，保险学院教师始终关注精算学系统的发展，早在精算学专业获批成立前，孙立娟教授[4]就曾在期刊上对精算思想史与重要理论做分析述评，是国内精算思想文献中叙述详尽、角度切实而不可多得的高质量综述文章。在学

院教师和业界专家的共同积极推动下，2016 年，全国首个精算学本科专业点在对外经济贸易大学保险学院成功设立，精算学二级学科硕士点也于同年开始招生，博士点则于 2017 年获批设立，至此，贸大精算学建成了本硕博完整的学科体系，其培养模式也为国内后续开设精算学专业的院校所借鉴。2019 年，首批北京市一流本科专业建设点名单中，保险学院精算学赫然在目。2021 年，精算学又获批成为国家级一流本科专业建设点，学院凭借稳中有进的专业特色，卓越型人才培养模式，在国内精算学专业教育中始终名列前茅。

（二）保险学院精算学系师资构成

保险学院统计与精算学系现有专职教师 14 人，其中正教授 3 人、副教授 9 人、讲师 2 人，专职教师博士化率达 100%，教师海外毕业博士率 35.7%，45 岁以下的专职教师占总数的 92.86%，是一支以青年教师为核心力量的教学科研团队，学系师资规模仅次于中央财经大学精算研究院。

（三）保险学院精算学专业师资队伍建设经验

多年来，保险学院高度重视精算学科的建设，坚持内引外培双向促进，从国内外挖掘优秀精算人才。在教师能力提升方面，学院十分关注新晋教师的成长环境与培养过程，学系内部在专职教师年龄上形成梯队，通过“结对子传帮带”制度增强新老教师之间的联系交流，将教学科研全方位宝贵经验薪火相传。谢远涛、祝伟、李政宵三位老师在精算系内部分别组建了创新团队，在教学、科研、职业发展规划等方面群策群力，加深了学系内部经验的沟通。

科研交流方面，精算学属于小众学科，其信息流通具有局限性。为增强与行业院校的学术交流，保险学院鼓励学系教师挖掘个人资源，以双周论坛讲座形式邀请业内专家、外校学者等做主题报告或论文分享，提高学系教师的专业信息获取与资源交互能力，把握学科前沿动态。双周论坛在保险学院反响热烈，极大激发了学院师生的学术热情，促进了教师间的思想碰撞，也为教师后续的课题方向、论文发表乃至职称评审提供了经验参考。

加强师德师风建设是保证教师队伍纯洁性、筑牢意识形态阵地的必要举措。考虑到国内精算学博士数量更为稀缺，亟需从国外引进的情况，保险学院多年来始终坚持党管人才，在海外教师引进、人才项目申报等过程中，实行三级审核机制，严把意识形态观。由于数理学科与思政知识结合难度更高，保险学院以经费奖励的方式大力支持教师积极开拓课程思政建设，鼓励教师参加课程思政教师教学能力大赛，精算系教师在第二届大赛中荣获优秀奖。教学能力之外，学院也格外注重专职教师的管理能力的培养，根据学科特色吸纳精算系教师积极加入学生就业工作专项小组，开展个体化就业指导教育，在2022年全院获评校级优秀班主任的教师中，精算系教师占到了66.7%。

四、精算学专业师资队伍建设的问题与困境

笔者通过对学院精算学专职教师进行走访发现，目前精算学专业师资队伍建设仍存在杰出人才引进受阻、海外引进人才流失严重、人才称号项目推进力度不够、专业资格认证仍需争取、非授课工作量统计难、有组织科研推进不够、高水平国际学术活动参加不足、学科内涵共识有待凝聚等问题。

（一）精算学青年教师招聘难

作为新兴学科和小众学科，具有精算学博士教育资质的院校本就稀缺，能顺利毕业的精算学博士更是凤毛麟角。当前我国高校专职教师招聘以博士应届生为主，但国际人才市场上，精算学博士在企业面需求广阔，待遇优渥，社会地位高，毕业后回国就业动力不足，供需之间的巨大差距导致精算学海外人才引进难；国内人才市场的供给则更为匮乏，目前全国具有精算学博士教育资质的院校仅个位数，全国精算学博导不过十余人，导致国内精算学出身的博士更少。

为弥补精算学专业师资缺口，国内相关院校普遍采取的措施之一是从金融数学、概率统计等数理相关学科选择优秀人才作为替代。但从学科专业发展的角度，即使是相近专业，其具体分支也存在较大差别。

（二）精算学成熟学者流动性低

除了应届博士招聘难，成熟精算学者的引进也十分不易。作为实务性强的交叉学科，精算学子的培养除了理论知识的熏陶，也需要在实操中积累经验。因此，资深的行业专家、实操经验丰富的企业精算师也是精算学系师资队伍建设中迫切需要的一份子。但由于国内高校专职教师薪酬远低于企业中资历深厚的精算师，高校对成熟精算学者的吸引力低，导致人员流动性不佳，高校很难从企业挖掘到专职精算学教师，只能通过聘请行业导师等方式间接弥补师资缺口，这是精算学系面临的难题。

（三）精算学科期刊少，刊物级别认证统一难

在我国高校专职教师的职业晋升路径中，科研成果是评审体系中极为重要的一环，其主要通过期刊论文发表来体现。但在以科研文章为核心的评价体系中，小众学科由于研究者少、文章少，导致期刊寥寥无几。

我国高校尚没有统一期刊级别认证标准，小众学科常因被重视程度不足，刊物级别无法得到合理认定。目前被列入对外经济贸易大学高水平期刊目录的精算学期刊在国内仅有《保险研究》《统计研究》《统计与信息论坛》《数理统计与管理》四家，国外仅有 *Astin Bulletin*、*Insurance：Mathematics and Economis*、*Scandinavian Actuarial Journal* 三家。作为典型的小众学科，精算学系研究者经常因为精算保险类期刊太少，或相关期刊在评审体系中的认证级别低，导致科研投入产出性价比低，从而选择在计量经济学、统计学等大众学科的期刊上发表文章。这种做法虽然能够提高个人科研成果积分，但实际上远离了精算学的学科本质，削弱了国际上的学科影响力，长远来看影响了精算学的整体发展，使学科系统进入到恶性循环。

（四）海外引进人才流失严重

由于国内精算学博士太少，以及国内外精算学教育存在较大差距，海外精算学人才成为了精算专业师资队伍中的主体。但在我国目前“非升即走”的高压体系下，高校普遍存在对新人培养不足的问题。就贸大保险学院精算学专业而言，近年来海归流失的最终原因都是无法达到国际 A 级别期刊的发表要求。除了上述期刊少、级别认证低的原因外，期刊投稿周期长与学校劳动合同期短之间的矛盾，更加剧了教师的心理压力，也负面作用于科研质量。

（五）教学研究成果激励不足

教学能力是师资队伍建设任务的重中之重。但从现行考评标准来看，教学工作投入产出质量具有明显的泛化、软化等特点，不同于科研工作以期刊发表为衡量标准，教学工作实难量化考核，存在投入与业绩体现相关度不高的问题，一定程度上影响了教师对教学工作的投入热情，导致教师对教学设计、方法创新的积极性不高，每年申报教改立项的研究项目逐年递减，省部级教学改革成果奖数量少。另一方面，在职称晋升条件的影响下，科研工作对教师的回报率远超教学工作，极大影响了教师在二者之间的时间精力投入比例，在专业系列教材出版等方面更难有成效。

（六）中国精算师资格考试停滞

目前，精算师仍是中国最稀缺的人才之一，精算师资格认证是金融保险行业甄别精算师资质的重要参考依据。相比强调实务操作、动辄成本上万的北美精算师、英国精算师考试，中国精算师考试没有语言障碍，费用相对平民化，知识系统理论化，受众群体更为广泛。尽管如此，从 1999 年中国精算师考试推出，至 2016 年中国精算师资格被移出《国家职业资格目录》，十余年间通过考试取得精算师资格的仅有 509 人[5]。虽然在 2021 版《国家职业资格目录》中已将中国精算师重新纳入评价体系，但目前考试仍未重启，作为保险业唯一被纳入目录的职业资格，中国精算师认证“消失的七年”也在一定程度上阻碍了我国保险业发展。

（七）国内高校精算专业发展独立性不足

下表展示了我国开设精算学专业的“双一流”院校。从表中可以看出，当前国内精算学专业发展的独立性欠佳，除中央财经大学、对外经济贸易大学在保险学院下设精算系，其他高校的精算学专业只能挂靠经济、金融、统计等学院，甚至并不单设学系，只取决于教师个人的研究方向。精算学之所以不同于数理知识相近的计量经济学或统计学，就在于其与保险学之间的紧密关联，无法为其他学科所取代。在挂靠体系下，精算学专业的资源分配注定成劣势，生源、师资、经费等方面都无法和大众学科相比拟，与国际精算教育间的差距更难追回。

我国“双一流”高校精算学专业师资情况一览表

院校	精算专业师资规模	上级院系	国家级“双万计划”
中央财经大学	21	保险学院（精算研究院）	是
对外经济贸易大学	14	保险学院	是
西南财经大学	4	金融学院	
南开大学	3	金融学院	是
上海财经大学	4	金融学院	
清华大学	1（已退休）	金融系保险方向	
北京大学	3	经济学院保险系	
人民大学	7	统计学院	
复旦大学	2	数学科学学院	
中南财经政法大学	4	金融学院	
湖南大学	6	金融与统计学院	

注：本表由作者根据各高校官网公开资料整理。

五、对策及建议

通过上述问题剖析可以看出，精算学专业师资队伍建设的问题涉及教师招聘、人才培养、学科建设等多个方面，需要学院、学校、社会面乃至个体精算学人才共同努力，才能保险精算业继往开来。

（一）资源盘活，建立长效精算专业师资培养机制

为弥补精算学师资紧缺，高校应当建立长效精算专业师资培养机制。具备精算学教育资质的院校应发挥牵头作用，不仅要继续巩固校企合作机制，更要将其上升到制度化、长效化、常态化，从学校层面出台校外导师聘请方案与考核机制，避免行业导师制“名存实亡”，盘活人才资源，将精算实务经验丰富的企业高级精算人才补充进高校精算师资库。在校企合作之外，校际师资合作也应提上日程。精算学相关院系可以与其他方向对口高校建立长期合作授课制，配套出台学分互认等培养方案，博采众长，充分利用现有师资解决学科方向缺口问题，既提高人才培养质量，也缓解应届博士生招聘难题。

（二）面向社会，推动中国精算师考试重启

2017 年，中国精算师资格考试被取消影响了国内精算人才输入渠道，大数据、金融科技行业崛起又加大了对风险测算专业人员的需求，因此国内精算师人才缺口亟需弥补。推动中国精算师资格认证重启任重而道远，虽然精算师已重回《国家职业资格目录》，但时隔多年，中国精算师认证在国内宣传程度已经远低于财经类其他资格认证。高校精算系应积极联系业内公司、行业协会、学会等组织，做好中国精算师考试重启前的高校面和社会面宣传工作，尽早拓宽国内精算人才输入渠道，既有助于保险行业吸纳精算人员，也间接为高校扩充了行业导师库。

（三）不忘初心，扩大精算学科影响力

精算学科期刊少和刊物影响力不足等问题是影响精算人才高校择业和引进人才流失的重要原因。为稳定现有精算学专业师资队伍，减少教师因期刊发表不达标而流失到不对口行业以及文章远离精算学本质的问题，学系教师应联合业界、学界、学会，创建精算学专属刊物，扩大精算学科影响力目前相同的精算学国外期刊，在人民大学和中央财经大学的认证层次高于对外经济贸易大学一个级别。学校应重视新兴学科、小众学科教师发表文章的问题，结合财经院校特色，在设置高水平期刊列表时再作调整，鼓励小众特色学科发展，减少人才流失。

（四）兼听则明，推进引进人才评价体系多元化

教学成果激励不足属于高校人才评价体系中的普遍性问题，学校应结合师

生需求，基于分层评价原则，对考核标准和职称评审规则进行修正与完善，加大教师授课成果在评价体系中的核算权重，避免“唯论文化”，能够调动教师对于教学研究的积极性，更利于学校建立合理的师资队伍。当前精算学专业引进人才稀缺，目前只有中央财经大学的精算研究院具备引进人事权，因此，学系内部更要注重为新人营造良好的成长环境，构建循序渐进的科研成果考核机制，挖掘新人潜力，让科研型人才与教学型人才都能安心工作，为精算学专业师资队伍的建设与完善提供实际保障。

六、结语

本文以精算学专业师资队伍建设为出发点，梳理了精算学专业发展进程与趋势，结合对外经济贸易大学保险学院精算学师资构成与建设经验，分析了小众学科背景下精算学专业师资队伍建设的问题与阻碍，并从建立长效师资培养机制、推进社会面精算师考试、扩大学科影响力和完善人才评价体系四方面提出了建议。

参考文献

[1] 朱江红，王金花. 对我国高校精算教育现状的思考与几点建议［J］. 沧州师范专科学校学报，2011，27（03）：98－100.

[2] 何瑾儿，孟俊红. 我国精算师的市场需求及职业发展前景［J］. 中国市场，2018（30）：183－184.

[3] 赵宇龙. 中国精算从业人员现状与需求预测［J］. 大众理财顾问，2018（09）：36－38.

[4] 孙立娟，汪哲侃. 精算思想的演进与精算理论发展综述［J］. 统计与信息论坛，2013，28（01）：95－103.

[5] 杨卓卿. 中国精算师考试时隔七年重启　行业人才缺口有望缓解［N］. 证券时报，2021－12－10（A08）.

作者简介

纪宇辰，对外经济贸易大学保险学院党政综合办公室，助理经济师；研究方向：劳动经济学；电子邮箱：yuchen_ji@163.com。

饶子裕，对外经济贸易大学保险学院教学科研管理科，研究实习员；研究方向：教育学、教学管理、课程思政；电子邮箱：02982@uibe.edu.cn。

薪酬激励视域下高校青年教师队伍建设路径研究

金健宇

摘　要：人才是国家实现科教兴国战略的第一资源，办好世界一流大学，关键在人才。高校建立健全合理的薪酬制度，发挥有效激励手段，激发青年教师的潜力、创造力及积极性，为其职业发展提供科学发展路径，保障其在教学、科研及社会服务等方面的良好发展，是推动高校高质量发展的路径之一。

关键词：青年教师；薪酬；激励机制；职业发展

引言

习近平总书记提出了“来得了、待得住、用得好、流得动”的总体要求，高校要深刻把握青年教师成长规律，聚焦激励保障重点环节。加快建成一批世界一流大学和一流学科，作为高等教育未来三十年的战略规划蓝图，将有力提升中国高等教育综合实力和国际竞争力，同时为实现“两个一百年”奋斗目标和中国梦提供有力支撑。对于高水平研究型大学，“双一流”建设不仅是学校回应时代要求和国家战略的需要，也是学校把握新机遇、履行学校办学使命、提升办学综合实力的需要。围绕“中国特色，世界一流”的核心要求，高校需要承担五项建设任务（建设一流师资队伍、培养拔尖创新人才、提升科学研究水平、传承创新优秀文化、着力推进成果转化），而贯穿其中的一个关键要素是青年教师队伍建设。青年教师队伍在许多高校占比近 50%，是建设一流师资队伍的重要组成，是培养拔尖创新人才的重要依托，是提升科学研究水平的重要力量，也是传承创新优秀文化、着力推进科技成果转化的重要生力军。同时，高校需要突破的五项改革任务（加强和改进党对高校的领导、完善内部治理结构、实现关键环节突破、构建社会参与机制、推进国际交流合作），其主要着眼点、关注点、发力点和落脚点也离不开青年教师队伍。

青年教师已成为高校教师队伍的有生力量，是高校建设世界一流大学的重要人力资本。随着经济社会的快速发展，需尽快建立科学合理的激励制度，加强青年教师队伍建设，努力培育一批具有创新力的高层次青年人才队伍，为实现中华民族伟大复兴提供有力支撑。

一、高校青年教师主要特征分析

（一）学历层次高、教育投入高

近年来，新入职的高校青年教师基本为博士研究生学历，具有高智商、高学历及创新力强等特点，拥有较强的理论研究基础和知识体系，熟悉专业领域的发展方向和前沿动向。同时，二十余年的求学经历，表明高校青年教师前期投入的教育成本很大，其预期回报也相对较高。

（二）工作难以精准量化

对于高校青年教师而言，最终的成果应体现在“学生素质、技能、知识及综合素质的提高”上，但在现实中，大学生的各方面提升是教师集体合作培养的结果，很难界定某一位教师发挥的作用。科研工作需要长时间的研究和探索，科研过程难以精准量化，同时，科研成果的数量及质量的关系无法有效判定。青年教师参加的社会服务及行政管理工作更是难以进行定量评估，使得青年教师在初期工作较难有大的成绩。

（三）缺乏专业培训和指导

青年教师刚刚完成从学生到老师的角色转变，虽然理论知识丰富，学习意识和学习能力强大，但是教学技能和教学思维较差。青年教师在教学过程中往往只注重知识、技能的传授，忽视了价值观的引导，教学内容与课程思政结合不紧密，课程教学缺乏育德育才的功能。而且大多数刚入职的青年教师是非师范专业，教育学及教育心理学理论知识薄弱，缺乏系统学习。这会给青年教师了解学生学习心理、个人特征和认知水平带来困惑，从而使他们的课堂教学不能有的放矢、因材施教，缺乏长远的教学规划。

二、我国高校青年教师薪酬现状

（一）薪酬水平低，缺乏竞争力

青年教师总体收入水平不高，缺乏竞争力。我国高校青年教师平均年收入为 17.4 万元，与美国研究型大学助理教授相比，青年教师平均年收入仅达到其 1/3。从整体上看，青年教师收入缺乏外部竞争力，即使青年人才的年收入与美国助理教授相比，也存在一定的差距。对不同行业博士毕业五年收入水平比较，高等院校收入比机关事业单位、科研机构和商业企业都低，科研机构收入为其 1.65 倍，商业企业收入为其 2.33 倍，青年教师薪酬行业竞争力弱。根据对高校青年教师激励保障体系中存在的主要问题的调查，收入水平的重要程度占到 31%。青年教师认为收入水平低，收入水平问题在所有问题中居首位。结合当前的物价上涨、房价暴涨等社会现象，让青年教师感受到收入水平是一种核心压力。因此，提高青年教师工资水平是当前激励体制中需要进一步考虑的问题。

（二）薪酬结构不合理，薪酬内部差距大

当前青年教师的薪酬结构中，岗位工资、薪级工资、国家政策津补贴和地方政策津补贴等政策保障性薪酬项目的比例仅占 27%，而学校绩效工资合计占到了 73%，绩效工资收入的提高与科研和教学工作量、科研项目和工作成果密切相关，对于还在科研起步期的青年教师，现有的薪酬结构很难满足保障性要求，无法创造一个让青年教师潜心科研的环境。据调查，年收入水平在 30 万元以上的相对高收入群体和 4～10 万元的相对低收入群体分别只占 73%和 1.5%，总计达 82.2%的青年教师的年收入水平在 10～30 万元之间，这当中年收入在 10～16 万元之间的约占 46.5%，低收入人群占主体。但由于少数收入过高，使得人均年收入明显高于中位值（15 万元），说明在青年教师这一群体内部依然存在收入差距过大的问题。

三、我国高校青年教师队伍建设路径

职业发展追求是高校青年教师成长的重要动力，需在遵循青年教师职业发展规律，建立合理科学的激励机制，搭建良好的发展平台，促进外在激励与内在价值协同驱动，着力打造一批具有创新力的青年教师队伍，为我国教育事业高质量发展发挥积极力量。

（一）加强薪酬制度系统设计，优化绩效工资体系设置

对青年教师而言，在职业生涯发展初期有着较高的物质保障需求，提高其物质保障满意度和青年教师生活水平，可增强青年教师工作积极性及热情，为学校发展注入源源动力。经研究调查，仅约 33%的青年教师对工资收入水平满意，其他青年教师认为当前的工资收入无法为其提供基本保障，内部分配不公平，导致其工作积极性不高。因此，高校需建立健全科学合理的分配激励制度，不断优化岗位薪酬待遇标准，坚持按劳分配的原则，将薪酬激励政策与人才评价、科研评价、教学评价、社会服务工作等进行系统设计，建立由人事、教务、科研等多部门组成的教师职业发展规划指导委员会，形成上下合力、协同联动的工作机制，不断提高用人制度的灵活性，为青年教师职业发展提供科学路径。在薪酬绩效工资设置方面，需要从青年教师职业生涯发展的角度出发，坚持效率优先、兼顾公平的原则，将绩效工资收入水平与岗位任务、工作业绩挂钩，建立“一岗一标准”的分配体系，结合青年教师岗位的工作性质及职责，综合考量各岗位工作难度系数，合理划分岗位设置，明确岗位任务，有效发挥薪酬激励的引导作用。建立学校与青年教师定期沟通和培训机制，加强对其职业生涯发展中遇到问题的了解与指导，制定中长期绩效工资分配导向，引导青年教师与学校发展目标保持一致，为其营造良好职业发展环境。

（二）组织目标与需求相结合，建立薪酬反馈评价机制

学校应从整体目标激励青年教师发展，以内涵发展方式、提升质量为总体思路，围绕学校战略发展目标，着力打造一批优秀青年学者、教学科研的生力军。要把人才培养和学术研究水平明显提升作为打基础阶段的重要任务，不断激励青年教师热爱学校、努力工作的热情。一方面要加强教师的个体目标激励，坚持分类指导，由学校制定教师基本任职条件，各学部制定职务评审定性要求及实施细则，学院根据学科发展需要和青年教师个人实际量身打造职业发展规划，明确青年教师努力的方向。充分发挥教师教学发展中心作用，健全老中青教师“传帮带”机制，鼓励青年教师进团队、进平台、进项目。强化聘期考核，注重学术内涵评价，营造宽松向上、追求卓越、潜心研究的学习氛围。另一方面建立薪酬反馈评价机制，高校激励体系的评价机制不仅可以从奖励和惩罚方面调动教师的工作积极性、提高工作效率，也是不断完善高校薪酬激励体系的一个重要指标。针对高校中不同的教师群体，通过意见反馈机制，及时、有效地收集到教师的意见和最新动向，可为教师管理、教师满意度提高、职业倦怠感消除提供帮助。高校薪酬激励的评价体系具有

双面性，一方面是对薪酬激励体系的评价，另一方面是对教师工作绩效的评价。高校薪酬激励应与职级职称、岗位和工作绩效挂钩，对于青年教师而言，薪酬可有效激发其积极性，这就说明对薪酬激励体系的评价是有效的，反之，就说明评价是无效的。

（三）加强青年教师培训指导，打造良好教育教学环境

加强教师培训培养，是深入推进教师队伍建设的重要抓手。一方面，高校应把培训工作作为全面提高青年教师综合素质和培养造就高素质专业化教师队伍的重要途径，不断增强青年教师对学校认同感。通过定期开展新进教师岗前培训、开班动员会等方式，注重介绍学校的办学理念、办学现状、校训精神和优良的校风、教风及学风，让青年教师在思想、行为上尽快融入学校，形成上下一盘棋，思想一条心；通过对学校的校史校情、如何教书育人成长成才等方面做辅导报告，使新进教师树立以校为家的主人翁意识，提高他们对学校的认同感、荣誉感和归属感；学校还应组织人事处、教务处、科技处、组织部、研究生院、资产处、图书馆、高教研究所等多个职能部门负责人分别就教学、科研、学科建设、职业道德和学术道德、师资培养、后勤及管理服务等方面进行全方位指导，并对学校有关纪律和规章制度进行强调。另一方面，学校应积极创造机会，为青年教师拓宽视野、更新知识、提高专业水平和能力创造有利条件。如，鼓励青年教师参加各种学术活动和学术会议，有计划地选派优秀青年教师到国内外知名高校和科研单位学习深造，组织举办青年教师教学能手比赛和教学研究培训活动等，不断提升青年教师的教学交流和教学水平，形成良好的教学氛围，加快青年教师成长。学校还应设立教学、科研基金，对取得重大教学成果、科研成果的教师进行表彰奖励。学校还应建立一系列项目计划，通过持续、有针对性的投入，构建多层次、全方位的青年英才资助培养体系，为建设一支高水平的师资队伍提供后备力量。

参考文献

［1］林宝霞．高职院校绩效工资改革问题研究［J］．现代交际，2020（3）：169－171.
［2］汪霞．关于高校教师职业生涯规划的思考［J］．信阳师范学院学报：哲学社会科学版，2017（2）：44－47.
［3］詹美娜．浅析教师职业生涯规划［J］．河南教育学院学报：哲学社会科学版，2019（2）：117－120.
［4］朱秀娟．高校绩效工资改革现状与问题思考［J］．黑龙江生态工程职业学院

学报，2017（6）：59－60.
［5］智安然. 我国高校青年教师教学能力发展研究［D］. 江苏：南京理工大学，2013.
［6］丁丽丽. 广西民办高校青年教师流失问题研究——以驻邕高校为例［D］. 广西：广西大学，2014.
［7］红丽. 青年教师队伍稳定性影响因素研究——以华中科技大学青年教师为例［D］. 湖北：华中科技大学，2006.
［8］罗振华. 高等院校青年教师成长研究——以华中农业大学为例［D］. 湖北：华中农业大学，2009.
［9］刘涛. 陕西一般高校青年教师队伍现状及建设路径探析［D］. 陕西：西北大学，2012.
［10］樊洁琼. 高校青年女教师工作满意度及影响因素研究——以安徽省高校青年女教师为例［D］. 安徽：安徽财经大学，2013.

作者简介

金健宇，对外经济贸易大学党委教师工作部/人力资源处，工程师；研究方向：高等教育管理、人力资源管理；电子邮箱：02400@uibe.edu.cn。

校院两级管理体制下高校奖励性绩效工资分配研究

张　男　辛　愿

摘　要：目前我国高等教育已进入高质量发展的新时代，实行校院两级管理体制是加快推进高校治理体系现代化、充分激发学院办学活力的重要举措，需要科学合理、公正有效的激励机制与之配合。但在实际改革过程中，高校普遍存在管理体制不够健全、考核评价不够完善、分配方案不够科学的问题，使得奖励性绩效工资的激励作用不甚显著，亟待通过厘清管理权责、优化考核体系、健全激励制度等方式激励教师队伍，激发工作潜能，最终推动学校事业高质量内涵式发展。

关键词：校院两级管理；奖励性绩效工资；绩效考核

在构建高质量教育体系、推进高校“双一流”建设的时代背景下，随着高校办学自主权的不断延伸、办学规模的日益扩大和管理模式的日趋复杂，校院两级管理体制改革升级逐渐成为推动大学治理体系改革和治理能力现代化的关键切入点。在二级管理体制下，奖励性绩效工资作为高校激励机制的重要组成部分，如果能够在依照上级政策要求、充分发挥自主分配权的前提下，遵循新时代教育评价改革的价值导向，通过配套设计科学合理的绩效考核制度，统筹协调学校与二级学院各类资源，完善工资分配和绩效奖励体系，将有效保障教职工的工作获得感和幸福感，不断提高学校的核心竞争力。

一、校院两级管理体制与奖励性绩效工资分配的内涵

校院两级管理体制的核心是调整匹配学校和学院两级的权力、责任、义务，改变“大锅饭”“一把抓”的现状，打破学校行政机关和教学科研院系之间的关系壁垒，通过适度下放人权、事权、财权，结合聘约制、协议制、授权制、绩效打包激励制等具体措施，充分调动学院的办学积极性和主动性，使学院成为

办学实体和管理重心，派生出办学活力、内生动力和发展潜力，在校院两级目标协同、权责一致的基础上逐步实现“善治”。

高校的绩效工资根据功能要素可划分为基础性绩效工资和奖励性绩效工资两部分，基础性绩效工资主要根据岗位级别发放，体现岗位基本任务量，一般占绩效工资总额的60%～70%；奖励性绩效主要根据工作实绩发放，体现多劳多得、优绩优酬，可以向关键岗位、业绩突出、超额完成的教职工倾斜，一般占绩效工资总额的30%～40%，并可进一步分解为学校奖励绩效和学院奖励绩效。奖励性绩效工资分配内容丰富、发放形式灵活，各高校可以根据自身发展战略和总体财务情况实行总量调控，将学院奖励绩效切块划拨下去，由二级学院按照实际的教学、科研、管理等成果产出自主进行二次分配。

在校院两级管理体制下建立科学规范的奖励性绩效工资分配机制，有助于加强对教职工实际业绩的考核和激励，提高岗位工作绩效，充分发挥主观能动性；有助于引领高绩效高收入的分配导向，真正体现高层次人才的工作价值，凝聚和稳定教师队伍；有助于提升教职工的个人成就感和被尊重感，营造良性的教学科研工作竞争氛围，共同推动良好师德师风建设。

二、奖励性绩效工资分配存在的问题

当前，在高校实施校院两级管理体制和绩效工资改革的过程中，一些共性问题亟待引起高度重视，主要表现为以下几点。

（一）校院两级管理体制的制度建设不健全

长期以来，部分高校虽然进行了相关实践和创新，但“放管服”不彻底，改革进程难以深入。一是权责划分不合理，权力过于集中在学校层面，科层管理机构臃肿，职能机关和二级学院对于责权利的诉求不一致，学校常常机械性地将工作任务下压至学院，却没有给予足够相匹配的人事权、财务权和经费管理权，学院无法全面掌握自身的人力、物力、财力情况，日常疲于应付纷繁复杂的事务性工作，没有真正成为办学实体，也就缺乏自行分配奖励性绩效工资的自由裁量权和决定权。二是管理制度不完善，不少高校的定岗定编制度和聘期管理制度没有与时俱进，二级学院工作主动性也比较低，一味照搬学校的整体制度，没有建立和落实符合自身办院历史、学系建设、发展定位的二级管理和分配方案，二级学院及其主要领导没有具体可行的任期目标任务，奖励性绩效工资变成了“计件工资”和“辛苦费”，没有发挥其应有的激励作用。

（二）绩效考核体系和教育评价制度不完善

奖励性绩效工资体系的设置需要以科学全面的考核评价体系为前提和支撑，没有绩效考核结果，就没有相挂钩的奖励性绩效工资。一方面，高校的绩效考核制度普遍以结果为导向，考察和激励指标较为单一，通常重点考察教师在固定时间节点前申请的科研项目、发表的论文数量、出版的专著总数、获得的人才帽子等显性指标，很少考虑工作投入度、长期产出能力和团队建设水平等隐性指标，过于强调当期实绩当期分配，容易引发教师急功近利、学术浮躁的现象，也容易造成教师情绪紧张、思想抵触的情况。另一方面，尽管给予了二级学院部分职称评审权和奖励性绩效分配权，但是学院领导层心存顾虑，寄希望于学校能够订立制度、严把标准、公正执行，学院只愿按章办事、听从指挥，没有根据本学院的办学情况和发展规划制定考核评价与绩效发放的细则；为了避免内部矛盾，有些学院存在“和稀泥”“老好人”心理，常常给所有教师都考核合格，以论资排辈或轮流坐庄的方式来评选优秀，在奖励性绩效工资分配方面拉不开档次和差距，使考核与绩效都变成了形式主义。

（三）奖励性绩效工资分配的实施方案不科学

根据上级部门的要求，高校绩效工资的总量是相对有限的，各高校受政策影响难以将奖励性绩效工资的“蛋糕”做大，薪酬水平却需要同时匹配教职工心理预期、物价上涨幅度、行业整体工资情况和市场经济发展规律，这对奖励性绩效工资分配方案的设计和执行均提出了巨大的挑战。

在制订方案前，部分高校未开展全面的调研考察，虽然召开了各类人群的座谈会，但参与者通常局限于高级职称和中层管理人员，低职级和低岗位人群的意见发表机会较少；不同部门、不同学科、不同岗位之间的工作要求和性质不同，参会代表人群从自身角度看问题的局限性易导致方案难以达成统一意见，只得牺牲部分绩效效果而选择折中方案。

在方案设计和执行过程中，国家政策文件的规定和高校经费保障能力的变化直接限制了奖励性绩效工资水平的合理增长，有限的资金需要同时平衡教学、科研、管理等多个岗位类型与人员群体的绩效分配，难以充分发挥其奖优罚劣的激励作用；受传统薪酬制度的影响，工资的高低与职务职称紧密相关，很难突破岗位晋升的壁垒来增加绩效工资，青年教师集中在分配体系低层，奖励性绩效工资的弹性小、级差大。

在执行方案后，各高校出于上级涉密文件和自身薪酬保密的考虑，一般会限制奖励性绩效工资政策的知悉范围，并通过自上而下、单向命令的方式执行，很少进行公开的政策解读及宣传，普通教职工对学校相关发放方案的信息获取不充分、认知程度不高，与行政管理部门存在信息不对称的问题；部分高校没有统一的收入分配工作领导机构，缺乏对奖励性绩效工资的持续高度重视和长期整体谋划，缺少“执行—反馈—调整”的循环过程，管理活动僵化，管理效率低下，不能根据实际发展情况灵活调整其发放项目、标准和方式等。

三、校院两级管理体制下完善奖励性绩效工资分配的建议

二级学院实际肩负着人才培养、学术研究、学科体系搭建、师资队伍建设等多项职责，学校的综合办学质量、教学科研水平和社会服务能力等都要依靠二级学院的管理工作质量，而绩效工资则关系着教职员工的切身利益，因此，高校需要打好政策“组合拳”，嵌套设计科学合理的奖励性绩效考核分配制度，实现学校发展目标和教师待遇保障的有机统一。

（一）厘清管理权责，明确二级单位治理制度

首先要顶层设计，高校应转变管理思路、下移管理重心，全面完善大学章程，明确界定校院两级各主体的治理目标、组织架构、权责清单、核心工作等，理顺学校层面与学院层面的行政权力、学术权力、民主权力关系。学校职能部门要适当收缩权力边界，在工作方式上减少对二级学院的管控和限制，增加指导服务、协调保障、反馈咨询的角色定位，引导二级学院树立“自主办院”的基本理念。

其次要系统推进，以目标导向、协议授权、聘期合约和财务管理为改革抓手，结合事权下放人事权和财权。可先选择试点学院构建学院领导班子任期考核评估机制，以学校相关制度体系为基础，根据“一院一策”的原则，将学校教学、科研、人才培养等方面的整体目标逐级分解转化为学院、学系乃至教师个人的分目标，协商签订任期目标责任书、绩效考核指标体系和财务收支预算等关键合约。

最后要落实到位，拓宽信息公开渠道，提升各个治理主体的监督反馈能力。通过信息通报会、政策解读会、新媒体平台等主动公开政策制定的背景和过程，对于敏感信息可开展一对一接待咨询，确保政策内容传达到位；通过问卷调查、校园信息平台、校领导信箱等多种方式，及时收集整理教职员工对二级学院发展定位、培养方式、教学科研、考核管理和绩效分配等方面的意见建议；注意疏导师生员工、学院领导、职能部门管理人员之间的关系，敢于直面现实问题，妥善处理不同利益群体的矛盾，逐步使校院两级由简单的行政隶属关系转变为

对组织目标高度认同的战略同盟关系。

（二）优化考核体系，突出教育评价导向激励

新时代教育评价改革提出了“改进结果评价、强化过程评价、探索增值评价、健全综合评价”的评价理念，对高校绩效考核体系的建构具有非常明确的方向指引性。在校院两级管理体制下，学校和二级学院需要遵循教育评价改革的价值导向，全面优化绩效考核目标，实行客观公正的考核评价，将考核结果作为奖励性绩效工资分配的重要依据。一是考核主体要多元。改变以二级学院组织评价为主的考核方式，引入同行评议、上下级互评、学生评价、校企合作方反馈等，合理设置各主体的参评比重，尽量规避同一学院内人情因素的影响，从多个视角来评定教师的实际工作贡献；二是考核内容要全面。绩效考核直接联动着奖励性绩效工资的核定，既需要考量教学项目、科研发表、科技成果转化金额等定量因素，也需要考虑师德师风、育人成效、现代教育技术能力等定性因素，既要重视年度工作业绩，也要注重长期攻坚克难才能获得的项目成果，从而有效激励教师的成长增量和进步幅度；三是考核导向要正确。在当前情况下应更侧重对教育教学实绩的考评，把立德树人成效作为根本标准，适当平衡教学与科研奖励绩效的发放标准和比例，引导教师回归教书育人的本职本位。

（三）健全激励制度，完善奖励性绩效工资分配

高校在设计实施绩效工资分配方案前，要做好全面的薪酬调研，完善民主议事和民主决策程序，既要横向参考同类兄弟院校的薪资水平，减少教职工的外部不公平感，也要纵向对照校内各学院、各学科、各岗位的绩效工资状况，减少教职工的内部不公平感。在实际操作过程中，以学校总量控制为前提，实行二级学院薪酬总额动态包干办法，学校统一基础性绩效工资的发放范围及标准，将奖励性绩效工资的分配权下放至二级学院。

首先，在拨款时要以学校财务状况为拨款基础，以学院办学实绩为主要拨款指标。奖励性绩效工资的划拨数额根据学校当年的财务状况量入为出、事前控制，结合学院奖福基金存量动态核定，确保总额符合上级政策要求和学校承受范围；拨款标准不直接与学生规模、岗位编制、职称结构等因素挂钩，而主要参照教学科研、团队建设、社会服务等业绩指标，综合考虑学院以前年度发展成果、学科建设规划、高层次人才引进计划等浮动因素；对超额完成任务的二级学院，可适当整体提升奖励性绩效工资额度。

其次，要充分发挥奖励性绩效工资的激励作用。奖励机制是整个绩效薪酬

体系中的核心激励手段，良好的绩效分配体系既需要统筹兼顾全局的和谐稳定，又需要瞄准前进方向、突出发展重点。因此，可降低职务职称在奖励性绩效工资分配中的比重，向做出突破性贡献和标志性成果的教职工倾斜，合理拉开收入差距，形成导向示范效应；可推动奖励性绩效工资分配方式的多样化，对高层次人才探索实行更具灵活性和吸引力的分配形式，如年薪制、项目工资、协议工资制等；可设置针对优秀教学团队和科研团队的团队奖励绩效，给予学科带头人分配管理权限，从而有效激发团队合作精神，引领教师队伍建设。

最后，要注意奖励优秀与鼓励进步相结合。由于历史发展、学科差异、资源配置等因素的不同，一些拥有优势学科的二级学院往往办学实力雄厚、发展势头强劲、奖福资金充足，能够有效实现各类奖励性绩效的设计和分配；而某些二级学院的学科建设起步较晚、基础薄弱、资金匮乏，甚至需要学校财力“扶贫”“托底”，因此，在奖励性绩效工资分配方面，既要奖励表现突出的学院，也要适当激励增长较大、进步较快的学院，避免前后工资水平急剧变化对教职工产生的负面影响，确保奖励性绩效工资分配改革的平稳过渡和顺利实施。

参考文献

[1] 郑丹. 善治视域下高校奖励性绩效工资制度的优化策略 [J]. 黑龙江高教研究，2023，41（02）：53－58.

[2] 王红梅. 从“管制”走向“善治”：校院两级管理体制改革的实践与思考[J]. 国家教育行政学院学报，2022（05）：31－37＋71.

[3] 张海成. 深化校院两级管理改革的关键问题和路径探讨 [J]. 国家教育行政学院学报，2022（04）：18－23＋42.

[4] 刘雁，胡钦华，张舒婷. 新时代教育评价改革背景下校院两级管理改革的思考 [J]. 湖北开放职业学院学报，2022，35（15）：31－33.

[5] 刘畅，王茂华，李天富等. 新时期高等学校校院两级人事管理制度的改革举措 [J]. 文教资料，2021（11）：150－152.

[6] 郭德红，林光彬，洪煜. 关于校院两级管理体制改革的思考 [J]. 北京教育（高教），2019（Z1）：76－79.

[7] 施维属. 新时代高校教师奖励性绩效工资拨款策略研究 [J]. 福建商学院学报，2019（01）：71－76.

[8] 于姝，马亮亮，王亚鹏. 基于适度公平的高校教师绩效工资分配体系研究 [J]. 对外经贸，2018（04）：120－123.

作者简介

张男，对外经济贸易大学人力资源处，会计师；研究方向：人力资源管理；电子邮箱：02697@uibe.edu.cn。

辛愿，对外经济贸易大学人力资源处，助理研究员；研究方向：人力资源管理；电子邮箱：02624@uibe.edu.cn。

信息化背景下高校人事档案管理存在的问题及对策研究

郭　杰

摘　要：为了保证人事档案材料信息的完整性、准确性和管理过程中的便捷性、安全性，高校人事档案工作人员应充分利用现代技术手段，针对现阶段实施人事档案信息化所暴露出的问题，继续深化研究，逐步完善人事档案的信息化管理，使档案管理程序更加便捷，查询工作更加高效，服务准确性不断提高。为解决目前高校人事档案管理制度、管理技术、开放式管理存在的问题，本文提出了信息化背景下创新思想、创新技术、创新管理方法等对策，以期为信息化背景下高校人事档案管理水平的提高提供参考。

关键词：信息化背景；高校管理；人事档案；管理问题；管理对策

人事档案管理在高校人事管理中具有十分重要的影响和作用。干部人事档案是学校教育培训、选拔任用、干部管理监督和人才评价的重要依据，是维护干部和人才合法权益的重要依据。它是社会信用体系的重要组成部分，是学校开展人事工作的重要信息依据。

随着信息时代的到来，人事档案的数量大大增加，内容的种类也不断丰富。传统的管理模式，无论是在安全还是效率上，显然已经无法应对现阶段的干部人事档案管理需求，因此，人事档案建设工作的信息化被推上了议事日程。2018年，中共中央办公厅颁布了《干部人事档案工作条例》（以下简称《条例》）。新《条例》的出台顺应了时代发展要求，以人事档案信息化为重点，提出了档案管理信息化和信息资源开发利用。同时还明确要求，人事档案管理作为高校人事工作的重要组成部分，应紧跟时代潮流，抓住时代机遇，创新人事档案管理的路径，迎接时代的挑战，加快人事档案管理的转型。

档案管理信息化是指档案载体由纸质档案向电子档案的转变。通常，文件存储和管理是通过光盘和磁盘进行的，并使用数字格式作为表达方式。因此，它具有强大的文件管理空间，可以对复杂的文件信息进行分类和处理。

笔者长期从事高校干部人事档案管理工作，结合自身工作经验，分析了高校人事档案信息化与安全管理中存在的问题，在完善高校人事档案信息化建设方面提出一些探索性建议，以期为相关工作提供参考，引起相关部门对各种存在的问题给予足够的重视，进而改革和创新人事档案管理的理念和方法。同时，要顺应时代发展的要求，合理利用信息化手段，进一步提高工作效率。

一、高校人事档案管理现存问题

（一）档案管理工作意识淡薄

由于其保密等工作性质，人事档案管理工作比较低调，不易受到外界关注，其工作业绩也很少被宣传。因此，一些教职员工对人事档案管理有了误解，认为人事档案管理只是对档案中的人力资源信息进行复制、反复整理和管理。即使在一些高校的工作部署中，人事档案管理也没有纳入重点，导致工作一直处于无人问津的尴尬境地，更谈不上更多管理资源的投入。信息技术的发展为高校人事档案的创新与发展带来了新的机遇，但能否抓住机遇，推动高校人事档案快速前行，在很大程度上取决于管理部门对档案工作的重视程度和人事档案工作者的工作态度。

（二）档案管理工作人手不足

随着高校发展规模的不断壮大，需要纳入档案的资料数量和种类不断增加，增加了档案管理工作的难度。目前不少高校人事档案的管理仍然停留在实体档案的管理上，按照“分级负责、归口管理”的模式进行。大多数高校的干部人事档案都停留在实体档案上，由各级组织或人事部门管理。而档案工作专职人员往往还兼顾其他任务，造成人手严重不足。目前，从高校人事档案管理的实际情况来看，档案管理人才队伍建设普遍滞后，与档案管理科学的快速发展不相匹配。不同高校之间的档案管理团队存在明显差异。比如，有的高校干部人事档案由一个部门班子管理（2 至 4 人），而有的高校只有一个管理人员来管理全校的干部人事档案，甚至有的高校可能是兼职人员。人事档案工作人员的任务不断增加。他们除了要完成实体人事档案的日常管理外，还要注意人事档案的信息化，很难合理地分配时间和精力，造成了一定的工作和心理压力。

人事档案管理的信息化需要一批具有相应专业水平的管理人员。目前，高校人事档案部门工作人员大多只有实体人事档案管理的经验，缺乏信息技术方面的相关知识和技能。人事档案管理信息化所涉及的计算机、数据库、网站建设等技术，都需要专业的计算机人才。此外，人事档案的信息化管理与实体管理之间也存在一定的差异。人事档案工作者不仅要熟悉人事的相关政策，还要根据高校的实际情况，制定一套适用于高校信息化管理的规则。因此，高校可以从自身实际编制和分工出发，对人事档案工作人员和计算机专业人员进行科学、规范的管理，使从事档案管理的工作人员从重复、繁琐的体力劳动中解脱出来。

（三）历史材料不全

高校人事档案记录了学校人事、组织、劳动、资金等部门培养、选拔、使用人才的原始记录，是学校人事部门个人管理的重要凭证和考核工作的依据。过去，由于一些单位对档案工作不重视，许多档案存在历史遗留问题，如材料不全甚至材料有误等。目前，一些学校还存在对教职工人事档案材料记录不充分的问题，导致未能有效发挥人事档案管理的作用，尤其是在人力资源的利用和开发方面。管理人员对档案材料控制不严格，将一些虚假材料列入档案；不花费时间和精力收存档案材料，如员工的年度考核材料、简历材料不完整，使得学校无法全面了解教职工的发展状况，难以挖掘教职工的职业潜力，影响了人力资源管理的效率。

（四）缺乏规范性

现阶段，许多高校在进行人事档案管理时，还没有落实相关的硬件设施，有的甚至没有设立专门的部门进行人事档案管理。即使一些单位设有人事档案部门，由于环境恶劣、空间狭小、缺乏防护设施的影响等原因，造成许多档案材料霉变，严重影响了人事档案的完整性。需要注意的是，在人事档案信息化建设过程中，首先需要配置稳定、可靠、安全的硬件设施，以满足信息化环境下档案收集、管理和利用的基本需求。档案信息基础设施建设主要包括计算机终端设备、数字化处理和存储设备、网络连接设备、服务器和网络布线等。但是，实际上，大多数高校都无法满足档案数据管理的基本保密要求。设备使用普通办公设备，与其他工作混合使用。档案管理设备直接使用校园网进行互联，有的甚至直接连接互联网。档案管理服务器等设备没有专门的档案室和档案网络，数据处理设备和输入输出设备也没有专门的工作区。此外，由于缺乏相关设备，管理人员无法对人事档案进行科学分类，进而影响了档案的检查和保管。同时，在选择人事档案制作材料时，单位不能按照标准材料制作，增加了档案材料的装订和整理难度。

（五）档案管理信息化带来的风险

在高校人事档案管理工作中，既要贯彻落实党和国家的各类方针政策，同时也要以现有的法律法规作为基本的行为准则。高校人事档案管理具有很强的政治性，必须保证档案的保密性、安全性和真实性。在传统人事档案管理的发展中，档案工作本身有一套完善的制度作为支撑，如《干部人事档案工作条例》，有利于保证档案的保密性。在新的时代背景下，我国全面进入信息时代，网络逐渐成为各行业之间沟通交流的重要桥梁。但网络的不稳定给人事档案的信息化建设带来了安全隐患。机密信息的传播速度和传播广度被无限放大，将对个人、学校乃至国家机密的安全都将构成严重威胁。部分校园网络由于安全防护水平较低，在存储过程中存在数据泄露和数字人事档案损坏的风险，不法分子会利用网络窃取信息，造成干部人员隐私的丢失或泄露，对人事档案系统的安全构成威胁。

因此，在信息化背景下推进高校人事档案管理工作必须从技术角度出发，遵循与时俱进的基本原则，确保管理效率得到有效提高，同时，信息的保密手段必须得以加强，否则必然会带来严重的后果。

二、高校人事档案管理在信息化背景下的实施策略

（一）认识到信息化对解决前述问题的正向作用

对于上述问题，既有挑战，也有机遇。高校既要充分认识到人事档案管理的重要性，坚持全面性、真实性原则开展档案管理，落实档案工作人员管理责任制；在提高档案管理信息化水平时，运用各种技术手段保证档案材料的完整性，保证档案工作的规范性，提高教职工使用档案的便利水平，同时也要让广大教职工进一步认识到档案工作的重要性，促进整个人事档案工作的健康发展。

（二）创新思想意识

在信息化背景下开展高校人事档案管理工作，必须做到有针对性地改革创新，尤其是在思想意识方面，要体现档案管理作为一项行政管理工作的服务特色。高校人事档案管理工作不仅仅是对档案进行简单的保存和管理，而是要体现其自身的整体应用意义和价值。逐步将现有的主动服务模式转变为被动服务模式，并逐步从过去单一的“托管”转变为具有特定特点的服务模式，对现有的文件内容、版本等方面进行创新。它不仅有利于反映档案记录人员的基本信

息内容，而且可以反映其优势、特点和缺陷，可以为相关部门筛选和使用人才提供便利条件。例如，如果某人获得了相应的奖励，则需要具有相应证书或特定信息的副本作为参考。

应定期对高校人事档案管理的内容进行梳理和划分，确保普查工作全面有序开展，同时尽量缩短普查率，使档案管理工作与当前整体发展状况相结合。从档案管理的角度看，档案涵盖的内容较多，包括个人、背景和社会关系的基本情况，保证档案与现状的一致性，体现档案的应用价值，要加强对现有诸多数据的收集、利用和整合，同时保证将档案的检查、检索和保密工作落到实处。

为推进当前信息化背景下高校人事档案管理工作，必须加强对信息真实性的识别，为信息的安全性和可靠性提供保障。尤其是对于电子档案而言，只有保证一定的日常管理投入，才能保证信息管理系统的整体水平能够得到有效提升，否则就是空中楼阁，难以为继。

（三）加强顶层设计，完善制度体系

教育部和国家人事档案局于2008年制定了《高等学校档案管理办法》，为高校档案工作明确了方向。2017年，《纸质档案信息化规范》发布，明确了纸质档案信息化的要求。同年，国家档案局发布了《档案行业网络与信息安全信息通报规范》的通知，进一步强调了网络安全的重要性。2014年，国家档案局发布了《档案信息外包安全管理规范》，制定了档案外包工作指引。特别是2018年11月，中共中央办公厅指出，人事档案信息化安全管控不是一个单项工程，而是一个系统工程，要全方位、多角度地研究相关政策，做到有章可循、有法可依。

要建立健全高校档案管理制度，依据《干部档案管理条例》等一系列法规政策，对现有干部人事档案进行查漏补缺，为档案数字化筑牢基础。在政策法规的基础上，制定一系列干部人事档案信息化建设和管理的细则，建立责任机制，使后续工作有据可依，分工明确，并将责任落实到人，确保工作安全顺利进行。

干部人事档案信息化是一个繁琐复杂的过程。随着高校管理量的增加，原有的管理规章制度没有跟上信息时代的步伐，导致档案工作流程不规范，散乱的材料质量不高。内容缺失，导致工作效率低。因此，必须要有完善的制度，确保档案信息化工作有条不紊地进行。一方面，要求档案管理部门要做好档案的收集整理工作，宣传有关规定；另一方面，移交材料的部门和个人，要仔细阅读相关规定和时限要求，将需要归档的材料按标准移交档案馆。健全的管理机制使工作的每个环节都有章可循，管理效率才能不断提高。

（四）创新管理技术

在信息时代背景下，要合理利用信息技术手段，提升档案管理水平。通过物联网技术的应用，以信息管理系统为基础，对纸质档案进行管理。档案在日常管理工作中需要存放在相应的位置，并详细记录档案名称、接收部门和具体负责人等相关信息；可以为文件设置识别码，通过扫码操作直接查看文件的基本信息内容，这不仅有利于保证文件管理水平的有效提高，还可以加强对档案的监督管理。还可以将档案按具体情况分为不同的类别，如按年份、性质等，以方便日常查阅和利用。

（五）提高档案从业人员专业素养

人事档案信息化建设是一项十分重要的工作，高校人事档案信息化建设的工作者必须做好充分准备，学习新知识，掌握新能力，主动学习计算机技术、网络技术、与人事档案管理相关的网络信息资源管理知识，提高自身的信息捕捉、识别、处理能力，密切关注最新动态，与时俱进，做好人事档案管理的一线工作。高校人事档案部门还应定期为员工提供专业技能培训和学习交流机会，使其掌握熟练的操作维护技术，以便更好地开展人事档案信息化工作。

（六）构建安全与稳定的信息化场所

为确保档案管理网络平台系统的安全稳定，提高服务器的安全等级达到标准以上，安全数据管理系统应配备自动预警系统和自动故障修复功能，配备更高的安全系数键，确保运行数据的可靠性和安全性。建立网络物理隔离，安装防病毒软件，设置防火墙，定期做病毒入侵检测，定期查漏补缺，及时消除安全隐患。电子人事档案使用应全程控制和管理，每次操作和用户的每次访问都应记录下来，禁止管理者随意删除和更改人事档案信息；用户应进行身份认证，操作过程中生成的元数据应及时保存。

为档案管理提供各种物理设备和磁介质的存放专用区域或场所，应加强人员出入管理，做好记录；防止未经授权的物理存储介质连接、插入和使用档案管理设备；加强音视频监控、重点监控数据采集和处理设备的使用情况；档案管理相关的电子数据不得擅自复制、粘贴、下载、输出或传输，严格授权管理，提供专用输出设备和记录非覆盖的操作日志。

最后，还要强化内部控制机制，在安全有效的机制下跟踪监控档案管理系统的平稳运行。定期监督检查档案安全的组织管理，信息化条件下档案管理专用设备的管理，存储介质的使用和存储，数字档案数据的安全运行，实物档案、仓库和特殊区域或场所的信息设备管理情况，物理文件和电子文件的使用安全等。

三、结语

目前，高校人事档案的各类信息化建设工作还处于探索阶段，高校档案管理人员要深入学习《干部人事档案工作条例》，结合本单位工作实际情况，提高档案信息的准确性，根据实际需要和本单位工作流程，定制研发信息系统软件。信息化背景下高校人事档案管理工作的有效推进，既要遵循档案工作的基本原则，又要与时俱进。通过信息技术的合理运用，实现多角度的改革创新，以适应时代的发展需要。信息技术的应用将为高校人事工作的发展搭建新的途径，创造更多的发展机会。

参考文献

[1] 李扬. 信息化背景下高职院校人事档案的利用策略［J］. 黑龙江档案，2021（05）：168-169.

[2] 谭军红. 教育信息化背景下高校教师人事档案管理探讨［J］. 办公室业务，2019（21）：150-151.

[3] 陈桂香. 基于信息化背景的高校人事档案服务质量优化探讨［J］. 开封教育学院学报，2019，39（02）：233-234.

[4] 乔云. 高校人事档案管理存在的问题与对策［J］. 兰台世界：上旬，2010（S2）：2.

[5] 田今晖. 高校人事档案管理中存在的问题与对策研究［J］. 内蒙古财经大学学报，2012，10（3）：146-149.

[6] 吕晶. 浅析新时代高校人事档案信息化建设［J］. 西安文理学院学报（社会科学版），2023，26（01）：87-91.

[7] 李晓红. 智慧高校人事档案数字化建设——评《高校数字档案馆建设理论与实践》［J］. 中国高校科技，2022，No. 407（07）：102.

[8] 关晶. 高校人事档案信息化建设与管理面临的问题及解决方案［J］. 兰台内外，2022，No. 350（05）：1-3.

[9] 吴彧一. 大数据背景下的高校人事档案信息化建设研究［J］. 兰台世界，2020，No. 570（04）：56-58.

[10] 傅永珍. 高校档案数字化管理之优势与弊端［J］. 档案学研究，2017（S2）：125-127.

[11] 李红梅，张栋. 纸质档案数字化前处理工作探析 [J]. 档案学研究，2015，No. 145（04）：105－108.
[12] 许敏. 高校档案数字化的原则及安全控制 [J]. 山西档案，2015，No. 217（01）：72－74.
[13] 孙艳丽. 高校档案信息化建设的影响因素分析与对策研究 [J]. 情报科学，2012，30（02）：254－258＋263.
[14] 王学平. 浅议我国档案数字化建设实践与发展策略[J]. 档案学通讯，2011，No. 204（06）：54－57.
[15] 朱少禹. 新时代高校人事档案管理的问题与对策思考[J]. 档案天地，2022（11）：61－62＋60.
[16] 王宁，孔梦帆，于雪. 大数据背景下高校人事档案数据化组织流程与实现路径研究 [J]. 情报科学，2022，40（11）：103－109.
[17] 干部人事档案工作条例 [N]. 人民日报，2018－11－29（010）.

作者简介

郭杰，对外经济贸易大学人力资源处/党委教师工作部，研究实习员；研究方向：人力资源管理；电子邮箱：03088@uibe.edu.cn。

基于“高质量发展”视角的高校一线行政管理人员培训初探
——以对外经济贸易大学为例

饶子裕　纪宇辰

摘　要：为实现高质量发展目标和建立世界一流中国特色大学，提升高校软实力不可或缺，而提升行政管理水平作为其中一环，需要重视行政培训在高校建设中的影响。本文以高校一线行政管理人员为研究对象，并面向对外经贸大学行政人员开展问卷调查，旨在探讨高校开展培训的困境和对策。目前高校行政培训兼顾普适性和专业性，形式以“线上+线下”为主，培训多为所属部门安排，完成度较高，能够助力工作或个人发展。但也注意到，高校对一线行政人员培训的重视程度不够、培训体系不健全、培训内容有待提升。打破困境需要做到研制长效培训机制、结合群体特点开展普适而专业的培训、重视信息化培训、关注心理培训。

关键词：高质量发展；高等教育；行政管理；培训

一、高校开展行政人员培训的意义

（一）“高质量发展”要求下的必经之路

高质量发展作为“十四五”规划时期的经济社会发展主题，是根据国内发展阶段和国外整体环境制定的新发展理念。高质量发展不仅仅局限于经济领域，也体现在社会主义现代化建设的各个方面。

推进新时代高等学校事业高质量发展，离不开教学和管理的双重配合。行政管理链接教育环节。一线行政管理人员广泛分布于学校的各个教育部门，是整个教育领域和各级学校的基础资源。教育和学校的高质量发展离不开高质量的行政管理水平。一线行政人员作为管理的主体，其管理水平对学校和教育发展的作用不容忽视。高校开展对一线行政管理人员的培训，有助于提升基层管理水平，助力学校高质量发展。

（二）行政管理水平影响高校软实力

2023 年全国两会和全国教育工作会议强调，要全面贯彻党的教育方针，落实立德树人根本任务，建设高质量教育体系。具体包括拔尖人才、推进教育数字化建设、深化教育领域综合改革等多项举措。2022 年，习近平总书记在中国人民大学考察时强调，高校要坚持党的领导，落实立德树人根本任务，走出一条建设中国特色、世界一流大学的新路。

为了达成最终的建设目标，高校不仅要提升学科和师资队伍建设的硬实力，同样需要兼顾软实力层面。一所大学的制度、文化、精神、服务水平等综合作用于核心影响力和竞争力，高校行政管理工作又蕴含在软实力的各个层面，一所大学的基层管理水平对整体软实力的影响不容小觑。如何提高行政管理水平是高校提升综合实力必须面对的问题之一。

（三）培训助力高校行政管理

培训作为一种旨在提高人员能力、素质、态度的系统化训练活动，实施目的在于使员工的基础知识、工作技能、态度和价值观得到改善提高，从而推动所在部门和组织的发展，实现个人进步，达到双赢的效果。

在高质量发展的要求下，高校一线行政管理人员必须面对工作提质提效的改革。在此发展目标下，培训能够使人员适应新的社会需求，带动高校整体的高质量发展。高校还面临着建设世界一流中国特色大学的目标。我们培养什么样的人，就首先要成为什么样的人。一线行政人员也需要树立育人榜样，培育良好的师德师风，这离不开培训带来的知识结构、管理水平和观念思想的变化。

二、高校一线行政人员培训现状分析

（一）高校开展行政管理培训情况

通过获取几所高校官方网站和部门网站的信息，能够得出：各高校近年对行政人员的培训开展较为全面，整体呈现出四种多元化特点。其中值得注意的是，清华大学设置了职工发展中心，挂靠人事部，负责职业发展总体设计和组织实施，统筹全校职工职业发展资源，编制和实施职业培训规划；中国人民大学人事处下设培训办公室，承担全校教职工培训和发展工作，负责教职工队伍培训规划的制定和各类培训项目的组织实施。

1. 培训主题多元化

高校对一线行政人员开展培训的内容丰富多样，培训主题体现出普适性和专业性相结合的特点。普适性培训的内容适用于各种岗位的行政人员，专业性培训主要针对特定工作和岗位人员开展。

从普适性方面来看，常见的培训主题包括政治理论与政策法规、师德师风、公文写作、网络和信息技术、应急处理和舆情应对、专业技术职务项目培训、学校历史文化、职业素养。其中，随着近年紧抓高校师德师风，舆情发酵和网络传播迅速等趋势，高校也越来越重视相应培训，将最新的案例投入培训。值得注意的是，职业素养培训重视度得到了提升，高校开始关注行政人员的岗位认同、工作效能、自我责任意识、心理健康和压力管理，也对此进行了关心引导，以塑造良好人格，摆脱职业倦怠。从专业性方面来看，培训主题包括人事、科研、教务、财务、资产、外事等，受众多为相应岗位的工作人员。

除此之外，根据培训时间可以分为岗前培训和在岗培训。岗前培训是高校必设内容，对新入职员工的职业定位和工作开展起到了重要作用。

2. 培训形式多元化

高校开展行政管理培训的形式随着网络平台建设的进步而愈发丰富，从纯线下面授发展到线上与线下相结合的形式，后者已经成为培训的主要形式之一，特别是对于中长期培训而言更为常见。线下培训包括面授分享、情景教学、案例分析、互动体验等形式。线上培训包括直播讲授和录播学习等，依托于各种网络平台，常见的有学堂在线、腾讯会议、钉钉，还有高校研发的教育平台，如清华大学雨课堂。实地参观也是培训的形式之一，高校的校史馆和图书馆是常见参观场所。

3. 培训来源多元化

高校行政人员参加的培训大多来源于学校自主开设：大型培训往往由多个学校或校内各部门联合举办，小型培训常见于部分校内业务部门单独开设，多和主体业务相关。其中，培训讲师不局限于校内专家，也邀请校外人士联合讲授。

4. 考核形式多元化

培训考核往往通过考察出勤、在线考试、小组汇报和总结报告等形式判定学习者是否达到结业标准。

（二）对外经济贸易大学一线行政人员参加培训情况

在了解和分析高校一线行政人员培训情况后，根据对外经济贸易大学开展培训的内容和方式，本文发放了“对外经济贸易大学一线行政管理人员培训现状调查”问卷。其中，选用科级及以下的职工作为主要调查对象，得到36份问卷。按工作年限来看，占比最高的是1～3年，为47.22%，其次是4～5年，占22.22%，6年及以上的占比30.56%。

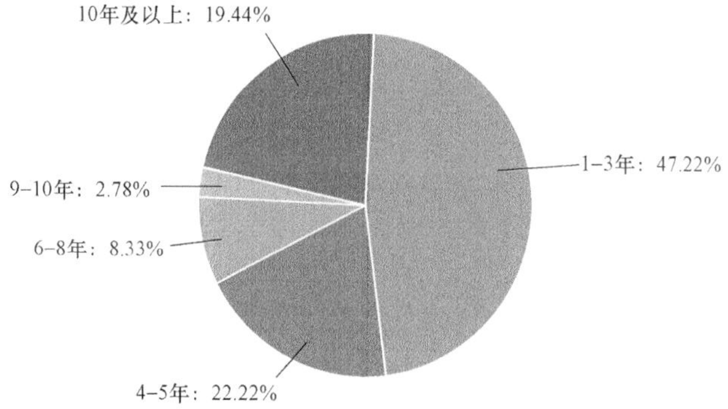

图1　问卷调查岗位工作年限情况

为了方便后续分析，本调查首先对培训内容进行归类。根据培训内容和时间，将常见培训分为以下五类：岗前培训、岗位业务培训、个人技能培训、信息化培训和心理心态培训。以上种类的概念可能存在交叉，不具备排他性。其中，岗位业务培训包括党建、教务、财务等于岗位匹配度高的培训；个人技能培训包括语言、资格认证等与个人发展相关度高的培训；信息化培训包括公务系统操作和计算机技术应用等。

在培训内容方面，参加过岗前培训的人占比最高，为86.11%，其次为岗位业务培训，占50%，个人技能和信息化培训均为25%，心理心态培训较少，为11.11%。并且能够看出，工作时间越短，参加的培训种类越多，参加心理心态培训出现在工作5年以下的答题者中。在培训来源方面，大部分受访者参加的培训主要来源于所属部门或学院，占比83.33%；除此之外，有业务对接和无业务对接的非所属校内部门、校外资源均是培训来源。在培训形式方面，超过一半的受访者参与了线上和线下相结合的培训，占比58.33%，其次是纯线下学习，占比41.67%，现场观摩、纯线上学习和实操训练等均有涉及。在培训完成度方面，平均完成率为90.03%。在培训效果方面，有91.67%的受访者反映以往的培训能够对工作或个人发展起到明显帮助，也有少部分受访者表示有较少或完全没有帮助。

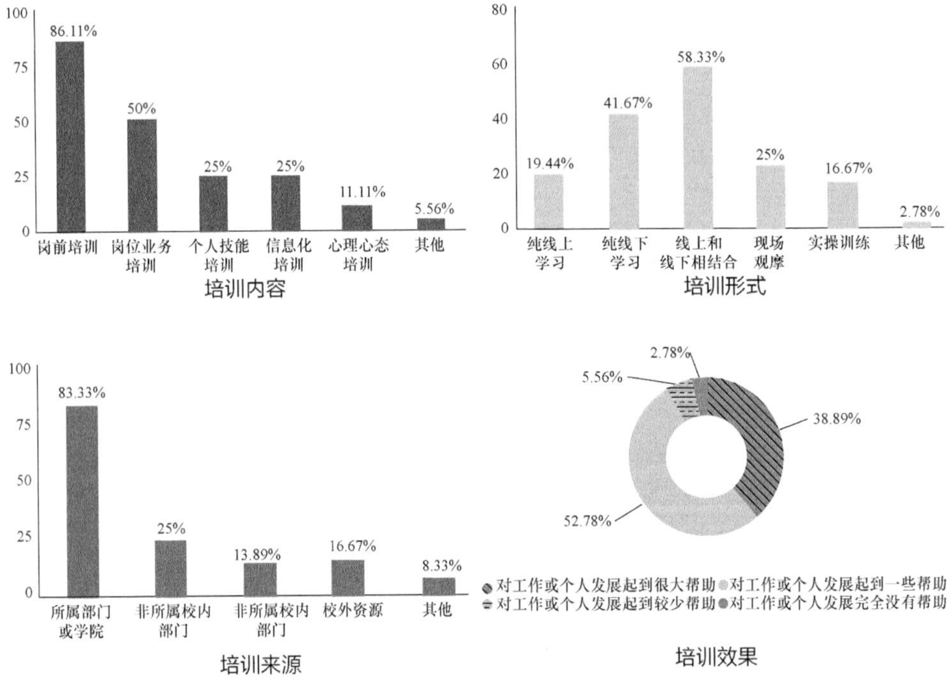

图 2　调查问卷培训情况汇总

通过问卷调查能够发现，对外经济贸易大学一线行政人员接受的培训内容多样且主要为岗位业务培训；参加培训的形式丰富，线上和线下结合的形式最为多见；参加的多为所属部门安排的培训；培训完成度整体较高；参与培训能够助力工作或个人发展。

（三）高校行政特点及培训需求分析

1. 高学历人员对应高培训需求

高等教育学校不论是专职教师还是一线行政人员都具备较高的学历层次或较为丰富的学习经历，部分高校对行政人员的要求是硕士研究生及以上，也有要求行政人员需要具备博士研究生学历，还有部分行政人员修读在职博士研究生。在普遍高学历的群体背景下，高校行政人员对岗位发展和个人进步都有高需求。

在问卷调查中能够发现，行政人员参与培训除了落实学校或部门要求外，岗位和工作需要同等重要，占比 69.44%，还有 19.44%的受访者是出于非岗位需求的自主学习参加了培训，并且有 69.44%的受访者提出有培训需求。能够看出，高校行政人员对工作和个人发展有较高的要求，对培训的需求也十分强烈。

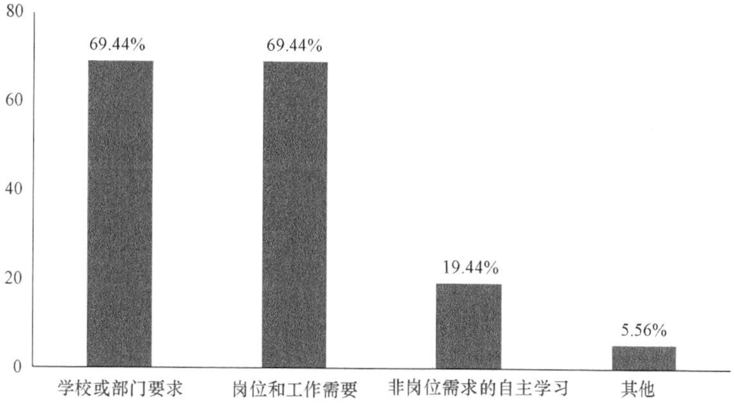

图 3　调查问卷参与培训初衷情况

2. 工作多样对应全面发展

体系健全的高校需要一线行政人员完成多样复杂的行政工作，每个工作岗位需要具备相应的基础知识和业务能力，特别是人事、财务和教务等专业性较强的岗位。对于全体一线行政人员来说，还需要了解法律法规、专项制度、具备综合分析能力和变通意识。这要求高校不仅要进行岗位业务的专业性培训，还需要对普适性的内容开展教育，才能适应高质量发展目标下对行政人员提升综合素质的要求。在本次调查中，有 56%的受访者选择需要岗位业务培训，有 68%选择需要个人技能培训，这两项占比较高的培训需求说明一线行政人员仍然需要与岗位相匹配的培训来提高工作效率和质量。

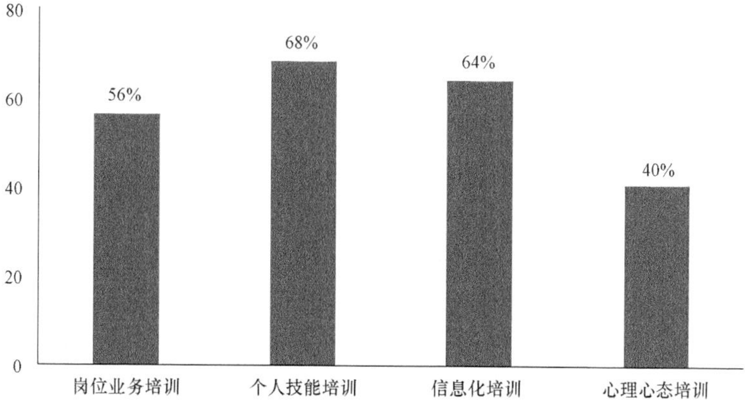

图 4　调查问卷培训需求情况

3. 高质量发展对应与时俱进

在实现经济社会高质量发展和建设世界一流中国特色大学的过程中，从工作内容到工作方式都需要与时俱进，都面临着新的挑战和要求。其中，随着各种办公系统的上线和使用，对行政人员信息技术水平和系统操作熟练度提出了更高要求，也需要相关部门进行信息化培训提升办公素质。在调查中显示，有64%的受访者需要信息化培训，并且提出电子化办公的培训需求。

4. 社会压力凸显对应亟需心理培训

高校的特点是承担立德树人根本任务，为社会发展提供有德行有知识的高素质人才，高校行政工作也与此高度相关。大部分高校行政工作需要面对教师和学生，日常沟通交流频繁，行政人员也需要心理心态和沟通技巧的培训。并且在整体社会关注心理发展和个人精神状态的趋势下，学会了解师生和自身心理状况是工作的新要求。在问卷调查中，有40%的受访者选择需要心理心态培训。行政人员一方面需要具备心理知识，才能在工作中更好地了解学生，服务教师；另一方面也需要被关注心理状态，需要相关培训调整心态，缓解职业倦怠。

三、高校开展行政人员培训的困境和挑战

（一）高校对行政人员培训的重视程度不够

从多所大学人事部门或教师发展中心的官网信息能够看出，各高校对于专职教师的培训具备完善系统，相比之下对行政人员培训的设置显得较为单薄。尽管岗前培训较为普遍，但对入职后培训的整体重视程度不足。一线行政人员工作繁重，长期忙于管理事务，很少有机会接受再教育。在问卷调查中，部分受访者反馈希望学校提供足够的培训以便开展工作，同时也对个人技能提升较为关注，包括外语水平、计算机水平等。高校应当关注到一线行政人员的需求，给予相应的培训支持。

（二）针对高校行政人员的培训体系不健全

目前，高校为行政人员开展的培训大多围绕岗位工作开展，尽管基本适应工作岗位需要，但缺少一套完整、全面、系统的培训体系支撑。且培训多以短期普适性为主，缺少以尊重行政人员职业规划为前提、贯穿各个工作阶段的长效培训体系。

（三）培训内容及形式有待提升

高校在开展行政人员培训时还存在需求偏差和形式单调的问题。问卷调查

中显示，认为需要改进培训内容的，占比最高，为 58.33%。有受访者提出了更细致的建议，有的提出应结合实际开展培训，有的表示培训应结合一线工作需要并打通校内部门的沟通壁垒，也有人表示信息化培训还不够，对专业性工作的培训需要增加。还有 50%的受访者认为需要丰富培训形式。

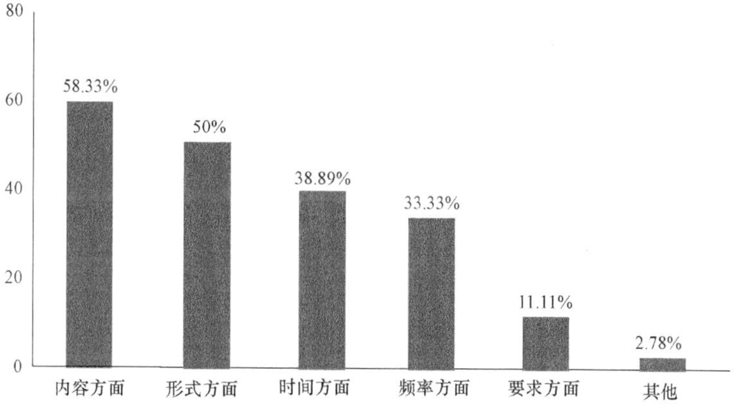

图 5　调查问卷培训改进情况

四、打破当下培训困境的思考

（一）从上到下强化培训意识

提升高校一线行政管理水平是落实高质量发展和建设世界一流中国特色大学的必经之路。尊重行政人员需求，落实培训再教育政策，提高行政管理水平，是提升高校软实力的重要环节。从学校到行政人员自身都应树立培训意识，将培训作为工作中的一环。学校要积极开展培训学习，行政人员应主动参与学习，提升终身学习意识，助力个人理想价值的实现。

（二）研制行政人员长效培训体系

建立全面而长久的培训体系首先需要明确培训需求。高校需要通过培训提高行政人员技能，提高行政管理水平，更好地服务于教学和学科建设；一线行政人员需要通过培训胜任工作岗位，共同实现社会价值和个人价值。其次需要正视一线行政人员的职业发展规划，综合工作内容、岗位性质、工资待遇、职称职务等多方面因素，对行政人员提出多通道的职业发展路径，最终实现认识自我、规划自我、实现自我的综合目标。最后，将高层需求和个人发展相结合，并融入培训内容，形成贯穿于各个工作阶段的长效培训体系。

（三）结合群体特点开展普适而专业的培训

从整体而言，高校对行政人员应开展岗位业务和个人技能相结合的综合培训；从细节而言，高校需要针对不同岗位的工作性质开展专业培训。高校开展培训时应从行政人员的角度出发，结合群体需求投入培训。对于一线行政均能接触到的事务应开展广泛培训，例如政治理论与政策法规、师德师风、应急处理和舆情应对、财务操作等。对于专业岗位从事的工作，应该结合岗位需求定期开展针对性培训。培训形式应避免单调，内容要结合实际，除了讲解基础政策之外，还可以增加现场观摩和实操训练，提升培训效果。

（四）重视信息化培训

在信息技术广泛应用的趋势下，各种工作业务正在或已经形成了专业的运行系统，对应的培训不可缺少。系统更新迭代速度较快，需要及时传达说明。一线行政人员日常处理大量数据和文件，办公软件虽然功能众多，但难以进行完全应用。因此，一方面需要对专业的公务系统进行培训，另一方面需要对办公软件的实操应用做出指导说明，使行政人员做到要用、会用、用对、用好。

（五）关注心理培训

关注行政人员心理状态，需要开展心理健康教育、进行心态调试训练、改善心智模式。随着工作压力增加，高校不仅要关注学生和教师的心理状态，也需要重视行政人员的心理健康。开展职业心理培训，帮助员工平衡心态，良好地面对工作，妥善地交往沟通。另一方面是需要使行政人员具备基础心理健康知识，在接触学生和老师的过程中能及早发现问题，并具备咨询辅导的水平。总之，基础心理健康知识的培训、良好的沟通交流技巧和换位思考的能力，对高校一线行政管理人员极为重要。

参考文献

[1] 郑萍娟. 国有企业加强员工培训与人才队伍建设的对策探讨［J］. 企业改革与管理，2023（04）：68－70.

[2] 金鹏. 国有企业职工培训存在的问题及应对策略［J］. 现代企业，2023（02）：50－52.

[3] 曹晴. 新形势下企业培训体系保障人才队伍建设的意义与发展研究［J］. 财经界，2023（04）：174－176.

[4] 廖远志，叶宁，杨蓉. 高校行政管理人员的职业倦怠现状及对策研究——以江苏 Y 高职院校为例［J］. 科学咨询（科技·管理），2023（01）：13–15.
[5] 朱炎军. 高校新教师岗前集中培训效果的评价与影响因素研究［J］. 黑龙江高教研究，2023，41（01）：91–96.
[6] 郭俊利. “互联网＋”背景下高校新教师培训路径创新研究［J］. 湖北开放职业学院学报，2022，35（23）：9–11.
[7] 林珊. 高校行政管理标准化模式的构建与实践探索［J］. 江西电力职业技术学院学报，2022，35（11）：99–101.
[8] 夏轩. 新形势下高校行政管理存在的问题及优化措施[J]. 办公室业务，2022（20）：85–87.
[9] 杨峻玮. 信息化时代高校行政管理创新路径探析［J］. 中国多媒体与网络教学学报（上旬刊），2022（10）：98–101.
[10] 张旭，廖英. “互联网＋”激发高校机关管理干部培训工作的新活力——以 B 校在线培训课程为例［C］//中国智慧工程研究会智能学习与创新研究工作委员会. 2022 社会与经济发展论坛论文集（一）.［出版者不详］，2022：2–3.
[11] 赵健楠. 双因素理论视角下普通高校教师培训现状研究［D］. 黑龙江大学，2022.

作者简介

饶子裕，对外经济贸易大学保险学院教学科研管理科，研究实习员；研究方向：教育学、教学管理、课程思政；电子邮箱：02982@uibe.edu.cn。

纪宇辰，对外经济贸易大学保险学院党政综合办公室，助理经济师；研究方向：劳动经济学；电子邮箱：yuchen_ji@163.com。

中心与外围：全球高端人才资源分布探析

柳　瑛　董优雅　王欣沫

摘　要：高端人才是推动科技进步的关键群体。我国要建设世界重要人才中心和创新高地，首先就要了解全球高端人才资源分布，找准当前定位和引才目标。利用全球“高被引科学家”数据分析高端人才资源分布可以发现，全球高端人才资源呈典型的“中心—外围”式分布特性，但全球新的人才集聚点正在形成，“中心—外围”式分布正向均衡向发展。从语言优势、学术话语权、知识生产链的角度看，我国依然处于世界知识系统的外围。我国要从外围走向中心，就要加强对全球高端人才的吸引力度，加强自主知识体系构建，并强化中国期刊的国际关联和国际认可。

关键词：高端人才；人才分布；中心与外围

高端人才是推动现代经济增长的核心要素。知识经济时代，全球高端人才资源分布将深刻影响世界经济格局的演变。当前，中国高端人才队伍建设仍然面临总量可观而结构性不足的问题。党的二十大报告中强调，要加快建设世界重要人才中心和创新高地，着力形成人才国际竞争的比较优势，而要实现这一目标，中国必然要主动融入全球高端人才资源竞争之中，努力在国际人才环流中占据重要节点，以吸引和集聚一批具有国际竞争力的高端人才。分析高端人才资源全球分布情况，是我国在全球人才资源竞争中找准定位、精准吸引和集聚高端人才资源的前提和基础。

一、中心与外围：全球学术系统分割

既有理论研究表明，全球学术系统存在中心和外围的二元式分割。中心—外围理论本是经济学经典理论，其将世界经济体分为中心和外围两个部分，处于中心的国家和地区拥有优质的资源，而缺少资源的外围国家和地区只能依附于中心国家和地区以求取发展。美国学者菲利普·G·阿特巴赫（Phlip G.Altbach）将中心—外围理论引入学术职业领域，认为全球的学术职业因传授、创造和传播知识的使命而统一为一个系统，但这个系统是一个差异化的世界，因学术创新能力和资源配置的不同，系统内部被分割为中心和外围两个部分，以北美和欧洲为主的工业化国家是全球学术系统的中心，而发展中国家因语言、资源和话语权方面的劣势将始终处于学术系统的外围。[1]

全球学术系统中心与外围的固态划分，很容易引起外围国家和地区对中心国家和地区在学术研究上的依附性问题。例如：在知识创造方面，知识的创新和发展主要依赖于雄厚的学术基础和良性运作的学术系统，而在这一方面，处于中心的发达国家与地区有着原始而持久性的优势，而处于外围的发展中国家和地区更多的是扮演知识输入国的角色。外围国家和地区众多科研人员的科研工作是建立在发达国家的知识系统之上，更甚者只是借用发达国家的理论体系来研究本国的问题，在创新性方面具有质的差距。又如，在评价体系方面，因为中心国家和地区在全球学术职业体系中拥有绝对的话语权，因而，由其创立的学术评价体系也被外围国家和地区所采用，例如国际三大检索（SCI/SSCI/A&HCI）在全球的盛行，而三大检索中的绝大多数期刊都来自中心国家和地区，边缘国家和地区在努力向中心国家和地区靠拢的过程中，不可避免地需要按照中心国家和地区所设计的评价标准来确定发展方向，但过分地依赖于外部标准很可能会导致自身学术发展的扭曲，不利于本国学术市场的发展。

二、全球高端人才资源分布

学术系统的二元分割推进着各国知识资本的差异化发展，而知识资本是技术创新的基础。与物质资本不同，知识资本的获取只能以“人”为载体。相对于专利和授权，人才是更为有效的获取知识和技术的方式。[2]与一般性人力资源相较，高端人力资源具有高稀缺性、高回报性和易流动性三大特征，因而高端人力资源的流动和集聚，将对知识与技术的累积，乃至国家和区域的长远发展产生重要影响。由科睿唯安（Clarivate）研制并公布的年度“高被引科学家（Highly-Cited Researchers）”是全球学术系统公认的高端人才资源的标识与权威性榜单。考虑时间与规模要素，研究选取 2001 年和 2021 年入选“高被引科学家”榜单的学者为样本进行比较分析，来探究全球高端人才资源分布及其变化。排除掉未公布所属机构的高被引学者后，2001 年“高被引科学家”保留样本 6 410 人，2021 年“高被引科学家”保留样本 6 598 人，共保留样本 13 008 人。

（一）空间分布

从规模性来看，全球高端人才资源在空间层面呈现典型的“中心—外围”

分割属性，同时中心和外围区域内部存在不同程度的二元分割。如表 1 所示，拥有良好经济条件和学术传统的北美洲和欧洲构成全球高端人才资源集聚的中心，汇聚起约 80.3%的高端人才资源，其他洲域（亚洲、大洋洲、南美洲、非洲①）共同构成全球高端学术劳动力分布的外围，仅汇聚起约 19.7%的高端人才资源，这与阿特巴赫所提出的世界知识体系的中心和外围区域划分基本吻合。在中心区域内部，北美洲是中心的中心，汇聚起中心区域内 68.5%的高端人才资源。②在外围区域内部，亚洲是外围的中心，汇聚起外围区域中约 77.7%的高端人才资源。与中心区域相比，外围区域人才资源有着更高的集聚度。亚洲作为外围区域的中心，正领跑和代表着外围区域学术知识系统的发展，也是未来最可能跻身中心区域甚至是消除全球高端人才资源二元分割固有态势的破局点。从各洲域内部人才资源分布来看（见表 2），北美洲和大洋洲 90%以上的高端人才资源集聚在一个国家，极化程度最为显著，相对而言，欧洲高端人才资源分布最为分散。

表 1　全球高端人才资源区域分布

划分	区域	总体		2001 年		2021 年	
		数量	占比	数量	占比	数量	占比
中心区域	北美洲	7153	55.0%	4327	67.5%	2826	42.8%
	欧洲	3294	25.3%	1438	22.4%	1856	28.1%
	合计	**10447**	**80.3%**	**5765**	**89.9%**	**4682**	**71.0%**
外围区域	亚洲	1991	15.3%	489	7.6%	1502	22.8%
	大洋洲	485	3.7%	136	2.1%	349	5.3%
	南美洲	59	0.5%	11	0.2%	48	0.7%
	非洲	26	0.2%	9	0.1%	17	0.3%
	合计	**2561**	**19.7%**	**645**	**10.1%**	**1916**	**29.0%**

资料来源：本表为作者根据所搜集到的数据整理而得。

从变化性来看，整体上全球中心和外围区域间高端人才资源差距缩小，人才分布变得更为均衡，但在外围区域内部，高端人才资源“中心—外围”的二元分割进一步强化。如表 1 所示，从整体上看，虽然中心区域在高端人才资源占比中仍保有较大优势，但其相对于外围区域的领先优势从 2001 年的 79.8 个百分点下降至 2021 年的 42 个百分点，③ 外围区域与中心区域间高端人才资源之

① 科睿唯安公布的 2001 和 2021 年“高被引科学家”榜单中，未见来自于南极洲的高被引学者，因此研究中亦将关于南极洲的讨论排除在外。

② 北美洲在中心区域内人才资源占比 68.5%=55.0%÷80.3%，亚洲的计算方式与北美洲相同。

③ 此处领先优势是指 2001 年和 2021 年中心区域较外围区域高端人才数量占比的差值。

差大幅缩减。

从中心区域内部看，北美洲的高端人才资源领先优势下滑，20 年间中心区域内部人才分布变得更为均衡。但在外围区域内部，20 年间亚洲高端人才资源的占有量大幅提升，其在外围区域内的中心地位进一步固化。从各洲域内部高端人才资源占比变化情况来看（见表 2），除亚洲和大洋洲外，其他洲域高端人才资源分布 20 年间变得更为分散，全球高端人才资源分布所涉国家由 2001 年的 39 个提升至 2021 年的 70 个，全球高端人才资源新的集聚点正在形成，并表现出多点散发特性，中国已超越英国和日本成为全球高端人才资源第二集聚国和亚洲高端人才资源第一集聚国，这都将给全球知识系统的发展和经济格局演变带来新的变化。

表 2　各洲域内高端人才资源分布

区域	总体		2001 年		2021 年	
	涉及国家数	第一规模国家及域内占比	涉及国家数	第一规模国家及域内占比	涉及国家数	第一规模国家及域内占比
北美洲	4	美国（94.5%）	2	美国（95.5%）	4	美国（92.8%）
欧洲	31	英国（28.9%）	21	英国（32.1%）	30	英国（26.4%）
亚洲	22	中国（56.1%）	9	日本（50.9%）	22	中国（70.1%）
大洋洲	2	澳大利亚（93.4%）	2	澳大利亚（90.4%）	2	澳大利亚（94.6%）
南美洲	8	巴西（45.8%）	4	巴西（54.5%）	7	巴西（43.8%）
非洲	5	南非（69.2%）	1	南非（100.0%）	5	南非（52.9%）
合计	72		39		70	

资料来源：本表为作者根据所搜集到的数据整理而得。

（二）学科分布

从规模性来看，全球高端人才资源的学科分布并没有出现极化特性。如表 3 所示，全球高端人才资源在 21 个学科门类中的分布比较均衡，[①]分布最多的学科门类是临床医学，全球约有 7%的高端人才从事该领域研究，分布最少的学科门类是农业科学，全球仅 3.6%的高端人才从事该领域的研究，但两个学科的人才占比差距并不大。与高端人才资源的空间分布差异相比，高端人才资源的学

① 科睿唯安对高被引科学家的学科分类基本采用了 ESI 的学科分类方法，因 2001 年公布的“高被引科学家”榜单中没有交叉学科，因而此处仅统计除交叉学科外的 21 个学科门类的人才分布情况。

科分布更为均衡。从变化性来看，20 年间全球最热学科领域已发生颠覆性转变。2001 年 5 个最热学科领域在 2021 年不仅全部被 5 个新的学科领域所替代，而且 2001 年全球最热的数学、计算机科学和空间科学在 2021 年变为全球最冷学科领域，2001 年全球最冷的临床医学、生物及生物化学、化学在 2021 年变为全球最热学科领域。

表 3　全球高端人才资源学科分布

前五最热学科		2001 年		2021 年	
学科名称	占比	学科名称	占比	学科名称	占比
临床医学	7.0%	数学	5.4%	临床医学	12.0%
一般社会科学	5.8%	计算机科学	5.3%	一般社会科学	7.0%
环境学及生态学	5.3%	环境学及生态学	5.3%	化学	6.4%
植物与动物科学	5.1%	微生物学	5.3%	材料科学	5.8%
材料科学	5.1%	空间科学	5.2%	生物及生物化学	5.4%
前五最冷学科		2001 年		2021 年	
学科名称	占比	学科名称	占比	学科名称	占比
空间科学	4.3%	临床医学	4.1%	农业科学	3.3%
工程学	4.2%	生物及生物化学	4.1%	计算机科学	2.9%
数学	4.1%	工程学	4.0%	空间科学	2.8%
经济学与商学	4.0%	化学	3.9%	经济学与商学	2.1%
农业科学	3.6%	农业科学	3.8%	数学	2.0%

资料来源：本表为作者根据所搜集到的数据整理而得。

从不同区域高端人才资源的学科分布来看，中心和外围地区的学科发展存在较大差异。选取中心区域的北美洲和外围区域的亚洲进行比较，如图 1 所示，2001 年北美洲最热学科一般社会科学恰是亚洲同期最冷学科，而北美洲最冷的材料科学是亚洲同期最热学科。至 2021 年，北美洲和亚洲高端人才资源的学科分布较 2001 年均向极化向发展，2021 年北美洲最热学科转变为临床医学、生物及生物化学、分子生物学与遗传学，但这三个学科在亚洲相对较冷，而同期亚洲最热的化学、材料科学和工程学，在北美洲相对较冷。可以看出，中心和外围区域间的重点学科方向并没有表现出一致性，这主要是因为中心区域在热门学科领域对外围区域的发展形成压制，外围区域学者只能在中心区域的非重点发展方向上寻求突破。

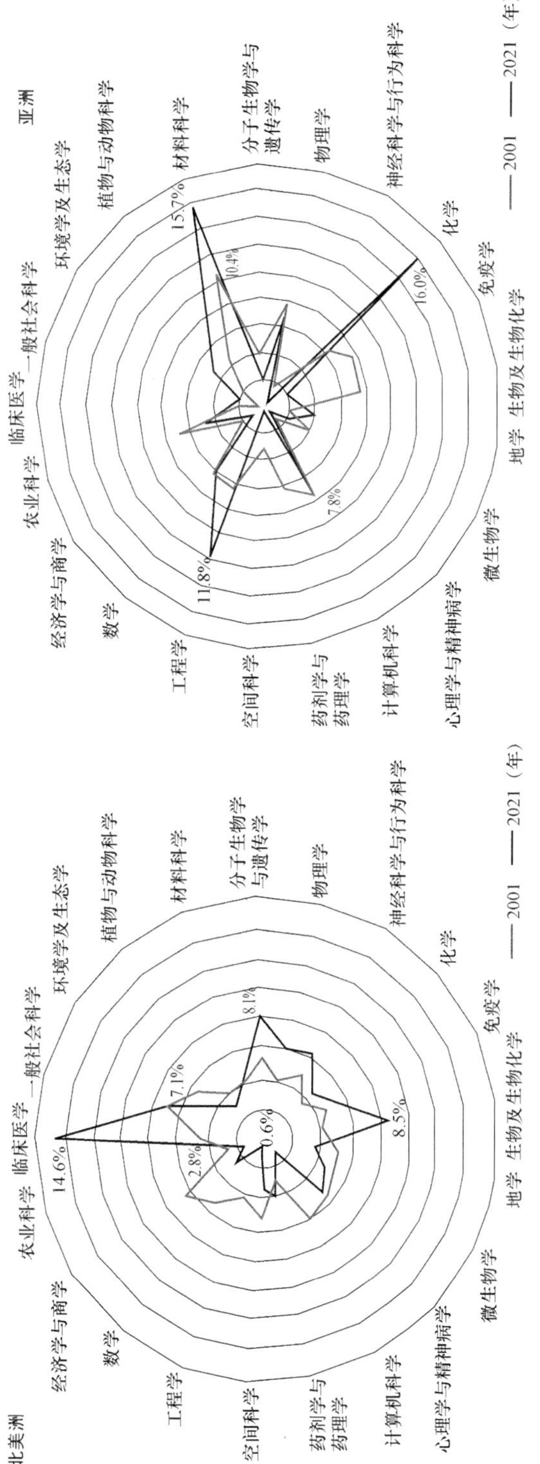

图1　北美洲和亚洲高端学术劳动力学科分布比较

三、总结与讨论

高端人才作为一种重要的创新要素，是知识生产的关键环节，也是各国争相抢夺的稀缺性资源。研究以科睿唯安公布的2001年和2021年“高被引科学家”为例来分析全球高端人才资源分布及其变化，可以得到以下主要结论和启示。

首先，“中心—外围”式分布：全球区域经济非均衡发展的必然。研究表明，全球高端人才资源在空间层面呈现典型的“中心—外围”式分布特性，其中北美洲和欧洲构成全球高端人才资源分布的中心，北美洲是中心的中心，其他洲域共同构成全球高端人才资源分布的外围，亚洲是外围的中心。这种“中心—外围”式的分布是全球区域经济非均衡发展的必然结果。总体上看，人才分布与经济分布相适应，[3]特别是对具有高稀缺性、高回报性和易流动性的高端人才资源来说，其集聚的中心恰是全球经济率先获得领先优势的地区。正如“中心—外围”理论所阐释的内在逻辑一样，经济增长不会同时在所有的地区出现，部分经济体在极化效应作用下成为具有较高收入水平的核心区。[4]处于核心区的国家和地区在学术系统中能够投入更多的资源，这一方面有利于其获得学术生产的规模效应，提高知识的生产率水平，进而在全球知识生产中取得先发优势并逐步形成绝对的领先地位；另一方面更多资源的投入对知识生产中的关键性要素——高端人才资源具有更强的吸引力，推动其成为全球高端人才资源集聚中心，并以高端人才资源的不断累积进一步固化这些国家和地区在全球知识生产中的中心地位，推动其科技与经济的发展，形成资源投入与经济增长间的良性循环。

其次，从中心向外围扩散：“中心—外围”式分布的均衡向演变。研究表明，虽然中心区域在高端人才资源占有上始终保有较大的领先优势，但中心和外围地区间高端人才资源集聚的差异已缩减，中心区域高端人才资源占比由2001年的89.9%下降至2021年的71.0%，全球高端人才资源分布由“圆锥形”向“扁平化”发展。与此同时，除北美洲之外，2021年全球其他洲域高端人才资源占比较2001年均有不同程度的提升，且高端人才资源分布的国家数较2001年大幅增加，新的人才集聚点正在形成，高端人才资源由中心向外围发生扩散。这与新兴经济体的兴起和高端人才资源的吸引要素密切相关。既有研究表明，相对于经济要素，科学家的流动决策更多基于个体职业发展及科研相关要素。[5]全球新兴经济体的快速崛起为外围国家吸引高层次人才打下了良好的经济基础。高端人才资源在现代化经济增长中的核心地位在世界范围内达成共识，不仅是中心国家，外围各国也都纷纷加大对高端人才的培育和吸引力度。虽然这些国家的经济实力较中心国家仍有差距，但却可能集中资源为高端人才提供更好的职业发展前景和科研相关要素，吸引一批高端人才资源流入，在全球多个点位形成新的人才集聚点，给全球高端人才资源“中心—外围”式分布带来变数。

最后，从外围走向中心：中国建设世界重要人才中心的路径探讨。尽管全球高端人才资源由中心向外围发生扩散，但中心国家和地区在世界知识系统中的核心地位依然牢固。从人才规模上看，中心地区依然保有较大的领先优势。从学科发展上看，中心地区引领世界科学前沿，在关键技术领域对外围区域形成压制，全球高端人才资源的“中心—外围”式布局当前还难以发生根本性扭转。改革开放以来，尽管我国在高端人才资源的吸引和集聚上取得了举世瞩目的成就，高端人才队伍规模已跃升至世界第二位，但按照阿特巴赫教授对世界知识系统中心和外围的界定方法来看，当前我国仍然处在世界知识系统的外围。从语言优势上看，英语依然是全球主要的学术交流语言，汉语在知识沟通与交流方面缺少国际关联性。从学术话语权上看，SSCI/SCI/A&HCI 等英文索引在全球知识体系中仍然占据主导地位，我国主办期刊的国际认可度不高。从知识生产链上看，发达国家依然是全球先进知识的生产者，处于知识生产链的上游，而我国尚未摆脱知识输入国的角色，处在知识生产链的下游，对世界先进技术生产的贡献还非常有限。因此，我国要突破重围，从外围走向中心，一要加强对全球高端人才资源的吸引力度，争取占据国际人才环流中的枢纽型位置；二要加强中国自主知识体系构建，实现从知识生产链下游向上游的位移；三要推动中国期刊走出去，强化中国期刊的国际关联度，提升中国索引的国际认可度。

［本研究为北京市社会科学基金青年项目首都哲社领军人才流动与集聚问题研究（19GLC058）的阶段性成果。］

参考文献

［1］菲利普·G·阿特巴赫．失落的精神家园：发展中与中等收入国家大学教授职业透视［M］．施晓光，主译．山东：中国海洋大学出版社，2006.

［2］Herstad, S.J., Sandven, T., Ebensberger, B. Recruitment, Knowledge Integration and Modes of Innovation［J］. Research Policy, 2015(44): 138–153.

［3］叶忠海．人才地理学概论［M］．上海：上海科技教育出版社，2000.

［4］艾伯特·赫尔曼．经济发展战略［M］．曹征还，潘照东，译．北京：经济科学出版社，1991.

［5］Gibson, J., McKenzie, D. The Economic Consequences of ‘Brain Drain’ of the

Best and Brightest:Microeconomic Evidence from Five Countries [J]. The Economic Journal, 2012(122): 339－375.
[6] 黄海刚. 从人才流失到人才环流：国际高水平人才流动的转换 [J]. 高等教育研究，2017，38（01）：90－97＋104.

作者简介

柳瑛，对外经济贸易大学科研处副处长，副研究员；研究方向：科研管理、人才政策；电子邮箱：uibeliuying@126.com。

董优雅，对外经济贸易大学科研处，助理研究员；研究方向：科研管理、教育管理；02580@uibe.edu.cn。

王欣沫，对外经济贸易大学科研处，助理研究员；研究方向：科研管理、科研经费管理；wangxinmo1992@163.com。

新时代教育对外开放背景下高校行政人员能力培训探究

陈彩优

摘　要：随着新时代我国教育对外开放的不断扩大，高校的治理能力尤其是行政管理人员的综合能力需相应提升，以更好地推动高校在对外开放中的改革、创新与高质量发展。通过整理和分析当前国内外部分高校行政人员能力培训的现状和举措，本文提出教育对外开放背景下我国高校行政管理人员能力培训应科学合理设计、完善培训体系、重视国际交流能力的提升，从而推进教育现代化和教育强国的建设。

关键词：教育对外开放；行政人员；能力培训

教育对外开放是教育现代化的鲜明特征和重要推动力。党的十八大以来，党和国家尤其重视教育对外开放工作。2020 年 6 月，《教育部等八部门关于加快和扩大新时代教育对外开放的意见》正式印发，明确指出教育领域应与其他国家和地区加强各种形式的交流合作，包括出国留学、来华留学、中外合作办学、境外办学、国际教育合作等，在教育对外开放中全面深化改革，培养具有全球竞争力的人才，推动教育对外开放实现高质量内涵式发展，向国际社会贡献教育治理中国方案。

高校的高质量发展离不开高水平、专业化、职业化的行政管理队伍。行政管理人员应该是可以应对各层次和各类别工作需要的综合型人才。近些年，大部分高校招录的行政管理人员通常具有本科或研究生以上的学历，具备了基本的职业技能和素养，尤其是外语应用也达到了一定的水平。

然而，在新时代教育事业发展的新形势和新要求下，高校行政管理队伍应及时学习国家的战略部署，持续更新知识，提升职业技能和素质，改革创新，提高学校的治理水平，推动学校加快和扩大对外开放。本文整理了部分国内高校行政人员培训现状和问题，参考国内外高校行政人员能力培训可借鉴的若干措施，探究如何完善教育对外开放背景下我国高校行政人员能力培训体系，尤其是提升行政人员的国际化水平和能力。

一、高校行政人员能力培训的现状

当前，高校一般通过学校组织部、人力资源部门、教师发展中心、继续教育学院或各二级单位或校外培训单位对本校行政管理人员进行各层级的培训。然而，不同高校对于行政人员培训工作的重视程度不同，开展的培训规模、频率、内容或形式也有所不同。部分高校的行政人员培训工作缺少明确的规划，培训时间不足，未设立覆盖全员的培训体系，缺少丰富的培训形式，培训内容未与时俱进，培训考核监督不到位。

（一）培训体系不够完善

中央组织部、人力资源社会保障部在 2019 年底颁发了《事业单位工作人员培训规定》，明确规定“事业单位工作人员有接受培训的权利和义务，一般每年度参加各类培训的时间累计不少于 90 学时或者 12 天”；并且要求事业单位建立和完善工作人员培训档案，对工作人员参加培训的种类、内容、时间和考试考核结果等情况进行登记，将培训情况作为其考核的内容和岗位聘用、等级晋升的重要依据之一。

公立高校是事业单位，根据《事业单位工作人员培训规定》的要求，其行政人员应建立培训档案，每年应进行不少于 90 学时的培训。当前，部分公立高校未充分重视行政人员能力培训工作，未出台相应的培训管理办法，尚未设立完整的培训体系，培训组织未完全到位，培训时长未达到规定的学时，培训的考核和监督也未跟进。

（二）培训对象覆盖面不全

通过查看部分高校的网站通知或新闻报道，可以了解到大部分高校对新入校的教职工普遍进行了新入职系统培训，对教师、中层管理人员、科级干部、党员的各类在岗培训相对较多，对于普通行政人员的在岗培训则缺乏足够的重视或缺少有针对性的培训策划。作为行政管理队伍里的大多数群体，普通行政人员如未能定期获得有效的学习和培训，其服务意识、工作态度或工作效率容易受到影响，不利于充分发挥行政管理工作对于学校教学科研工作的保障和促进作用。

（三）培训内容未与时俱进

根据部分高校发布的行政人员培训管理办法或培训安排，培训内容一般包括基本职业素养和行政管理能力培训。前者包括了岗位职责、服务意识、行政礼仪、行政职责等培训，后者包括了学校规章制度、工作方法、公文写作、办公软件、危机处理、沟通技巧、创新意识、执行力、协调能力和组织管理能力等方面的培训。

当前，国家要求高校不断扩大对外开放，工作中涉及的在海外设立分校或机构、留学生教育、中外学生趋同化管理、外籍教师管理、加大与“一带一路”沿线地区高校的国际交流、国际教育联盟的组建与运行等，均需要行政管理人员了解国际形势、国际规则和国家涉外政策，更新自己的技能，如外语能力、跨文化交流能力、风险应对能力等。

此外，随着现代信息技术的日新月异，高校正在构建数字化校园。高校行政管理队伍如果不随着时代和社会的发展进程及时更新自己的知识储备，针对不同岗位开展相应的网络化、数字化和智能化的培训来提升技能，将难以推动学校的高效运转和持续发展。

然而，当前国内高校行政人员培训内容中涉及国际交流能力、信息技术能力的培训却相对较少。根据浙江大学 2020 年 6 月针对 100 名校内青年党政管理人员国际化能力现状的调查发现，由于年龄、性别、海外经历及所处岗位的不同，不同行政管理人员的国际化能力存在一定的差异。青年行政人员对于国际化能力提升的重要性和必要性有充分的认识，但受时间等因素的制约，缺乏有效的动力及有效的提升途径。

二、部分国内外高校可借鉴的培训模式

尽管一部分高校对于行政管理人员的培训工作不到位，但也有一批高校走在了前沿，十分重视行政队伍国际交流能力等方面的培训，其好的工作方法和经验值得借鉴。表 1 列出了部分高校行政人员能力培训的特色举措，譬如清华大学提出了“要建设职业化、专业化、国际化的管理与服务队伍”，近几年连续开展了“外事管理与国际化能力提升研修计划”、国际学生工作队伍能力提升项目，大力提升其行政人员的全球视野和国际化能力，服务学校的“双一流”建设和世界一流大学建设。

除了高校自身开展的培训，部分高校还组织行政人员参加其他学校或机构举办的培训活动，例如国家教育行政学院开设了中欧高校外事管理人员能力提

升高级研修班；浙江大学继续教育学院设计了高校行政人员管理能力提升培训班，以面授学习（理论授课、现场教学、案例教学、情景模拟等）、线上学习（录播、直播相结合）或混合式教学等方式提供多个模块的系统培训服务。

表1　部分高校行政管理人员能力培训特色举措

单位名称	培训对象	培训内容	培训形式	培训师资来源
清华大学	行政管理人员	“外事管理与国际化能力提升研修计划”，包括外事素养、高校全球战略、管理能力、业务沙龙、实践内化模块	12次专题讲座、6次业务沙龙，合计68学时	外交部人员、前中国驻外大使、清华大学及中央党校的教授等
中国人民大学	教师和党政教辅人员	教职工英语培训班	每学期16课时	本校外籍教师
中国音乐学院	全体在编在岗教职工，中层干部除外	北京市专业技术人员和事业单位工作人员公共知识培训	线上直播，30学时	北京市人力资源和社会保障局
陕西省教育厅、西北工业大学	全省百余名外事干部	陕西省“一带一路”教育行动国际合作能力提升项目培训会（新时代中国特色大国外交、高校国际化传播途径与策略和跨文化交际等方面）	讲座报告，3天	北京大学、南开大学等校知名专家
湖北开放大学	科级干部	“高校管理团队创新与有效激励”为主题的国际化管理队伍建设	线上方式，讲座、研讨，1天	新加坡国立大学教授
西安交通大学	骨干职员	香港的历史与文化、香港理工大学的办学模式和组织运行方式	专家报告、研讨会、实地考察等，赴港10天	香港理工大学

境外一些高校也非常重视行政管理人员的培训工作，给予了大力支持。譬如牛津大学的职员可以制定个人发展计划，选择不同的课程，如在外语学习、职业规划、继续教育等方面可选择近百个课程和资源；英国约克大学发布了职员发展文件规定，追踪职员的培训效果，其职员参加校外培训项目可获得资金和时间的支持；澳大利亚昆士兰大学职员培训同样包括了国际化方面模块，如“文化和身份的思考”课程，也支持职员参加校外机构提供的培训；比利时鲁汶大学经济管理学院则邀请合作院校的行政人员到本校开展为期1周的职员国际交流周活动（International Staff Week），通过讲座、研讨会、实地考察、文化活动等分享经验。每年活动主题不同，2023年为“如何构建包容性的校园”，内容包括跨文化交流能力提升、国际学生工作等。

三、高校行政人员能力培训建议

新时代教育背景下，国内许多大学积极响应国家教育对外开放的号召，大力推进国际化工作。行政管理人员的能力关系着学校对外开放发展的速度和质量。高校应当重视培养适应对外开放的行政管理人才，尤其是注重其国际化素质的培养和执政能力的提高。结合上文所述的当前高校行政人员能力培训现状及部分可参考借鉴的举措，本文认为在教育对外开放背景下，我国高校可从以下几个方面加强行政人员能力培训工作。

（一）加大支持力度，加强培训体系设计

高校应高度重视行政人员培训工作，由人事处、教师发展中心等部门牵头，设计制订本校行政人员培训管理办法，规定培训的范围、类型、内容、方式、考核和监督等，并提供充足的人力、资金、时间和场地等方面的支持，建立全员覆盖、常态化的培训体系。

（二）科学设计培训方案，丰富培训形式

除了参加当地政府人力资源部门组织的事业单位人员公共科目的培训，高校可调查了解本校行政人员关于培训的需求，有针对性地设计本校培训方案。可考虑分层分类开展培训，为党政教辅部门负责人、科级干部、教务人员、财务人员、外事人员、留学生管理人员等开设专门的培训。培训可设置若干培训模块和课程学时，充分利用校内外的培训资源，采取丰富多样的线上线下的培训方式，如专题讲座、主题研讨、案例教学、情景模拟、国内外同行交流、实践调研、素质拓展等。本文认为专业培训内容可以侧重于以下几个方面。

1. 新时代党和国家的教育理论。行政人员应及时学习和了解党和国家关于高等教育的最新理论和方针政策，牢牢把握新时代中国特色社会主义的办学方向，深刻理解教育现代化和教育强国的内涵及高水平教育对外开放与人类命运共同体构建的关系等，增强大局意识。

2. 职业技能。培训内容可涉及公共管理类、法律法规类、领导科学类、教育心理学类、信息技术类、业务知识类等方面，加强行政人员对法治社会、职业道德、领导力、执行力、沟通能力、调查研究能力、危机处理能力、计算机水平、学校文化等方面的培训，提升行政人员的职业技能和工作效率。

3. 国际交流能力。可强化行政人员的外语能力、国际视野和跨文化交流能力的培训，包括熟悉国际形势和国际规则，尊重多元文化，培养政治敏感性、

风险意识、应变能力、创新力、沟通协调能力、执行力等，提高行政人员的外事素养，服务于高校的国际化战略。

（三）完善行政人员培训档案，加强考核与监督

有效的考核评价能够强化行政管理人员的学习积极性，并调动其工作潜能。高校应建立和完善行政人员培训档案，对行政人员参加培训的种类、内容、时间和考试考核结果等情况进行登记；监督培训的落实，追踪和评估培训的效果，获取反馈，奖励优秀，全面调动行政管理人员的参培积极性。

高校行政管理队伍是保障高校持续发展的重要力量。随着中国教育对外开放的不断推进，高校应加强对行政人员培训的重视程度，完善行政人员培训体系，提升行政管理队伍的整体素质和能力，推动高水平教育对外开放，深化与世界各国的教育交流合作。

参考文献

［1］ 怀进鹏. 推进高水平教育对外开放，为构建人类命运共同体贡献力量［J］. 教育国际交流，2023，（1）.

［2］张雷生. 深化改革推动高等教育高质量对外开放［N］. 中国教育报. 2022-09-23 版次

［3］于浩晨，王文逸，张诗蕾. 全球开放发展战略背景下高校机关青年干部国际化能力培养探究——基于浙江大学管理人员国际化能力建设的调研报告［J］. 文化创新比较研究，2020，4（34）：84-88.

［4］王鸿儒. 高校行政管理队伍培训现状及对策［J］. 商业文化，2021（14）.

［5］清华大学网站. ［EB/OL］. https://www.tsinghua.edu.cn/.

［6］西安交通大学网站. ［EB/OL］. www.xjtu.edu.cn/.

［7］吉林外国语大学网站. ［EB/OL］. jjfz.jisu.edu.cn/.

［8］英国牛津大学网站. ［EB/OL］. https://www.ox.ac.uk/.

［9］英国约克大学网站. ［EB/OL］. https://www.york.ac.uk/.

［10］澳大利亚昆士兰大学网站. ［EB/OL］. https://www.uq.edu.au/.

［11］比利时鲁汶大学网站. ［EB/OL］. https://feb.kuleuven.be/.

作者简介

陈彩优，对外经济贸易大学国际商学院，助理研究员；研究方向：高等教育、国际交流；电子邮箱：01790@uibe.edu.cn。

高校教学管理人员数字化素养内涵及其提升途径

姚殿菊

摘　要：本文立足于我国教育数字化时代背景，聚焦中国高等教育数字化转型和高质量发展，针对高校教学管理人员数字化素养课题进行研究。文中重点阐述了提升高校教学管理人员数字化素养的意义和作用，概述了高校教学管理人员数字化素养的内涵，总结了高校教学管理人员数字化素养的现状及问题，提出了高校教学管理人员数字化素养提升的途径。

关键词：高校教学管理人员；数字化素养；提升途径

在习近平新时代中国特色社会主义思想指导下，数字中国建设步伐稳健有力。数字化在推动中国高等教育从快速发展到高质量发展的进程中，在构建高等教育新发展格局、建设高质量高等教育体系、强化现代化建设人才支撑等方面释放强劲动能，成为推动中国高等教育高质量发展的重要引擎。党的二十大报告提出，推进教育数字化，建设全民终身学习的学习型社会、学习型大国。教育部积极推进国家教育数字化战略行动。2022 年 11 月 30 日，教育部发布实施了《智慧教育平台基本功能要求》《智慧教育平台数字教育资源技术要求》及《教师数字素养》行业标准。

面对以教育数字化撬动教育改革、提升教育质量、夯实人才强国建设基础的美好期待，高校要责无旁贷地加快部署数字化行动战略。高校教学管理人员作为落实教育数字化行动的一众群体，作为推动教育数字化行动的重要力量，具备数字化素养是基本的、必须的。高校教学管理人员数字化素养的高低关系着高校教学管理工作的正常运转，关系着教育高质量发展的实现，关系着高质量人才培养任务的圆满完成。高校教学管理人员只有具备高数字化素养才能从容应对教育数字化挑战，提高教学管理的质量和效率，推动教育现代化的发展。因此，下大力关注、研判、提高高校教学管理人员的数字化素养不仅很有意义，而且十分必要。

一、提升高校教学管理人员数字化素养的意义和作用

高校教学管理人员数字化素养的提高，有助于更好地应对数字化教育发展带来的挑战和机遇，提高教育教学的质量和效率，推动教育现代化的发展。其意义和作用具体表现在以下几个方面。

（一）提高教学管理效率，优化教学管理工作流程

数字化素养可以帮助高校教学管理人员更好地利用先进的数字工具和数字化时代更科学的方式方法，优化教学管理工作流程，实现教师、学生、教育教学各环节及教学资源协同管理、无缝连接，保障师生教育教学活动顺利、圆满，提高教学管理效率，提升教育教学服务的满意度。

（二）提高师生数字化素养，培养师生数字化习惯

数字化素养可以帮助高校教学管理人员更好地发挥管理和服务的功能，提供更有效的指导和支持。在管理和服务中，帮助师生掌握数字化技术和工具，强化数字化意识，提高数字化素养，培养数字化习惯。

（三）推动教育数字化进程，推进教育信息化建设

数字化素养可以更好地帮助高校教学管理人员把高校的数字化资源和管理手段应用于教育教学实践中，并且在实践中不断优化改进，使之更好地为教育教学服务，推动高校教育数字化进程，促进高校教育信息化建设。

（四）支持数据分析和决策，协助教育教学创新和改革

数字化素养可以帮助高校教学管理人员了解最新的数字化教学理念和教学技术，进而对数字化技术应用中大量的教育教学数据和信息进行分析，为教学改进和管理决策提供有效的数据支持，协助教育教学创新和改革。

（五）改进教育评估和管理，推动教育高质量发展

数字化素养可以帮助高校教学管理人员更科学地评估和管理教育教学活动，帮助高校提高管理决策的科学性和有效性。以评促建，以评促改，通过一次次精准评估，促进高校数字化教学管理水平螺旋式上升，不断推动教育高质量发展。

二、高校教学管理人员数字化素养的内涵

高校教学管理人员数字化素养是高校教学管理人员应对数字化教育变化和挑战的基本素养，通常指高校教学管理人员在数字化教育中具备的知识、能力和态度，不仅包括运用数字技术获取、使用和管理相关数据和信息，发现、分析和解决教学管理问题，优化、创新和变革教学管理活动，还包括对数字化教育的认知、理解和以更有效和更高效的方式进行教学管理的意识和责任。其主要包括以下几个方面的内容。

（一）数字化意识

始终保有数字化意识，是数字化时代高校教学管理人员做好工作的前提。数字化意识是客观存在的数字化教育活动在高校教学管理人员大脑中的能动反映，包括感知数字化时代中数字技术的日新月异、迅猛发展，体验数字化带给人们日常生活的变化，体会数字技术在经济社会及教育发展中的价值，明了数字技术赋能教育给教学管理工作带来的新要求、新挑战等等。高校教学管理人员要时刻保有数字化意识，主动紧跟数字化时代脚步，主动学习和应用数字技术开展教学管理数字化实践，解决教学管理实际问题，积极迎接挑战，克服困难，创造新的数字价值。

（二）数字技术知识与技能

具备数字技术知识与技能是数字化时代高校教学管理人员做好工作的基础。数字技术知识与技能是高校教学管理人员在日常教学管理活动中应具备的基本素养。数字技术知识包括工作中必备的计算机文档处理、网络平台与直播课堂等数字工具、技术、数据信息的知识储备。数字化技能是应用数字工具、数字资源和技术平台开展日常教学管理活动，变革与创新教学管理模式和手段以及数字价值再造的能力，包括教学管理活动中的数字化人才培养方案的制订、数字化课程安排、数字化学生学习支持服务、数字化考试服务、数字化协同育人等。

（三）数字化变革与创新能力

数字化变革和创新能力是数字化时代对高校教学管理人员做好工作的高要求。高校教学管理人员有教育变革和创新能力，能在数字化教育模式和方法等多方面推陈出新，提高教育教学管理质量，满足数字化教育发展变化的需要。高校教学管理人员可以指导教师和学生有效利用数字化技术和工具，提高他们

的数字化素养，推动数字化教育的发展和普及；对教育数据进行分析和决策，帮助学校制定有效的教学管理策略和计划，提高教育教学效率和质量。

（四）数据安全防护意识与责任

数据安全防护意识和责任是高校教学管理人员不可忽视的数字化素养。数字化时代很多数据信息的存储、使用、防护方式方法与要求都与传统不一样。高校教学管理人员既要有数据安全防护意识，也要尽到安全防护之责。具备数字安全意识、切实负起安全责任，能在工作中有效保护工作数据，保证师生个人隐私和信息安全，避免数字鸿沟和不当使用产生风险和问题。

三、高校教学管理人员数字化素养的现状

十几年来，在高校信息化和数字化建设过程中，高校教学管理人员数字化教学管理理念逐渐清晰，数字化教学管理模式初步建立，教学管理人员在数字化挑战中，不断学习、实践、再学习、再实践，数字化素养日渐提升。但高校教学管理队伍人员水平参差不齐，部分管理人员存在知识与能力的欠缺及不适应的情况，不能很好地胜任教育数字化时代的教学管理工作。高校教学管理人员数字化素养欠缺，主要表现在以下几个方面。

（一）数字化认知与数字技术应用能力不足

部分高校教学管理人员缺乏对数字技术和数字化社会的认知，意识不到数字化时代的重要性和影响力；缺乏使用常用数字技术的能力，不会利用便捷的数字传输、搜索引擎、在线教育学习网站等数字工具和平台拓展学习和更有效地工作，不懂得有效地利用现有的数字化资源提高教学管理质量，不能更好地为教育教学服务。

（二）数据安全意识不强

部分高校教学管理人员数据安全意识不强，对互联网的风险防范不够，常常会放松警惕。因不及时存盘、备份以及出现电脑死机、损坏等问题致使数据丢失，影响工作。另外，缺乏网络安全意识，不了解或不能很好地遵守网络安全相关规定，不能很好地区分网络真假信息、识别和评估网络信息的可信度和价值，容易被误导或受到错误信息的影响。还可能会因使用弱密码或不当使用相关数据，给网络诈骗、恶意软件和黑客攻击以可乘之机，导致重要文件及管理数据丢失，师生个人隐私数据和敏感信息不明缘由地泄露出去。

（三）数据化沟通协作能力不足

部分高校教学管理人员缺乏数字化协作和沟通能力，不能有效地利用数字化工具和平台进行高效交流和合作。无法快速适应数字化教学协同管理的新模式，不懂得利用数字化工具和平台开展线上研讨、线上教学交流，不能协同管理师生、课程及其他教学资源，极大地影响了协同管理的效率和质量。

（四）数字化创新精神欠佳

部分教学管理人员习惯于传统的教学管理方式，缺乏对新兴技术的关注和应用，对于数字化教学和管理方式缺乏创新意识和创新思维。数字化创新精神欠佳的高校管理人员不具备利用数字技术创新解决问题和创造价值的能力，很难通过数字化工具和技术来实现教学管理的创新和效率的提高，很难为学生和教师提供更好的教与学服务。

（五）数字数据分析能力较弱

部分高校教学管理人员缺乏对数据的理解和分析能力，无法从数字化数据中获取有用信息，无法进行数据驱动的教学管理与决策，例如不能用大数据分析工具进行学生数据分析和学情反馈，包括学生学习状态、学生行为和学生群体分析等，不能及时发现问题和提出改进意见。

四、高校教学管理人员数字化素养提升的途径

高校教学管理人员数字化素养提升是高校数字化行动中的一项重要工作。高校要高度重视、积极探索、做好部署、制定目标、压实任务、安排培训，采用建立数字化工作平台和数字化创新实验平台等有助于数字化素养提升的可行性办法和可能的条件。

当然，数字化素养提升需要高校助力，更需要教学管理人员自身做出努力、付诸实践。笔者认为数字化素养的提升主要有以下几个途径：

（一）主动应对数字化挑战，强化数字化素养意识

高校是贯彻以数字化推进高等教育高质量发展的主战场，高校教学管理人员要与高校一道共同迎接教育数字化时代挑战，要不断强化数字化素养意识并把它变成切实的行动。关键时刻主动出击不退缩。主动加深对数字化时代、数字经济、数字教育的理解认识，主动学习了解数字化新知识和新技术，积极进

行数字化教学管理实践。掌握数字化素材的获取和利用方法，通过网络课程、在线图书、电子期刊等数字化资源获取途径，拓宽知识面和了解新的技术和应用。创造性地运用数字化技术，例如网络图片、视频、音频等，拓展数字化资源库、在线教学平台、视频制作软件、图像处理工具等，提高数字化技术的掌握程度和创造力水平，提高数字化创意和表现能力。在使用他人数据资源时，应遵守相关法律法规要求，合规使用数字产品和服务，维护健康的网络环境。在数字化活动中，注重网络安全防护，增强数据安全防护能力。

（二）认真参加数字化培训，提升数字技术应用水平

高校教学管理人员要经常性地参加校内外组织的数字化素养培训。通过研讨会、课程进修班、专家讲座等各类数字化培训，学习与数字化素养相关的知识、技能和工具，全面了解掌握数字化技术和平台使用方法及规则，例如文档处理软件、网络会议工具、智慧教育公共服务平台等，提高数字化能力和应用水平，帮助教师和学习者熟悉这些工具和平台的使用方法，提高数字化应用能力和效率。通过培训提高网络安全意识，了解与传播网络安全知识和措施，及早消除网络安全隐患。

（三）积极参与数字化创新项目，推动教育数字化转型

2022 年全国教育工作会议已明确提出实施教育数字化战略行动，教育数字化转型势在必行。高校教学管理工作人员要抓住这个机遇，积极参与职普融通、产教融合、科教融汇等综合创新应用。通过参与职业教育、高等教育、继续教育协同创新等数字化转型项目，积累数字化实践经验，锻炼创新思维和应用能力，注重数字化沟通和协作效率，促进数字化创新能力的提高，增强数字化素养，善用、乐用数字化教育资源、应用与服务，推动教育数字化转型，促进教育管理高质量发展。

（四）持续学习和实践，稳步提升数字化素养

随着数字技术与应用的快速迭代更新，数字化素养的标准呈动态上升趋势。高校教学管理人员只有持续地学习和实践，关注数字化领域的最新发展动态和成功的应用案例，不断实践和尝试新的数字化工具和应用，改进创新，才会无限接近数字化素养的新标准，也才能最大可能地满足工作的新要求，达到工作的高目标。因此持续学习和实践亦是提高数字化素养的重要路径。

总之，提升高校教学管理人员数字化素养是一项艰巨的基础性工作，也是一项系统性长期性工作。只要我们常抓不懈，一步一个脚印扎实推进，高校教

学管理数字化转型和教育高质量发展必将取得长足进步，获得可喜成效。

参考文献

［1］习近平，高举中国特色社会主义伟大旗帜 为全面建设社会主义现代化国家而团结奋斗——在中国共产党第二十次全国代表大会上的报告，《人民日报》（2022 年 10 月 16 日）
［2］春来潮涌东风劲 习近平总书记指引数字化推动高质量发展述评，《中国网信》2023 年第 1 期
［3］加快建设高质量教育体系 办好人民满意的教育，2023 年全国教育工作会议，教育部新闻办 微言教育（2023 年 1 月 12 日发表于北京）
［4］教师素养标准，教育部发布实施（2022 年 11 月 30 日）
［5］杨现民，开辟教育全面数字化转型新局面，《中国教育报》（2022 年 4 月 7 日）

作者简介

姚殿菊，对外经济贸易大学继续教育与远程教育学院，副研究员；研究方向：教育管理；电子邮箱：yaodianju@euibe.com。

高校加强教师管理数字化体系建设的思考

魏婷婷　宝阿咪丽

摘　要：数字化技术对人类文明产生了深远影响，也对当今高等教育发展提出了新方向，提供了新动力。高校是高质量人才的聚集地，亟需通过数字经济发展的新机遇，利用数字技术赋能教师管理工作，建立人才资源竞争优势，助推高校内涵式发展。本文通过对高校教师管理工作的政策和现状分析，提出构建教师管理数字化体系的三方面重要作用，以期对高校完善教师引进、培养和评价体系建设有所帮助。

关键词：高校；人才；教师；数字化

党的二十大报告在“办好人民满意的教育”中提出，推进教育数字化，建设全民终身学习的学习型社会、学习型大国[1]。《教育部 2022 年工作要点》提出“实施教育数字化战略行动”，并指出“推进人工智能助推教师队伍建设试点工作”[2]。为了更好地赋能高校发展，加快教育领域全面数字化转型和职能升级，促进高等教育高质量、内涵式发展，高校要探索建立教师管理数字化新体系。

一、做好高校教师工作的重要性

习近平总书记在全国教育大会上深刻指出，坚持把教师队伍建设作为基础工作[3]。党的二十大报告第五部分指出，科技、教育、人才是全面建设社会主义现代化国家的基础性、战略性支撑，其中教育是基础，科技是关键，人才是根本。高校承担着培养高素质人才、创新科技进步、服务经济社会发展的重要任务，历来是人才聚集高地，如何吸引、培养和造就各学科高水平人才，构建符合国家、社会、学校自身发展大局的教师管理体系，关系到我国人才自主培养质量和科技创新能力及水平，是高校发展战略的重要组成部分，也是高校人才工作的中长期发展方向。

二、高校教师工作面临的现实挑战

（一）高校教师人事制度改革的政策要求

2018 年，中共中央、国务院印发了《关于全面深化新时代教师队伍建设改革的意见》[4]，要求全面提高高等学校教师质量，建设一支高素质创新型的教师队伍；深化高等学校教师人事制度改革。提出积极探索实行高等学校人员总量管理、适应人才培养结构调整需要、优化高等学校教师结构、推动高等学校教师职称制度改革、推行高等学校教师职务聘任制改革等方向。

2021 年，教育部等六部门印发了《关于加强新时代高校教师队伍建设改革的指导意见》[5]，明确了新时代高校教师队伍建设的指导思想和目标任务，从提升教师思想政治和师风师德、提高教师专业素质能力、完善高校教师管理制度、保障高校教师待遇、优化人才管理服务体系、帮助青年教师成长等多个方面给予了全面细致、切实可行的政策指导。

在宏观政策指导下，各地各高校纷纷从师德建设、教师队伍结构建设、教师聘任与管理、教师晋升与薪酬等领域着手进行改革[6]。具体做法各有不同，成效也有待深入探讨。

（二）教师引进、评价、激励、管理等机制有待进一步健全

通过发展健全人事各项机制，努力营造人才发展的优良生态，高校希望各类人才留得住、发展得好、发挥更大的作用。据调查[6]，国内 50%以上的高校均开展了师德师风建设、教师分岗位分系列管理、岗位职责和薪酬水平挂钩，约 40%的院校设立教师分类化、差别化绩效考核机制，引入准聘、长聘制度改革。《2023 年上海市教育委员会高等教育工作要点》提到，在教师人事制度改革方面，上海市将深化高校教师编制管理改革，扩大企业编试点高校范围[7]。2023 年 3 月，中山大学宣布启动与国际接轨、具有中国特色的科研人员“预聘—长聘”制度，希望能够吸引和支持有学术潜力的年轻学者。

一方面是上级政策的要求，另一方面是各地各兄弟高校出台的新政。如何健全符合国家发展大局和本校发展需求的各项人才相关机制，破解难点堵点，是摆在高校人事工作者面前的突出问题。

（三）人才全球化竞争与流动

当今是全球化发展的时代，人才的国际流动在全球化时代是不可避免的，

人才的跨国跨界流动并未因新冠肺炎疫情、国际局势演变而停止。人才流动促进了文化交融、民心相通，也倒逼了治理方式的变革。《全球人才流动趋势与发展报告（2022）》[8]显示，世界主要国家竞争力排名第一至第五名为美国、韩国、丹麦、新加坡、日本，我国位列第八。在包括“空气中不足2.5微米的颗粒物含量”“人均二氧化碳排放量”“世界企业500强”“世界大学1 000强”4项指标的“人才环境指标”方面，我国位于美国之后，居全球第二。由此可见，经过多年发展，我国已具备吸引国际人才的基本环境条件。具体到各高校，要建成世界人才中心和创新高地，提供具有全球竞争力的人才发展平台，才能吸引、培养和造就世界级精英人才。

三、建立教师管理数字化体系的重要作用

数字化改革不仅是技术创新或信息技术应用，更是治理体系的系统重塑。高校教师管理工作数字化转型是人事管理领域赋能的重要途径，数字化的核心是向数据要效能。在对人事工作积累大量科学数据、安全收集的基础上，引入有效分析与评价，通过数字化平台搭建，发现教师队伍深层次问题，进而从根本上解决教师的队伍建设、培养和发展等问题。

数字化平台要紧紧围绕学校事业发展目标任务，通过加强顶层设计、多跨协同、应用引领，搭建融学习、业务、管理和信息交互为一体的综合智慧体系，成为高校人才工作的“智囊”。

（一）数字化有利于教师队伍配置科学化

为解决人才引进问题，国家先后出台“长江学者奖励计划”“国家杰出青年基金”“国家百千万人才工程”等人才引进政策，地方政府也相应推出了地方人才引进政策，为高校人才引进提供了强有力的政策支持。但随着形势发展，人才引进的主体逐步从政府转移到高校。高校教师队伍常见的引进模式多为用人单位向人事部门提交需求信息，通过审批后启动招聘流程。人事部门在审批环节多为根据编制和用人单位实际情况开展，或存在盲目引才、重数量轻质量、人才与学科发展需求不匹配等问题。通过使用数字化平台，形成分学科、分学院/科研部门的教师数据库，随时可以了解各学科的人才结构、年龄梯度、性别比例、学术背景、发展情况，建立人才队伍预测、预警机制，进而指导人事工作管理者和用人单位更合理地进行人才定位，更清晰地制定招聘目标，形成高质量科学引才，让所招聘的人才真正符合学校学科建设发展需求，实现真正的人岗匹配、人尽其才。

此外，收集对学科发展贡献度高、学生对其教学评价高或服务管理岗位业绩好的教职工在工作行为、个性、能力等方面的信息，多角度分析和深层次挖掘高绩效人才所具备的共性行为，包括价值观、知识结构、自我成长力、性格类型、人际关系、行为模式等，进而架构形成绩优人才能力模型。使用这一模型对应聘人员进行未来绩效预测，与心理测评结果共同形成人才招聘环节的理性判断。

（二）数字化有利于教师发展科学化

教师队伍是高校高质量发展的关键力量。大量中青年学者进入高校教师队伍，在具备高水平科研能力的同时，也存在教育教学能力缺乏的问题。同时，教师的师德师风、学术道德、心理健康等方面也需要长期关注。花大力气引进的高素质人才，需要经过系统培养，满足其个体学习成长需求和学校教育教学、师资建设需求。

目前高校教师发展普遍存在缺乏中长期规划、共性化课程多于个性化、资源碎片化和分散化、学科交叉水平不高等问题。教师发展数字化应从师德师风、教育教学、学科研究和职业生涯等多方面着手，搭建教师教育“云管理平台”，遵循人才成长规律、教育教学规律以及科学研究规律，在丰富学习资源、教育场景、教育工具的同时，对标教师评价体系结果，根据教育教学能力精准诊断和分析结果、个人素养提升诉求以及交叉学科发展、交融的需要，智能提供个性化定制教育与指导，实现不受时空限制、全方位、多场景的教师教育，成就师德师风过硬、学科知识渊博、专业能力突出、教育情怀深厚的高素质教师。

（三）数字化有利于教师评价科学化

2018 年 6 月，中办、国办印发的《关于深化项目评审、人才评价、机构评估改革的意见》[9]，提出科学设立人才评价指标、树立征求的人才评价使用导向等要求。教育部发布《关于破除高校哲学社会科学研究评价中“唯论文”不良导向的若干意见》[10]，明确提出 10 个“不得”，对于进一步完善高校哲学社会科学人才评价体系具有重要指导意义。2020 年中共中央、国务院印发了《深化新时代教育评价改革总体方案》[11]，“改革教师评价，推进践行教书育人使命”为其中重点任务之一。教师评价改革已成为提高教育治理能力和水平的重要组成部分。

基于“师德师风、教育教学实绩、学生工作、科研评价”等方面，需要应用数字化技术开展数据收集分析，架构和完善教师评价指标体系，进行科学评价和反馈。围绕教师日常教学、科研、社会活动等情况，从教务处、教师发展中心、科研处、图书馆、学院、组织部等各部门获取教师课堂教学行为与质量、教学能力与成长、科研成果、考勤、书籍借阅、组织或参与学术活动、党团生活等全面数据，从而在多元指标和海量数据中高效建立教师评价标准化模型，将各评价指标赋予科学合理的权重，进而形成包含师德师风、成果评价、教学科研能力评估、影响力、发展潜力预测等多维度的综合评价体系。同时根据不同学科、不同类型的教师特点，实施分类分层评价。努力做到既能评价知识、能力、成果等可量化的因素，又能评价德行、素养、影响力等隐形素养；既能评价与工作产出、工作结果直接相关的任务绩效，也能从过程角度考察行为绩效。

四、结语

教育部部长怀进鹏在2023年2月13日举行的数字教育大会上进行主旨发言时强调[12]，发展数字教育，推动教育数字化转型，是大势所趋、发展所需、改革所向，更是教育工作者应有之志、应尽之责、应立之功。高校教师工作应聚焦人才强国建设，紧抓重大发展机遇和时代挑战，围绕国家发展战略、学校发展定位和自身学科特色，探索教师队伍数字化治理新模式，优化管理体制机制，积极打造和构筑高水平人才高地。

参考文献

[1] 高举中国特色社会主义伟大旗帜　为全面建设社会主义现代化国家而团结奋斗——在中国共产党第二十次全国代表大会上的报告［EB/OL］.（2022-10-16）［2022-10-25］. http://www.gov.cn/xinwen/2022-10/25/content_5721685.htm

[2] 教育部. 教育部2022年工作要点［EB/OL］.（2022-02-08）［2022-02-08］. http://www.moe.gov.cn/jyb_sjzl/moe_164/202202/t20220208_597666.html

[3] 坚持中国特色社会主义教育发展道路　培养德智体美劳全面发展的社会主义建设者和接班人［EB/OL］.（2018-09-10）［2018-09-10］. http://www.gov.cn/xinwen/2018-09/10/content_5320835.htm

[4] 关于全面深化新时代教师队伍建设改革的意见［EB/OL］.（2018-01-20）［2018-01-31］. http://www.gov.cn/zhengce/2018-01/31/content_5262659.htm?tdsourcetag=s_pcqq_aiomsg

[5] 关于加强新时代高校教师队伍建设改革的指导意见［EB/OL］.（2020-10-24）［2021-01-27］. http://www.gov.cn/zhengce/zhengceku/2021-01/27/

content_5583070.htm
[6] 鲍威，戴长亮，金红昊，等. 我国高校教师人事制度改革：现状、问题与挑战 [J]. 中国高教研究. 2020（12）：21－27.
[7] 2023年上海市教育委员会高等教育工作要点 [EB/OL].（2023－03－05）[2023－03－06]. http://edu.sh.gov.cn/xxgk2_zdgz_jygzydynb_01/20230316/e16a3e96bfef40adbba3887a279e3c28.html
[8] 全球人才流动趋势与发展报告（2022）[EB/OL].（2022－11－07）[2022－11－24]. https://baijiahao.baidu.com/s？ id＝1750356500706193789&wfr＝spider&for＝pc
[9] 关于深化项目评审、人才评价、机构评估改革的意见 [EB/OL].（2018－07－03）[2018－07－03]. http://www.gov.cn/zhengce/2018－07/03/content_5303251.htm
[10] 关于破除高校哲学社会科学研究评价中"唯论文"不良导向的若干意见 [EB/OL].（2020－12－10）[2020－12－15]. http://www.moe.gov.cn/srcsite/A13/moe_2557/s3103/202012/t20201215_505588.html
[11] 深化新时代教育评价改革总体方案 [EB/OL].（2020－10－13）[2020－10－13]. http://www.gov.cn/gongbao/content/2020/content_5554488.htm
[12] 怀进鹏. 数字变革与教育未来——在世界数字教育大会上的主旨演讲 [EB/OL].（2023－02－13）[2023－02－13]. http://www.moe.gov.cn/jyb_xwfb/moe_176/202302/t20230213_1044377.html

作者简介

魏婷婷，对外经济贸易大学招生就业处，工程师；研究方向：高校人才培养；电子邮箱：2788@uibe.edu.cn。

宝阿咪丽，对外经济贸易大学招生就业处，研究实行员；研究方向：高校人才培养；电子邮箱：03121@uibe.edu.cn。

风险社会中大学教师的习得性无助调查研究
——以B大学为个案

鲍天璐

摘　要：现代社会是一个政治、经济、文化等各个要素迅速变化的风险社会。在风险社会中，作为知识分子集聚地之一的大学，也无法逃脱迅速变化的社会的影响。我们通过质性研究的方法对B大学的特定教师进行了个案研究，对学院派知识分子的集体习得性无助的状态进行了描述和分析，展现了以大学教师为主体的学院派知识分子在面对风险社会的问题和未来社会的不确定性时所产生的习得性无助的状态，为高等教育人力资源管理科学化提供建议。

关键词：风险社会；大学教师；集体习得性无助

一、文献回顾

（一）对风险社会的研究

对于风险社会的研究，风险社会学家认为风险社会的风险和不确定是方方面面的，例如夏玉珍和吴娅丹认为“市场经济”“科学技术”“生活政治”“军事力量”等方面存在风险和不确定性[①]。不同的社会学流派对于风险的产生持不同的观点。社会风险理论家存在着主观主义和客观主义立场的对立[②]。吉登斯、贝克等社会风险理论家认为风险是客观存在的，是我们必须要面对的。贝克和吉登斯从制度维度对风险社会进行了剖析。他们认为现代社会风险是现代性变异的一种结果，是社会发展过程中随着科技发展、制度的转型而带来的自反性的一种危机，现代风险社会与以往的社会展现出了不一样的特征。赵延东在解读“风险社会”理论时认为风险社会存在“不可感知性”“不确定性”“建构性”“平

① 中国正进入风险社会时代［J］. 夏玉珍，吴娅丹. 甘肃社会科学. 2007（01）.

② 庄友刚. 风险社会理论研究述评［J］. 哲学动态，2005，（09）：57－62.

等性”“全球性”“自反性”等不同于以往社会的特征①。

（二）对大学危机的研究

在“风险社会”中的大学场域也在其发展中产生了不同以往的风险和危机，王英杰教授认为大学危机主要包括：高等教育规模不断扩张而大学支付能力不断下降、大学的商业化、大学的官僚化、大学的技术至上、大学的教育质量滑坡②；肖起清认为大学危机有十个组成部分：大学组织膨胀、大学中心错位、大学文化贫困、大学精神式微、大学权利混乱、大学主体失德、大学技术主义、大学课堂混乱、大学组织官僚化、大学制度虚无化③。

在这样的背景下，大学也被卷入了这场风险之中，大学的生存和发展也经受着严峻的考验与挑战，有学者用“大学危机”来形容当今大学的处境。目前大学存在教育质量滑坡、课程设置滞后、学习方式陈旧等问题；不仅如此，在市场化的影响下，大学沾染了浓厚的商业化和官僚化色彩，教师和学生行为趋向功利化，大学管理技术化等等。更为严重的是这些“风险社会”带来的问题导致了大学的精神危机、信任危机。学院派知识分子正经历着他们的“精神危机”。

（三）习得性无助研究

习得性无助是社会心理学的一项重要研究。1967 年美国心理学家利用狗做实验，发现当生物体面对不可避免、无力改变的情境获得一些消极的体验时，这样的消极体验会对他们解决特定问题产生破坏效应，它们会消极地接受预定的命运，不做任何尝试和努力，这一现象就叫作习得性无助。现在人们都倾向于这样的观点：习得性无助不再是一个单一的心理现象和教育现象，习得性无助者在认知、动机情绪、个性品质上都存在问题，因此习得性无助更是一个综合的概念④。针对习得性无助有哪些表现，主要采取实验的方法进行研究。习得性无助有以下特点：低成就动机、低自我概念、低自我效能感、消极的心理定式。20 世纪 70 年代以后，对于习得性无助的问题，更多的集中于矫正研究。国内对于习得性无助的解决对策主要是引导学生形成积极的内部归因，以解决他们学习中所遇到的实际问题；但是由于大部分研究都旨在进行内部归因的引导，这就导致了我们对外部因素的忽略，尤其是面对瞬息万变的风险社会和大学危

① 赵延东. 解读“风险社会”理论［J］. 自然辩证法研究，2007，（06）：80－83＋91.

② 王英杰. 大学危机：不容忽视的难题［J］. 探索与争鸣，2005，（03）：34－38.

③ 肖起清. 大学危机十论［J］. 江苏高教，2013，（05）：34－37.

④ 余鹏. 关于习得性无助的解释与教育干预［J］. 当代教育科学，2004，（09）：45－47.

机，各种“风险”与习得性无助的产生存在千丝万缕的联系。

二、研究设计

本研究采用质性研究方法，质的研究把研究者本人作为研究工具，采取访谈、观察等多种资料收集方法，对学院派知识分子的集体习得性无助进行个案研究，使用归纳法来比较、思考、分析、转化以形成概念、构建理论。质性研究是一种可以挖掘和发现隐藏在现象背后的其他因素，从而获得对现象解释的研究方法。

本研究采用目的性抽样方法，有计划地选择9位有着不同工作年限、职称、学习经历的教师进行访谈。访谈对象的基本信息见表1。

表1　访谈对象基本信息

编号	性别	年龄	职称	学习阶段	学科	婚姻	配偶单位	访谈次数
A1	女	37	副教授	博士后	教育学	已婚	国家机关	2
A2	女	38	讲师	博士后	管理学	已婚		1
A3	男	37	副教授	博士	管理学	已婚	银行	1
A4	女	53	教授	博士	教育学	已婚		1
A5	男	41	副教授	博士后	教育学	已婚	医药公司	1
A6	男	47	教授	博士	教育学	已婚	京师大厦	1
A7	女	56	教授	博士	教育学	已婚		1
A8	女	45	副教授	博士	管理学	已婚		1
A9	女	34	讲师	博士后	管理学	已婚	事业单位	1

研究主要通过访谈收集资料。访谈前编写了访谈提纲，为方便整理资料，事先都征得了访谈对象的同意，对访谈过程做了录音。访谈的时间和地点都是由被研究者确定。访谈的9位教师中，有的对特定问题做了直接明确的回复并进行了深入剖析，而有的只是间接回答，对此，本研究通过对其言语表达的归纳来加以梳理。研究中共涉及了存在焦虑、资本、惯习三部分内容，具体而言，访谈所收集的资料翔实地描述了教师的整体生存状态，经过初步分析发现，教师的无助感很强，因此作为一个对“大学教师存在性焦虑课题”的后续反思研究，笔者根据这些材料对大学教师为主体的学院派知识分子的“集体习得性无助”的状态进行了分析。

访谈结束后，研究者将访谈的录音资料转化为文字资料，并且进行编码和归纳。采取案例分析法进行分析，包括案例内分析（主要是对每个案例进行描述）和跨案例分析，借助图表在跨案例研究中寻找相似的主题，对理论进行初步的构想，然后将其简练化。

三、研究结果

（一）成就动机分析

成就动机是习得性无助的一个重要组成部分，我们通过分析发现大学教师对自身的科研任务、专业工作保有较高的成就动机，但是对社会上各种“风险现象”缺乏关注的热情，在构建“集体习得性无助”理论上应当注意到这一点。

例如老师 A2 对科研工作的动力很足：“关于历史的，关于原理的，甚至比较有深度的关于哲学研究方法的，都是我比较关注的。我比较关注的，也是有自己比较感兴趣的，而不只是去做当下的研究。我一直在做跨领域研究，从哲学跨到社会学，跨到公共管理，再到教育政策。其实这些是非常不同的领域，所以这个过程会很痛苦。”从该老师的表述中我们可以看到，该老师对科研有很大的热情，尝试了不同领域的研究，有自己感兴趣的领域，但是在面对一些“风险社会”中的现象时，该老师缺乏应有的热情。在提到社会腐败和学术腐败以及对社会的关注时，这位老师谈道：“学术腐败我见得多了，政治上的腐败会看新闻，但是不是很了解。我没有兴趣，当然我会看一看，想一想，但和我现在的科研生活没有多大程度相关。”可以看到这位老师对于一些“社会风险”没有兴趣，关注的重点只是集中在与科研相关的领域上。

在访谈过程中很多教师表现出的对自身专业领域研究的关注与对“风险社会”的漠然，究其原因是与现代知识分子的转型有很大关系。福柯在谈及知识分子时认为只有“特殊的知识分子”。在商品经济发展的影响下，知识分子已经变成了特定领域的“专家”。“专业性”和“公共性”的冲突是现代知识经济的必然结果，知识分子的“专业化”逐步掩盖了我们传统意义上所说的知识分子的使命，传统知识分子“修身治国平天下”的理想离“特殊知识分子”越来越远。随着市场社会的崛起和知识体制的专业化，大学学者被置身于权利化的体制内，耕耘在自己本专业的研究领域，很难有对公共事务加以关注、思考、批判的机会。

（二）自我概念分析

对教师职业的认知。谈及教师这项职业，A2 老师提到：“我知道现在社会上有许多反响，我觉得教师的基本薪资水平很低，还有就是教师之间的差异化，当然要体现出来，在薪资上体现出来，但是我觉得不能差异太大，我觉得年轻老师应该有该有的薪资贡献，但是现在每天跟那么多人挤在一起，会影响创造力，那么多制度的约束……所以我觉得专业人员的劳动收入应该提高。在初次分配上就应该提高，而不只是大学老师。”A2 老师对教师这个职业的认知是建立在教师的薪资水平上的，其他教师也都谈到了大学教师的薪资水平是较低的。A1 老师提到自己选择这个职业是由于其他职业都不适合:“其实我博士期间我就不想做学术，我觉得我以后再也不要做研究了，我可以把学位拿到了，我想干点别的，但我后来回来吧发现其实我也干不了别的，因为年纪比较大了，那时候都回来都快 29 了，然后你说我找公务员的工作，但是我考吧是跟年轻人一起考，可能如果真的是我，因为我硕士和博士都没在国内读，所以我觉得我考我也不一定能考上，我完全不知道怎么回事。然后就算考上了吧我进了个机关，人家像我这岁数怎么也当科长了，我刚进去当一个小科员，跟那些硕士毕业本科毕业的小孩子们在一起，我觉得会很别扭，然后呢我投别的简历，比如投什么出版社呀、凤凰卫视、电视台都没有人搭理我，我觉得人家可能觉得我根本就跟他们那些工作都不匹配，然后只有投高校呢还能收到点回音。然后我现在吧干了这么多年，我觉得我只能干这个了，因为别的我就更不会了，而且我这个也习惯了。我也没有别的爱好了。”可以看出在对教师这个职业的认识上，A1 老师并没有高度的认同。

首先在功利主义和实用主义大行其道的今天，大学教师对知识分子身份的认同，对大学教师的自我概念的形成有很大的影响。如今大学出现的各种危机无一不与大学教师的知识分子身份的低认同有很大的关系。大学教师对“教师”的职业认同感也很低，很多教师谈到这与教师经济收入过低，生活压力过大有关，另外大学场域中的“学术行政化”“论资排辈”“大学教师行为失当”，社会上“商品经济”发展、“社会道德水平下降”等原因都导致大学教师对自身所从事的职业的价值产生怀疑，因此产生了职业身份认同的危机。

（三）自我效能感分析

大学教师的自我效能感的认识主要缘于教师对自己能否顺利推进科研的进展以及对自己的学术成果能否对“风险社会”产生一定作用的认识。

A1 老师说自己无法安心做科研，因为自己的科研时间被学校的行政事务分割：“我就想要一整块时间写东西，我就找不着这整段时间。”

S 老师说自己对科研的质量和影响有怀疑：“现在是这样一个情况，因为过去在职称没有解决之前，科研很功利，就是为了评教授，等评上之后，有一段时期就质疑自己的科研成果，科研成果的价值是什么？是学术创新、同行的认可，还是对国家政策的影响？”A2 老师谈到自己的研究成果时说道：“应该说我发的文章，署名的，还是有一定的思考的，但并不是令我满意的，因为会受到各方面限制。”

在大学教师学术研究的过程中，很多教师认为自己的科研受到其他因素的影响，学术行政化是教师反映最多的问题。学校中行政事务对教师的科研工作造成侵蚀，目前高校“官本位”现象严重，学术行政化制约了优秀教师的发展。在办学模式上对教育的行政干预过多，形成了自上而下的行政主导型管理体制。学术行政化以及外部各种干扰严重影响科技创新人才潜心研究，而且科研机构和科研人员的评价标准和导向存在偏差，学术成为权力的附庸，高校中的学术活动浮躁，不利于高水平创新成果的产生①。

（四）消极的心理定式

消极的心理定式是知识分子在面对“风险社会”和大学危机时表现出消极、无助的倾向，进而采取接受这些不尽人意的现象的行为。

A4 老师在谈到学校的行政化时，尽管有不满情绪，但仍然无奈地说：“我属于比较支持和服从领导的，因为我们做的事情是团队的，你不做就缺一块，这种责任感还是有的。”在面对一些自身不擅长的任务安排时，A4 老师说：“总是因为一些人际关系方面的原因推不了，虽然觉得自己不擅长也要做。”A3 老师认为自己面对一些社会中的“风险”时，并不能起到很大的作用，所以对这些社会现象也不会过度忧虑：“我现在自己很多事情也解决不了，看到比较困难的人能帮助一下，算是尽自己的微薄之力，别的你干不了什么。”

面对社会和学校中的各种风险，大学教师并不是天生就不愿意采取行动，而是在种种风险和危机之下，知识分子的声音越来越微弱，对于社会上各种现象他们自觉无力。知识分子本身是一种“贵族式”的职业，而我国的所谓知识分子多在为生存和“科层式”的职业发展奔波劳碌，无暇关注各种社会现象。作为学院派知识分子主体的大学教师丧失了知识分子的精神，变成了一个无助的“风险社会”的旁观者。

四、结论

本报告针对存在性焦虑课题下教师所表现出的“无助感”突出的状况进行分析，经过分析笔者认为“后存在性焦虑”主要表现为大学教师的集体习得性

① 蔡秋英. 学术行政化对高校教师发展的影响［J/OL］. 高校教育管理，2012，6（01）：49－52.（2011－12－21）.

无助，在此以图表形式展示这一结论（见下图）。

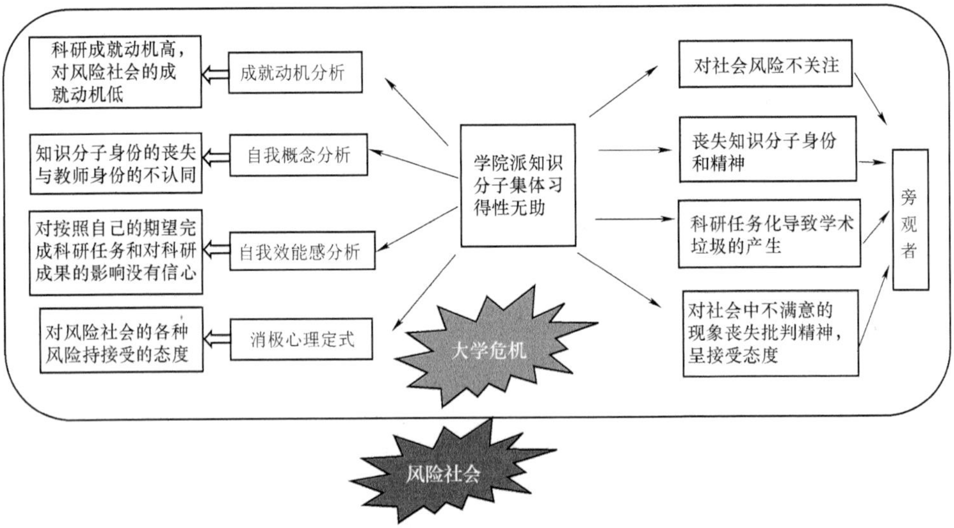

笔者构建的这一理论之所以叫作集体习得性无助，是因为“集体”一词不仅仅反映了在“知识分子解构”的风险社会的一种普遍现象，还因为其不同于“习得性无助理论”。习得性无助理论只是反映个体在完成一些特定的任务而产生的无助的状态，而本文所说的习得性无助的状态是由一个群体的认知和习惯促成的。在“风险社会”中，大学教师对“知识分子”“大学危机”等的认识，已经不是一个个体的认知，而是这个群体的认知，这种认知不但是受“风险社会”影响而产生的，其自身也是“风险”的一部分。这些认知不拘泥于个人而是在大学教师这个群体中获得了广泛的共识，正是这种共识导致了大学教师对于风险社会的麻木和无助，这导致整个学术界产生一种万马齐喑的沉闷气氛，旁观不是一个人的旁观，而是一个群体的旁观。这种旁观绝不是主动的旁观，而是面对“社会风险”的无奈之举。背负着“知识分子”理想的学院派知识分子，怀揣着一腔热忱，带着“家事国事天下事事事关心”的情怀，却无奈地发现自己无法有所作为，进而产生了悲观消极的心态，因此只好无奈地成为“风险社会”的旁观者，无奈地接受社会现实。知识分子的旁观，这是一个时代的悲哀。

五、建议

为教师创造健康良好的科研环境、宽松愉悦的组织氛围，以提高教师的心理资本，从而在一定程度上通过心理资本的增强抵消社会资本对于价值感的负面影响。与此同时，促进教师积极心理的发展，也有助于增强教师的意义感和对组织和职业的认同感。高校应该鼓励帮助教师提升自己的文化资本，并对教师们进行引导，使文化资本更多地转化为能够帮助教师解决实际问题的能力，而非成为导致教师更高的存在性焦虑的因素。提高大学的工资水平，满足教师的经济需求是增加教师意义感和认同感的必然需求，但由于经济资本的增加，大学教师的无助感也会随之增加，因此大学的管理者们应该重视收入水平较高的教师的情绪状态，通过沟通交流了解他们对社会组织问题的关注，帮助他们解决相关问题，避免生成消极的心理定式。

参考文献

[1] 孙立平. 断裂——20 世纪 90 年代以来的中国社会［M］. 北京：社会科学文献出版社，2003.

[2] 夏玉珍，吴娅丹. 中国正进入风险社会时代［J］. 甘肃社会科学，2007（01）.

[3] 庄友刚. 风险社会理论研究述评［J］. 哲学动态，2005，（09）：57－62.

[4] 赵延东. 解读“风险社会”理论［J］. 自然辩证法研究，2007，（06）：80－83＋91.

[5] 王英杰. 大学危机：不容忽视的难题［J］. 探索与争鸣，2005，（03）：34－38.

[6] 肖起清. 大学危机十论［J］. 江苏高教，2013，（05）：34－37.

[7] 刘亚敏. 知识分子与大学精神［J］. 高等教育研究，2005，（09）：7－11.

[8] 陆杰荣. 后现代·知识分子·当代使命——论利奥塔的“知识分子之死”的理论实质［J］. 哲学动态，2003，（06）：37－42.

[9] 车丽娜，徐继存. 寻找失落的知识分子精神——论教师的知识分子精神的式微与重建［J］. 教师教育研究，2007，（02）：28－31.

[10] 郭祥超. 论教师专业发展中的知识分子意识［J］. 教师教育研究，2007，（03）：1－5.

[11] 余鹏. 关于习得性无助的解释与教育干预［J］. 当代教育科学，2004，（09）：45－47.

[12] 孙嘉卿，李卓. 习得性无助：理论与应用［J］. 昌吉学院学报，2006，（01）：52－55.

[13] 汪馨兰，戴钢书. 论大学教师社会角色的建构与重塑——基于专业知识分子与公共知识分子的研究视野［J］. 河南广播电视大学学报，2011，24（03）：62－64.

[14] 刘传霞. 当代大学教师身份认同与大学文化精神建构［J］. 现代教育管理，2013，（05）：79－82.

[15] 蔡秋英. 学术行政化对高校教师发展的影响[J/OL]. 高校教育管理，2012，6（01）：49－52.
[16] 陶春军. 中国九十年代知识分子话语权缺失研究［D］. 苏州大学，2006.

附　录

访谈提纲（访谈者）

一、基本信息

1. 您的教育经历、职称之路？

2. 您的家庭情况？（婚姻、住所、车辆、子女等）

3. 您日常的工作内容包括哪些？

二、资本

1. 就消费支出而言，您对自己家庭的收入评价如何，有哪些经济困扰（很不满意→很满意）；与朋友圈相比呢？（消费感）【经济资本】

2. 您平时跟哪些人接触较多（同事、同学、领导对自己帮助）？【社会资本】

3. 您外出交流机会多吗（如访学、报告）？是否经常阅读书籍刊物？【文化资本】

4. 平时遇到琐碎事情多吗？您如何处理（耐心、乐观、精力充沛）？【心理资本】

三、惯习（追求规范→打破规范）

1. 教学中，您喜欢什么样的授课方式（教师主讲、学生合作等）？有何困惑？

2. 您一般怎么选择授课内容（教材、用过的课件、课题成果等）？有何困惑？

3. 期终如何评价学生？有哪些标准？会有怎样变化？

4. 科研中，您喜欢按照熟悉的方法做吗（量化、质性、尝试发表英文等）？

5. 您课题项目多在哪些领域？有尝试陌生领域吗？有何困惑？

6. 您做科研的动力是什么？现在如何看待自己的科研成果？以前又是怎么看的？

四、习得性无助

1. 您日常感到充实吗？是否喜欢这种生活节奏（看得起自己、前途、受人喜爱）【价值感——对自我的感知】

2. 就学校教师而言，您认为哪些行为（或事）更有意义？如果可自由选择的话（没有考核等），您想做哪些事情？【意义感——对自我延伸出的对他物的感知】

3. 你如何理解知识分子？您觉得当今社会对大学教师的评价如何？教师自

我认同高吗？（如何看待兼职、论文造假、科研速成等）；老师对师大的归属感如何？【认同感——对教师群体职业认知】

4. 工作中有感觉到论资排辈吗？试举例。学术行政化呢？对社会上污染、自杀、贪腐等是否会感到忧心？【无助感】

访谈提纲（被访谈者）

1. 您的教育经历、职称经历，您的家庭情况？

2. 您日常的工作内容有哪些？

3. 就消费支出而言，您对自己家庭收入的评价如何？有哪些经济困扰？与朋友圈相比呢？

4. 您平时跟哪些人接触较多？为什么接触？

5. 您外出交流机会多吗？是否经常阅读书籍刊物？

6. 平时遇到的琐碎事情多有哪些？您是如何处理的？

7. 教学中，您喜欢什么样的授课方式？

8. 您一般怎么选择授课内容？您如何评价学生？

9. 科研中，您喜欢按照熟悉的方法做吗？

10. 您课题项目多在哪些领域？有尝试陌生领域吗？

11. 您做科研的动力是什么？现在如何看待自己的科研成果？以前又是怎么看的？

12. 您日常感到充实吗？是否喜欢这种生活节奏？

13. 就学校教师而言，您认为哪些行为或事更有意义？如果可自由选择的话，您想做哪些事情？

14. 你如何理解知识分子？您觉得当今社会对大学教师的评价如何？

15. 工作中有感觉到论资排辈、学术行政化吗？试举例。

16. 您对社会上污染、自杀、贪腐等是否会感到忧心？

作者简介

鲍天璐，对外经济贸易大学中国语言文学学院本科教学秘书，研究实习员；研究方向：教育管理；电子邮箱：baotianluuibe@163.com。

高层次人才的政治引领路径探析

——红色文化融入视角[1]

蔡英辉

摘　要：缘于社会主要矛盾的转化、西方价值观浸染和文明的冲突震荡，政治引领成为打造人才高地的关键因素，是高校培根铸魂的重要基石。政治引领要遵循人才发展规律，尊重新时代人才的特质。红色文化是国家的宝贵精神财富，要发挥红色文化优势，找准红色文化与政治引领的契合点，探索红色文化入脑入心的创新路径，让红色基因根植高等教育沃土，探索政治引领高层次人才的意义和价值。

关键词：高层次人才；政治引领；红色文化；政治传播

2021 年 9 月 27 日至 28 日，中央人才工作会议召开，习近平总书记指出："做好人才工作必须坚持正确政治方向，不断加强和改进知识分子工作，鼓励人才深怀爱国之心、砥砺报国之志，主动担负起时代赋予的使命责任。"对于高校而言，需要探寻高层次人才的政治引领路径，找到坚持党管人才、立足服务大局、创新聚才用才的良方，为学校人才工作举旗定向，回答好"为谁培养人，培养什么样的人，怎样培养人"这个根本性问题，激励人才发挥应有的作用，在高层次人才队伍中形成氛围良好、导向正确的政治传播机制。

高校科研院所是人才最大的集聚地，需要认真对待人才队伍构成复杂、思想认同多元化、党员发展难度大等问题，因此需要突出政治引领，通过循序渐进的红色文化融入，推进教师政治理论学习覆盖面。红色基因深植于中国共产党人的精神谱系，烙印在中华民族的精神图谱中。高素质人才的潜能需要发挥，要使他们认识到改革开放的巨大成就，认识到建党百年来的辉煌跨越，需要创新政治引领的话语体系和传播形式，营造"随风潜入夜，润物细无声"的氛围，推动红色文化在高层次人才中获得广泛理解认同，谱写高层

---

① 本文拟刊发于《成都中医药大学学报（教育科学版）》，刊发时间拟定 2023 年底或 2024 年初。

次人才发展的宏美华章。

一、高层次人才政治引领的重要意义

高层次人才是党带领人民走向繁荣复兴的重要依靠力量，人才的政治引领和政治吸纳至关重要。政治引领在人才发展过程中具有实践性，主要从价值导向、心理认同及信念培育等方面进行分析阐释。

（一）党管人才的具象化表现

政治引领是党管人才原则落地落细的具体实践和重要抓手，我们应坚持党对人才工作的全面领导，认真贯彻习近平总书记关于“在广大知识分子中大力弘扬爱国奋斗精神”的重要指示精神，突出黄大年等榜样的力量，推动政治引领和政治吸纳往深里走、往心里走、往实里走；将政治引领融入高校的人才大环境中，着力解决高层次人才的思想、精神、动力等问题，以适应新时代高校党建工作抓基层基础的导向。因此需要跳出窠臼以超脱视野研究本体，明确定位、革新理念，载体推陈出新、技术更新换代，为建立人才强国奠定良好基础。

党管人才是我国结合历史发展和经济社会环境凝练出的宝贵财富，需要持续推进人才工作的理论建设和实践检验。从几十年的工作经验来看，高层次人才已经实现从量到质的飞跃。目前的物质条件和改革开放初期不可同日而语，高层次人才最终能否引得来、留得住、用得好，对学校内部治理、政策环境支撑、事业驱动激励的考量越来越大，简单机械的待遇兑现和条件比较并不可行。无论是西部高校的院士，还是东部高校的长江学者，都涉及政治引领事宜。政治引领要加强顶层设计、分类聚焦，夯实基础、创新方法，在人才的引进、培养、作用发挥等方面实现突破。筑巢引凤仅仅是前期环节，要做到的是让凤凰留下来，孵化新希望，其中党的关怀和引领十分重要。

（二）爱国爱校的有效载体

习近平总书记指出：“我们常讲，做人要有气节、有人格。气节也好，人格也好，爱国是第一位的。”爱国爱校传统对高层次人才是有必要的，这有利于加强师德师风建设。从国家层面来讲，家国情怀对于教师不可或缺，只有热爱国家才有可能更好地立德树人，因此要进行思想引领、文化融入，关注人才的思想动态和发展困难，有针对性地进行帮助引导，充分调动高层次人才敬业奉献的积极性。人才中的青年人才尤其值得重视，青年政治意识、政治参与和政治吸纳情况需要认真研究，对于高层次人才入党要充分重视，采取三级联动方式进行引领，让高层次人才感受到党组织的温暖。政治引领并不仅仅是政策制定和文件转发，而更多是落实层面的事情，是培养有家国情怀的人才。这需要相关工作者有高超的协调能力，有动之以情、晓之以理的沟通能力。要努力推进资源共享和标准体系建设，引领人才实现自我价值和促进成果转化，使人才成为中国特色社会主义事业的认同者、支持者、拥护者、建设者。

高层次人才政治引领，应以坚持党的领导、推进党的事业，以实现中华民族伟大复兴为目标，形成一个有机整合、科学统筹的思想体系。高层次人才身处高校或科研院所内，有崇高的理想追求、深厚的学术造诣，他们长期扎根在教学科研一线，用实际行动诠释对科研事业的热爱，他们是学校事业发展的脊梁，也是国家的栋梁之材。把握住了青年人才，实际上也就是把握住了学校发展的未来，要坚持以政治靠得住、学术有造诣、授课受欢迎为主旨，持续提升人才的视野高度、思维广度、研究深度、影响程度。对人才的政治引领，要鼓励人才探寻人生真理，增进人才对红色文化的理解认同，促成红色文化要素融入思维认知和推广至全球范畴，为弘扬中华优秀文化奠定良好基础。

（三）传承优秀文化的必然要求

回溯百年党史，党非常重视人才吸纳和政治引领。党的主要创始人李大钊等即是北京大学教授。经查询中国共产党历次全国代表大会数据库，第一次全国代表大会的13名参会代表中，有的接受过留学出国教育，有的有着丰富的经验，皆为精英人才，对国家和社会影响也是甚为巨大。当前我国要早日实现文化强国，需要高层次人才实现文化传承。高层次人才领悟能力强，学习能力好，在社会层面和学术界都能形成带头作用。“要留住高层次人才，就必须契合高层次人才的精神追求而提供相应服务[1]。”要对高层次人才进行政治引领，强化使命担当，为国家创造更多科研成果、推动社会进步，为文化强国提供更好的支撑。

政治引领要推进人才紧紧围绕在党的周围，让高层次人才更加深入知晓、在思想上认同和真心热爱中华文化，营造出浓郁的文化氛围。文明传承关键看人才，时代发展脉搏关键在人才，因此，仍然需要认真学习党的二十大报告：“深入实施人才强国战略。培养造就大批德才兼备的高素质人才，是国家和民族长远发展大计。功以才成，业由才广。坚持党管人才原则，坚持尊重劳动、尊重知识、尊重人才、尊重创造，实施更加积极、更加开放、更加有效的人才政策，引导广大人才爱党报国、敬业奉献、服务人民。”这是党中央对人才政治引领的要求，我们必须予以充分理解和认真遵循。因此需要加强对高层次人才传统文化的熏陶，让人才体会到传统文化的魅力，使之转化成推动人才发展的动力。推动文化“走出去”，需要高层次人才在国内外交流中展示文化魅力，讲好中国故事，增强文化自信和提升国际影响力。

二、红色文化对高层次人才政治引领的重要意涵

红色文化是党和国家的宝贵精神财富，要引导人才在社会层面、教育领域大力发扬红色传统、传承红色基因、赓续红色血脉。红色文化是融进国人精神内核的，对于坚持社会主义核心价值体系的实践性作用巨大，也可以对高层次人才产生重要影响。

（一）精神文明对高层次人才的浸染

红色文化历经百年发展，具有独特的价值功能，有利于打造具有中国特色和独特魅力的红色文化，可以振奋人心、鼓舞士气。政治引领就是通过对人才进行价值观引导和人文关怀，提升人才的忠诚度，促使人才发挥最大效能。红色文化凝聚了中国共产党人的革命精神，并在中国革命和改革开放的实践中传承发展；继承和发扬中华民族优秀文化传统，如乐于奉献、艰苦奋斗、顽强拼搏等优秀品质，可以激励高层次人才开拓进取，哪怕面临困境也百折不挠。在实现中华民族伟大复兴的中国梦的过程中发挥重要作用，与中国优秀传统文化一脉相承。这并非意识形态的灌输，而是一种信任和担当，也是对高层次人才政治引领的必然逻辑。

红色文化亦是对中华文明的传承。马斯洛需求层次理论分为五个层级，即生理、安全、社交需要、尊重和自我实现的需要，其中“自我实现”即是最高层次的需求，属于精神层面。当年中国处于半殖民地半封建时代，周恩来发出了“为中华之崛起而读书”的呐喊，激励了无数国人；在改革开放后，中国的科研条件等有了极大改善，更需要文化自信和民族自豪感激励人心。虽然科学无国界，但科学家是有国界的，西方发达国家对我们的人才也有戒备之心，有的高精尖实验室不会放心交由外国学者使用。我国则是对高层次人才有着包容接纳之心，提供充分的科研条件和充分信任，努力营造良好的发展环境。

（二）无私奉献精神对人才的鼓舞

高层次人才要有为国奉献的情怀。红色文化是内涵丰富、逻辑清晰的思想体系，继承了古人建设国家的美好愿望，也有传达党的路线方针政策的政治传播意涵。中国古代士人都有“先天下之忧而忧，后天下之乐而乐”的情怀，也有“居庙堂之高则忧其民”的意识。新时代新征程，我们面临的环境更加复杂，面临芯片、发动机等卡脖子事项，需要科学家们发挥无私奉献精神，求真务实、

清正廉洁、甘于奉献，默默为国家做奉献。因此要强调坚持正确的政治方向，加强对人才的政治引领，培养德才兼备的人才，号召知识分子和广大人才为服务国家富强、民族复兴、人民幸福贡献力量。科学家对国家的热爱转化为对红色文化的理解、认同和接受，关键在于争取理解信任，想人才之所想，急人才之所急，做好服务工作。

强化高层次人才对党和国家的认同感。通过红色文化的传播，让人才对中华文化更加理解认同，建构人尽其才、才尽其用的良好发展格局。发扬老科学家胸怀祖国、服务人民的优秀品质，以钱学森、李四光等科学家为榜样，传承西迁精神、老一代科学家爱国奉献、淡泊名利的精神，将人生理想和国家发展融合。“摆脱个人利己主义，崇尚英雄主义和忠诚，使人们经常胸襟开阔，不斤斤于一般人计较的秋毫得失”[2]。从高校来讲，要进一步加强组织体系建设，不断提升基层党建水平，培育更多学术和党建“双带头人”，积极建设各种产学研结合的实验室，为人才创造良好的外部环境，切实将党的政治优势转化为人才工作优势，使学校高层次人才能够自觉做到思想上认同组织，有困难找组织，发挥组织对人才的支撑和引领作用。

（三）胸怀世界情怀对人才的激励

党的十九届六中全会后，我党总结出共产党人的精神谱系，有井冈山精神、苏区精神等，这些精神是人类的精神财富。实际上，红色文化从产生伊始就有国际主义情怀，也有为人类命运共同体做贡献的非凡意义。有的高层次人才由于海外经历、所谓学术自由等观念影响，在思想上存在多元多样的特点，在政治认同、政治立场、师德师风、日常言行方面和本土学者有所差别，这种情况下要扬长避短，加强人才的政治引领，以充分发挥国际化人才的优势，推动中国学术“走出去”、中国企业“走出去”，在世界舞台发挥作用。因此要一手抓物质条件保障，一手抓政治思想建设，这其中的政治引领并非简单的灌输，而是因人而异、精准服务，做到雪中送炭，把工作做到专家心坎上，让高层次人才对红色文化形成认同，在国际方面形成竞争力、影响力。

高层次人才胸怀世界，对于国家发展也大有裨益。中央出台的《关于进一步加强党委联系服务专家工作的意见》，是联系服务专家工作的制度遵循。学校作为专家学者工作的单位，承担着“红色纽带”的作用，需要加强政治引领，让党的人才政策更加深入人心，使人才更好地服务于国家发展。当前人才评价重学术成果、轻政治评价，容易形成“五唯”的困境，需要尽力从政治引领方面破除；高层次人才对海外人才群体有较强的辐射带动作用，做好海外高层次人才的思想引导工作，可以起到事半功倍的效果。“一些国家对进入中国从事先进产业领域科技研发工作的专家进行严格管控”[3]，我国要实现弯道超车，就必须把集中力量办大事的制度优势和高层次人才的聪明才智结合起来，让人才以更快捷的速度、更低的成本干成事，切身感受红色文化的引领作用、国内办事效率之高、对人才发展环境的重视，发自内心认同党的领导、认同社会主义制度，并积极向外发声，传播正能量。

三、红色文化对高层次人才政治引领的推进路径

高层次人才的数量和质量关系民族繁荣和国家发展。办好中国的事情，关键在党，重点要看人才发展情况。不同领域专家需求不同，但对文化的需求是共同的。要开拓思路方法和持续创新，结合当前意识形态发展情况，探索推进高层次人才政治引领的有效途径。

（一）高层次人才参加红色教育基地培训

红色教育基地承载着红色文化，可以让高层次人才产生精神层次的震撼。中国共产党在领导中国革命的征程中形成了井冈山精神、长征精神、延安精神和西柏坡精神，和平建设时期又形成了大庆精神、“两弹一星”精神、抗洪精神、抗震救灾精神、载人航天精神等。“横看成岭侧成峰，远近高低各不同。”按照层层递进的思路，分析高层次人才政治引领的重要意义所在，从实践层面探寻政治引领的路径和方法；以红色文化为抓手，采取浸入式体验的方法让高层次人才意识到红色文化的可贵之处。因此要充分发挥党组织优势，建构和完善全方位人才工作体系，推动高层次人才参加红色培训，做到慧眼识英才、诚意待人才、放手大胆用人才，把优秀人才集聚到学校这片沃土，建构起一支高素质人才队伍，推动学校科研事业发展。

通过邀请高层次人才参加红色教育基地活动，让红色文化在人才心中生根发芽。凸显高层次人才政治引领的作用，进一步聚焦顶层设计、重点人才群体和关键发展阶段，让人才感觉到被重视、愿意被引领，最大限度地把优秀人才聚拢到国家和社会发展的伟大事业中来。党建引领在于坚持人才的全面发展，在于健康有序的人才培育和评价标准；人才的帽子、地位只是外部因素，政治引领要更关注人才的自我价值实现，因此要探索工作规律和做到有的放矢。譬如对外经济贸易大学在中层干部培训时，也邀请高层次人才参加红旗渠、大庆和临沂等地的培训。通过参加红色教育实践基地活动，不光发挥高层次人才在人才队伍中的头雁效应，还更多地从政治引领等方面加强人文关怀，让高层次人才真正成为自己人，让组织成为高层次人才的贴心人。

（二）融入高层次人才日常的红色基因

习近平总书记曾指出："科学成就离不开精神支撑。"精神追求在人的需求层面中位于最高阶层，精神生活追求是高层次人才职业发展的驱动力。从人才体系建设来讲，在筑巢引凤之后，必然是希望高层次人才全身心投入科研和教育活动，聚焦高精尖科技进行突破，应对人才流动、团队建设、实验室环境等环境因素挑战。红色文化在于营造团队精神，为学者提供心无旁骛的精神动力，培养具有战略全局意识的复合型人才，建立以创新、无私、奉献为导向的人才评价体系，营造利于人才脱颖而出的生态环境。从红色文化的传承来讲，那么多优秀的老一辈科学家之所以愿意放弃大城市的优渥生活，心甘情愿扎根大漠或边远山区研发"两弹一星"，正是精神力量激发爱国奋斗热情和科技创新活力。高校要立足中国国情，注重在高层次人才中传承好科学家精神、"两弹一星"精神等优秀精神瑰宝，要通过政策引导、立项资助、协同联合等路径促成让红色文化充实科学家的思想意识。

我国改革开放以来的建设和发展，是众英才贡献力量的过程。人才对于国家发展至关重要，高层次人才尤其是有海外留学背景的人才对于促进国际交流作用很大。党管人才并非简单的口号，相应工作必须思想和业务两手都要抓、两手都要硬，而绝不能仅靠物质激励来开展；人才工作尤其是高层次人才工作往往涉及党委组织部、人力资源处和资产处、后勤处等相关职能部处，多部门密切协同联动才是成功做好人才工作的基础。有的人才可能需要工作空间，有的可能需要启动资金，有的可能需要解决家庭困难，因此需要提供精准和优质的服务。不仅如此，还涉及具体学院的人才工作环境，个别学院对人才工作重要性认识不足，为人才服务的意识不足，对人才的政治引领更谈不上。因此要灵活掌握红色文化运用方法。意识形态教育不宜硬性灌输，而是要在潜移默化中让党的政治教育思想深入人心，让红色文化融入高层次人才意识。

（三）红色文化融入教学、课程思政体系

高层次人才要学习领会红色文化。人才服务并无定规，要避免有思维局限，避免削足适履式理论影响发展。高层次人才在学业或科研上有着超高的领悟力，但在人文社会科学方面未必熟悉。因此要鼓励高层次人才深入开展国情调研和实地调查，从历史文化、革命传统教育方面进行培训，加强中国特色社会主义理论体系、社会主义核心价值观等教育，帮助学者了解国情党情和世俗风貌，了解党的辉煌历史、巨大成就和成功经验，做到知党爱党、知史爱国，牢固树立"四个意识"，更加坚定"四个自信"，激发广大专家的爱国情怀。红色文化

的融入需要鼓励人才深怀爱国之心、砥砺报国之志，在授课过程中注意学习老一辈科学家胸怀祖国、服务人民的优秀品质，这是高层次人才应有的情怀和抱负。要引领高层次人才发扬家国情怀和继承良好传统，更好地服务人民大众，为党的领导和国家强盛夯实思想基础。

新时代的高层次人才往往承担人才教育、培训的责任，因此要在实验室团队建设、日常科研活动、教书育人过程中增强思政意识，要满怀报效祖国和人民情怀，坚定坐得住冷板凳的意志，坚守科学研究的规范和法律底线，把聪明才智奉献到建设社会主义现代化强国的伟大奋斗中，始终做到与时代同步伐、与人民同呼吸、与祖国共命运。学校要在人才政治引领方面构建权责明确、务实管用、执行有力的组织架构，对高层次人才严管厚爱，针对其思想活跃、个性自由的特点，一手抓严格管理，建立新教师入职考察制度，健全落实教师政治理论学习制度，严肃查处师德失范行为；一手抓关心爱护，落实领导干部联系教职工制度，开展课程思政和拜师结对子等活动，引导青年教师向党组织靠拢，帮助他们把稳思想之舵、摆正价值航标，为党育人、为国育才。

四、小结

高层次人才的政治引领面临外部环境的新挑战，需要从人才服务角度出发进行系统化思考、具体化实践，通过红色文化凝聚人心，突出价值引领，实现可持续发展。高层次人才也需要守初心、践使命，让创新成为推动国家社会发展的引擎，提升我国的总体经济实力。

参考文献

[1] 王雅君. 高层次人才政治引领战略的逻辑与路径［J］. 领导科学，2016（36）：39.

[2] 托克维尔. 旧制度与大革命［M］. 北京：商务印书馆，1992：191.

[3] 陈科霖，曾林妙. 加强对人才的政治引领和政治吸纳［J］. 党政论坛，2021（4）：45.

作者简介

蔡英辉，对外经济贸易大学党委组织部副处级组织员，副研究员；研究方向：基层党建、政策冲突；电子邮箱：caiyinghui@uibe.edu.cn。

新时期高校留学生管理队伍建设探究

孙亚文

摘　要：新时期下，来华留学作为我国国际教育发展的重要构成，已形成一定数量规模的来华留学生群体和教学管理模式。作为最直接、最频繁接触学生的留学生管理队伍（以下简称“留管队伍”）也是来华留学教育当中必不可少的组成部分。

持续发展的来华留学教育及发展过程中出现的问题，对留管队伍的建设提出了更高的要求。本文通过文献研究法及作者实际工作中遇到的问题与经验积累，对新时期我国高校留管队伍的建设进行了思考与探究，以推动高校留管队伍的建设与完善，适应国际教育的发展潮流。

在新形势下，有党和国家出台的“自上而下”政策文件为教育国际化发展指路引航，通过对目前管理现状的分析，实现了以问题为导向的探究模式，确保了留管队伍建设所遵循的顶层设计与其发展的必要性。本文所探究的建设路径主要包括队伍建设的客观必要，其中，最重要的是实现管理模式从主导型向引导型转变；留管干部发挥主观能动性，不断加强自我提升，积极主动响应国家政策，探寻可行的合作机遇；服务机制的根本保障，将为队伍建设提供强有力的支持和帮助。新时代呼吁新的教育发展理念，新的理念要求贯穿新的管理机制，而新的管理机制则需要新的留管队伍建设。顺应时代要求，不断取得建设新突破，将为我国来华留学教育发展提供不竭推动力。

关键词：来华留学；留学生管理；师资队伍建设

教育部《留学中国计划》发布以来，来华留学生数量显著增长。2018 年的数据统计显示，已有来自 196 个国家、49.22 万名留学生来华学习[①]，2019 年则已超过 50 万人，中国成为亚洲最大的留学目的国，留学吸引力持续提升。2020 年以来，因疫情原因，留学生在境外参加线上课程，随着政策的调整，去年 8 月

① 2018 年来华留学统计．中华人民共和国教育部．http://www.moe.gov.cn/jyb_xwfb/gzdt_gzdt/s5987/201904/t20190412_377692.html．访问时间：2023 年 3 月 3 日．

开放外国留学生入境后，学生陆续来华，逐步恢复线下教学与校园生活，来华留学教育将重启疫情前的运行机制。然而，近几年随着来华留学的热度不断增长，社会对外国留学生的关注度持续上升，留学生教育管理工作也暴露出了一些问题和不足。

从招生录取、在学管理到服务保障，留管人员始终围绕留学生开展各项工作，留管队伍的专业水平间接反映着我国留学生教育管理制度的完善程度。而教育国际化的新发展，为来华留学教育提供了新的发展契机，留管队伍的建设也必将面临新的突破与发展。

一、留管队伍建设的顶层设计与其必要性

（一）政策指导引领留管队伍发展

顶层设计即为全局意识，指的是从宏观层面对相关工作进行设计和规划。中国特色社会主义进入新时代后，党和国家高度重视教育事业的发展，来华留学教育作为其重要组成部分，在教育部明确提出来华留学发展要坚持规范管理、提质增效，走内涵式发展道路后，来华留学教育从注重数量转变为质量优先。2018 年出台的《来华留学生高等教育质量规范（试行）》对来华留学生管理提供了系统全面的指导文件，为高校开展来华留学教育工作指明了方向。同时，“趋同化管理”的提出，为留学生管理树立了新的方向与目标。趋同化并非等同化，强调的是“推进中外学生教学、管理和服务的趋同化”，要求高校为留学生教育提供与中国学生相同的教育质量保障体系，“实现统一标准的教学管理与考试考核制度，提供平等一致的教学资源与管理服务”[①]，这对高校留学生管理队伍提出了新的要求。

党的二十大报告指出：“加快构建中国话语和中国叙事体系，讲好中国故事、传播好中国声音，展现可信、可爱、可敬的中国形象。加强国际传播能力建设，全面提升国际传播效能，形成同我国综合国力和国际地位相匹配的国际话语权。深化文明交流互鉴，推动中华文化更好走向世界。”[②]这意味着今后加强国际传播与影响力仍为对外工作的目标，而来华留学教育也将继续作为重要的交流与传播平台，发挥其独特而深远的作用，其重要性不言而喻。因此，打造一支专业性

① 质量为先　实现来华留学内涵式发展——教育部国际司负责人就来华留学相关问题答记者问. 中华人民共和国教育部. http://www.moe.gov.cn/jyb_xwfb/s271/201907/t20190719_391532.html. 访问时间：2023 年 3 月 3 日.

② 习近平：高举中国特色社会主义伟大旗帜　为全面建设社会主义现代化国家而团结奋斗——在中国共产党第二十次全国代表大会上的报告. 求是网. http://www.qstheoRy.cn/yaowen/2022-10/25/c_1129079926.htm. 访问时间：2023 年 3 月 15 日.

强、综合素质高的留管队伍是适应时代要求的必然选择。

（二）来华留学教育现状推动留管队伍建设

根据学历层次、学习项目的不同，外国留学生来华主要是进行预科、本科、硕士、博士及汉语课程的学习，分布在国内一千所高校的来华留学教育虽然在数量上已经取得了较大突破，但在招生、教学和管理的各个环节中也会陆续反映出各种问题。

首先是生源质量差距较大、生源地倾向较明显。生源主要集中在亚洲和非洲地区，而非洲地区因为教育资源的稀缺，生源质量相对较差。其次，语言基础与学习能力的差距导致部分留学生在学习时难度较大，跟不上教学进度，进而因成绩不理想而产生厌学的消极态度，甚至出现无故旷课等违反学籍管理规定的行为。再次，校园生活上留学生尚未充分融入，与中国学生的学习生活仍有较大割裂，比如社团活动很少出现留学生的身影，体育比赛的相互参与度也很低。最后，因留学生群体的特殊性，开展管理工作时往往会还涉及教育部、外交部、商务部、出入境、各驻外驻华使领馆、相关国际组织机构及企业等等，因“外交无小事”，所以一旦涉及留学生的管理问题，留管老师势必亲力亲为，这在一定程度上增加了留学生处理问题的惰性。

因此，成熟完善的留学生管理机制能够有效推动来华留学教育事业的蓬勃发展，切实增强留学生的融入度与体验感，也将为吸引更多优质生源注入培养管理优势与宣传亮点。

二、留管队伍建设路径探析

（一）顺应留管工作的客观要求创新管理模式

1. 明确留管工作的特殊性

区别于中国学生管理，来华留学生群体尤其是汉语基础较为薄弱的学生，初次来华对中国的政治制度、法律法规、社会环境和风俗习惯等方面的了解尚不充分，必然需要一定的适应阶段。而每当留学生遇到各类问题，总是首先由留管人员帮助学生解决。然而，面对数量不断增多的留学生群体，问题的解决都是“一对一”或是“多对一”的方式，可能需要多位老师共同处理一名学生遇到的问题，这就导致在开学初期也就是留管队伍非常忙碌的阶段，费时费力、事倍功半的情况不断出现。比起逐一处理问题的方式，通过制定留学生入学指导手册、开展新生校园生活讲座等方式为新生建立起初步的在华学习生活的概念框架，引领学生自主学习并掌握相关知识，能为后续此类繁琐的工作处理减轻部分负担。

留管队伍服务管理的是外国留学生，但应该是在平等尊重的前提下，协助和引导留学生正确、合理地融入中国高校的学习氛围与生活环境，而不是扮演事事亲为、过度服务留学生的“保姆”角色。

2. 管理模式由主导型向引导型过渡

因教育模式与管理制度的差异，留学生遇到学习和生活上的问题时，第一时间会寻求留管老师的帮助，但留管老师尽职尽责地帮助学生也会使部分学生逐渐养成依赖心理。随着来华留学人数的增多、管理模式的不断发展，对留学生的服务管理应逐步由主导解决型转为协助解决的引导管理模式，逐渐培养学生形成自主学习生活的良性循环，从而实现留管队伍工作职责的合理分配。

欧美国家的高校，会给新入学的学生提供一本内容翔实的指导手册，无论是其本国学生或是外国留学生，已经营造出独立自主的学习生活环境，在有特殊或必要的需求时，相关老师或工作人员会为其提供建议与指导。这样，既不会让学生对留管老师形成依赖，也在自主解决独立面对的过程中，让留学生对留学国家的社会制度、运行机制等方面有了更深刻的感受与体会。例如，学生如果对学籍管理规定不了解，从直接找老师询问转变为查询学生管理手册；身体不适时就医所花费的费用不再找老师进行报销，而是通过查阅“生活指南”了解如何通过医疗保险抵扣相关费用。换言之，当留学生遇到问题时，能够知道通过何种渠道获取正确的解决办法而非直接向老师寻求帮助。正确合理地引导留学生自主学习与生活，是今后教育管理模式的发展趋势。

3. 积极响应国家政策与外交方针

来华留学教育作为我国进行国际交流与合作的重要部分，不仅仅是吸引留学生来华读书，更是促进世界了解中国的重要平台。各国留学生在华学习，恰好为多元文化的沟通交流提供了充分的资源与平台。因此，在国家领导人出访、外国领导人来访、建交国家周年庆等重大外交外事活动举办期间或特殊时间点，高校应适时抓住机会，开展各项文化活动，加强宣传，促进交流融合，主动响应国家外交政策。

（二）发挥留管队伍的主观能动提升管理成效

1. 牢记岗位职责与责任意识

目前来华留学生在高校主要实行归口管理，部门内部按业务类型可分为招生、（非）学历管理、学生事务管理、签证办理、在校生活保障、财务管理等方面，环环相扣、彼此相连。外部则要联系教务处、研究生院及各培养学院负责学生的具体教学任务等，因而留管队伍要树立明确的工作目标，形成留学生管理体系，明确岗位职责，拓宽工作思路，创新工作方法。在明确各项管理制度的基础上，要着重强调制度的实施与效果反馈，以便及时更新管理制度或修订相关内容，进而提升管理效能。

2. 提升职业素养与业务水平

外语能力、跨文化交流能力是留管工作的基本能力要求，外语熟练度决定着和留学生群体沟通交流的有效性，而跨文化交流能力不仅要求留管干部对我国政治、文化、历史等内容有一定的知识积累，更要平等包容地对待留学生，了解并尊重不同文化。日常工作中，不仅要了解留学生管理的最新政策要求，还要具备一定的综合素质和良好的抗压能力，有意识地主动加强业务学习。

留管干部是最直接、最频繁与留学生接触的群体，每一位留管干部都是开展“民间外交”的使者，都是中国展示给外国的一张名片，他们要熟悉外事工作纪律，时刻规范自身言行，头脑中要多一份“政治责任”。

3. 探索创新教育合作

纵使国际形势风云变幻，其中依然蕴藏着可以发掘和推动的合作与交流的契机，如“一带一路”建设、中国与中亚五国合作机制如火如荼地开展、中国是目前非洲24个国家学生首选的留学目的国[①]，等等。国际舞台上中国的影响力与关注度已然势不可挡，国际合作与发展指向哪里，哪里就有促成教育交流与合作的机会。因此，培养政治敏锐度和对政策文件的领悟力对把握来华留学发展的大方向与趋势十分重要。

留管干部也要将目光投向国内外各高校与教育机构，关注各类学科领域的学术前沿动态，积极拓宽合作渠道，要多走出国门开展交流，建立项目合作引进优质生源、优秀团体来华交流学习等，进而提升我国留学事业在国际市场的知名度与吸引力，推动学校向国际知名高校发展。

（三）推动服务保障机制落地实施

1. 搭建信息平台与数据管理系统

高校均建立了独立的留学生管理系统，通过系统完善留学生招生录取、在学管理与校友资源数据的收集。未来，还应搭建留学生“一站式”网络社区平台，让学生借助此平台完成选课、学习资源获取、阅读校内通知、完成运动场地预约等等，实现学习生活“一站式”体验。通过与管理系统的数据联动，更有利于留管工作的开展。

---

① 中国成为最受非洲留学生欢迎的留学目的国. 浙江师范大学国际与比较教育研究院. http://iice.zjnu.edu.cn/2021/0602/c10676a360588/page.htm. 访问时间：2023年3月15日.

2. 健全应急管理处置机制

随着在华留学生人数的增长，各类紧急突发问题也层出不穷，高校作为第一管理者，如不能及时有效稳妥地处理和应对，不仅会引发社会争议，还可能造成舆情，因此对留管工作人员进行专业能力培训，建立健全有效完善的应急处理机制也必不可少。

突发事件主要包括突发疾病、违法犯罪及突发公共安全三大类，要避免突发事件的发生，一是要加强对留学生的宣传教育，增强其安全责任意识；二是建立预防机制，对特殊学生群体要掌握其联系方式、住宿信息、家属联系方式等，并不定期对学生身心状态进行追踪，有不良发展势头的，应及时上报；三是完善应急预案及处理流程，即突发事件发生后，第一联络人如何及时有效开展救助与处理，并第一时间上报负责领导；四是完善后续工作安排。事件发生后，要尽量减少其负面影响，同时，事后要总结反思，避免同样的事情再次发生。

3. 完善留管职业发展与培养机制

留管干部通过开展工作得以不断积累经验，但仍然需要交流沟通的平台，也需要不断汲取新的教育理念与前沿的教育模式以顺应教育领域的发展与更新。因此，通过校内资源，可以适时为留管队伍开设教育管理、学生心理辅导、政策分析等内容的专题讲座；校外资源则是提供更多的国际留学生教育论坛、管理能力培训交流会等机会，吸收新知识，提升工作技能。

三、留管队伍发展前景与挑战

习近平总书记连续两年给外国留学生们回信，反映出党和国家对来华留学教育的重视和对外国留学生的关心。

近年来，我国的国际地位和国际影响力显著提升，教育市场对外国留学生的吸引力不断加强，未来发展潜力无限。尽管当前国际形势错综复杂，世界各国重新站在历史发展的十字路口面临新的选择，但是推动国际交往、促进对外开放的本质和趋势不会改变。因此，应当牢牢把握发展机遇，在国家政策的指引下，建立完善的留学生辅导员制度，加强导师责任制度，进一步提高留管队伍的综合实力、提升专业素质，形成以留学生为中心，覆盖教育教学、日常管理、服务保障为一体的既相互联系又分工明确的联动机制，有效落实全员、全过程、全方位育人的“三全育人”理念。进一步打造国际化校园和教育模式，加深外国留学生的融入感与归属感，既能感知感受中国特色，也能体会开放包容的国际化学习氛围，以推动来华留学教育事业向着更高质量、更高水准的方向持续向好发展。

参考文献

[1] 2018 年来华留学统计. 中华人民共和国教育部. http://www.moe.gov.cn/jyb_xwfb/gzdt_gzdt/s5987/201904/t20190412_377692.html. 访问时间：2023 年 3 月 3 日.

[2] 质量为先　实现来华留学内涵式发展——教育部国际司负责人就来华留学相关问题答记者问. 中华人民共和国教育部. http://www.moe.gov.cn/jyb_xwfb/s271/201907/t20190719_391532.html. 访问时间：2023 年 3 月 3 日.

[3] 习近平：高举中国特色社会主义伟大旗帜 为全面建设社会主义现代化国家而团结奋斗——在中国共产党第二十次全国代表大会上的报告. 求是网. http://www.qstheory.cn/yaowen/2022-10/25/c_1129079926.htm. 访问时间：2023 年 3 月 15 日.

[4] 中国成为最受非洲留学生欢迎的留学目的国. 浙江师范大学国际与比较教育研究院. http://iice.zjnu.edu.cn/2021/0602/c10676a360588/page.htm. 访问时间：2023 年 3 月 15 日.

[5] 两会舆情视域下来华留学教育质量提升的路径与策略. 澎湃号·媒体. 澎湃新闻. https://www.thepaper.cn/newsDetail_forward_18980808. 访问时间：2023 年 3 月 21 日.

[6] 来华留学生高等教育质量规范（试行）. 中华人民共和国教育部. 2018 年 9 月 3 日.

[7] 杨大伟，高磊. 新时期高校发展来华留学研究生教育的困境与举措 [J]. 学位与研究生教育，2021（07）：65－70.

[8] 陈洁. 新时期留学生管理队伍培育路径探析 [J]. 法制与社会，2020（18）：165－166.

[9] 王赛男，梁艳. 来华留学生趋同化管理提质增效路径探索 [J]. 神州学人，2022（11）：44－47.

[10] 孔晓虹，邵垒，段汉武. 来华留学生安全管理应急处置及保障机制研究 [N]. 宁波大学学报（教育科学版），2022，44（01）：100＝107.

[11] 娄缃旖. “一带一路”来华留学教育的现存问题和解决之道 [D]. 天津：天津大学，2019.

作者简介

孙亚文，对外经济贸易大学国际学院，助理研究员；研究方向：教学管理；电子邮箱：ywsun@uibe.edu.cn。

高校党建引领师德师风建设的路径研究

卢晶芳

摘　要：新时代，高校要坚持以高质量党建引领师德师风建设高质量发展。无论是党建还是师德师风建设都是复杂的系统工程，本文在梳理高校党建和师德师风建设之间的逻辑关系的基础上，针对当前部分高校党委引领力度不强、基层党组织引领职责不清晰、师德师风考核制度体系不完善、优秀党员模范引领作用偏弱等问题，从组织引领、制度引领、科技引领、环境引领四方面入手，探究高校党建引领师德师风建设的有效路径，从而有效落实高校“立德树人”的重要任务。

关键词：高校；党建引领；师德师风

“党政军民学，东西南北中，党是领导一切的。”①全面加强教师队伍建设应坚持党的领导，党建引领师德师风建设越来越受到党和国家的重视。近年来，有关师德师风建设的政策文件不断出台，党的十九大、二十大报告均将“加强师德师风建设，发挥党组织的引领带头作用”作为重点来强调。新形势下，高校充分发挥校党委、基层党组织、党支部以及优秀党员的带头作用，创新党建引领方式方法，对于引导广大教师不忘初心使命，为社会培育杰出人才有着十分重要的意义。

一、党建工作与师德师风建设的逻辑关系

（一）高校党建是加强师德师风建设的重要抓手

《关于加强和改进新时代师德师风建设的意见》中明确指出，新形势下要进一步提高教师队伍整体素质，在对这一群体开展思想政治建设工作中一定要坚持党的领导，充分发挥党建引领作用。

① 习近平. 决胜全面建成小康社会夺取新时代中国特色社会主义伟大胜利[N]. 人民日报，2017-10-28(01).

高校党建引领是师德师风建设的必要保障，首先，对师德师风建设来说，党建起着思想引领的方向性作用。各级党组织是“教书育人”的政治领导中心，用中国特色社会主义思想武装教师是师德师风建设的核心，它可以在其中起到重要的政治导向作用，引导广大教师对所承担的政治职责、政治任务有更清晰的认知，从而能从根本上把好政治方向，内化到日常教育教学之中。其次，在师德师风建设中，党建还发挥着一定程度的宣传、激励作用。各级党组织可以通过宣讲、培训等多种学习教育活动对教师开展师德师风教育，从理论学习、实践锻炼到环境塑造，全方位多角度激发其责任意识。党建带师风，能够在征求广大教师意见建议的基础上，进一步加强对师德师风建设工作的约束、规范和指导。以制度和规范的形式对教师日常教学、行为习惯等进行约束和激励，充分发挥校、院（系）党委的核心领导和组织协调作用，确保广大教师坚守底线原则，促进教育教学及各项工作的协调、均衡发展。

（二）师德师风建设是高校党建工作的重要内容

师德师风是立教之本，它既是高校教师队伍综合素质提升的核心要素，同时也是高校党建工作不可缺少的重要组成部分。加强师德师风建设，培育政治觉悟高、思想认知水平高、道德品质好的教师队伍，将社会主义核心价值观融入学校教育教学各环节，一方面，有利于营造学校的尊师重教氛围，凝聚全校师生的思想共识和价值追求，氛围建设与师德师风建设互相促进，形成良性循环；另一方面，有利于发挥价值导向作用，使广大教师主动自觉以“四个意识”为指引、以“四个自信”固本、以“两个维护”助力，不断提升自身思想道德素质。以师德师风建设为重要抓手，高校将进一步推动党建工作向高水平、高质量方向发展。

（三）高校党建与师德师风建设相辅相成、互为补充

高校发展中，各级党组织和师德师风建设均围绕“立德树人”这一中心工作展开，从开展建设活动的主体到建设的主要目的都是相互联系的，二者之间存在良性互动、互促互进的逻辑可能，因而高校党建工作和师德师风建设之间是相互促进和内在统一的。一方面，高校党建工作是对马克思主义的继承发展，师德师风建设工作是在马克思主义中国化党建理论的助推下持续进步，逐步形成了当下现有的教育工作机制体系；另一方面，师德师风建设是推进党建工作的有力手段，不断助力高校各项事业的改革创新。两者是相互促进、相得益彰的关系。

二、党建引领师德师风建设面临的现实问题

（一）高校党委引领力度不强

部分高校党委还未真正领会和理解党建引领在师德师风建设中的实际意义。在实际工作中，部分领导干部和工作人员面对师德师风问题，依然存在着管不好、不会管的现象。首先，决策层部分领导干部对党建引领师德师风建设的认识出现偏差，他们未真正把两者进行有机联系，对党建如何引领了解不够，制度规范掌握不足，引领技巧和能力亟待提高，使得党建和师德师风建设互相分离，党建的引领力度较差。其次，部分高校党委对党建引领师德师风建设重视程度不够，党建引领意识不足。校党委往往更注重学校整体的进步，以办学规模、师资力量、科研论文、学科发展等可量化的指标发展为重，却容易将教师队伍素质、党建引领效能等不易量化的工作放在次要位置，导致问题逐渐加深。

（二）基层党组织引领职责不清晰

作为师德师风建设工作的“前沿”“一线”“重心”，基层党组织引领效果的好坏直接影响到教师队伍的建设情况，同时也与学生的培养质量息息相关。然而，当前部分基层党组织在具体工作中仍然存在党建引领职责不清晰、师德师风建设工作体制不健全等问题。一是机制不健全。基层党组织与校党委党建工作的重心和方向不同，党建引领差距依然存在，基层党组织工作力量相对薄弱。首先，工作定位偏重教学与科研，党支部建设容易向弱化、边缘化方向发展。党建活动内容主要围绕政治学习开展，在引导教师发挥先锋模范作用、注重师德方面力度不强。其次，师德师风建设相关制度在实际中操作性弱，教师在工作时理解不深就容易变形，基层党组织党建引领的时效性不强。二是各级主体责任不清。各级党组织存在目标差异，当多个层级主体面对同一项制度时，各主体会做出不一致的决定和行动。校党委往往从宏观角度制定规划，基层党组织应根据具体情况制定详细执行方案。现实情况中，由于职责导向和考核要求不严，基层党组织在具体师德师风建设事务管理职责等方面欠缺更加详细的安排，缺乏明确的主体责任划分，基层党组织与校党委重复建设现象较为突出，使得各级党组织之间的整合协同效能较弱，缺少工作合力。

（三）师德师风考核管理制度不理想

制度体系与制度制定目标、目标群体间构成了一个作用与反作用并存的动

态体系，不完善的制度体系无疑会对制度的顺利执行产生阻力。近些年，从中央到省市各个层面都出台了一系列政策文件，为高校师德师风工作的制度化、体系化建设提供重要指引。但目前部分高校现有制度并不理想，在实际操作过程中存在制度内容不细化、制度体系不完善等问题。具体而言，一是缺少科学完整的考核体系。师德师风考核具有一定复杂性，现有的考核指标难以细化和量化，制度可操作性弱，针对某些具体问题的界定较为含糊且过于抽象，考评结果难以准确反映实际情况，相当数量的考核制度很难起到预期的作用。有的甚至仅仅是转发或复制上级的制度文件内容，未结合本校、本学院实际情况进行制度制定。二是考核评价结果运用不当。开展师德师风考核的关键是从考核结果中找准问题，并利用考核结果恰当地解决问题。因此，对结果的运用十分重要，当下仍存在师德考核结束后不跟踪整改落实的情况，对优秀考核结果缺乏实质性奖励，使得教师丧失争优积极性，导致整个考核收效甚微。

（四）优秀党员模范引领作用偏弱

优秀党员发挥模范带头作用是党建引领的有效途径，学校各项规章制度和政策很大一部分是以优秀党员及优秀党支部为载体向广大教师们传达。目前，部分党员教师主动性不强，师德师风模范引领作用弱。一是部分党员教师争先创优的动力不足，大部分教师着眼于教学科研相关任务，而淡化了自身政治理论素养的提高，尚未形成师德师风优秀典型引领的良好风气和氛围。二是部分党员教师优秀事迹未形成影响力，学校对优秀党员的宣传重视程度不够。宣传方式不科学、宣传途径单一等原因都使党建引领作用大打折扣。只关注整体而不从少数关键群体出发显然已经不适应新形势下师德师风建设工作的要求，优秀党员的引领带动作用仍需加强。

三、高校党建引领师德师风建设的路径探索

针对目前党建引领师德师风建设工作中出现的新问题、新挑战，必须深刻认识到这是一项复杂的综合性工作。高校党委应从多角度分析，构建“组织引领—制度引领—科技引领—环境引领”的党建引领格局，四维度有效协同，共同促成党建与师德师风建设的良性互动和发展。如图1所示。

（一）加强组织引领，提升各级党组织责任意识

高校党建引领师德师风建设工作需要全校上下的共同参与，而绝非某一个部门的单打独斗，应构建并优化“学校党委—学院党组织—党支部—党员”四位

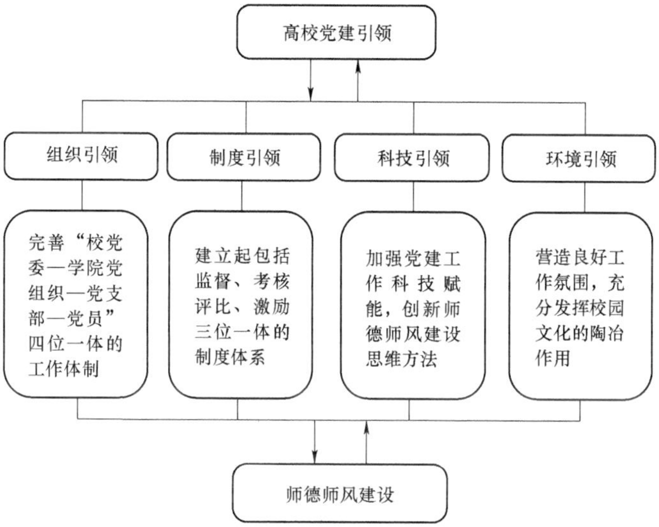

图 1　高校党建引领师德师风建设路径

一体的党建引领师德师风建设工作体制，全校各相关部门协同开展工作。以科学的工作体制推动组织引领作用的发挥，从而不断强化高校内部治理水平。

1. 坚持校党委的领导，优化师德师风建设顶层设计

校党委承担着学校的全面领导责任，是引领学校培养人才的方向盘。一方面，校党委应切实发挥总揽学校各项事业发展全局、协调各部门利益关系的作用，确保师德师风建设始终沿着正确的政治方向前进。领导班子应进一步树立“师德无小事”的工作态度，明确各职能部门的管理职责，从根本上提升党建引领师德师风建设的工作水平。另一方面，要完善横纵联动工作机制，校党委应组建师德师风建设工作领导小组办公室并发挥作用，要对在师德师风建设的具体工作中出现或隐藏的问题进行定期分析和研究，有意识地提高工作主动性，特别是加强与各职能科室、学院之间的相互沟通，真正做到信息共通，提高党建和师德师风工作的效能。

2. 以学院党组织为依托，培育师德师风建设骨干力量

学院党组织是学校各项教育教学制度的执行主体，是宣传党的路线方针政策、落实重要决策安排的枢纽。首先，学院党组织要持续加强对教师队伍的思想引领，增强政治理论学习教育。具体而言要结合本学院教师发展特点，利用微信群、讲座、现场会等多形式、多渠道地组织开展教育学习培训。对本学院党组织的学习资料进行优化改进，将师德师风有关内容纳入其中，不断创新教师理论学习的内容形式。其次，要加强实践教育引导。学院党组织要切实深入到广大教师队伍中去，发挥党支部书记“双带头人”作用，深入基层设立传帮带制度。开展多层次的党建和师德师风实践教育活动，发挥党员模范作用，讲好师德师风故事，厚植教育为民情怀，充分发挥典型的辐射带动作用。

3. 铸牢教师党支部，发挥一线战斗堡垒作用

教师党支部是离一线教师最近的党组织，是对教师队伍塑造培养起直接指导作用的层级。院级党组织层面要通过多种途径对本单位师德师风进行督查监管，党支部层面要充分发挥战斗堡垒作用。①因此，必须对党支部的建设质量有一个清晰的认识，并对其工作进行评价。首先，党支部要抓好党内政治生活，健全日常管理机制，认真落实“三会一课”等制度。另一方面，应做好监督管理，对支部相关制度做到有纪必执、有纪必严。坚持落实常态化廉政教育和警示教育活动，激励教师模范遵守高校教师职业道德规范，创造性开展党员示范岗等创建活动。

4. 注重党员个体培养，提升模范教师引领时效性

一线教师是师德建设的主体，要在教书育人的精准性和实效性上下功夫。党员教师更要将把好政治方向、学好党的理论作为首要政治任务，不断提升自身政治判断力、领悟力、执行力，增强党性修养，不断推动一线教育质量提升。有效的人才培养能够加快推动组织管理工作的进程，因此，要集中资源在高校培养更多政治上守规矩、专业上有造诣、师德上能服众、关键时明方向的优秀党员教师。持续开展“师德标兵”“师德师风先进单位”评选，挖掘身边先进典型，发挥好带动教师师德师风建设的领头羊作用。

（二）加强制度引领，增加师德师风建设效能

在高校建立集监督、考核评比、激励于一体的制度体系能有效提升师德师风建设的效能。一是要完善师德师风的监督制度，充分发挥校党委、基层党组织、党支部、党员之间的监督教育作用。在高校党内监督制度体系中纳入师德师风方面内容，通过细化制度条目强化监督实效。二是在教师考核中严格执行师德师风一票否决制。将师德师风纳入民主评议党员工作中，量化考核指标，使师德师风考核体系更加科学合理。同时，将师德师风考核作为职称晋级、评奖评优的重要依据，激励广大教师严于律己，坚定立场。三是要完善合理的激励机制。通过构建领导干部与教师联系谈话制度、畅通意见建议反映渠道、加大校工会对教师工作生活的关心关爱等方式方法，进一步提升校园主人翁意识，不断激发教师在自

---

① 田丽莎，李海宁. 立德树人背景下高校师德师风建设路径研究［J］. 大学教育，2022（07）：234－236.

我价值、职业道德、社会道德建设中的内在动力。

（三）加强科技引领，创新党建引领方式方法

师德师风建设要转变党建思维模式，加强科技赋能。运用互联网技术和信息化手段开展党建工作，是开展高校党建工作的崭新领域，也是拓展师德师风建设方式方法的必经之路。一方面，要创新党建引领新形式，拓宽师德师风日常管理工作途径，统筹网下网上两大空间，进行线上调研、线上宣传、线上督导，倡导教师开展“云沟通、云交流”。借力“智慧党建”等信息化建设及时更新维护党员信息数据，确保各类统计数据准确。另一方面，要通过共享网络教育资源、创建网上党建社区等方式，开展网络师德师风主题党日活动，进一步凝聚教师力量。

（四）加强环境引领，充分发挥校园文化陶冶作用

环境对人的改变是润物无声的，校园环境在直接或间接地塑造教师的价值观。面对新形势新任务，高校要使党建转化为自身的发展优势就要创新思路，要为广大师生营造积极向上的校园文化环境，通过发挥校园文化的陶冶作用，引导和激励广大教师树立正确职业观、教育观，使教学科研水平和思想道德修养共同进步。首先，各级党组织要积极协调各方利益关系，从治理方式、各项制度、校园文化等多方面共同用力，营造一个公平、温暖的发展环境。其次，要拓宽基层教师反映意见建议的渠道，落实与一线教师定期谈话制度，主动与他们沟通思想，不断引导教师提高自身素养、提高政治站位、发挥自身的积极作用。最后，要为教师的职业发展提供有针对性的帮助。结合实际情况，为教师提供多种进修及培训机会，为教学创造良好的软硬件的支持，营造有利于教师自身发展和成长的教学环境。

四、结语

在新的历史方位下，党的引领为师德师风建设提供了更加有力的理论基础和实践基础。高校应以推动学校高质量发展为契机，综合分析研判自身内外部发展环境及现状。理清党建工作和师德师风建设之间的逻辑关系，进一步拓宽二者融合的广度深度，从组织、制度、科技、环境等多角度探索党建引领师德师风建设的新路径，从而培育出一支政治素质硬、师德师风好、育人水平高的新时代教师队伍。

参考文献

[1] 李少梅，朱灿灿. 党建引领下的高校师德师风建设思考[J]. 当代教师教育，2022，15（02）：30－34.

[2] 赵君，蔡亮. 新时代高校党建引领师德师风建设的三重维度[J]. 思想政治教育研究，2022，38（05）：134－138.

[3] 李丹. 浅析新时代高校青年教师师德师风建设路径[J]. 现代职业教育，2022（33）：161－164.

[4] 王晶梅. 新时代高校党建引领师德师风建设研究[J]. 辽宁教育行政学院学报，2021，38（01）：13－17.

作者简介

卢晶芳，对外经济贸易大学党委统战部，研究实习员；研究方向：行政管理；电子邮箱：03200@uibe.edu.cn。

高校绩效工资长效机制研究

杨风寿　葛晓洋　杨青青

摘　要：推进高校教师队伍建设改革是新时代仍需不断深化的课题，建立科学的绩效工资长效机制、健全绩效考核体系、科学分析和设置岗位、采用多元化的激励手段与方式，有利于推进“人才强国战略”的深入实施。本文基于地区差异及薪酬市场竞争背景，通过对国内部分高校实证调查分析，在实践层面指出高校绩效工资改革现状及现存问题，并针对性地提出相应改进措施，旨在推进高校各项事业的科学发展。

关键词：高校绩效工资；地区差异；薪酬市场竞争；长效机制

一、导论研究背景

高校是我国科技创新的重要力量，可以为人才强国战略提供人才支撑。为顺应市场经济与教育事业发展，必须深化人事工作改革，使绩效工资机制不断科学合理化。2006 年，人事部、财政部和教育部联合颁布了《高等学校贯彻〈事业单位工作人员收入分配制度改革方案〉的实施意见》，有针对性地指导全国各地高校实施“岗位绩效工资制”改革。2010 年，全国高校正式实施绩效工资改革。2022 年召开的党的二十大再次强调要“深入实施人才强国战略”。

本文通过查找大量文献资料，来梳理不同地区高校现有绩效工资制度，试图研究在市场竞争背景下如何形成科学合理的高校绩效工资长效机制。本文主要采用文献研究法、数据搜集法来完成研究，研究思路如图 1 所示。

二、文献综述

在国内，目前有不少学者认为绩效工资可以对教职工起到激励作用。刘骥

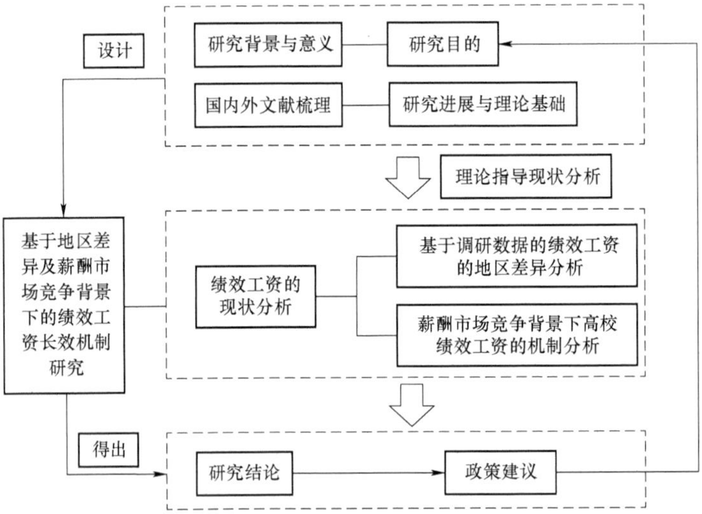

图1 研究思路

（2022）①以37国数据为样本，发现执行绩效工资制度的国家相较于未执行的而言，学生成绩高出12.87分；执行绩效工资与班级人数及父母受教育程度相互促进，提高了学生成绩；当决策层级为地方教育部门时成绩均值最高；绩效工资发放形式为一次性发放时成绩均值最高。范军（2019）②认为绩效工资存在基础与激励部分比例不科学、定义不清晰等问题；同时，一些学校考核标准太片面化，比如"唯论文"等，还有些学校在不同岗位上采取过于笼统的考核制度。施慧敏（2019）③发现大多高校没有建立反馈机制，没有将考核结果及时反馈给教师，在职称评定中也没有应用考核结果，这降低了绩效工资的导向性。

在国外，发达国家高校通过市场竞争化的薪酬来吸引人才，注重教师贡献程度与绩效水平。Nandan 和 Krishna（2013）④基于印度样本的研究发现，高校教师的工作满意度越高，教学及学术绩效越好，因此高校应设立合理的薪酬激励机制奖励优秀。Jack Britton 和 Carol Propper（2016）⑤发现，当劳动力市场和教师工资之间的工资差距受到 10%的冲击时，会导致学校在义务教育结束时的关键

① 刘骥，黄少澜. 教师绩效工资的科学实效与管理实现——基于37国数据的经验分析［J］. 深圳社会科学，2022，5（01）：149－158.

② 范军. 高校绩效工资改革探索与浅析［J］. 财富生活，2019，（20）：120－121.

③ 施慧敏. 探析高校教师绩效工资存在的问题［J］. 今日财富，2019，（13）：153－154.

④ Nandan, D.R., & K.Siva Rama KRishna, K.S.R. DeteRminants of Job Satisfaction of Faculty in HigheR Education［J］. The Indian JouRnal of IndustRial Relations, 2013(1): 132－148.

⑤ BRitton J, PRoppeR C. TeacheR pay and school pRoductivity: exploiting wage Regulation［J］. JouRnal of Public Economics, 2016, 133: 75－89.

考试中的平均成绩损失大约 2%。Lavy（2002）[①]用以色列部分学校为样本，发现学校针对教师的绩效激励措施会使学生在多项成绩指标上都有显著提高。

绩效工资制度的激励作用已在国内外达到共识，但各国薪酬市场状况不同，国内不同地区高校也有差异。如何将绩效工资制度因地制宜，以实现改革目标并形成科学的长期激励机制，还需进一步探索。

三、薪酬市场竞争与绩效工资改革的历史分析

（一）薪酬市场竞争及高校工资体系

1. 薪酬市场竞争的含义

我国是社会主义市场经济体制，市场竞争是市场经济的主要特征，建立竞争性的薪酬体系有利于用人单位在同行业中突出自身薪酬优势吸引高层次人才，同时对人才能够起到激励作用。薪酬市场化竞争的一般性含义即具有市场竞争特点的薪酬体系，其普遍应用于以盈利最大化为经营目标的各类企业。但高校属于公益性事业单位，薪酬体系不可能完全市场化，但也绝不能平均化，否则将失去激励作用。这就决定了高校薪酬体系中既应包括基础性工资部分，也必须包括奖励部分。

2. 高校工资体系构成

高校工资主要由岗位工资、薪级工资、绩效工资和津贴补贴构成，此外还包括“五险一金”以及年薪制工资形式等，具体结构如图 2 所示。岗位工资和薪级工资为基本薪资，根据所聘岗位确定。岗位工资与职称及职务等级有关，按照职能分为专业技术岗位、管理岗位和工勤岗位。薪级工资与职工的岗位、资历及考核挂钩。绩效工资的分配依据实际贡献，包括基础性和奖励性绩效工资，后者主要体现“优绩优酬”的原则，包括院级、校级奖励。发放水平较高部分又可分为三个梯队，在第一梯队，经济发达地区的一些院士年绩效工资高达 200～300 万元；在第二梯队，“万人计划”等具有人才称号的教职工年绩效工资最高可达 100～200 万元；在第三梯队，以广州等发达地区为例，部分高校教授年绩效工资可达 45～60 万元。

不同地区经济发展水平的不同导致竞争性程度与工资总量的差异。总体来说，东部和南部的高校教师工资收入高于北部和西部，长三角地区高于北部、西

① Lavy V. Evaluating the effect of teacheRs’ gRoup peRfoRmance incentives on pupil achievement [J]. JouRnal of Political Economy, 2002, 110(6): 1286 – 1317.

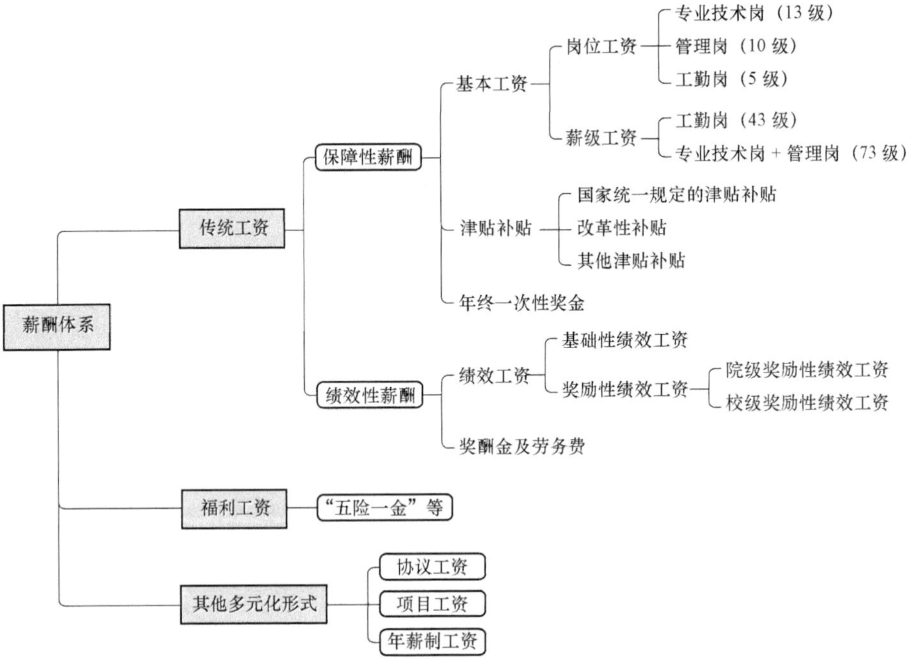

图2　高校薪酬体系

部和中部，珠三角地区高于东部、中部和西部。根据公开数据整理，以三个地区为例，在编高校教师年收入差别如表1所示。

表1　不同地区高校教师收入差距

地区	讲师年收入	副教授年收入	教授年收入
长三角地区（以杭州高校为例）	18～23万元	23～28万元	31万元以上
北部地区（以北京高校为例）	15～20万元	20～25万元	30万元以上
西部地区（以西安高校为例）	8～12万元	12～15万元	15万元以上

综上可知，当前我国高校薪酬体系较为全面，且已引入竞争机制，主要体现在绩效工资部分，同时考虑到高校公用事业属性，仍有一定比例基础性工资来负责保障作用，不同区域高校教职工工资水平具有一定的差异性。

（二）绩效工资改革的历史分析

我国高校工资改革历程可划分为四个阶段，随着事业单位工资改革，根据高校特点形成了一套体系，逐渐由平均分配向优绩优酬转化。

第一阶段建立了统一分配的体制，逐渐取消供给制与工资分，提高了教职工的待遇水平，奠定了高校工资制度的基础，但其存在平均主义严重以及未建立增资机制等弊端。第二阶段建立了结构工资制度，逐步建立增资机制，区分了保障性与激励性，在一定程度上减少了平均色彩，但同时也暴露出了增资机制缺乏具体考核标准、机关事业单位改革统一化以致未体现高校特点等问题。第三阶段的改革基于我国从计划经济向市场经济的转变，在此阶段，根据机关事业单位特点，实行不同的工资管理制度，增资机制正式建立，且第一次设置了“活的部分”以体现激励作用，但仍存在工资分配模式较为单一等问题。第四阶段经历了两个变化过程：一是向绩效工资制度转变，2006 年事业单位开始逐步实施改革，从工资结构来看，岗位工资与薪级工资为基本工资，根据岗位与资历等情况确定，绩效工资与实际贡献挂钩，鼓励各高校因地制宜；二是深入推进改革，2010 年全国高校正式开始实施绩效工资，此后各省根据各自高校情况陆续制定实施办法，并督促所属高校实施。近年来，高校薪酬体系构成不断多元化，在薪酬制度改革中给予试点单位更多自主分配权，形成了多元化的收入分配制度。

四、高校绩效薪酬改革的理论分析

（一）经典理论分析

1. 公平理论（社会比较理论）

公平理论研究职工工作积极性的影响因素，主要指工资分配的公正与合理性。在工资收入的社会比较中，会产生对收入的不同满意程度，而这会影响其工作积极性。该理论包括三种表现形式：内部、外部以及员工个人公平。

在高校薪酬管理中引用公平理论，从内部公平来看，不同岗位性质与职级的职工应有不同的计薪标准，并保证校内不同二级机构同类岗位人员的绩效工资水平相当；从外部公平性来看，高校体系内薪酬要保持在合理区间，使教职工薪酬在同水平人才中保持一定竞争优势；从员工个人公平来看，薪酬要根据岗位性质调整，根据教学、科研和管理对学校的贡献程度进行绩效激励，避免过度平均。

2. 锦标赛理论

职工收入水平往往随着职位晋升出现阶梯式的上涨，锦标赛理论正是基于此主张企业通过职位晋升激励员工的工作积极性。教学、科研和服务社会是现代大学基本职能，也是衡量学术能力的重要维度。职称晋升所隐喻的学术声誉提升对高校教师有很强的激励效果，所运用的评价标准必然会影响教师的价值取向，决定其学术偏好和对各项职责的投入，进而影响着教师职业发展路径和高校人才培养的质量[①]。

（二）高校职工绩效工资的具体分析

目前我国高校薪酬制度还存在以下三点不足：首先，绩效工资制度设计不科学，应注重相同职位和等级间的公平性，工资结构和等级应根据不同的职位对工作的贡献程度来判定，而大部分高校硬性规定了绩效工资的构成比例，占比较大的基础性绩效工资标准由省级层面制定。其次，绩效工资水平的决定机制不合理。在具体实践中，部分高校工资总量的核定办法不合理、动态调整机制不健全以及绩效工资经费保障机制不配套，导致教职工群体的薪酬市场竞争力有限。最后，绩效工资考核分配办法不完善。部分高校没有因地制宜地制定绩效考核办法，“大锅饭”现象突出。此外，教职工群体中存在认识不足、传统分配思想桎梏难突破等现象。

五、国内高校绩效薪资发展情况的实证分析

首先对高校职工薪酬数据做简要分析。在我国，相关部门会对高校教师薪酬进行不定期调查。比如，高校教师薪酬调查课题组于 2011 年对 32 所部属高校教师进行调查，发现我国高校教师年收入总体上呈花瓶状分布，低收入人群相对集中，高收入人群相对分散。由由、朱菲菲[②]基于 1999—2013 年我国省级行政单位的面板数据，综合考虑生活成本和行业因素构建了高校工资水平的竞争力指数，发现高校的工资水平处于城镇职工平均工资和工资水平最高行业的平均工资之间，2010 年以后高校的工资水平与工资水平最高行业之间的差距扩大趋势明显（2013 年高校的平均工资水平与最高行业的平均工资水平之比为 0.71，而 1999 年时此比值为 0.96），1999 年高校和科学研究与技术服务行业的平均工资基本持平，不过在 2007 年以后科学研究与技术服务行业的平均工资水平超越了高校（2013 年高校与科研行业的平均工资水平之比为 0.93）。

因薪酬涉及隐私，存在较大的实名调研难度，本文引用某在线平台匿名薪酬数据[③]，并整合 61 条有效数据，进行了简要的画像分析和交叉分析，主要结论如下。

---

① 牛风蕊. 扭曲的激励：“锦标赛制”下高校教师晋升的异化及矫正［J］. 现代教育管理，2016，（第 2 期）.

② 由由，朱菲菲. 我国高校工资水平竞争力的实证分析［J］. 教育与经济，2017（04）：17－25.

③ 数据来源：https://zhuanlan.zhihu.com/p/357133991.

1. 调研对象基本画像分析

我们根据受访对象发布的省份信息，按照地理位置，将其所属地区划分为东、中、西部，从上图可见，此次受访对象以东部居多，东部占比超40%，西部占比仅18%。另外，我们也对其是否一线城市（北上广深）进行了分类。此次数据中，一线城市占比16.39%，非一线城市占比83.61%，受访对象多来自非一线城市。

此次受访对象多来自省会城市（工作地），省会城市占比为59%，非省会城市占比为39.34%，这和高校多坐落在省会城市有关。

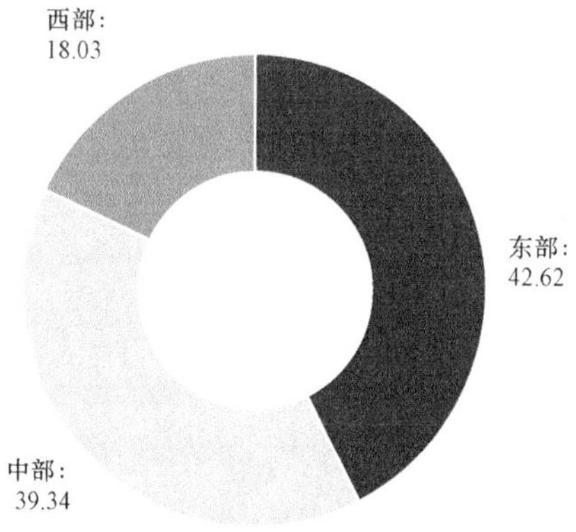

图3　受访高校教职工地区分布（%）

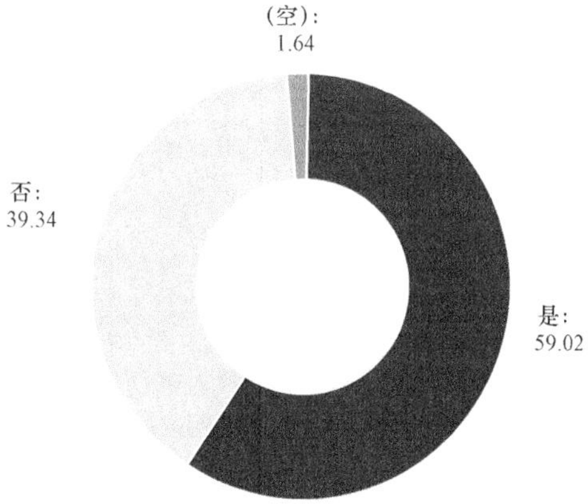

图4　受访对象是否来自省会城市（%）

特别说明，本次数据来源于网络匿名填写，故不存在年龄性别等个人特征信息，数据量优先仅作为分析用，不完全反映全国情况。数据来源为知乎，根据该平台用户属性，此次数据提供者多为中青年教职工，因其工作年限有限，计算出的薪资均值或低于全国实际水平。

图5　受访对象薪酬水平词云（万元）

2. 交叉分析

为探讨高校所在地理位置对教职工薪酬水平的影响，我们将61条有效数据进行初步盘点发现，受访对象的年收入均值为11.62万元，其中东部地区年收入均值为13.4万，其次是西部地区，最后是中部地区的9.92万。收入水平与高校所在地区密切相关，东部地区收入高与其经济发达相关。此次数据中针对西部地区收入高于中部地区的异常值，我们认为是此次受访对象西部地区多为成都和兰州的一些985、211院校，受院校排名高影响，数据或有偏差。如图6所示，我们又对受访对象是否一线城市进行分析发现，一线城市教职工年收入均值为18.29万元，非一线城市为10.74万元，一线城市教职工年收入明显高于非一线城市。

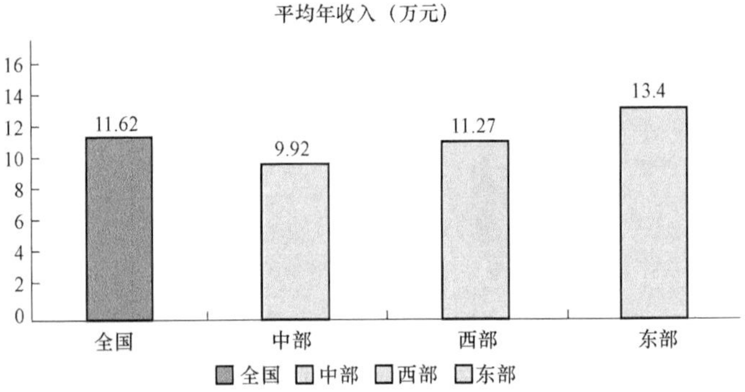

图6　东、西、中部受访对象平均年收入

我们通过对教职工特征和收入水平进行交叉分析发现，学历越高，职称越高，对应的薪酬水平就越高。初级职称教职工年收入为7.83万元，中级、副高级和正高级职称年收入依次递增，正高年收入为22.3万元，与初级和中级职称收入成倍数增长。从教职工学历来看，博士学历的教职工年收入均值为13.56万元，硕士学历的年收入均值为8.77万元。

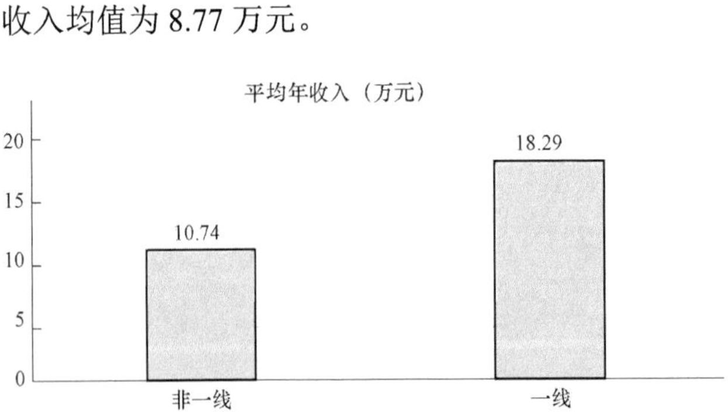

图7　不同城市等级年收入

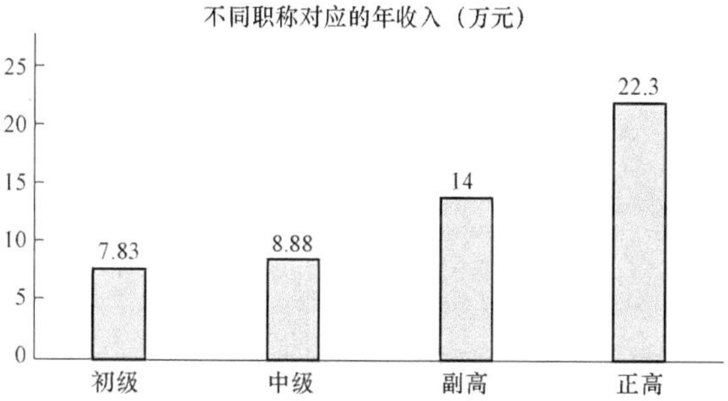

图 8　不同职称对应的年收入

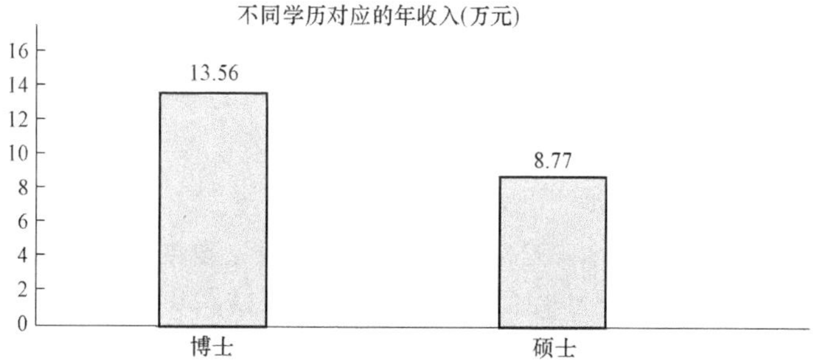

图 9　不同学历对应的年收入

除了地理位置和教职工特征外，学校层级也会影响教职工的薪酬水平，学校等级越高，对应的薪酬水平也越高。我们将受访对象就职高校分为 985、211 院校、普本和高职高专院校。通过交叉分析发现，211、985 院校的薪酬收入明显高于普本和高职高专。另外，由于此次受访对象中 985 教师多来自非一线城市的文科专业，科研津贴有限，且高级职称受访对象数量少，而 211 受访对象有数位来自北京和上海的高收入教师，因此取均值分析时存在一定的数据偏误。

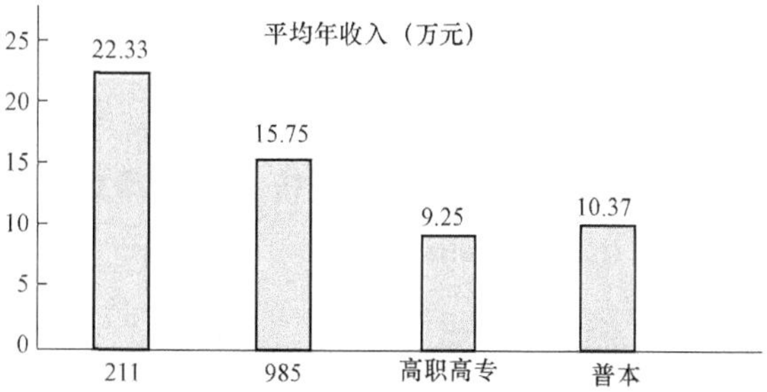

图 10　不同等级高校教职工年收入

六、高校薪酬绩效工资长效机制的构建

（一）原则

1. 公益性原则

事业单位是社会服务组织，具有公益性质，且以公共利益为导向。高校作为公益类事业单位的本质特性，决定了其在服务提供过程中要以公共利益为导向。

2. 效率原则

“效率论”强调高校绩效管理的主要任务就是尽力实现效率最大化。高校绩效工资的实施就是要打破“大锅饭”式的平均主义，强调以实际贡献为主要导向，重点体现对人才和创新的鼓励，高校薪酬绩效工资长效机制的构建未来仍须遵循“效率优先，兼顾公平”的原则。

3. 长短期相结合的原则

在高校绩效工资长效机制的构建过程中，要避免短期激励的不足。高校应针对不同层次人才需求，短期与长效激励相结合，考核结果和过程并重，才能使绩效工资分配模式更公平合理，也更具有激励性和科学性。

（二）构建依据

2021 年 1 月 27 日，教育部等部门印发了《关于加强新时代高校教师队伍建设改革的指导意见》，深入落实中共中央、国务院《关于全面深化新时代教师队伍建设改革的意见》和《深化新时代教育评价改革总体方案》，推进加强新时代高校教师队伍建设改革①。《意见》中强调要推进薪酬制度改革，建立考核评价结果分级反馈机制等内容。党的二十大报告指出要深化事业单位改革，高校在深化事业单位改革的进程中要做到突出强化公益属性，科学设置考核指标，细化评价评分标准。

（三）考核指标设置

高校教职工包括教学人员、管理人员以及后勤人员，借鉴国内在高校教职工绩效考核指标设计方面的经验，依据层次分析法，对绩效考核指标体系进行设计，具体见表 2②。

---

① https://baijiahao.baidu.com/s?id=1690012339534639355&wfR=spideR&foR=pc.

② 高校教职工，按大类可分为教学人员、管理人员、后勤人员。教学人员包括教授、副教授、讲师、助教。管理人员包括专职领导（包括校长、院长、书记），辅导员，学籍、招生、就业、工青妇等各类专业岗位人员。后勤人员包括财会人员、校医、食堂工作人员、保安、宿管等岗位人员。

表 2　高校教职工绩效考核指标

职工类别	一级指标	二级指标	三级指标
教学人员	教学工作	教学质量	学生评教、教学督导评价
		教学成果	教学获奖、指导学生学科竞赛获奖
		教学投入	授课时长、备课时长、指导课程设计、指导社会实践、实验室建设
	科研工作	科研产出	论文与著作发表级别、篇数、专利数量、专利质量
		科研投入	科研投入时间、特定科研活动频率、参与课题的数量和质量
	学科建设	学术交流	参加校内、全国或国际性学术交流会议、论文审稿
		学科队伍建设	学科梯队建设、人才引进情况、人才培养计划
	人才培养	指导学生	指导学生数量、指导毕业生答辩情况、指导学生论文发表、竞赛项目、科研参与、社会实践
		学生就业	就业率、薪酬待遇、专业相关度
	社会服务	校内服务	校内党政、学生思政、班主任、本科生导师、社团指导老师
		校外服务	期刊责编、学术评委
管理人员	服务体系	服务满意度	学生评价、教师评价
		服务数量	接待师生数量
	职责体系	工作质量	部门计划完成量、部门业绩
		出勤情况	请假次数和时间
		工作效率	工作完成情况以及学生评价、教师评价、同级评价
		工作流程合理	学生评价、教师评价、同级评价
	素质体系	专业知识水平	学历、职称、进修培训
		创新能力	重大创新举措
		组织沟通协调能力	组织活动次数、组织活动级别、与其他部门沟通情况
		决策和执行能力	部门内部决策能力、执行决策情况
		个人自律情况	廉洁自律、秉公办事
后勤人员	工作能力	组织实施能力	计划制定、组织落实相关工作情况、执行能力
		业务水平	工作熟练程度、处理问题能力、掌握业务知识程度
	工作业绩	工作成果	工作实绩、效益
		工作效率	完成工作的速度和质量
	工作态度	服务满意度	领导、学生、老师评价
		工作纪律性	出勤、迟到早退、是否违反有关规定等

由于高校办学类型以及各地区经济发展水平存在差异，绩效考核指标也会因此存在权重赋值上的不同，具体见表3。

表3　考核指标权重

考核指标	学校类型①			地区差异		
	研究型②		教学型③	东部沿海地区	中部内陆地区	西部边远④地区
	理工科类	人文社科类				
教学工作	0.309 6	0.389 9	0.37	0.363 1	0.37	0.44
科研工作	0.402 8	0.389 9	0.26	0.394 3	0.26	0.44
学科建设	0.187 0	0.152 4	0.16	0.163 9	0.16	—
人才培养	—	—	0.12	—	0.12	—
社会服务	0.100 6	0.067 8	0.09	0.078 7	0.09	0.12
服务体系⑤	0.362 2			—	—	—
职责体系	0.390 0			—	—	—
素质体系	0.247 8			—	—	—

七、高校绩效工资改革的相关建议

（一）设定科学合理的绩效考核指标体系

完善绩效考核指标体系应从以下方面进行：首先，指标要尽可能细化、量化，从而标准化，定性与定量考核相结合，同时要考虑分级设定，如一级、二级指标等。考核指标的设定中既要包括教学、科研等常规指标，也要涵盖人才培养、社

① 中国大学按照办学类型大致可分为研究型大学、教学型大学。研究型大学是指提供比较多的本科专业和学士学位，同时把研究放在首位的大学，致力于高层次的人才培养与科技研发。即在校研究生数量与本科生数量相当的大学，或研究生数量占有较大比重。教学型大学是指以本科教育为主体的全日制大学，它以招收本科层次的学生为主体，主要履行人才培养和教育教学研究的职能，培养高水平技能型人才（即高级专门人才）和高级研究型后备人才，拥有学士学位授予权和少量的硕士学位授予权，可招收一定数量的专科生。

② 姜自兴. 研究型大学教师绩效考核指标体系研究［D］. 大连理工大学，2009.

③ 徐倩，屈文磊，仇方春. 基于AHP法的高校教师绩效考核指标体系设计［J］. 青岛科技大学学报（社会科学版），2008，24（4）：88－91.

④ 刘觊，张传庆，张会庆. 民族地区高校教师绩效考核指标体系的构建［J］. 大连民族学院学报，2012，14（6）：592－596.

⑤ 胡建玲，黄永胜. 教学型高校行政管理人员绩效考核指标体系构建——以山西省为例［J］. 高校后勤研究，2015（4）：53－55.

会服务等工作贡献指标。尽管在对教职工的考核中有一些指标不能够被精准量化，但在绩效考核过程中也应尽可能建立多指标量化的考核标准，从而规避主观性评价的影响。其次，在构建绩效指标体系时应注重长期效益，将考核体系的建设与高校长期发展目标相结合，也应考虑其设定能否促进教职工长期的事业发展与自我提升。例如，在指标体系中不能仅考虑短期内的科研产出量，也要考虑教职工科研潜力、科研周期以及科研投入。

（二）在绩效工资中积极尝试部分“年薪制”并实行可转换制

2017 年，教育部等出台的《关于深化高等教育领域简政放权放管结合优化服务改革的若干意见》明确提出，在绩效工资总量限额内，可采取灵活且合理的分配方式，例如年薪制与协议工资制。2020 年，人社部也提出，事业单位科技成果可给予现金奖励，且该奖励不受本单位绩效工资总量的限制。但在具体实践中，高校年薪制的考核普遍重视教师的科研成果和有偿服务社会取得的成果（如专利发明或产学研融合成果等），相对忽视教学绩效。还有许多高校考虑到社保与税收等因素，把年薪全额按月进行平均发放，这种发放形式与绩效考核结果的激励作用相关性小，以致可能影响年薪制优势的发挥。

高校基于科学的绩效考核体系，坚决克服年薪制下的部分缺陷并设置一定的年薪制容量，开放于有意愿转换为年薪制的职工以及用于引进特殊人才，可以在一定程度上激励工作积极性。

（三）考核结果应及时反馈给被考核者，同时应注重对结果的应用

及时的反馈机制能使教师按照考核标准衡量自身工作结果，提升教职工队伍的主观能动性，进而提升教师整体队伍质量。通过绩效考核，教师可以对自身工作进行有针对性的改进以提升自身能力。若无及时的反馈机制，会使绩效工资制度的作用浮于表面，造成资源浪费，使绩效考核体系的建立失去意义。

此外，高校也应积极运用考核结果，将其作为薪酬动态调整的依据，并在合理区间内设置“淘汰率”，进入“淘汰”区间的职工将会有下调薪酬的惩罚，同样也应设置一个“上浮”区间，奖励在绩效方面表现优异的职工。此外，绩效考核的结果也是学校加强教师培训、进行岗位调整等的重要依据。对于考核结果，若教职工有疑惑，考核部门应积极给予解释，同时应帮助教职工更好地建立职业发展规划，以激发对工作的积极性和创造性。

参考文献

[1] 刘骥，黄少澜．教师绩效工资的科学实效与管理实现——基于 37 国数据的

经验分析［J］．深圳社会科学，2022，5（1）：149－158．
［2］范军．高校绩效工资改革探索与浅析［J］．财富生活，2019（20）：120－121．
［3］施慧敏．探析高校教师绩效工资存在的问题［J］．今日财富，2019（13）：153－154．
［4］Nandan, D.R., & K.Siva Rama Krishna, K.S.R. Determinants of Job Satisfaction of Faculty in Higher Education［J］. The Indian Journal of Industrial Relations, 2013(1): 132－148.
［5］Britton J, Propper C. Teacher pay and school productivity: exploiting wage regulation［J］. Journal of Public Economics, 2016, 133: 75－89.
［6］Lavy V. Evaluating the effect of teachers' group performance incentives on pupil achievement［J］. Journal of Political Economy, 2002, 110(6): 1286－1317.
［7］牛风蕊．扭曲的激励："锦标赛制"下高校教师晋升的异化及矫正［J］．现代教育管理，2016（2）：
［8］由由，朱菲菲．我国高校工资水平竞争力的实证分析［J］．教育与经济，2017（4）：17－25．
［9］姜自兴．研究型大学教师绩效考核指标体系研究［D］．大连：大连理工大学，2009．
［10］徐倩，屈文磊，仇方春．基于 AHP 法的高校教师绩效考核指标体系设计［J］．青岛科技大学学报（社会科学版），2008，24（4）：88－91．
［11］刘觊，张传庆，张会庆．民族地区高校教师绩效考核指标体系的构建［J］．大连民族学院学报，2012，14（6）：592－596．
［12］胡建玲，黄永胜．教学型高校行政管理人员绩效考核指标体系构建——以山西省为例［J］．高校后勤研究，2015（4）：53－55．

作者简介

杨风寿，对外经济贸易大学保险学院副教授，博士，研究生导师；研究方向：社会保障、养老与医疗保险；电子邮箱：fsyang2000@163. com。

葛晓洋，对外经济贸易大学保险学院硕士研究生；研究方向：保险；电子邮箱：gexiaoyang0403@163.com。

杨青青，对外经济贸易大学保险学院硕士研究生；研究方向：保险；电子邮箱：yangqingqing0331@163.com。

关注43%
——高校行政部门外聘员工管理问题与对策研究

原　馨

摘　要：受到经费和编制的限制，高校普遍采取广泛招聘外聘员工的方式来弥补校内岗位用人缺口，外聘员工已经成为高校日常工作正常运转及推动高校事业向前发展的重要保障力量。本文通过对高校行政部门外聘员工管理问题进行调查研究，发现外聘员工存在对薪酬满意度低、受重视程度较低、感受到强烈的不公平感、缺乏激励机制等问题。本文从高校管理层面和外聘员工个人层面提出了优化对策与建议，以期为高校外聘员工人力资源管理和人事制度改革提供参考。

关键词：高校；行政部门；外聘员工管理

一、引言

（一）研究背景与研究意义

公立高校作为事业单位，国家对其人员编制总量及增长机制都有严格的规定和限制。然而，近年来伴随着高等教育事业改革取得的巨大成就，公立高校业务活动的工作量及复杂性也在飞速提升，高校在编人员编制配备无法满足人力资源需求的问题接踵而至。面临外部环境挑战和内部条件约束双重压力，公立高校纷纷通过广泛招聘外聘员工的方式来填补人员缺口，既减轻了用人压力，又不违反上级部门对于人员编制的相关要求。外聘员工在维持高校日常运转方面发挥着重要作用，是高等教育事业平稳有序开展不可或缺的一环。

以笔者所在部门为例，目前外聘员工占全体员工总数的43%，是部门日常工作正常运转及推动部门事业向前发展的重要保障力量。与此同时，外聘员工的大规模使用又对公立高校传统的人力资源管理模式提出了新的挑战。当前公立高校在外聘员工管理方面普遍存在缺乏科学系统的管理体系等问题，外聘员工缺乏职业认同感和归属感，极易产生职业倦怠，导致其工作积极性缺乏、工作效率低下、离职率过高等问题。在此背景下，研究如何做好外聘人员管理工作、为高等教育事业高质量发展提供坚实的人才支撑和人员保障，具有一定的学术价值和应用价值。

（二）研究方法

本文主要采用文献研究与问卷调查相结合的方法，理论联系实际，通过对行政部门外聘员工管理现状进行深入分析，找出存在的主要共性问题，探索适合于高校行政部门外聘员工的人力资源管理体系，为高校外聘员工人力资源管理和人事制度改革提供一些参考。

1. 文献研究法

通过查找阅读文献资料，对国内外相关研究成果进行细致梳理，为研究提供坚实的理论基础。

2. 问卷调查法

通过对高校行政部门外聘员工发放问卷的方式，了解外聘员工的工作及个人发展现状，深入分析我校外聘员工管理方面存在的问题并提出相应的政策建议。

二、理论基础

（一）外聘员工界定

外聘员工是针对在编员工衍生出来的名词。编制是指学校或其他公立机构所使用的人员编制，其费用由国家负担；与有编制的在编员工相对，外聘员工不享受事业财政经费，往往也不能享受与在编员工同等的薪资福利待遇。根据用工形式不同可将外聘员工区分为三类。

第一类是聘用合同制，指用人单位与员工通过签订劳动合同、在合同中明确规定双方的权责义务的方式来确定双方的聘用关系。第二类是人事代理制，指用人单位委托人才服务中心等人事代理机构根据人事政策法规相关要求来提供全面人事服务，包括档案管理、社会保险支付等，通过这种方式实现人员使用与管理的分离。第三类是劳务派遣制，它与人事代理制的区别在于谁与员工订立劳动合同。人事代理制由用人单位与员工直接签订劳动合同；劳务派遣制则是由劳务派遣机构担当员工的法定雇主，用人单位与劳务派遣机构签订劳动派遣合同。

（二）理论基础

1. 双因素理论

1959年，美国心理学家 Frederick Herzberg 提出了双因素理论，该理论将组织中的有关因素分为保健因素和激励因素两大类。保健因素（不满意因素）即容易促使员工产生不满意见和消极行为的因素，具体包含薪资待遇、部门关系、工作环境条件等。满足保健因素能够消除员工的不满，但无法产生明显的激励效果。激励因素（满意因素）即可以引发工作满意感的因素，具体包含适度挑战性的工作、实现个人成长、授予荣誉等。满足激励因素能对员工产生显著的激励效果，促使员工更加积极地投入工作，而激励因素得不到满足也不会令员工产生不满意见和消极行为。

对于高校来说，保健因素的满足如提升薪资待遇、改善同事及上下级关系、提高工作物质环境条件等能够降低外聘员工的不满，减少职业倦怠感，确保工作效率不滑坡；而提升工作完整性和挑战性、促进员工成长发展、授予荣誉等因素则可以提升外聘员工对岗位和组织的满意度，进一步激发工作积极性。

2. 公平理论

美国心理学家 John Stacey Adams 于 1965 年提出了公平理论，是研究薪资分配的合理性与公平性对员工工作积极性影响的理论。公平理论认为薪资分配对于员工的激励程度不仅受到绝对收入的影响，同时也受到相对收入的影响，相对收入来源于员工将自己和参照对象的报酬与工作投入比例进行社会比较后的主观感受。如果员工认为自己和他人的报酬与工作投入比例不对等，或自己当前和过去的报酬与工作投入比例不对等时就会产生不公平感，打击工作积极性。

根据公平理论，组织在制定分配制度时要将同类型、相似的工作报酬进行相对比较；此外，为避免员工与他人比较薪资可能带来的不公平感，多数组织会对员工个人薪资保密，以调动员工的积极性。

3. 期望理论

1964年，美国心理学家和行为科学家 Victor H.Vroom 提出了期望理论，该理论认为个体根据某种行为能给自己带来某种结果的期望程度以及相应奖励的重要性，来决定是否以某种特定方式和强度采取某种行为。根据期望理论，有效的激励需要使员工明确三项因果关系：首先，通过努力工作能够提升工作绩效；其次，绩效的提升能够获得组织奖励；最后，获得组织奖励能够满足个人需要。为取得良好的激励效果，用人单位需要深入了解外聘员工的内心需求，在此基础上制定和实施恰当的激励方式，让外聘员工认识到只要努力投入工作就能提高工作绩效，进而更多实现个人价值。

三、高校行政部门外聘员工管理现状与问题

（一）描述性统计

本次调查研究的对象是笔者所在高校行政部门的外聘员工，样本描述性统计结果如下。

男性工作人员与女性工作人员人数占比分别为50%；62.5%外聘员工最高学历为本科，其余为专科；年龄主要集中在25–45岁之间，占比87.5%，年龄结构相对合理；93.75%的外聘员工工龄在10年以上；81.25%的外聘员工教龄在5年以上，50%的外聘员工具有10年以上我校工作经验，说明笔者所在高校行政部门外聘员工队伍高校工作经验丰富，对学校有较高的忠诚度。

（二）外聘员工管理现状调查

1. 工作能力

薪酬政策的制定强调同工同酬，那么，高校行政部门的外聘员工与在编员工是否存在显著的能力差距呢？调查发现，68.75%的外聘员工认为在处理同样工作内容时差距不大，表现出充分的自信。对于可能存在的差距，公文写作能力（87.5%）和科研能力（100%）是外聘员工认为自身存在的两个短板因素，未来在学习培训过程中应当突出重点、加强薄弱环节。

2. 保健因素

调查发现，笔者所在高校行政部门外聘员工年收入处于7–9万元的占62.5%，9–10万元占18.75%，另有18.75%年收入在11万元以上。75%的外聘员工对薪酬并不满意。通过对外聘员工薪酬关注点的调查发现，外聘员工最关注的是与在编人员的薪酬差距（62.5%），说明公平因素影响了外聘员工的薪酬满意度。

3. 公平理论

在研究调查过程中，外聘员工普遍表达了对同工不同酬的强烈反感：绝大部分外聘员工认为，在从事类似工作任务的情况下，与高校在编员工薪酬存在较大差距（87.5%）；其中，半数以上（75%）的外聘员工认为该差距过大。受到同工不同酬的影响，四分之一的外聘员工表达出如果不能够达成同工同酬，他们的工作积极性必定会受到不利影响。

4. 激励因素

笔者将“是否感受到被部门和学校重视”作为对双因素理论中的激励因素进

行调查，调查结果显示，超过三分之一（37.5%）的外聘员工感受到被部门和学校重视的程度很低或比较低，另有半数外聘员工感受到被部门和学校重视的程度一般，只有 12.5%的外聘员工认为自身受到了部门和学校的重视。

5. 期望理论

通过对外聘员工经过自身努力比较容易达到的工龄增长和学历提升两个指标进行调查，结果显示绝大多数（87.5%）的外聘员工认为工龄增长和学历提升无法带来期望中的薪酬增长，这对外聘员工工作积极性的打击是比较大的。

6. 个人职业发展

高校行政部门的外聘员工虽然大部分并不直接从事教学工作，但是在个人职业发展方面依然有着广泛的需求：95.75%编外人员表示希望能在工作中提升自己，包括业务能力、学历层次、工作经验等，这些都是外聘员工未来个人职业发展的有效助力。然而，大部分外聘员工并不满意自己的职业发展，对职业发展空间不满意的人数占比高达 81.25%，说明大部分外聘员工认为自己在高校的个人职业发展空间较小。由于行政部门外聘员工以中青年为主，对于个人职业发展空间的需求很大，这就要求高校在制定激励措施时需要明确：外聘员工并不是只看重眼前的利益得失，也很重视未来的个人职业发展。

（三）外聘员工管理现状分析

1. 外聘员工对薪酬满意度低

双因素理论指出，薪酬是工作中重要的保健因素。通过对高校行政部门外聘员工调查得知，外聘员工对于薪酬的关注最重要的有两点：首先是公平问题，外聘员工关注与在编人员的薪酬差距；其次是期望问题，外聘员工关注通过努力工作能否实现薪酬提升。如果外聘员工感受到受到不公平对待、自己的努力没有得到回报时，难免会产生职业倦怠感，影响工作积极性。

2. 外聘员工受重视程度较低，缺乏激励机制

调查研究发现，87.5%的外聘员工认为自身受重视程度偏低，当被问到“您了解学校现有的外聘员工激励政策和措施吗？”这个问题时，有 62.5%的外聘员工“完全不了解”，12.5%回答“了解一些”，回答“基本了解”或“非常熟悉”的不足 20%。“是否感受到被部门和学校重视”是双因素理论中的激励因素，调查发现外聘员工没有得到良好的激励，高校对于激励政策的宣传也相对不足。

3. 外聘员工感受到强烈的不公平感

公平理论指出：员工会将自身工作投入和所得报酬与他人进行社会比较，也会将自身现在的工作投入和所得报酬与过去进行历史比较。如果员工发现自身的工作投入和所得与他人不对等或者与过去不对等，就会产生不公平感。调查显示，高校行政部门绝大部分外聘员工认为与在编员工在完成同种工作任务时薪酬存在较大差距，由此产生了非常强烈的不公平感，而外聘员工内心产生不满，其工作积极性必将遭受打击。

四、高校行政部门外聘员工管理优化路径

（一）造成外聘员工管理问题的原因分析

1. 高校管理体制层面

虽然目前高校行政部门外聘员工有很多已经在校5年甚至10年以上，但是部分高校管理层仍然可能将他们视为“临时工”，缺乏足够的重视。究其原因，作为“救火队员”引进的外聘员工与作为“支柱人才”引进的在编员工在审批难度、招聘要求、程序复杂性方面差别较大，导致部分高校管理层对外聘员工队伍缺乏足够的重视和应有的尊重。此外，外聘员工岗位设置缺乏明确、细致、合理、规范化的规定与管理，对外聘员工入职培训、业务学习等环节也没有强制性要求，这些都会影响外聘员工的工作效率与职业发展。最后，高校人力资源部门对用人部门的人事管理人员培训不到位，部分人事管理人员对法律法规、学校政策的了解不透彻，缺乏健全的监管机制。

2. 外聘员工自身层面

首先，外聘员工自身能力建设有待加强。外聘员工应以主人翁意识积极对待工作，树立终生学习的理念，在专业技能、业务水平上与时俱进，主动学习岗位相关的新知识和新技能，积极参加各项学习培训活动，不断提升职业竞争力。

其次，部分外聘员工缺乏职业规划意识和清晰合理的职业发展路径，只关注眼前利益，忽视长期发展，给职业生涯发展带来了隐患。

最后，公立高校作为体制内单位，外聘员工的身份和地位相对边缘化，相对于在编员工，其权益更容易受到损害。与此同时，许多外聘员工维权意识和法律知识储备相对薄弱，面对权益受损往往被动妥协。

（二）外聘员工管理优化对策与建议

1. 高校层面

（1）为外聘员工开通转为编制内身份的渠道

为激发外聘员工工作热情，在确保公平公正公开录用的前提下，适当降低学历门槛或年龄要求，给予工作表现优异的外聘员工转为编制内身份的机会，提升外聘员工归属感、安全感和成就感。

（2）实施外聘员工能力提升计划

加强外聘员工队伍能力建设，制定较为完善的外聘员工能力提升计划，鼓励外聘员工在职进修，提升学历和学位，并在职业发展和薪资待遇上对学历学位提升给予认可。此外，在入职和在岗培训方面，高校应当像执行同工同酬一样，让外聘员工拥有同样的培训学习机会，科学合理制定培训计划，让外聘员工能够通过参加培训提升工作技能，实现自我成长。

（3）适当提高外聘员工待遇

当前高校外聘员工与在编员工之间的收入差距普遍较大，受编制和经费的限制，要彻底解决这一问题难度较大。但高校可考虑制定科学合理的外聘员工薪资增长机制，向工作表现优异的外聘员工发放奖励奖金，提升外聘员工在公费体检、工会福利、培训学习等方面的福利，降低外聘员工的不公平感，提升组织凝聚力，激发工作积极性和创造性。

2. 外聘员工自身层面

（1）提升个人业务水平

当前高校对外聘员工的重视程度有待提高，外聘员工处于相对劣势的地位，在这样的境遇下，员工自身应当在逆境中努力成长，以高标准自我要求，努力学习岗位知识技能，提高综合素质。首先，外聘员工应当以主人翁的姿态积极对待工作；其次，应当树立终身学习的意识，在岗位需要的专业技能、业务水平上与时俱进，积极参加各项学习培训活动，不断提高自己的能力，缩小与在编人员在岗位知识技能方面的差距，提高职业竞争力。

（2）做好职业生涯规划

外聘员工应当对个人特质与高校环境进行深入分析和有机结合，提升职业生涯路径的可行性。首先要对自身性格、知识能力形成相对客观的评价，设定职业发展总目标及阶段性目标，并且能够根据高校发展战略及自身需求的变化灵活调整阶段性目标。其次，要对高校发展路径进行研究，提升自身职业发展规划与高校发展路径的契合度。最后，拟定相应的工作计划和培训学习计划，科学安排实施顺序，定期评估实施情况，实现职业发展和个人成长。

（3）提升劳动维权意识

随着我国法治建设完善程度不断提高，不论是劳动者还是用人单位的法律意识都有了显著提升。伴随着政府部门和社会团体的普法活动有序开展，劳动者的维权意识在不断增强，但知法不等于懂法，更不代表着会用法。外聘员工需要进一步加强法律知识学习，提高劳动维权意识，签订劳动合同时明确合同核心条款，在工作中保护自己，维护好自己应有的权益。

五、结论

冰冻三尺非一日之寒，高校行政部门外聘员工管理存在的问题由来已久，受经费和编制的限制，寄希望于短期内彻底解决外聘员工管理问题并不实际。这就要求我们以发展的眼光看问题，从高校实际出发，为外聘员工队伍的良性发展设计科学合理的制度体系、优化软硬件环境，吸引人才、培育人才、留住人才，充分发挥外聘员工队伍的积极性和创造性。

本文对行政部门外聘员工管理现状开展调查研究，获得了以下研究发现：

首先，外聘员工对薪酬满意度低，受重视程度较低，缺乏激励机制。外聘员工对于薪酬的关注首先是公平问题，关注与在编人员的薪酬差距；其次是期望问题，关注通过努力工作能否实现薪酬提升。事实上当前高校行政部门外聘员工并没有得到良好的激励，高校对于激励政策的宣传也相对不足，外聘员工付出的努力难以得到认可和回报，容易引发职业倦怠感，影响工作积极性，造成离职率升高、外聘员工队伍不稳定等问题。

其次，外聘员工有强烈的不公平感。调查显示，高校行政部门绝大部分外聘员工认为与在编员工在完成同种工作任务时薪酬存在较大差距不甚合理，且其不公平感非常强烈，长此以往，必定会影响工作的积极性，进而影响整体工作。

最后，本文综合运用多种激励理论，结合高校实际提出了高校行政部门外聘员工管理优化对策与建议。高校应当为外聘员工开通转为编制内身份的渠道，实施外聘员工能力提升计划，适当提高外聘员工待遇；外聘员工自身应当提升个人业务水平，做好职业生涯规划，提升劳动维权意识。

在研究不足与展望方面，本研究问卷调查的对象范围有限，在优化对策建议上缺少更加深入和切合现实的探讨。因此，未来对高校行政部门外聘员工管理的研究应当更广泛地结合国外高校外聘员工管理的实践经验，以便提出更多行之有效的建议，更加有效地激发高校行政部门外聘人员的工作动力，助力高等教育事业提质增效，实现内涵式、高质量发展。

参考文献

[1] 岳春凤．以人为本，加强高校编制外用工队伍管理［J］．重庆与世界（学术版），2012，29（06）：14－16．

[2] 颜炼钢．高等职业院校编外用人权益保护现状与对策［J］．才智，2014（18）：220－221．

[3] 倪立宠，邵方益．基于组织公正感的事业单位编外人员管理研究［J］．前沿，

2015（3）：123－127.
［4］林荔榕. 综合激励模式下非编合同制员工积极性探讨［J］. 中共福建省委党校学报，2014（8）：94－97.
［5］黄丹丹. 高校行政部门外聘员工绩效管理探析［J］. 中国管理信息化，2018，21（04）：178－179
［6］周培根. 高校外聘人员有效激励管理方式研究［J］. 科教文汇（下旬刊），2020（06）：10－11.
［7］贾静，彭军. 高校编外人员管理问题及对策［J］. 人才资源开发，2021（02）：35－36.
［8］李平，袁萍，郭兰芳. 高校“编外人员”职业发展困境的个案研究［J］. 滁州学院学报，2019，21（04）：109－112.

作者简介

原馨，对外经济贸易大学教务处，助理研究员；研究方向：高等教育管理、企业管理；电子邮箱：yuanxin_uibe@163.com。

新时期高校青年教师人才成长机制与路径研究

兰俊美　唐　昊

摘　要：青年教师是高校人才强校战略的生力军，随着师资队伍中青年人才比重的不断加大，高校青年教师人才工作具有迫切性和挑战性。本研究基于新时期青年追求自我价值实现、求新求变、不断成长的特性，探讨个体主动性、单位支持和资源网络对青年教师人才成长的影响，提出从激发青年教师兴趣，推动自我成长、完善导师机制、建立项目培育和任务激励、营造互利共赢氛围、完善创新与激励机制、加强人文关怀六个方面优化高校青年教师人才成长路径。

关键词：高校青年教师人才；成长机制；成长路径

党的二十大报告指出，深入实施人才强国战略，加快建设国家战略人才力量，培养大批高素质青年科技人才，是国家和民族长远发展大计。近年来，我国高校青年教师比重不断上升，在师资队伍中占比已超过 60%，青年人才已经成为高校“双一流”建设的主力军和创新动力。青年教师作为高校实现学科发展和人才培养的中坚力量，发挥着越来越重要的作用。青年强，则国家强。国家和教育部多次出台关于高校青年教师成长与发展的纲领性文件，积极为青年教师成长发展创造制度环境和社会环境。青年人才工作已经成为高校可持续发展的重要工作，高校要把培养青年人才作为战略性工作来抓，用科学理论武装青年，用初心使命感召青年，做青年人的引路人。因此，人才强国战略对高校青年人才成长形成强烈的倒逼因素。关注青年人才发展、做好青年教师人才工作、探索青年人才成长机制与路径、推动青年人才成长是高校必须面对的课题。

一、高校青年教师人才培养的迫切性

当代青年长在新时代，更加积极向上，施展才干的舞台更加广阔，实现梦想的环境更加复杂，给高校人才工作带来了新的挑战。

（一）青年人才培养是高校人才梯队建设的重要工作

在当前我国高等教育改革不断深入的关键时期，随着90后青年的纷纷入职，青年教师在高校教师队伍中的占比逐渐加大，青年对高校发展的贡献力日益增强，其战略作用和生力军地位愈发重要。高等教育的竞争归根结底是人才的竞争，高校可持续发展离不开青年教师人才的健康稳步成长。

（二）新时期青年人才培养的挑战性

90后青年是伴随着互联网成长起来的新时代群体，其行为和思维方式受网络信息影响大，信息搜集能力强，对新事物和新变化有着强大的接受和适应能力，可塑性更强。新时期青年在新技术支撑的大数据时代具有无法比拟的优势，是就业市场的优势人群；同时，他们自我意识强烈，更加关注自我价值实现，渴望得到认同和提升自我价值。相比之下，传统人才管理和培养模式并不能完全适合新时期青年人才的特点，无法满足其成长发展需求；因此，适应新时期青年人才发展，不断调整与创新青年人才培养工作，给新时期高校人才工作带来了新的挑战。

（三）高校青年教师人才面临的压力不断增大

当前，青年教师人才面临工作强度高、科研压力大、竞争激烈、薪资差距和生活任务重等诸多问题。大多数青年教师是科研教学双肩挑，一方面面临“非升即走”“非升即转”，一方面要面对巨大的科研压力，在竞争力方面是知名度低、经验不足。廉思关于大学教师生存状况的调研显示，“压力大”的青年教师比重为72.3%，“压力非常大”的为36.3%。在北上广等生活成本高的城市，青年教师面临住房、子女教育、赡养老人等压力，生活质量与预期差距大，心理落差大导致青年教师压力大、危机感强。

二、高校青年教师成长的影响因素

高校要不断创新青年人才培养模式，更好地培育青年人才，留住优秀的青年人才，必须要先了解新时期青年人才的新特征。

（一）新时期青年人才的特点

1. 青年人才追求自我价值的实现

由于具有更强的自我意识和更鲜明的个性，青年人才更乐于接受扁平式管理和平等对话，追求实现自我价值，渴望从物质层面和精神层面得到自我价值认可。因此，相比老一代群体，新青年在团队中表现出更加觉醒的自我意识，追求存在感和价值感，勇于维护自我权益，不崇尚妥协、隐忍和迁就。高校青年教师人才需求层次结构遵循激励理论，呈现为需求的四级金字塔模型（如图 1），从底部向上，需求分别为：满足安全感的工作职业需求，满足尊严感的职称晋升需求，满足价值感的自我实现需求和追求真理的求知需求，总体可分为缺失性的基础需求和成长性的高级需求。青年人才需要动力实现每一级需求，基础级需求优先于高层级需求，需求变化是推动青年人成长的重要动因。

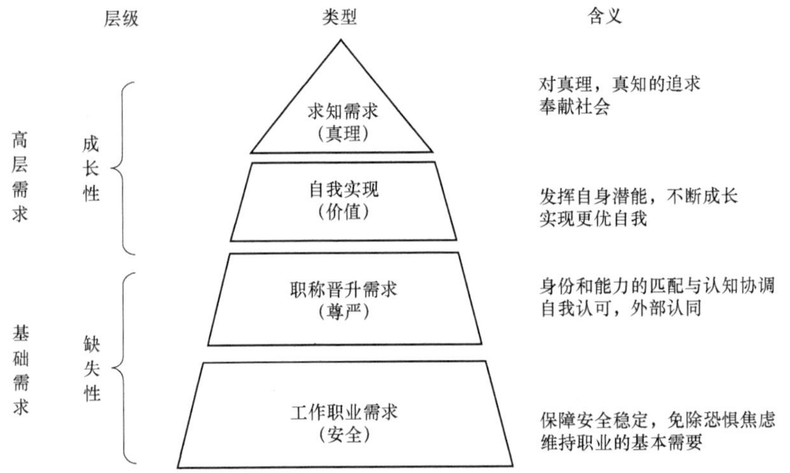

图 1　高校青年教师需求层次

2. 青年人才追求不断成长

新时期高校青年人才具有高学历、知识丰富、学习能力强的特征，对自己要求高，对未来期许高。相比老教师，壮志未酬的青年教师对职业平台、成长资源有更强烈的需求和期待，迫切希望大展拳脚，实现教学、科研和自身实力的快速提高，体现为发表论文、主持课题、获得奖项等具有学术声誉和影响力的成绩，实现职称与职位晋升。

3. 青年人才具有求新求变的创新能力

随着创新与素质教育的兴起，90 后青年接受了比以往时期更多、更完善的实践与创新等教育，综合素质高，思维灵活，更具备创新能力和实践能力，理念更加开放和包容。同时，网络和数据信息的熏陶，使青年人才不被经验主义束缚，行为和观念更具有超前意识，容易理解新观念、适应新制度、接受新事物、创新工作方法，具有较强的创造力和创新力[1]。

（二）新时期青年人才成长的影响因素

高校青年教师人才成长是内在因素和外部条件共同作用的结果，内在因素主要为个体因素，蕴含着努力、参与和坚持，外部条件主要为文化与环境共同作用下的组织及单位支持、制度及发展条件[2]。

1. 个体主动性和自主性

高校为青年教师提供了宽松的工作环境，青年教师工作自由度、自主性强，相比朝九晚五的工作，高校教师工作模式更加自由和灵活，除固定的教学时间外，其余时间完全由个人支配，更加强调自律和自我管理。微观层面的个人特质是人才成长的重要因素，青年教师的成长速度取决于个体主动性和自主性。主动性高的青年教师擅于发现、利用并创造机会，积极通过行动改变不利因素，谋求发展空间。实践表明主动性越高的青年教师，科研越活跃，教学更突出，晋升速度更快，职业成就感更高。在科研方面，主动型人才具有更高的学术竞争力，已获国家三大奖的团队会更早产出创新研究，表明有积极进取的学术骨干引领的团队具有更高的科研生产力[3]。

2. 依托单位支持力度

青年教师所在单位和集体支持力度越大，支持范围越广，青年人才成长速度越快。大多数高校对青年教师进行入职初期的启动性支持，从教学、科研、生活、心理等方面进行帮助，协助青年教师完成从毕业生到职业人的身份转变、融入并适应新环境，包括物质方面的财务资助、住房支持、科研启动经费、安家费等；精神方面的有入职辅导、职业规划、心理辅导等[4]。针对海外留学人才的支持还包括对国内工作模式、学术环境、人际关系的适应，缩短调整期，保持学术延续性。

3. 资源网络

大数据时代带动大科学发展，做好学术研究不仅需要个人努力，更需要有组织科研，以国家需求为导向，进行跨学科交流、跨领域合作。良好的资源网络对个人职业发展有正向促进作用，学术资源、人际资源、信息资源等资源网络越丰富，越有助于青年人理解工作环境，体会职业角色，适应新环境，促进青年人才科研产出[5]，能更好构建、维护和利用资源网络的青年的人才成长速度和职业满意度更高。

三、青年教师人才成长路径

基于高校青年教师现状、特点及影响因素分析，可以从激发青年教师兴趣、完善导师制度、任务激励、强化团队与平台建设、完善激励与创新机制、加强人文关怀六个方面构建高校青年教师人才成长路径。

（一）充分激发青年教师兴趣，开启自我成长模式

在国家、社会和组织层面的大力支持和营造的环境下，青年教师要在学术上有所进展和突破，关键还要靠自身的不懈努力。启动可持续的自我成长模式是青年教师成长的核心动力。研究表明，个人兴趣是青年教师职业选择的重要影响因素，是仅次于职业稳定性的第二因素，而教师职业稳定广义来讲也属于教师职业特性，本质上也属于个人对于教师职业的兴趣范畴（见图 2）。对教育及科研工作的认同和自主支配，是青年教师的内部驱动力，通过提升青年教师专业热情能够增强其内驱力。基于青年人才对高校教师的职业兴趣和向往，高校要因势利导，引导青年教师制定可期待的近期目标和长期规划，充分调动其积极性和主动性，形成自我激励、自我成长的良性循环模式。

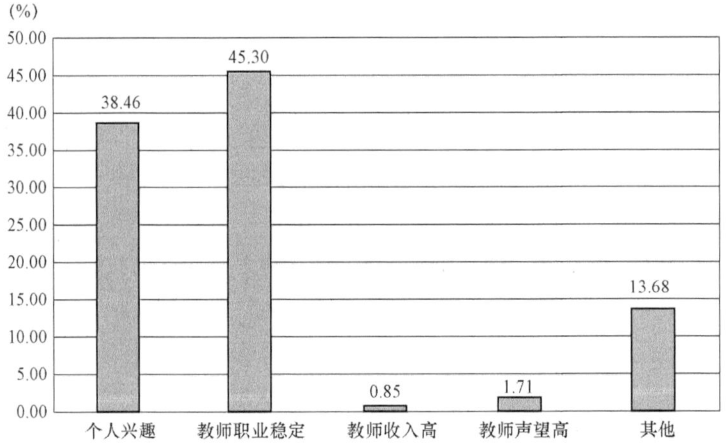

图 2　高校青年教师职业选择动因[6]

（二）加强前辈引领的导师机制，构建人才传帮带模式

大多数高校青年教师是刚出校门的毕业生，缺乏工作实践，为促进青年人尽快实现角色转变，全身心投入工作，高校通过老人带新人、师傅带徒弟等方法，让青年教师在前辈引领下，少走弯路，快速完成从学生到老师的身份蜕变，并尽快在工作上实现突破。导师机制是实现传帮带模式的关键，青年人才在硕士、博士求学期间就一直是在导师机制下培养起来的。在入职初期，引入导师机制是对青年人才实现快速适应的最佳方式和方法。为此，高校应协助青年教师制定科

学、合理的职业规划，为每位青年教师匹配教学导师、科研导师，对其工作进行手把手辅导，为其职业发展遇到的问题答疑解惑。导师制既是高校实现学风传承的关键，也是青年教师成长的有效途径，不仅学术思想要传承下去，优良的学风、师德师风也要薪火相传。

（三）充分调研，建立项目培育和任务激励模式

基于不同群体和目标的项目责任制，是高校提升教师职业水平的有效模式。根据自身发展和“双一流”学科建设需要，高校应充分调研青年教师整体情况、个体差异，制定针对青年人才的教学和科研标准，划拨或设立专项资金，资助青年教师开展科研、教学及职业相关的专项项目研究，依托项目培育青年人才，用项目任务促进青年人才成长[7]。很多青年教师都是通过新入职专项研究项目，获得了初始动力和积极干劲，为后续的深入研究、专业提升和加速成长打下了坚实基础。相比项目培育，任务激励是更高效也更具挑战的模式；针对具体工作任务，高校与青年教师达成协议，并在入职同时签订具有可执行性的工作任务协议，要求享有特定待遇的青年教师在未来五六年或更长一段时期内完成有明确数量、质量要求的学术或教学任务，并附有明确的衡量标准和违约条款。明确的任务既是动力也是压力，激励并加速青年人才成长，压缩了学术型人才成长周期。北京大学、清华大学、对外经济贸易大学等高校已先后开展实行“非升即走”的任务模式，为青年人才成长工作积累了宝贵经验。

（四）引导团队合作，弱化竞争，营造互利共赢氛围

竞争是把双刃剑，适度竞争有助于提高效率、提升能力、激活潜力，但过度竞争会导致资源浪费、道德水平下降，矛盾突显。随着个体自主性和自发性竞争日益激烈，高校要弱化过度竞争、负面竞争，积极推动在青年教师中建设协同进步的互助共同体；通过搭建交流平台，引导青年教师进行跨学科、跨领域的沟通和交流，分享知识、信息和经验，实现资源流动[8]。同时，高校要引导青年教师加强团队研究，在互利共赢前提下，使个人专业方向与团队方向相融合，激发青年人才的团队热情不断升温、个人潜力充分释放，形成团队成员相互支持、相互配合、共同进步的氛围，打造有竞争力的学术团队，提高整体产学研效率。

（五）完善创新与激励机制，助力青年人才成长

党的二十大报告指出要加快实施创新驱动发展战略，青年人才是新时期创新的生力军。不积跬步无以至千里，任何创新都不是一蹴而就的，都是不断孵化、积少成多的过程，凝聚着集体力量和个人智慧。高校应积极创造条件，为青年教

师创新搭建平台，可以采用举办创新大赛、划拨创新专项资金、创建创新培育基地等灵活多样的方式，激活创新潜力，营造创新氛围；还可以适度在政策或资源配置上对新入职青年人才的创新研究进行倾斜，将青年人的创造能力与创新能力转化为推动团队建设、促进高校发展的力量[9]。合理激励不但能让青年得到个人满足感，而且可以调动其投身教育事业的积极性，高校应研究制定为新时期青年量身打造的激励机制，激发教书育人、著书立说的热情，鼓励他们在为高教事业奋斗中建功立业、实现青春价值。

（六）加强对青年教师的人文关怀和服务

高校要做好人才工作，不仅要有制度建设，更要注重青年人的心理体验和感受，加强人文关怀。做青年教师的知心人、青年工作的热心人。关心是最能打动青年人的相处模式，高校要坚持尊重、爱护、帮助，以人为本，畅通不同级别和部门与青年教师的无障碍沟通渠道，定期深入基层调研，重视青年教师利益诉求。用真诚换真心，与青年人建立关怀关系，建立能被青年人感受到的关心关系。本着办实事、做好事、解难事的实干精神，帮助青年教师减轻压力，全身心投入工作，成长为肯奋斗、有作为的新时代青年，让青春在高校建设的火热实践中绽放。

［本文为对外经济贸易大学2022年人才人事课题资助（RCRS2022020）。］

参考文献

［1］殷春兰．新时期青年人才培养建设研究［J］．长春大学学报，2021，31（12）：68－70.

［2］李志峰，高慧．高校教师发展：本体论反思与实践逻辑［J］．大学教育科学，2013（4）：66－71.

［3］白新文，黄真浩．高层次青年人才成长效能的影响因素——以百人计划为例［J］．科研管理，2015，36（12）：8.

［4］潘懋元．大学教师发展论纲——理念、内涵、方式、组织、动力［J］．高等教育研究，2017，38（1）：62－65.

［5］Wolff H, Moser K.Effects of networking on career success: A longitudinal study［J］. Journal of Applied Psychology, 2009, 94(1): 196－206.

［6］龙细连，肖魁伟，郑梅华．高校青年教师教学能力现状与提升路径实证研究［J］．中医药管理杂志，2022（007）：030.

［7］张玉洁，魏扣．中国研究型大学青年教师学术成长路径优化研究［J］．北京教育：高教版，2022（3）：5.

［8］曹茂甲．我国高校青年教师专业发展动力的结构关系探析［J］．北京教育：高教版，2022（4）：6．
［9］马骁骁．浅谈新时期90后青年人才培养机制建设［J］．现代商业，2021．

作者简介

兰俊美，对外经济贸易大学国际商学院，副研究员；研究方向：高等教育管理、企业管理；电子邮箱：lanm66@163.com。

唐昊，对外经济贸易大学国际商学院，助理研究员；研究方向：行政管理；电子邮箱：02107@uibe.edu.cn。

“双一流”高校师资队伍建设改革路径研究

马　颖　赵　爽

摘　要：教育是民族振兴、社会进步的基石，“双一流”建设的指导性文件中明确指出了我国高等教育未来的发展方向。立足新形势、新要求，高校应将教师师德师风建设作为首要目标，把提升教师专业素质能力作为关键环节，主攻体制机制改革这一主要突破口，多措并举引育人才，保障待遇，激发活力，建设高素质师资队伍，培养更多“四有”好老师和教书育人的“大先生”。

关键词：双一流；教育改革；师资队伍

随着教育改革迈入新征程，我们应该清醒地认识到人才的关键性和高等教育的重要性。一流的师资队伍建设是一流教学、一流学科乃至一流大学的重要保障，以高质量教师队伍建设支撑高质量教育体系，是适应新发展格局下教育改革发展的重中之重。深入实施新时代人才强国战略，全面提升高校人才培养能力，必须要下大气力强化教师创新素质培养，提升教师教书育人能力，提高教师队伍在国际各领域的竞争能力，力求打造一支素质全面的高质量教师队伍。

一、高校师资队伍建设存在的主要问题

（一）对师德师风建设不够重视

教师良好的师德会对学生产生非常深远的影响，但是当前高校教师队伍建设的最薄弱环节非师德莫属。部分“双一流”高校对师德师风建设重视程度不够，未能意识到思想政治素质是教师基本素质中最重要的要素之一，顶层设计不足。具体执行层面，师德相关培训缺失，对榜样的示范效应发挥不到位，监管不严格，经常处于被动调查的状态，未能建立长效评价机制。同时，部分教师受到某些不良环境影响，理想不坚定，责任意识不强，使命感缺失，学术上急功近利，教学上浮躁敷衍，甚至违背道德，乃至触犯法律，引起很强的不良示范效应。

（二）教学质量提升工作不够完善

在高校排名、知名度等重要考评指标中，教学权重普遍低于科研，导致高校普遍面临“重科研、轻教学”的问题。基于高校的整体发展，高校对教师的评价与奖励往往偏重教师的科研产出。加之教学水平与教学成果的难以量化，教学评价往往以量代质，仅限于是否完成规定的教学工作量，忽视了对于教师教学态度、课堂表现及课后与学生互动交流等的深远影响。同时，教学评价还存在标准简单硬性的问题，未能区分不同类型、不同授课对象等方面的课程，仅限于学生和督导的课堂打分，无法真实反映教学效果的优劣。同时，针对教学能力提升的专项培训不足，不能掌握系统的教学理论与规律，更不能参与人才培养的诸如教学大纲、教学计划等的制定。有的教师甚至常年用一套教案，不能紧密结合当代社会发展情况，没有先进的教学理念，更无法结合当今的教育改革对课程进行及时调整，教学水平无法提高甚至下降。长此以往，部分教师对教学投入的精力和情感大大减弱，造成教学水平和状态持续下降，严重影响了高质量师资队伍建设。

（三）人才引进培养力度不够大

目前，高校教师普遍存在学科层级、学术水平、职称级别、性别及年龄结构不甚合理的情况，人才建设工作滞后。在人才引进的工作中，力度不够大，标准不够高，制度待遇不能及时跟进，无法形成规模效应与磁场效应，很难扩大人才规模且实现本土教师能力水平的提升。在人才培养的工作中，由于高校未能提供适宜的教学科研条件，未能制定合理的人才培养策略，青年教师成长路径不明确，导致学科内人才不同程度地出现断层现象，也无法成长为跨学科的复合型人才。目前人才来源分为本土人才和外来人才，但一些高校没能根据人才的背景、学缘结构等制定不同的发展目标与培养条件，两群体间亦缺乏沟通，很难实现共同发展。同时，学科之间差异较大，由于平衡原因，优势学科和普通学科的支持力度无法拉开差距。最后，未能根据人才成长特点制定差异化的评价指标，目前在评价系统、标准与程序上均与普通教师完全相同，降低了人才的创新创造积极性。

（四）体制机制改革不够彻底

随着《深化新时代教育评价改革总体方案》与《关于加强新时代高校教师队伍建设改革的指导意见》等改革总领政策的发布，高校应及时落实文件精神，顺应深化高校人事制度改革要求，持续推进教师评价制度改革。但是，部分高校仍存在重视程度不够、对文件内容理解有偏差等问题，造成规章制度修订滞后、相关文件精神得不到落实。目前，考评聘机制的问题主要体现在以下三方面：一是调研不充分，调研结果研究不透彻或者生搬硬套；二是考核评价标准、主体、手段等较为单一，唯论文课题等现象纠正不彻底，未纳入难以量化的成果；三是未能充分考虑人员差异、岗位差异、学科差异，对分类设岗、分类考评的文件精神落实不到位。

（五）待遇保障不够健全

受某些外部因素影响，近年来高校整体办学经费紧张，为优先保证学生培养支出，个别学校甚至出现了整体降薪的现象，教师薪酬激励不足。同时，由于教学科研活动的不确定性，各项经费的预算与决算往往存在一定出入，不能完全符合硬性的财务制度，因此，经费的使用有时会出现“为了花钱而花钱”的现象，而不能很好地满足完成立项任务的“刚需”。另外，目前科研绩效奖励存在重数量轻质量的问题，教学绩效奖励规则存在方案不成熟的问题，其他绩效存在因学院创收差异导致同等贡献奖励不均的问题。这些问题，极大影响了教师教学科研的积极主动性。

二、高校师资队伍建设改革路径

（一）师德建设，筑牢思想政治底色

提高站位，坚持“四个相统一”，把教师思想政治和师德师风建设作为师资队伍建设的首要任务，将立德树人作为对教师的根本要求，坚持师德师风建设工作与党建、业务工作同部署、同落实、同检查。强化组织保障，成立专门的师德委员会及办公室，健全师德建设领导责任制和工作机制。完善师德宣传、监督、考核等日常工作，持续推进教师师德师风教育的系统化、常态化，构建全面发展的育人体系。加强师德相关的制度建设，优化教师奖惩制度环境，建立师德师风问责制，同时坚持对师德问题始终采取“零容忍”的态度。优化考评制度，量化评价机制，加强监督考核，落细师德考核，对于违反师德师风规范的教师实行“一票否决”制，以案促改。加大宣传和表彰力度，加大对正面典型精神、物质的双重激励，发挥示范表率作用。充分发挥考核的导向作用，引导广大教师自觉践行职业行为准则，不断提高自身修养和师德水平。进一步增强教师意识，提升“四个自信”，不忘初心，真正做到“三全育人”。

（二）教学为本，全面提升人才培养质量

高校应加强统筹，完善组织建设，创新机制，改进方法。配齐软硬件条件，打造一流课程，成就真正的教学名师，传承教学理念与文化知识，从而培养一流的人才。高校应引导教师充分发挥教学和科研两方面的优势，二者协调发展，通过科研反哺教学，突出教书育人导向，而不顾此失彼。成立教师发展培育中心，专业、系统、规范地加强和完善学校教师教学的评价、培训、诊断与服务，通过搭建教师教学培训体系，不断提升教师的专业素质。通过采取讲座、沙龙、工作坊、观摩等多种方式，针对青年教师开展教学理论与教学基本技能的培训，传输教学活动相关的知识、方法和规律，转变青年教师的教学观念，实现广大教师教学能力的同步提升。教师发展工作更加突出教育教学，鼓励教师参与编写教材、案例，指导学生毕业设计、就业、创新创业、社会实践、竞赛展演等。将教师教学水平作为学院领导和事业发展的重要考核指标，各级各部门协同推动教师教学能力提升。

（三）育引并举，激励人才追求卓越

以党管人才为根本点，构建外引内培同向聚合的全方位人才队伍建设机制。一是强化人才引进工作，科学制定引才规划，不断优化人才队伍。重视各学科高水平人才的引进，持续深化实施“人才强校”战略，运用多种策略推进各级各类人才计划项目的落实落细。因人制宜，对于在学科建设方面非常优秀的学科带头人，可以以团队形式整体引进，配套优势资源；对于校外科研单位的突出人才，可以通过外聘教授等方式加强与本单位教师的合作，提升本单位的师资水平。二是优化人才培育工作，规范制度建设，搭建成长平台，促进人才全面发展。重点培养发展潜力大的新进教师、青年教师，为高层次人才队伍建设提供梯队支持。重视内部人才的培养，多部门协调，对科研业绩优秀的青年教师给予条件倾斜，给予在国家级、省部级等项目和奖励方面的申请指导，使他们快速成长、独当一面。对于非优势学科，也应多加支持扶持，加强与其他高校合作，明确研究方向，提升本学科的科研、教学水平，加大优质成果产出。三是推动人才评价改革工作，坚持人才引领发展理念，遵循人才成长发展规律，建立系统的人才工作组织体系，激发人才创新创造活力。

（四）机制改革，强化政策引领导向

培养、引进人才很重要，留住、用好人才更关键。教师队伍建设不是某一个部门某一个单位的事，需要全校齐抓共管，理顺改革的体制机制，解放高校发展

生产力。高校应因地制宜，制定出既能适应高校发展战略，又能促进人才发挥效力的人才发展政策，做到人尽其才、才尽其用。一是健全职称评聘制度。坚持内涵为重、质量为先的评价导向，由“量化评价”转变为“以质为先”。确保职称评审更加公平、公正、科学。科学设置并持续完善职称岗位晋升标准，实现全员按需设岗、按岗聘任，完善岗位设置分类分级管理体系，将师德成果、教学成果、学术成果和智库成果等多元化成果纳入职称岗位评审体系。持续推进“破五唯”，进一步提升教学评价权重，做到既要符合当代人才的成长规律，又要有利于未来人才的发展目标。二是贯彻分类评价制度。充分考虑教师个人发展与学校总体发展需求，努力健全多元评价体系，在坚持学术高标准和兼顾学科差异性的基础上，各学科根据学科特点、发展阶段及发展目标，制定科学合理的考评条件。三是完善考核约束机制，制定教师岗位基本职责，开展教师工作量考核，持续强化教师岗位职责意识，坚持科学分类评价，统筹各类型教师关于教学、科研、社会服务等评价指标比重，明确不同层次、不同类型教师的具体任务标准。

（五）预算保障，持续薪酬正向激励

收入是个人价值的最直观体现，只有保证教职员工在工资、科研经费等方面的基本经济需求，才能让他们放开手、安下心地进行科研与教学工作。首先，稳步推进教师薪酬制度改革，保证发挥薪酬的激励作用。确定岗酬结合、注重实绩的绩效工资分配原则，通过增加教师基础性绩效比重等措施确保其收入不断增长。同时，坚持效率优先、兼顾公平的原则，进一步完善收入分配管理体制机制，坚持以体现知识价值为方向的分配原则，切实增强教师的获得感和荣誉感。其次，各项工作建立专项资金，确保经费到位。经费的使用应遵循科学合理的原则，专款专用，并给予教师一定的使用自由度，赋予科研管理更大的自主权，真正做到经费为人服务、为事服务。最后，进一步强化绩效发放监管制度，规范科研经费管理与使用工作，营造良好的科研环境。坚持不懈落实中央八项规定精神，规范管理、严格把关，制定完善绩效发放细则，确保绩效的具体事项真实、合理、合规。

三、结论

进入“双一流”建设和教育改革的新时代，为建设高素质专业化的教师队伍，高校需要聚焦师德师风建设，突出教书育人导向，服务落实立德树人根本任务；改进制度，营造氛围，全面构建科学合理用人机制；坚持引进培养并重，厚植教师成长沃土，服务高等教育内涵式发展；深化体制机制改革，破除制约人才

发展的制度障碍，激发教师创新发展活力；遵循市场经济规律，努力提高教师薪酬待遇，切实增强教师的获得感和荣誉感。加大顶层设计力度，开展宏观布局，为深化教育教学改革奠定坚实的基础。

参考文献

［1］教育部等六部门关于加强新时代高校教师队伍建设改革的指导意见 – 中华人民共和国教育部政府门户网站［EB/OL］.（2021 – 01 – 27）［2021 – 05 – 19］. http://www.moe.gov.cn/srcsite/A10/s7151/202101/t20210108-509152.html.

［2］中共中央国务院关于全面深化新时代教师队伍建设改革的意见［EB/OL］.（2018 – 01 – 20）［2022 – 05 – 17］. http://www.gov.cn/zhengce/2018-01/31/content_5262659.html.

［3］管培俊. 以人才引领发展理念建设教师队伍人才高地［J］. 教育研究，2022，43（09）：118 – 129.

［4］肖婀娜. “双一流”高校建设背景下教师队伍建设研究［J］. 南昌师范学院学报，2022，43（04）：100 – 104.

［5］郭立亚，黄丽. 新时代我国高校体育教师队伍建设改革的关键任务与实施路径［J］. 北京体育大学学报，2021，44（09）：105 – 113.

［6］刘虹. 高校党委教师工作部的职能及其体制机制建设［J］. 高教学刊，2021，7（14）：136 – 140.

［7］姚弋霞，张文舜，何久钿. “双一流”战略视域下一流本科师资队伍建设的问题与思考［J］. 江西师范大学学报（哲学社会科学版），2018，51（2）：127 – 133.

［8］张春雷，李刚强. 运用“小切口”实现“大改革”［N］. 中国教育报，2021.

作者简介

马颖，对外经济贸易大学人力资源处师资办公室科员，经济师，工学硕士；研究方向：高等教育管理、人力资源管理；电子邮箱：02683@uibe.edu.cn。

赵爽，对外经济贸易大学国际经济贸易学院，研究实习员；研究方向：高等教育管理；电子邮箱：uibezhaoshuang@163.com。

高校非编教职工现状及工会维权服务对策研究

刘　倩　李文洁

摘　要：随着高校管理和人事制度的改革，非编教职工的数量逐步增加，已经成为学校高质量发展中不可忽视的力量。本文通过对高校非编教职工现状的分析，发现他们在薪酬福利、民主权利、职业发展、技能培训等方面与事业编教职工存在较大差距，而且非编教职工加入工会组织也存在诸多限制。针对这些问题，提出了一些工会维权服务对策。工会需要根据新形势的变化，不断研究制定新的维权策略，维护教职工的合法权益。本文旨在为高校非编教职工的权益维护提供参考和借鉴，为高校工会发挥维护职能提供思路和对策。

关键词：高校；非编教职工；工会；维权服务对策

一、前言

在我国高等教育事业的不断发展过程中，随着高校管理体制和人事制度改革的不断深化，教职工的人员类型越来越多样化，呈现出以事业编制教职工为主体，非事业编制教职工为辅的教职工队伍结构，且非编教职工已成为学校事业发展中一支不可或缺的主力军。然而，在高校中，由于非编教职工在接收和管理中的特殊性和相关制度的缺失，与事业编制教职工的待遇存在较大差距，具体表现在薪酬福利、民主权利、职业晋升、技能培训等多个方面，这些已经成为广泛关注的问题。而在当前高校发展的新形势下，如何更好地发挥非编教职工的作用，完善非编教职工的待遇和权益保障，已成为高校人事管理的重要课题之一。

另外，对于非编教职工加入工会组织也存在诸多限制。这些限制可能来自高校工会组织自身的管理制度，也可能来自非编教职工的自身条件。《中华人民共和国工会法》中明确指出，工会是中国共产党领导的职工自愿结合的工人阶级群众组织，是中国共产党联系职工群众的桥梁和纽带。在工会的四项社会职能中，维护职工的合法利益和民主权利是四项职能之首。因此，随着非编教职工队伍的不断发展壮大，发展非编教职工不断加入工会组织势必成为当前高校和工会的一项重要工作。工会需要根据新形势的变化，认真研究制定新的维权策略，尤其要针对非编教职工所面临的困境，积极开展工作，为他们解决问题，更好地为广大教职工服务，维护职工的合法权益，当好职工最信赖的“娘家人”。

二、高校非编教职工发展现状

（一）非编教职工类型

在高校中，非编制教职工主要分为两类：校聘人员（人事代理）和劳务派遣人员。校聘人员与高校签订劳动合同，档案关系委托存档机构进行管理。而劳务派遣人员是聘用人员与第三方劳务公司签订劳务合同再派遣到某个岗位工作，相比校聘人员，劳务派遣人员的待遇比较低。目前校聘人员呈现人数少、学历高的特点，以某高校为例，校聘人员只占非编教职工人数的2%，大部分为高校引进的高层次人才，其工资、社会保险与福利等由学校统筹管理，除聘用的退休教师外，基本实现了同工同酬和全部入会。而劳务派遣人员的管理主要由高校的各二级单位负责，他们在薪酬福利、民主权利、职业晋升、技能培训等多个方面与事业编教职工存在着很大的差异。本文主要针对劳务派遣人员的现状进行研究。

（二）非编教职工权益实现现状

1. 薪酬福利方面

在高校中，非编教职工因身份类型与事业编制教职工不同，所得到的薪酬福利存在明显差异。首先，在工资待遇方面，非编教职工无法实现同工同酬，薪酬结构均不同于事业编教职工，标准往往低于在编教职工。非编教职工薪酬主要由二级部门自筹，受各部门财力影响，即使工作岗位、工作强度相似，待遇也存在较大差异。此外，学校在非编教职工福利的统筹管理上存在缺失，如在职工体检、社保公积金等方面，由各二级部门直接进行管理，缺乏整体规划和统一标准，不同部门之间福利待遇不同。其次，未加入工会的非编教职工无法享受到工会发放的法定节假日福利和其他慰问品，进一步加剧了其福利待遇上的不平等。此外，学校的额外补充医疗保障，如在职职工互助保障计划、大病医疗互助会等仅适用于在编教职工，无法惠及非编教职工。

2. 民主权利方面

非编教职工在高校中的民主权利较弱，具体表现在参与决策权较弱。非编教职工缺乏集体协商和谈判的能力，没有专门代表非编教职工利益的工会组织，他们参与学校的决策、管理和监督的机会相对较少。非编教职工通常无法参与到学校的重要决策中，无法对学校的发展方向发声和提出建议。在教职工代表大会中，很少有非编教职工能够作为教代会代表参会，他们只能在部门内部参与讨论。以某高校为例，在本届教代会中仅有三位非编教职工为教代会代表。因此，非编教职工在学校的发展建设中少有话语权，他们无法通过提案向学校教代会反映对学校发展建设方面的意见和建议，诉求表达的渠道有限。

3. 职业发展方面

非编教职工的职业发展相对于编制内教职工来说较为困难，他们工作任务单一、职业稳定性差、缺乏职称晋升机会、职业发展机会较少。非编教职工的工作通常是零散的、临时的，工作任务比较单一，缺乏系统性的培训和职业发展规划，难以提高自身素质和能力，且合同一般为一年到三年，流动性大，缺乏长期职业发展的保障。非编教职工无法参与职称评审，也没有职称晋升的机会，导致他们的职业发展受到限制，没有晋升的空间。相对于事业编教职工，他们的职业发展机会较少，学校的评奖评优、晋升和职称评定等方面也没有给非编教职工创造出有利条件。

4. 技能培训方面

高校对非编教职工的技能培训也存在问题和挑战。非编教职工往往没有获得与事业编教职工同等的培训机会，缺乏专业技能培训、学历提升和职业发展规划等方面的资源支持。在一些高校中，非编教职工缺乏培训和职业发展规划，没有明确的职业道路和发展目标，难以有针对性地开展学习和培训。非编教职工参加培训存在一定的门槛和限制，如需要自行承担培训费用、缺乏合适的培训课程、难以获得培训证书等，这些都制约了非编教职工的技能培训。此外，上级工会组织举办的一些比赛和文体活动通常要求参赛者必须是正式工会会员，这进一步限制了高校非编教职工通过技能培训提高自身素质和参与活动的积极性。

（三）非编教职工加入工会现状

由于身份的特殊性和制度的缺失，非编教职工加入工会受限。以某高校为例，截至2022年底，非编教职工共380人中（不含第三方外包人员）仅有180

人加入工会，不到非编教职工总人数的一半。疫情更是对高校中的非编教职工造成了较大的影响，导致非编教职工的离职率提高和流动性变大。由于非编教职工离职率高、会费缴纳比例较低等原因，各大高校制定的《非事业编制职工加入工会管理办法》中对入会条件的要求大都规定与学校签订聘用合同需满足一年以上，有些高校要求工作满三年，导致了非编教职工身份认同感低，缺乏归属感。一些非编教职工对工会权益保障的认知不足，缺乏对工会的信任，使得工会无法有效维护非编教职工的权益。随着高校用工需求的变化和对非编教职工管理体系的不断优化，目前非编教职工的学历层次逐渐提高，工作的重要性和工作量逐渐增加。按照美国社会心理学家马斯洛的需求层次理论，未来非编教职工的需求将会以较高层次的社会需要、自尊需要和自我实现需要为主。因此，高校非编教职工的工会组织建设和发展亟待加强，以提高非编教职工入会率和工作参与度，促进工会事业的持续发展。

表 1　某高校非编教职工入会情况

年份	人数
2018 年	122 人
2019 年	165 人
2020 年	186 人
2021 年	201 人
2022 年	180 人

三、高校非编教职工权益缺失现状的原因分析

（一）非编教职工管理复杂

高校中非编教职工来源多样，包括管理岗、专技岗、工勤岗、孔子学院专职教师岗、业务开拓岗和下属独立法人单位聘任的合同制员工等，使得其所处的管理体制和机制相对较为复杂，管理难度较大。在一些高校中，非编教职工的管理体制和机制不完善，相比正式教职工管理来说较为薄弱，缺乏明确的权责和管理规范。例如，对于非编教职工的用工合同签订、薪酬待遇、年度考核、奖惩管理、晋升和离职等方面的管理都存在一定程度的缺失，容易造成管理混乱。

（二）非编教职工流动性大

非编教职工的工作任务通常比较单一，比如只负责某一个项目。劳动合同通常是短期或者临时的，聘期结束后他们需要重新寻找新的工作机会，缺乏工作的稳定性和保障。由于非编教职工聘用标准比较灵活，工作环境和待遇不稳定，一些非编教职工可能会寻求更好的工作机会和待遇更好的工作岗位。加之高校各部门可以根据实际需求灵活使用非编教职工，这也增加了其流动性和管理难度。

（三）非编教职工的工会经费受到限制

高校中非编教职工的工费经费通常是由单位的拨缴经费和工会会员缴纳的工会会费构成的。非编教职工的薪资水平往往较低，按照会费的计算方法，他们所缴纳的会费标准低，这就导致工会经费的来源减少，影响到工会正常开展工作和非编教职工的权益保障。此外，由于非编教职工入会后，会员的日常组织、管理和活动以其工作岗位所在的分工会为主负责，这会导致需要用事业编教职工的工会会费来支持非编教职工的福利和权益保障，挤占事业编教职工的福利，使工会难以为教职工提供更多的福利保障，容易引起矛盾和不满。

四、高校工会维权服务对策

近年来，随着高校管理体制的改革和对非编教职工权益的重视，工会需要在构建和谐稳定的劳动关系，加强对教职工的权益保护方面有所作为，不断适应新的职工队伍结构和劳动关系等方面的发展变化，推进维权工作法治化，依法维护教职工的合法权利，使非编教职工的地位和权益得到逐步提高。

（一）完善非编教职工加入工会相关制度

工会要及时修订出台《非事业编制职工加入工会管理办法》，进一步吸纳非编教职工加入工会，提升入会率。随着用工方式的变化，非编教职工在高校中的重要性正在增加，对维权的需求也日益增加，以往的规定、办法已无法适应出现的新问题。作为致力于维护教职工合法权益的群团组织，工会应该积极进行走访调研，探寻各院校存在的共性问题，广泛征求意见，以便让非编教职工充分了解工会的维权职能。同时，也应完善非编教职工加入工会的流程和程序，明确加入工会的条件，并及时向他们宣传相关制度和政策，提高他们对工会的认识和理解。在非编教职工加入工会时增加仪式感，通过营造一种重视工会组织、尊重工会成员的氛围，有效提高非编教职工的凝聚力和归属感。

（二）优化非编教职工工会经费管理模式

随着高校教职工队伍结构的多元化，高校工会组织也需要不断创新和调整工会经费的来源和管理方式，以更好地满足广大教职工的需求。针对非编教职工的特殊性，工会应推动高校或二级单位为非编教职工拨缴专项的工会经费，从而为非编教职工争取到更多的帮助和支持，同时又不挤占事业编教职工的工会福利。高校还可以尝试采取争取社会支持和捐赠的方式补充工会经费。工会在经费使用方面也需要更加透明、公开，定期公布经费的来源、使用情况和效果，让教职工更加明确工会经费的用途和价值。通过优化和调整工会经费的来源和管理模式，工会可以更好地服务于广大教职工，提高工会组织的凝聚力和影响力。

（三）为非编教职工创造参与学校治理的机会

工会要主动提升非编教职工的主人的意识，动员和组织非编教职工积极参与学校建设和改革。为非编教职工提供更多参与教职工代表大会的机会，比如开设非编教职工代表席位、设立非编教职工代表会议或委员会，选举出具有代表性的非编教职工代表，参与学校重要决策的讨论和决定。这些举措有助于提高非编教职工工作的参与度，促进高校内部的民主决策和管理。此外，还要加强非编教职工职业能力培养，提高其专业素质和管理能力，为更好地参与学校治理提供支持和保障。不断加强制度保障和监督机制，确保制度落实和执行情况得到有效监督和管理。

（四）拓展非编教职工文化阵地建设

工会可通过丰富多彩的活动和服务，增强凝聚力和组织力，提高非编教职工对学校的认同感和归属感，提高非编教职工加入工会的积极性。鼓励非编教职工踊跃参与学校的文体活动，加强沟通交流，使非编教职工感受到学校的关怀和关爱。还要发挥各专门委员会的作用，可依托女教职工委员会、福利委员会等发挥作用，还可以在工会组织中设立专门的非编教职工委员会，负责制定非编教职工的权益保障政策和制度，协调非编教职工之间的利益关系，促进非编教职工的工作和发展。一些高校也开始探索非编教职工的人才评价机制，制定专门针对非编教职工的培训计划，提供具有针对性的技能培训和学习，为非编教职工提供更多的职业发展空间和机会。

五、结语

本文主要对高校非编教职工现状及其在工会中的地位进行探讨，并提出了相应的工会维权服务对策。随着高校事业的发展，非编教职工已成为学校发展中一支不可或缺的主力军，但其待遇和权益保障相对不足，与事业编教职工存在较大差距，需要工会为他们提供更加有效的维权服务。因此，建议工会在工作中加强对非编教职工的权益保护，通过完善非编教职工加入工会相关制度、优化非编教职工工会经费管理模式、为非编教职工创造参与学校治理的机会、拓展非编教职工文化阵地建设等方式，与学校其他职能部门协调配合，共同加强高校非编教职工的权益保障。希望本文能对高校工会为非编教职工提供更好维权服务、促进高校人事管理和事业发展提供有益的参考。

参考文献

［1］张龙燕. 高校非编人员“体面劳动”的现状与工会维权的路径选择［J］. 高校后勤研究，2016（06）：103－106＋113.

［2］童吟，张政平. 试析当前非编人员工会经费管理模式的优化［J］. 浙江科技学院学报，2019，31（04）：291－298.

［3］滕云，崔恩山. 提升高校工会服务非编人员能力研究［J］. 北京教育（高教），2019（Z1）：92－93.

［4］王国晖，朱建春，史明霞，等. 高校工会为非编制人员维权服务的现状与策略创新研究——以 S 省高校为例［J］. 山东工会论坛，2020，26（03）：21－29.

［5］陕西省教育工会课题组. 发展高校非在编人员入会应有大思路——公办高校非在编人员加入工会情况调查报告［J］. 中国工运，2017（01）：61－66.

作者简介

刘倩，对外经济贸易大学校工会，助理会计师；研究方向：工会财会；电子邮箱：03071@ uibe.edu.cn。

李文洁，对外经济贸易大学校财务处，助理会计师；研究方向：政府会计；电子邮箱：03142@ uibe.edu.cn。

全方位培养引进用好国家急需紧缺高层次人才现状、困难及建议

卢夏阳　黄海刚

摘　要：人才是实现民族振兴、赢得国际竞争主动的战略资源，也是我国经济社会高质量发展的重要支撑。党的二十大报告强调："我们要坚持教育优先发展、科技自立自强、人才引领驱动，加快建设教育强国、科技强国、人才强国，坚持为党育人、为国育才，全面提高人才自主培养质量，着力造就拔尖创新人才，聚天下英才而用之。"习近平总书记在中央人才工作会议上讲话时强调："坚持面向世界科技前沿、面向经济主战场、面向国家重大需求、面向人民生命健康，深入实施新时代人才强国战略，全方位培养、引进、用好人才。""四个面向"科学回答了新时代人才工作朝什么方向努力、向什么目标发展的重大问题，为我们做好新时代人才工作提供了根本遵循。

当前，世界百年未有之大变局加速演进，中华民族伟大复兴进入关键时期。全方位培养引进用好国家急需紧缺高层次人才既迎来了历史性机遇，也面临着复杂挑战，亟待解决紧缺人才"是什么、在哪里、如何引、怎样育、怎么用"等五个现实困难。迫切需要在识才制度、引才渠道、育才环境、用才良方等方面战略破局，加快建设世界重要人才中心和创新高地。

关键词：人才培养；人才引进；人才使用；国家急需紧缺人才

一、准确把握培养引进用好国家急需紧缺高层次人才的现状

培养引进用好国家急需紧缺高层次人才必须将它置于新时代人才工作的宏观背景与整体进程中，必须深刻认识和理解战略人才的重要意义以及我国战略人才主要依靠自己培养的必要性，必须充分考虑国际环境和形势的复杂性与不确定性。

（一）人才工作成就巨大，历史性机遇千载难逢

党的十八大以来，我国人才资源总量快速增长，人才国际竞争优势稳步增强，我们已经拥有一支规模宏大、素质优良、结构优化、作用突出的人才队伍。当前，我国进入全面建设社会主义现代化国家、向第二个百年奋斗目标进军的新征程，2035 年我国将进入创新型国家前列、建成人才强国，培养引进用好国家急需紧缺高层次人才工作迎来了历史性新机遇。

（二）战略人才地位凸显，自主培养意义重大

当前，科技革命与产业变革形成历史交汇，科学前沿突破涌动。战略人才是国家核心竞争力的关键性支撑，对国家科技发展和综合国力的提升具有重大意义。受当前国际关系和国际竞争的影响，未来我国高层次人才“大进大出”的局面恐将面临挑战，国家迫切需要在急需紧缺高层次人才领域实现“自立自强”。

（三）人才问题逐渐政治化，人才竞争日益白热化

新一轮科技革命日新月异，疫情时代国际环境充满不确定性，俄乌交战引发国际格局调整，在这样的背景下，人才的争夺已成为大国竞争和战略博弈的重要阵地。当前及未来我国人才培养、引进、使用工作面临错综复杂的国际形势和日益增加的体系性风险。主要发达国家愈发强调对战略人才的争夺，人才的国际竞争日趋激烈。

二、客观分析培养引进用好国家急需紧缺高层次人才的困难

培养引进用好国家急需紧缺高层次人才存在“是什么、在哪里、如何引、怎样育、怎么用”等现实困难，这里面包含着短期与长期、国内与国外、“硬条件”与“软环境”的辩证逻辑，以及“引育评用”的复杂关系。

（一）“紧缺人才”是什么?

“紧缺人才”的判断标准不仅要反映当前经济科技社会发展重点难点领域的需求，也要反映未来科技发展方向，且对国家安全和竞争力具有战略意义。精准研判人才需求的规格、类型是培养、引进、用好人才的第一步，也是重要一步。我们需要在组织方式上强调顶层设计、战略和跨学科协同，要有战略思维、谋划和布局。如何从顶层设计和组织协调上解决这一问题是我们面临的第一个困难：**“紧缺人才识别难”**。

（二）“紧缺人才”在哪里？

当前，美英等国家千方百计阻碍我国科技、文化、人才的国际交流。拓宽引才视野、丰富引才通道是我们做好当前及下一阶段人才工作的重点。我们可将眼光锚定在欧洲主要科技工业强国、“一带一路”沿线国家以及其他具有坚实科技基础、人才资源丰富的国家。然而，由于缺乏对人才的全球分布、集聚、流动情况进行长期、大数据的追踪和研究，目前无法充分为人才战略决策提供精准数据和情报，这是我们面临的第二个困难：**“紧缺人才追踪难”**。

（三）“紧缺人才”如何引？

人才流动和集聚具有一定规律。当一国的产业发展向全球价值链中高端攀升时，以优化营商环境为核心的公共政策将会大幅提升该国人才竞争力，一定程度上可以视为是人才吸引的“硬条件”和“软环境”的叠加效应。当前，中国经济已步入高质量发展阶段，具备国际高端人才吸引和集聚“硬条件”。然而，当前人才发展体制机制改革“破”的不够、“立”的也不够，既有中国特色又有国际竞争比较优势的人才发展体制机制还没真正建立，这是我们面临的第三个困难：**“紧缺人才引进难”**。

（四）“紧缺人才”怎样育？

全方位人才培养是一个复杂的系统工程，涉及多个方面。首先，涉及人才个人综合能力的提升，主要包括人才的思想政治素质、个人道德品质和综合业务能力等方面的提升。其次，涉及人才培养的规律性。要满足多元化的人才需求，设定不同的培养目标，系统化制定不同的培养计划以进行全面培养；要兼顾人才的个性，制定有特点、灵活的人才培养计划。最后，涉及人才培养的制度保障。政策层面要考虑人才政策须有利于人才的成长与发展，为人才发展提供各种有利条件；实践层面要完善及早发现、重点培养、专门培训等制度，在实践中发现人才、培养人才、锻炼人才，让人才快速成长。当前，人才培养中存在“重引进轻培养”“重育才轻用才”“重产出轻投入”的现象，人才培养与人才管理中招聘、晋升、薪酬、绩效等的整合缺乏联动性系统性规划等问题，这是我们面临的第四个困难：**“紧缺人才培养难”**。

（五）“紧缺人才”怎么用？

引才育才的核心是用才，用才的基础是具备完善的人才发挥作用的平台、机制和保障性条件，更为重要的是拥有一套完善的识人、育人、用人的机制和模式。

长期以来，如何用才缺乏一定的战略统筹和机制设计，基础科学领域人才储备优势、“一流大学”建设组织优势以及国家实验室建设平台优势发挥尚不明显，人才发挥作用方面仍存在平台、环境和制度方面的障碍，这是我们面临的第五个困难：“紧缺人才使用难”。

三、全方位培养引进用好国家急需紧缺高层次人才的建议

着眼于实现高水平科技自立自强、建成人才强国的远景目标，全方位培养引进用好国家急需紧缺高层次人才需要我们统筹推进以下工作。

（一）加强基础科学领域人才培养，加快实现人才自立自强

强大的基础科学研究是建设世界科技强国的基石，基础学科人才是人才体系结构中的“金字塔尖”，是未来科技进步和学科发展的领军主力。当前，基础科学的学科吸引力和职业吸引力不强，基础学科人才培养在价值塑造、选拔培养、评价跟踪、生态协同等方面需要进一步创新探索。

1. 人才培养定位方面，把正确价值观塑造摆在基础学科人才培养的首位。全面落实立德树人根本任务，面向国家战略需求、人类未来发展、思想文化创新和基础学科前沿，坚持科学精神与人文情怀、艺术素养并重，将正确政治方向和价值引领贯穿于人才培养全过程，下好人才自主培养“先手棋”，把那些志存高远、国家急需的紧缺人才挑选出来，下大功夫，重点培养，长期扶持，早促成才。

2. 人才培养模式方面，聚焦学科融合、产教融合，在基础学科与应用型学科、新兴学科的交叉点上形成培养顶尖人才的增长点，将产业需求变成科研导向，围绕世界科技发展新趋势、新技术，以真正的自然探索和科技创新为核心目的培养人才，从根本上解决紧缺人才培养与社会需求相脱节的结构性矛盾。

3. 人才培养阶段方面，初等教育阶段，通过设立科普教育基地等，培育学生的科研兴趣与科学素养；本科教育阶段，提供短期接触机会，挖掘学生群体的科研潜能；研究生教育阶段，通过促进博士生、博士后、领军人才、战略科学家的良好互动和合作，在深入参与前沿研究中培育紧缺人才。

（二）加强政策支持引领，拓展丰富引才渠道

新时代紧缺人才引进的形势发生着深刻调整，我国人才引进工作要加大政策支持力度，积极拓宽引才渠道，实现科技、人才与教育合作对象的多元化，破解引才路径依赖和单一问题。

1. 将眼光转向欧盟工业强国。欧盟和我国在科技、产业与教育等领域有着高度的互补性和合作潜力，一些工业强国在新兴科技与产业领域具备完善的人才培养体系和丰富的人才存量。可重点考虑加强与欧盟国家合作，与世界科技前沿保持密切联系，积极引进紧缺人才。

2. 将目光转向“一带一路”人才质量较高国家。在人类命运共同体建设背景下，招募具有发达国家教育、工作背景的人才，拓展人才引进“第三空间”，在利益共享基础上引进紧缺人才。

3. 尽快建立“全球高层次人才搜寻小组”，做好人才数据库建设。人才引进和集聚是一项长期工作，精准对接、引进的前提是数据支撑。大数据引才有助于引才工作机制化、系统化、持续化和战略化，避免人才工作的短期、短视倾向。

（三）加强国家战略科技力量建设，推进人才体制机制创新

强化国家战略科技力量是实现科技自立自强、全面建设社会主义现代化国家的必然选择。要构建以信任为前提的科研管理机制，在实践中识才、育才，在创新中聚才、成才。

1. 以重大科技基础设施平台、国际合作项目、大科学装置引聚人才，通过面向世界人才开放和学术委员会同行评议择优机制，让最前沿科学家成为国家战略科技力量。

2. 在“赛场”上识才，以重大科技攻关项目“揭榜挂帅”用才，“英雄不问出处”，不以“人才帽子”“职称高低”“论文数量”评才。

3. 完善以知识价值为导向的收入分配政策，将科教融合纳入科研人员考核评价，借助人才“旋转门”提升科教融合的实效和水平，调动创新型人才积极性，建设竞争、协作、共生的创新生态。

4. 强化岗位聘任方式和人才分类体系建设，形成以战略科学家、科技领军人才、职员科学家、博士后科研助理为代表的雁阵格局。

（四）加强双边或多边协定引才，不断开拓人才工作新局面

加强双边、多边和区域贸易投资合作，降低全球化风险，更好地实现我国利益是当前重要的国家战略。2022 年 1 月 1 日，《区域全面经济伙伴关系协定》（RECP）正式落地生效，为成员国科技、人才、技术等创新资源的自由流动和我国高质量发展带来了不可估量的积极意义。

1. 做好顶层设计。加强引才与经贸合作的战略协同、对接，在区域贸易、投资和教育协定谈判中集聚科教等领域专家。

2. 促进交流合作。充分利用和拓展协定中关于技术、人才的相关条款，加

强与成员国高端科技和人才资源的交流合作，在高水平科技合作和自然人流动方面提供更为开放的空间。

3. 加强研究研判。应加强研究、研判双边或多边协定在技术合作、知识产权和自然人流动等方面的开放承诺，抢抓政策红利，扩大开放，规避风险，开拓人才工作新局面。

（五）加强人才战略研究，积极谋划科学布局

人才战略问题是一个典型的跨学科研究领域，单一学科的研究难以深入、全面和精准。

1. 国家积极支持在经济学、国际关系等学科优势明显、国际化程度高且在人才问题研究上具有深厚基础的一流高校成立“人才战略研究中心”，将其纳入相关基地建设和支持范畴。

2. 高校要加强对战略人才“引育用评”等规律的研究，深化人才发展体制机制改革，为国家急需紧缺人才的培养使用提供政策参考。

3. 加强对引才战略的国际风险预测和战略应对。

（六）加强人才国际合作，推动全球治理体系变革

未来较长的周期内，“竞争”将会是国际人才领域的核心概念，在日趋激烈的“竞争”中寻求合作、理解和突破，将会直接影响我国人才吸引和集聚的效率。

1. 人类共同问题的解决依赖各国人才通力合作，要更加积极参与制定全球治理规则，共同应对人类面临的全球性问题，这也是为我国人才国际合作交流创造条件。

2. 在克服全球危机方面，应进一步展示负责任大国担当，推动全球治理体系变革，提升应对全球危机的能力和提供全球公共产品的能力。

3. 疫情导致经济下行趋势明显，一些国家的科研经费不足，我国可牵头组织相关问题的基础研究和应用研究，创建解决全球问题的合作基金，在科研合作中增进理解、消除差异，为未来人才吸引和集聚奠定声望基础，早日把我国建设成为世界重要的人才中心和创新高地。

参考文献

［1］黄海刚，闫芳芳. “印太战略”背景下美国与东盟教育合作战略研究——兼论对我国的影响及应对之策［J］. 比较教育研究，2023，45（01）：14-24.

［2］潘庆中. 国际人才引进、激励、融入战略探析［J］. 人民论坛·学术前沿，2021，（24）：33－41.
［3］黄海刚，连洁. 国际高层次人才吸引的典型政策体系分析［J］. 复旦教育论坛，2019，17（05）：76－83.
［4］张玲玲，王蝶，张利斌. 跨学科性与团队合作对大科学装置科学效益的影响研究［J］. 管理世界，2019，35（12）：199－212.

作者简介

卢夏阳，对外经济贸易大学党委组织部/党委人才工作办公室，助理研究员；研究方向：高等教育管理；电子邮箱：luxiayang@uibe.edu.cn。

黄海刚，对外经济贸易大学国家对外开放研究院教授，全球人才战略研究中心主任，博士生导师；研究方向：人才发展战略；电子邮箱：sarengaowa66@126.com。

高校来华留学生教育管理人员培训体系建设研究

李　静　蒋先玲　史　锐

摘　要：来华留学生教育管理人员是高校来华留学教育管理的基础，是反映高校对外形象、管理理念和管理水平的窗口。建设留管人员培训体系，做好留管人员培训工作，是提升高校政策执行效果、管理水平，推动来华留学教育提质增效，达成高质量内涵式发展的重要手段。本文通过查阅文献、深入访谈，梳理高校留管人员培训现状，对存在问题的原因进行分析，提出加强顶层设计、建立制度保障、构建讲师队伍、设立激励机制、设置合理培训内容、采取多样培训方式、打造留管工作特色培训、进行数字化转型等不断推动留管体系成长的建议。

关键词：来华留学生；教育管理人员；培训体系

党的十八大以来，我国坚持对外开放不动摇，不断开创教育对外开放新格局，全面提升教育国际合作交流水平。2016 年，中共中央办公厅、国务院办公厅印发《关于做好新时期教育对外开放工作的若干意见》，教育部印发《推进共建“一带一路”教育行动》的通知；2019 年，中共中央、国务院印发《中国教育现代化 2035》；2020 年，教育部等八部门印发《关于加快和扩大新时代教育对外开放的意见》。在各项政策的引领和推动下，我国不断完善教育对外开放总体布局。在教育对外开放新格局下，习近平总书记多次强调要做好来华留学生教育工作，引导留学生讲好中国故事，传播好中国声音，促进各国人民民心相通。高校来华留学生教育涵盖了国际学生培养和管理环节，教育部、外交部、公安部联合发布《学校招收和培养国际学生管理办法》（42 号令）也明确规范了来华留学生招生管理、教学管理、校内管理、社会管理和监督管理。来华留学生教育管理人员（以下简称“留管人员”）是高校留学生相关政策的具体执行者，是学校管理层与留学生和任课教师的连接者，是学校管理理念的传播者和管理水平的体现者，是学校乃至国家对外形象的代表者。为响应党的二十大“建设全民终身学习的学习型社会、学习型大国”的倡导，进一步提升高校留管人员综合素质，提高工作效率和服务水平，树立良好的对外形象，适应高校留学生教育的转型与发展，要坚持做好留管人员培训工作，建设成长型留管人员培训体系，推动高校留学生管理方式从以“保姆”“管家”“救火员”等以“堵、梳”为主的被动管理方式，向以“育人”“知华教育”为主的主动管理方式转变，助力来华留学教育提质增效和高质量内涵式发展。

一、高校留管人员培训工作存在的问题

（一）缺乏全员性、系统性培训

教育部国际合作与交流司、国家来华留学基金管理委员会、中国国际教育交流协会等相关管理部门面向高校定期举办来华留学管理干部培训班、青年骨干教师出国研修项目/高等教育教学法出国研修项目（LH）国际学生管理人员培训班、来华留学专题培训班等。高校内部也根据自身工作需要，组织留管人员具体业务技能培训，如来华留学生管理平台使用培训、疫情期间突发事件应急处理培训等。上级管理部门组织的培训时间长，一般为 3－7 天，甚或数月，且参训人数有限定，一般限定每校参加人数为 1－3 人，无法覆盖高校全体留管人员。校内具体业务技能培训虽然具有针对性和实用性，但缺乏整体性、系统性和长期性。对新到岗的留管人员，一般没有设置基本的留管岗前培训，多数采取老带新传授工作经验的方式，或在工作中逐渐摸索学习，造成站位不高、成长速度较慢等问题。

（二）未建立校内培训管理制度和培训团队

高校内留管人员培训工作没有形成规范的秩序和管理制度作为保障，培训多为应急式业务培训，具有突发性和不规律性的特点，在提前谋划和创新工作思路等方面还存在不足，也造成留管人员心理接受度低、参训意愿不强。培训工作没有形成有效且相对稳定的管理团队和讲师团队，培训项目的管理者和讲师通常主要依赖该项工作具体负责人，缺乏 ADDIE，即 Analysis（分析）、Design（设计）、Development（开发）、Implementation（实施）、Evaluation（评估）[①]体系运

① 刘追，刘佳. 基于 ADDIE 模型的系统培训模式研究［J］. 中国人力资源开发，2012，（09）：47－50.

作，使培训效能大大降低。

（三）集中培训和统一培训难度大

在来华留学生教育管理趋同化的大趋势下，留管人员，特别是留学生教务管理人员和辅导员，主要分布在不同的教学院部中。留管人员来源的多样性、工作职责的复杂性和频繁的流动性，决定了对留管人员进行培训既要协调多院部工作，又要统筹兼任留管人员的工作时间，还要涵盖针对留管“老兵”进行“经验—理论”的提升培训和针对留管“新人”进行“理论—经验”的落地指导，集中培训和统一培训难度较大。

（四）校内培训形式和培训内容单一

目前高校内留管人员培训形式一般为讲授式，单向灌输多，双向互动少，互动常限于讲座中时间占比很小的问答环节，参训留管人员难免有疲劳感，影响培训效果。培训内容一般为某项具体业务技能培训，相较于中国高教学会留管分会“来华留学管理基层干部基本技能培训班”的培训内容，缺少对国家政策与法律法规、留管干部的基本素质与技能要求、文化冲突与心理干预、中国文化与国情教育、突发事件预防与应急处置，以及招生—报到—注册—培养—管理等系列内容的设置。

（五）缺乏有效的培训效果评估和激励机制

高校留管人员培训组织完成后，尚未建立有效的反馈和考核环节，缺乏对培训讲师、参训留管人员、培训内容、培训方式等的效果评估，无法了解培训的真实效果。部分参训人员因工作量大、积极性低等原因，对培训满意度不高，反馈意见倾向负面；部分参训人员因工作原因，在培训中继续手机办公，注意力不集中，或出现缺勤培训现象。尚未建立培训激励机制，没有对培训形成统一记录并根据培训记录对培训人员、参训人员进行物质、精神激励或作为晋升时的评价指标之一，无法激发培训动机，增强培训的内在动力。

二、存在问题的原因

（一）高校缺乏顶层设计，重视程度不够

在教育对外开放的大背景下，很多高校都非常重视来华留学教育，但在教育

管理过程中，对留管人员的培训工作主要由归口管理的职能部门或教学院部等分别承担，且主要培训内容多为具体业务技能培训，欠缺顶层设计和整体规划。对留管人员培训工作的重视程度不够，缺乏对留管人员培训机制的战略考量，没有建立相关的制度保障，尚未形成有效的激励机制，同时也缺少相应的资金投入。

（二）留学生管理院部职能复合，人员力量有限

在全国25个省份的235所具备国际学生招生资格的高校中，采取单独管理（职能部门管理）和半趋同化管理（职能部门负责日常管理，教学院部负责学业管理）模式的高校占比近70%①，即相当一部分的管理院部除了担负留学生教务管理甚或教学培养工作外，还负有招生和日常管理及后勤服务保障的职能。重重复合的职能下，有限的人力资源配置全部投入到繁杂的日常事务性工作中，组织培训工作只能是“干什么，学什么”，基本处在根据即时需求而为的初始级培训阶段，缺少对培训体系的研究和规划，缺少推进、实施和监督培训工作的人员力量。

（三）留管人员来源多样，流动性增大

除专职留管人员外，有的高校由中国学生兼任管理人员，或由专职教师兼任管理工作。留管人员来源的多样性，造成实际工作头绪过多，工作职责错杂交织。而在高校行政编制有限的条件下，随着来华留学生规模的扩大和管理工作的细化，留管队伍中劳务派遣制人员的占比也越来越大，人员流动性增强，且这些编制外人员，对学校认同感、归属感普遍不强。

（四）留管人员管理多头化，行政序列不清晰

《来华留学生高等教育质量规范（试行）》明确提出要推进中外学生教学、管理和服务的趋同化，但相较于中国学生管理人员清晰的工作职责，很多留管人员的岗位职责相互交错，既负责教学管理，又负责教务管理，还负责学生日常管理；有些高校除有分管教学工作的学院领导，还有分管留学生工作的学院领导，留管人员接受多头管理。42 号令要求国际学生辅导员与中国学生辅导员享有同等待遇，但实际上，由于行政序列不清晰，近半数或半数以上的国际学生辅导员表示，

① 葛长波，杨蕊．国际学生辅导员队伍建设现状及出路［J］．神州学人，2022，(03)：39－42.

未享有与中国学生辅导员一样的薪资待遇，未享有同等的职务晋升和职称评定政策[①]，没有明确的晋升途径，因此普遍存在职业认同感不高，接受培训难度较大的特点。

（五）基层外事工作者工作繁忙，工学矛盾尤为突出

一半以上的管理干部认为，影响参加培训的主要原因是工学矛盾[②]，这一点在留管人员身上尤为明显。外事无小事，留管工作琐碎繁杂却事事重要，对万里迢迢来华学习的留学生，留管人员要付出更多的耐心细致和关心关爱。在编制受限、减员增效和行政工作日益细化的大背景下，人员配备有限，工作量增加，而即时通讯时代下，学生管理人员的工作时间也普遍大幅拉长。这些原因都造成留管人员的培训和工作相冲突，客观时间和主观精力不够，不能参加培训或无力参加培训，培训的意愿和效能较低。

三、构建高校留管人员培训体系的建议

（一）加强顶层设计，建立培训制度保障

培训管理是使培训发挥有效性的必要手段，要充分发挥学校顶层设计的作用，成立留管人员培训工作小组，统筹协调管理留管人员培训工作。单独管理模式的高校可将工作小组设在管理职能部门内，趋同化管理或半趋同化管理的学校可多学院联动，成立培训工作小组。小组成员可采取推荐和个人自荐制相结合，可为归口管理部门工作人员、教学院部留管人员、教授留学生的专职教师等对培训管理工作有心、有力的人员。培训工作小组通过前期调研，制定培训管理办法、培训计划、相关表单、工作流程、培训评估办法，将培训工作制度化，把培训与岗位工作职责相结合，使其成为留管人员日常工作的内容之一。

（二）构建培训讲师队伍，设立培训激励机制

培训讲师是培训工作的重要载体，留管培训讲师可为行业专家、其他高校留

① 寇瑜，陈大明.“双一流”建设背景下高校国际学生辅导员队伍建设的现状审视与优化路径探析［J］.现代职业教育，2021，(42)：58－59.

② 骆行. 高校基层管理人员培训现状及对策研究［J］. 长春教育学院学报，2020，36（09）：30－36.

管干部、校内留管领导或有经验的留管人员，分别从政策理论、其他学校经验和本校留管业务技能等方面进行培训。校内培训讲师鼓励“学而优则师、做而优则师”，将自身在学习工作中的心得经验上升到理论高度，进行总结宣讲，达到理论学习—实践应用—理论总结的良性循环，整体提升留管人员的政治素质、业务素质和外事素质。设立培训激励机制，对完成每学年培训工作的管理人员、讲师和参训人员，将培训工作与其绩效或津贴挂钩，颁发证书，制作培训档案，作为日后评优的依据，激发留管人员培训和参训的积极性。

（三）设置合理的培训内容，采取多样的培训方式

根据留管人员岗位职能定位，结合学校培训工作现状，通过培训调研，准确把握学院和留管人员的培训需求，统筹设置留学生管理的理论知识培训、业务技能培训和综合素质培训，尤其要注重队伍外事工作属性的培训，精准提升培训的针对性和有效性，达到留管人员所在工作岗位胜任力的要求。随着留管队伍学历水平、职业素质的整体提升，传统课堂讲授已经不能很好地满足需求，在目前以内部讲座式培训为主的基础上，需要拓展多样化的培训方式，如案例讨论、实操练习、实习体验、外派学习、网络培训、重大事件复盘等，通过有针对性的科学的手段，提升培训效果。

（四）利用现有培训资源，打造留管工作特色培训

在建设全民终身学习的学习型社会的号召下，上级管理部门、高校内其他部门都会定期组织多种培训，如中国高教学会留管分会、国家留基委、中国国际教育交流协会等组织的线上、线下的留学教育管理培训，高校组织部、学工部等组织的政治政策理论学习、心理教育培训等，要充分利用校内外现有培训资源，组织留管人员积极参与。同时，打造符合高校留管工作现状的特色培训方式，根据培训需求，在统一集中培训、长时间培训的基础上，多设置分类培训、重点培训、岗前培训等。

（五）积极进行数字化转型，推动留管培训体系成长

提升留管人员线上自我学习的自觉性，形成对线上学习平台的粘滞性，最终培养终身学习的意识和能力。要逐渐积累和形成来华留学生教育管理人员培训的课程资料库、学习成果库和学员数据库，在“大数据时代”中做好培训工作的数字化转型。培训体系是动态平衡的体系，留管人员培训也应遵循系统性原则，

根据国家宏观政策、高校发展目标和留学生管理工作内容的变化进行更新，根据培训调研、考核和效果评估结果进行调整，不断推进培训课程、培训讲师、培训考核评估和培训管理体系的成长。

四、结语

建设留管人员培训体系，做好留管人员培训工作，是提升高校留学生政策执行效果、管理水平，推动高校来华留学教育提质增效，达成高质量内涵式发展的重要手段。高校要打造覆盖全体留管人员的培训体系，进一步推动留管队伍专业化、职业化建设，帮助留管人员找准角色定位、夯实胜任能力、激发内生动力，不断提升职业素养和业务能力，打造可信、可敬、可亲的“三可”来华留学教育管理团队，增强留学生的归属感和专业满意度，培养更多优秀的国际青年。

参考文献

[1] 骆行. 高校基层管理人员培训现状及对策研究［J］. 长春教育学院学报，2020，36（09）：30－36.

[2] 刘追，刘佳. 基于 ADDIE 模型的系统培训模式研究［J］. 中国人力资源开发，2012，（09）：47－50.

[3] 葛长波，杨蕊. 国际学生辅导员队伍建设现状及出路［J］. 神州学人，2022，（03）：39－42.

[4] 梁晓. 关于干部继续教育高校培训的若干思考［J］. 现代职业教育，2019，（07）：174－175.

[5] 寇瑜，陈大明. “双一流”建设背景下高校国际学生辅导员队伍建设的现状审视与优化路径探析［J］. 现代职业教育，2021，（42）：58－59.

[6] 周婷，张迪. 关于新时期来华留学生管理干部队伍建设的探讨［J］. 课程教育研究，2015，（10）：188.

[7] 吴斌，范太华. 高校培训管理的体制机制改革和管理流程构建［J］. 中国成人教育，2020，（16）：24－28.

[8] 韩奕. 提升高校基层管理人员培训实效研究［J］. 教育评论，2018（09）：167.

作者简介

李静，对外经济贸易大学国际学院办公室主任，助理研究员；研究方向：高教管理；电子邮箱：lijing@uibe.edu.cn。

蒋先玲，对外经济贸易大学国际商务战略研究院执行院长，教授；研究方向：经济学、高教管理；电子邮箱：jiangxianling@uibe.edu.cn。

史锐，对外经济贸易大学国际学院学历教育事务部主任，助理研究员；研究方向：高教管理；电子邮箱：shirui@uibe.edu.cn。

高校加快人才“育引聚用”主阵地建设的三个关键问题

黄海刚

摘　要：建设世界重要人才中心和创新高地是深入实施新时代人才强国战略的重要目标。高校，尤其是高水平研究型大学作为国家战略科技力量，应主动面向世界人才中心和创新高地建设，以拔尖创新人才培养为核心，加快实现人才自立自强；以战略科学家和领军人才集聚为目标，加快高水平人才引育聚用主阵地建设；以更积极的人才生态体系优化为手段，全方位用好人才。

关键词：高校；世界人才中心；人才培养；人才引进；人才生态

深入实施新时代人才强国战略，加快建设世界重要人才中心和创新高地是新时代实现高水平科技自立自强、全面高质量发展以及2035年社会主义现代化目标的人才支撑和智力保障。从世界重要人才中心建设的国际经验看，人才强国一定是教育强国，人才自立自强在根本上依赖本国高等教育体系的声望和质量，人才强国的重要含义包括：一国高等教育体系因其卓越的人才吸引和人才培育能力及声望，能够为国家的经济社会科技发展输送和储备丰富的高质量人才，同时也因其卓越的国际声望，成为一国全球高端人才的重大集聚平台。

培育、吸引、集聚和更好地使用人才是高校赋能世界重要人才中心的重要路径，“立德树人”既是大学的核心职能和使命，同时也是其独特的组织优势和合法性来源。强化高校国家战略科技力量建设，需要以拔尖创新人才为核心培育人才、以重大科研平台吸引和集聚人才、以更优化的人才机制体制使用人才。

一、立足拔尖创新人才培养，加快实现人才自立自强

“人”是创新体系中最为复杂、最具影响力的因素，这决定了人才的培养、引进和集聚问题相对于其他创新难题，其目标达成面临着更多的挑战，也需要更为复杂的前提和条件。“十四五”时期全面实现人力资源大国向人才强国的转变，

我国具备人才的规模和结构优势，但在前沿基础研究领域的人才培养和竞争力上，同世界主要的工业强国和教育强国仍存在较大的差距，难以适应我国全面高质量发展和科技自立自强对高水平创新人才的需求。在 2021 年的全球创新指数（Global Innovation Index）报告中，我国研究人力资本排名 21，但高等教育水平排名 83。我国高等教育入学率 53.8%，高等教育国际学生流入率 0.4%，分别位于全球 57 和 101 位，这反映出科技自立自强的教育支撑不足，高等教育供给并不能有效支撑创新发展。[1]此外，科学、技术、工程和数学类（STEM）专业的学生是世界人才中心与创新高地的主力军，其数量、质量决定着经济体未来科技人力的资本潜力。当前，我国高水平大学的前沿 STEM 类专业供给不足，STEM 类专业的学生比重仍然有提高的余地。人工智能、数据科学、量子信息等新兴学科与专业开设的学校仍然极为有限，部分 STEM 类专业的知识架构与评价体系较为陈旧，缺乏前瞻性与战略性。根据 OECD 数据库，世界主要经济体重视 STEM 类专业学生在产业创新中的后备支撑作用。STEM 类专业的学位授予比重代表了工程技术领域高等教育水平，主要经济体中 STEM 类专业学生占比一般超过 20%，德国甚至超过了 35%（见图 1）。

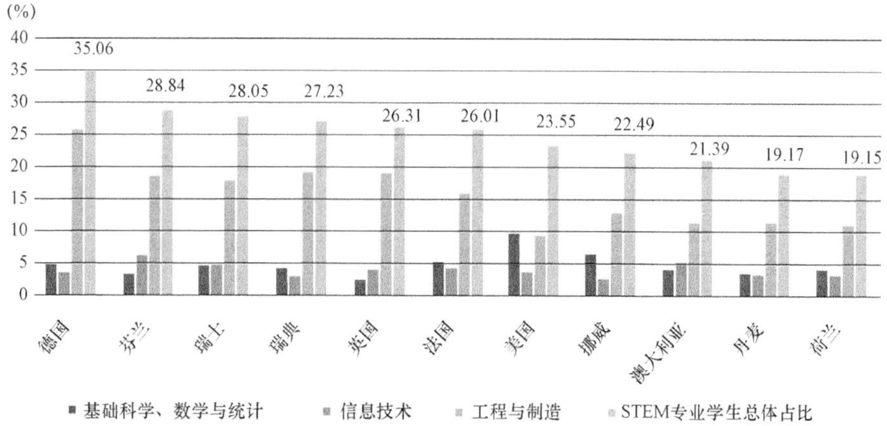

图 1　STEM（科学、技术、工程和数学）专业学生占比（2018）

数据来源：OECD 数据库. https://www.oecd-ilibrary.org/education/fields-of-study-among-tertiary-educated-25-64-year-olds-2018_dfc353cf-en［EB/OL］，2022－12－20.

与重要的工业强国和人才强国相比较，我国在科学和技术拔尖人才培养的模式、开放度以及吸引力等方面也尚有一定的差距（见图 2）。从基础学科拔尖人才的培养来看，吸引国际一流学生均是工业强国和人才强国的优先教育和创新战略，提供奖学金并在移民政策中向这类人才倾斜是其主要的政策工具，这些国家的高等教育开放战略是高度选拔并具有针对性，与本国的前沿科技与产业发展亦是精准匹配的。长期以来，受高端劳动力市场“错配”、社会工资结构异化以及基础科学人才流失等因素的共同影响，基础性学科和职业吸引力不足也影响着拔尖人才的培养和供给。

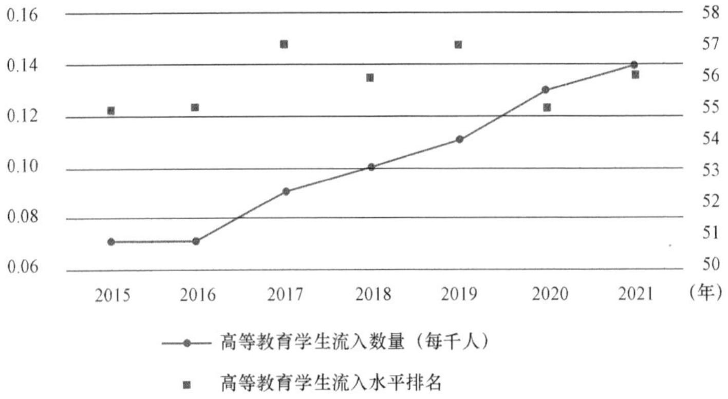

图2　中国高等教育学生净流动水平

来源：IMD. World Talent Ranking. https://www.imd.org/centers/world-competitiveness-center/rankings/world-talent-competitiveness/［EB/OL］，2022－12－20.

在人才培养模式上，以重大科技创新平台汇集、使用和培育人才，是世界人才高地建设的基本经验。一些国家将国家战略科技力量视为培养面向未来的国家高水平科学家和高技能工程师的重要“人才管道”（Talent Pipeline），将国家战略科技力量的教育、科研资源全面嵌入到初等教育和高等教育体系中，为基础科学人才培养提供丰富的校外教育资源，并进行全周期的科技赋能。据统计，美国能源部国家实验室每年都提供超过250 000个K12教育阶段学生项目、22 000个K12教育阶段科学教师培训项目、40 000个访问学者交流项目，2 950个本科生实习项目、2010个研究生科研项目。[2]例如，美国能源部国家实验室为本科生提供丰富的短期接触机会，挖掘学生群体的科研潜能，包括向本科生群体提供临时工作机会、实习机会和访问机会等。在临时工作机会中，学生不参与具体的研究计划，更多的是执行日常工作任务；实习机会中，会安排主管科学家对学生参与的前沿研究项目进行持续指导，产出研究报告；访问机会中，会给予学生通行证，在适当的时候参观国家实验室。

与此同时，也为研究生提供强有力的研究支持。例如向博士研究生群体提供科学研究项目、研究生实习项目、研究生临时工作机会、研究生训练项目以及访问项目等，其中科学研究项目为博士生们提供了使用大科学装置以及与科学家联合研究的机会。德国亥姆霍兹联合会为博士生构建由研究中心主导师、至少两名研究员、学校导师（如适用）、日常导师（如适用）构成的导师组，帮助博士生使用大型科研装置开展研究，并寻找渠道推介学生研究成果，奖励学生在实验研究、知识产权、技术转移中取得的成果等。[3]

在全面加强科技人才，尤其是基础学科领域拔尖创新人才培养中，我国应加强大平台育人的相关机制设计和创新，利用好大科学装置和大科学平台，为STEM 领域的学生提供更为丰富的教育资源，从而加快提升 STEM 的专业和职业吸引力，走好走实高层次人才自主培养之路。

二、加快战略科学家和领军人才集聚，强化高校人才引聚平台建设

高校是战略科学家和领军人才集聚的主要场所和阵地，高校科研育人、科教结合的组织特性，能够为高水平人才发挥作用提供组织保障。在国际领军人才和战略科学家的吸引和集聚上，创新平台和大科学装置、大科学计划等也发挥着核心的人才虹吸作用。例如以色列就将高端人才引进与大学卓越中心建设同步推进，实现以平台吸引人、以平台使用人、以平台培养人；在美国，研究型大学及其管理的国家实验室是高端引领人才工作的重要阵地，并形成了以战略科学家、科技领军人才、职员科学家、博士后科研助理和博士生为代表的雁阵格局，成为诺贝尔奖获得者的摇篮，同时也是国际范围内高层次人才虹吸的重要平台。

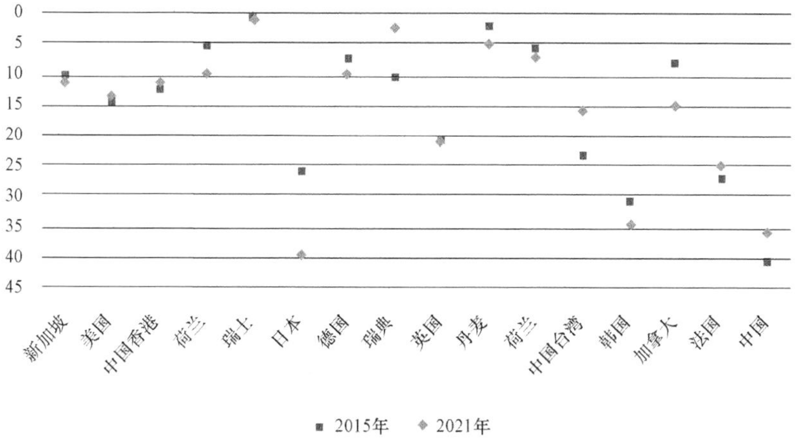

图 3　全球人才竞争力排名（2015，2021）

数据来源：IMD. World Talent Ranking（2015、2021）. https://www.imd.org/centers/world-competitiveness-center/rankings/world-talent-competitiveness/［EB/OL］，2022－12－10.

从加快建设世界重要人才中心的国际形势来看，我国既面临着一定的挑战，同时也存在难得的机遇。一方面，我国的国际人才竞争力仍有提升的空间，与主要人才强国相比还有一定的差距（见图 3），主要表现在对外国技能人才的吸引力不足（见图 4）；另一方面，强化战略科技力量为中国建设世界人才中心提供了良好的制度和平台保障，因此高校战略科技力量建设应实施“人才先行”原则，重点推进人才机制体制创新，通过审慎精细设计人才工作机制和体系，扫清国际领军人才和战略科学家对工作平台、工作环境和人才制度的后顾之忧，将高校建设成为国家急缺紧缺人才吸引和引进的重要阵地和平台。首先，借助大科学装置网罗世界人才，在“开放科学”背景下，通过面向世界人才开放和学术委员会同行评议择优机制，让世界最前沿科学家有机会进入国家战略科技力量团队；其次，完善制度配套、规范薪酬结构，借助“人才旋转门”不断提升我国科教融合的实效和水平；再次，强化岗位聘任方式和人才分类体系建设，形成以战略科学家、科技领军人才、职员科学家、博士后科研助理为代表的人才雁阵格局。

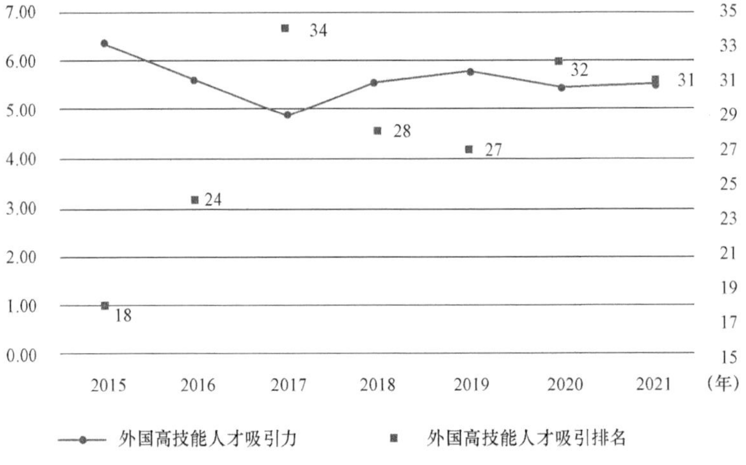

图 4　中国的外国高技能人才吸引力

数据来源：IMD. World Talent Ranking. https://www.imd.org/centers/world-competitiveness-center/rankings/world-talent-competitiveness/［EB/OL］，2022－12－20.

三、积极优化人才生态体系，全方位用好人才

习近平总书记在 2021 年中央人才工作会议上指出，要深化人才机制体制改革，积极为人才松绑，完善人才管理制度，做到人才为本、信任人才、尊重人才、

善待人才、包容人才。[4]这一论述既深化了对人才工作的规律性和本质性认识，也着重强调了优化人才生态体系、激发人才创新活力的重要性。

人才的国际竞争，归根结底是人才生态和人才环境的竞争。2022年8月8日，科技部、财政部等五部门发布《关于开展减轻青年科研人员负担专项行动的通知》，持续深化人才环境和人才机制体制改革，从而建立一个有温度、有竞争，鼓励创新、宽容失败的人才生态体系。

（一）树立尊重科学研究规律和人才成长规律的人才观念体系，做到以人才为本。科学研究的本质是一种探索性活动，科学研究以及研究者个人的学术成长需要一个较长的周期。近十年来，绩效思维被广泛应用于教育、创新和人才领域的管理和评估，“理性人”假设过于强调外部因素对人的驱动作用，而忽视了人才释放潜能的内部驱动力，即人的使命感和自我实现的需要。基础研究和前沿研究作为一项高风险的探索活动，面临着高度的不确定性和较长的周期性，需要个体对这一活动保持持续的热情和执着，并具有高度的科研自律和信念。频繁的外部激励和考核违背了创新活动的规律，并将这一活动的风险完全转嫁于研究者身上，研究者不得不屈从于外部压力，从事一些短平快的研究，从而难以在前沿领域做出更多原创性的成果。

积极的人才和学术生态是一切创新的前提和源泉，也是人才吸引和集聚的重要驱动因素。当前，不论在科技界还是教育界，急功近利、学术不端等行为时有发生，理性浓厚的创新氛围仍需加强，胸怀国之大者的学术信念体系亟待形成。建设一个人才为本、符合人才规律和创新规律、能够充分激发人才创新活力的人才生态体系，必须充分认识并尊重科学研究的高风险性以及人才成长的周期性，摒弃科研中的短期、短视活动，坚持人才培养、使用和评价均建立在尊重这两个规律基础上。

（二）遵循保障与竞争并重的人才激励体系，做到信任人才和包容人才。信任人才和尊重人才，其核心仍然是要尊重科学活动的特点，允许科研人员从事周期较长的基础研究，并为其潜心科研提供基本的物质保障。绩效思维在科技与教育领域的广泛运用，还表现在科技资源分配上的“竞争至上”逻辑。为获得各类科研资助，科研人员需要花费较大精力撰写、申请、甚至“运作”各种基金和人才项目，一方面满足科研所需的各类支出，另一方面也为了满足各类考核的需要。将获得科研资助以及人才头衔作为科学研究的终极目标，实则是一种“本末倒置”，不利于形成科研向真、向善以及“四个面向”的生态氛围，更不利于实现科技自立自强所急需的“十年磨一剑”的基础研究和前沿研究。

基于此，科学、可持续且符合规律的人才奖励和激励体系，必须坚持“保障”与“竞争”并重，合理分担科学研究的潜在风险。建立在风险分摊理论基础上的保障机制，强调既要信任研究者，又要保护研究者，核心是减少基础研究学者因创新风险而可能导致的不利处境，为其科研活动和基本生活提供保障；建立在绩效理论基础上的竞争机制，是基于结果的激励机制，是对那些潜心基础研究并取得卓越成就的研究者进行奖励或进一步资助，一方面提高他们的积极性和主动性，同时也发挥他们对其他研究者的示范作用，使创新活动成为常态行为，最终形成有效的创新激励政策。所谓“信任人才”和“包容人才”，就是要充分考虑并尊重科技创新工作本身为研究者所带来的乐趣、自我实现的成就感以及发展和成长的机会等需要，允许研究者依据自身的研究兴趣潜心于周期较长且未来不确定的创新研究活动，给予他们学术成熟和成长的空间。

（三）建立以价值、贡献和实践为导向的短期与长期相结合的人才分类评价体系，做到尊重人才和用好人才。习近平总书记强调，要完善人才评价体系，加快建立以创新价值、能力、贡献为导向的人才评价体系，形成并实施有利于科技人才潜心研究和创新的评价体系。党的十八大以来，针对科技界和教育界存在的“唯帽子”“唯奖项”“唯论文”“唯项目”等倾向，以及科研评价指标单一、薪酬分配体系不完善且差距过大等问题，党中央、国务院以及科技部、教育部等科技管理部门，密集发布了一批以“破五唯”、扭转科技评价功利化导向的政策文件，为新时代全方位用好人才提供了良好的制度保障。

但在具体实践中，积极落实科技评价改革，仍然存在着路径依赖、新举措有限等“破”“立”结合难题，其中，既有改革复杂性问题，也有口号和实践脱节问题。因此，高效落实科技评价改革，建立一个兼顾中期和长期、致力于全方位用好人才的科技分类评价体系，显得尤为迫切。分类评价的基本逻辑是要尊重不同学科和科研组织的特点，例如基础研究和前沿研究领域要给予研究者更为宽松的氛围，坚持以长期评价为主，让研究者安心于从事开拓性的科研；对于工程科技领域的科研人员，重点评价其科研在多大程度上促进了科技创新或行业产业技术发展；而对于人文社会领域，要引领和鼓励研究者更关注中国改革和发展的实际，将论文和科研写在祖国大地上。在组织类型上，大学的核心职能是立德树人，一方面要鼓励引领国际前沿的科学研究，更为重要的是将研究转化为丰富、生动的教学资料，以更好地培养高质量和创新型人才。

当然，落实人才评价改革，不仅需要实践部门坚定改革定力和动力，还需要顶层设计，科技和教育主管部门自身也应完善和建立一个以尊重规律为核心的科技评价体系，做到上下一致，理念与行动一致，以更优的科研和人才生态激发人才创新活力。

（四）强调软环境与硬实力相协同的人才引聚体系建设，做到以待遇和事业留人，实现善待人才、人尽其才。作为重要的创新资源，人才的流动和集聚有其自身的规律，薪资待遇等经济因素是吸引人才的重要影响因素，但从中长期看，人才的竞争归根结底是人才生态和创新环境的竞争，以更好的营商环境、创新氛围和更具前景的职业发展机会挽留人才，才能实现人尽其才的良好局面。

长期以来，在人才政策的设计上，经济因素被过分夸大，“高价挖人”现象不仅给整个科研体系和学术生态带来了较大的消极影响，同时这一行为背后也折射出了学术组织和个体“短期利益”至上的治理和学术逻辑。一方面，人才流动本身是一个积极的利益共享机制，但以“头衔”定价的方式，将学术组织和学者拖入了“逐名追利”的泥潭中，既违背了科学研究和人才成长的规律，也不利于建立一个良性、可持续的学术生态环境，人才环流所带来的“增量效应”难以显现；另一方面，过度差异化的薪酬分配增强了不公平感，损害了其他研究者的工作积极性，不利于战略科技力量布局和战略科学家的养成。

在世界人才中心和创新高地建设上，除提供具有竞争力的薪酬待遇这一“硬实力”外，还应加快以人才环境为核心的“软环境”建设，围绕人才的自然属性、经济属性和社会属性，致力于构建“聚天下英才而用之”的可持续人才生态体系。

总之，人才问题是一个典型的跨学科研究领域，涉及国际关系、政治学、管理学、经济学等多个学科领域，一方面，既要深入研究“人”作为创新主体的成长和流动规律；另一方面，又要把握国际规则、特定国家的人才竞争战略及其人才流动壁垒等，单一学科的研究难以深入、全面和精准，继而会影响对国际人才竞争走向及对我国潜在影响的相关研判和风险应对。在当前及未来的形势下，迫切需要在人才问题的研究上建立跨学科研究团队，加强战略研究和长期性的追踪研究，深刻揭示人才流动、吸引、培育和集聚的基本规律和路径；积极构建有利于人才释放潜能的学术土壤和治理机制，才能全方位培养引进用好人才，进而为加快建设世界重要人才中心和创新高地提供可行的策略和方案。

［本研究为学校 2022 年人才人事课题资助。］

参考文献

［1］［3］WIPO. Global Innovation Index 2021. [EB/OL]. https://www.wipo.int/edocs/pubdocs/en/wipo_pub_gii_2021.pdf. (2022－04－14)

［2］National Labortory Directors' Council. Value of DOE National Laboratories. [EB/OL]. https://nationallabs.org/site/wp-content/uploads/2021/01/NLDC_Value-of-DOE-Labs_15Oct2020-PUB.pdf, 2022－04－14.
［4］习近平. 深入实施新时代人才强国战略 加快建设世界重要人才中心和创新高地［J］. 求是，2021（24）.

作者简介

黄海刚，对外经济贸易大学国家对外开放研究院教授，全球人才战略研究中心主任，博士生导师；研究方向：人才发展战略；电子邮箱：sarengaowa66@126.com。

成本效益视角下年薪制教师队伍建设优化路径研究

——以对外经济贸易大学年薪制教师队伍建设为例

尤永红

摘　要：近年来一些高校注重引进海内外知名高校博士毕业生，相对普通引进教师给予较高年薪，签订以“非升即走”为主要特征的个性化岗位聘任合同或“准长聘”合同，以此提升学校国际化发展水平和科研能力，加速高质量师资队伍建设。对外经济贸易大学作为外向型特色“双一流”大学，师资队伍的多元化和特色化比较鲜明。学校从2007年开始引进年薪制教师，经过十五年的探索和发展，年薪制教师队伍建设成效显著。本文以对外经济贸易大学年薪制教师队伍建设为例，以成本效益为分析视角，总结经验、分析问题，提出从思政引领、聘期管理、关怀引导、制度建设等方面着手，进一步促进年薪制教师队伍高质量发展的路径建议。

关键词：成本效益；年薪制教师；建设成效；优化路径

年薪制是以年为单位计算收益报酬的分配制度①。年薪制教职作为薪酬激励型聘用制度，通常适用于本校培养或外部引进的高层次杰出人才。《国家中长期人才发展规划纲要（2010—2020年）》提出，“探索高层次人才、高技能人才协议工资制度和项目工资制等多种分配形式”；2017年教育部《关于深化高等教育领域简政放权放管结合优化服务改革的若干意见》中指出，“高校在核定的绩效工资总量内可采取年薪制、协议工资、项目工资等灵活多样的分配形式和分配方法”，这些均为年薪制的实施提供了充分的政策依据②。本文中所指的年薪制教

① 张奇伟，刘婉华，姜云君等. 探索年薪制推进高校收入分配机制改革［J］. 中国高等教育，2011（11）：18－20＋26.

② 徐雷. 我国高校教师差异化聘用格局的表现、成因及评价［J］，湖南师范大学教育科学学报，2020年3月，20－27.

师，一般指在境内外高水平大学取得博士学位，与受雇高校签订岗位任务相对量化、以“非升即走”为主要特征的聘用合同，以高质量科研成果为导向的青年教师。年薪制教师的薪酬一般高于普通教师且按年薪发放。对外经济贸易大学于2007年9月开始引进年薪制教师，经过十五年的发展，初步建成一支国际化特色鲜明、学术素养较高、科研教学表现突出的年薪制教师队伍，对优化学校师资结构、提升学校教学科研能力及促进学校国际化特色发展发挥了重要作用。

一、年薪制教师队伍建设基本情况

自2007年9月至今，对外经济贸易大学共引进164名年薪制教师，除解聘、调出和转为非年薪制教师人数共23人外，现有年薪制教师141名，占到全校教学科研人数的14%，成为学校“双一流”建设高质量发展的骨干力量之一。从年薪制教师所在学院或学科分布来看，主要分布在应用经济学相关学院，如国际经济贸易学院、金融学院和国际商学院，以上三个学院年薪制教师人数分别占到年薪制教师总数的 35%、23%和 21%；从年薪制教师占所在学院专职教师比例来看，金融学院为45%、国际经济贸易学院为43%，国际商学院为36%，年薪制教师在各相关学院师资结构中占有较大比重；按合同期限划分，首聘期合同内（六年）87人，第二聘期合同内37人，第三期合同及以上17人；从职称分布来看，讲师87人、副教授37人、教授17人；从年龄结构来看，年薪制教师大部分在31–40岁之间，共有113人，占80%，30岁及以下4人，占比3%，41–50岁21人，占比15%，50岁以上3人，占比2%，年薪制教师总体比较年轻，正处于个人成长和事业发展的起步阶段。

二、年薪制教师高质量科研成果情况

年薪制教师的科研成果主要体现在国际高水平发表方面。以现有可统计数据为例，2017年1月1日至2021年12月31日五年间，全校教师以独立作者或通讯作者且署名“对外经济贸易大学”，共发表学校认定的外文 A、A⁻ 类论文178篇，其中年薪制发表78篇，占比44%；外文B类论文223篇，其中年薪制发表90篇，占比40%。总体来看，年薪制教师是我校国际发表的主要力量，以14%的师资人数，产出了40%的国际高水平发表，提升了学校科研能力的国际影响力。

三、年薪制教师队伍建设人力成本分析

年薪制教师的人力成本，主要包括安家费、科研启动金、协议年薪及超工作量奖励等。高校视引进教师的学历背景、已有科研成果、合同任务、科研潜力等，结合市场化薪酬水平，一人一议，商定相关待遇。以对外经济贸易大学为例，学校对引进的年薪制教师，一般给予 20 万元安家费，10 万元科研启动金，40 万元/年基础薪酬，对于金融学、会计学等薪酬市场化竞争激烈的学科，在 40 万元/年基础上再适度上浮。各引进学院也可根据具体引进教师的基本情况和工作任务量，在学校薪酬基础上，给予适度配套。此外，对年薪制教师合同内容规定之外的科研和教学工作量，可获得一定奖励和补贴。

经对过去 15 年年薪制教师队伍建设人力成本投入粗略估算，共计支出安家费约 3 930 万元，科研启动金约 1 500 万元，薪酬支出 2.8 亿元。其中，过去五年安家费支出金额为 1 600 万元，科研启动金支出为 800 万元，薪酬支出 2.1 亿元。总体而言，经过十五年发展，学校花费 2.8 亿元薪酬、0.39 亿元安家费和 0.15 亿元科研启动金，共计投入 3.34 亿元，建成现有规模 141 人，占专职教学科研人员总数 14%的年薪制教师队伍，日益成为学校“双一流”建设的骨干力量。一大批具有海内外名校学历背景的青年教师加盟对外经济贸易大学，优化了学校师资结构，提升了学校国际化水平，特别是在国际高水平发表、国际学术交流和对话、学生国际化培养方面，发挥了重要作用，扩大了学校的影响力。

四、年薪制教师队伍建设过程中存在的问题分析

随着年薪制教师队伍规模的逐年扩大，在管理和服务过程中一些问题逐渐显现。既有宏观层面对年薪制教师队伍总体规划方面的问题，也有具体管理和服务中的流程优化和细节完善问题，具体来说，有以下几个方面。

（一）总体规划和管理能力有待提升

近年来，为了尽快提升学校师资队伍质量，优化师资结构，学校大力支持学院引进年薪制教师。一般而言，只要学院与被引进者达成意向，学校大多予以通过并支付绝大部分引进成本。总体来看，年薪制教师队伍建设规划能力还有待提高。具体而言，一是在新一轮“双一流”建设和“十四五”发展规划实施过程中，年薪制教师队伍的定位还不够清晰，特别是在破“五唯”、教师评价改革背景下，过去侧重于国际高水平发表的导向需要根据新时代教育评价改革方向做出新的

调整，譬如在强调国际高水平科研成果的同时，也要强调国内高水平发表和创新性科研成果，进一步拓宽对年薪制教师评价考核的维度；二是在引进过程中，个别年薪制教师学术研究方向与学校“双一流”学科建设目标和“十四五”发展规划的契合度不够高，年度引进人数、引进教师的学院分布和学科分布规划不够科学、人才合力、队伍合力还未较好发挥出来；三是“校—院”两级年薪制教师共同管理机制还不完善，目前学校层面承担了约 95%的引进成本，成本共担机制还未完全建立。

（二）成本效益核算机制有待完善

总体成本效益核算是年薪制教师队伍建设规划中的重要科学决策机制之一。成本效益核算的主要内容是对年薪制教师队伍进行定期总体评估，主要包括成本分析和成效分析。在成本分析层面，包括每年支出了多少薪酬、安家费、科研启动金，配套了多少学校资源等；在成效分析层面，包括国内外高水平发表情况、科研项目申请情况、人才培养情况、社会服务情况及开展长期原创性研究情况等。建立完善的成本效益核算机制，既保障了年薪制教师队伍持续高质量发展，也便于及时了解学校对年薪制和非年薪制教师的投入情况和建设成效，均衡调整不同师资队伍的人力成本投入和资源配置。

（三）薪酬发放机制需进一步完善

个别高校与年薪制教师签订的聘用合同中，在聘期内并没有薪酬增长的相关条款，意味着在一个完整的聘期内（一般为 4～6 年），教师的年薪是静态的，薪酬额度不会随着经济发展和物价水平提升有所调整，容易造成薪酬标准落后于市场化薪资水平，不利于吸引优秀人才和激发教师积极性。此外，对于年薪制教师完成合同内规定的教学和科研任务，学校和学院不再额外发放奖励、课酬或其他待遇，但不同学院对年薪制教师岗位任务外的工作量激励政策不一，导致年薪制教师因所在学院不同，出现收入差距较大的情况。因此，在年薪制教师薪酬机制设计过程中，要兼顾外部的竞争性和内部的公平性。外部竞争性和内部公平性是哈佛大学、斯坦福大学、麻省理工学院等世界一流高校共同的薪酬目标。年薪制是一种突破边界、突破层级、鼓励贡献的创新薪酬方式[①]，其薪酬机制要在学科市场差异的基础上，确保内部相对公平性，避免因部门不同，造成过大的收入差异。

---

① 苏经强. 地方大学实行年薪制的驱动分析与风险应对 [J]. 教育评论，2016（4）：64－67.

五、进一步完善年薪制教师队伍管理和服务的建议

（一）注重思政引领，提升价值认同

大部分年薪制教师毕业于海外名校，或多或少受到西方价值观的影响。相比较而言，对国情、社情和民情缺乏深入了解，对如何将“科研做在祖国大地上”还不够清晰，因此要有针对性加以引导。一是要在入职培训阶段，强化《新时代高校教师职业行为十项准则》学习和师德警示教育，引导青年教师扣好入职“第一粒扣子”；二是在日常教育阶段，坚持以习近平新时代中国特色社会主义思想武装头脑，不断完善“校—院—系”三级教师思想政治教育体系；三是年薪制教师多在海外求学，政治面貌多为群众，党组织要注重加强政治引领，要有针对性制定培养发展计划，不断加强向心力教育；四是加大对年薪制教师红色教育和国情教育力度，创新方式方法，组织开展“建党精神”等革命精神学习，创造国情考察、社会实践的活动机会，拓展参加服务首都“四个中心”建设的实践机会，促进年薪制教师深入了解国情，坚定做社会主义“四有好老师”的信念。

（二）完善聘期管理，建立多元引进退出机制

近年来在高校人事制度改革过程中，我国高校对长聘轨教职称谓颇多，如“非升即走”“非升即转”“预聘－长聘”“终身教职制度”等，但无论称谓怎么变化，本质上是对西方高校 Tenure-track 制度的改进和借鉴，在运行机制上一般将教师聘用分为预聘和长聘两个阶段，在国内高校教师管理实践中演化成颇受争议的“非升即走”制度。“非升即走”的制度初衷是让青年教师尽快脱颖而出，其制度内涵是“升”，而非“走”。就概念而言，年薪制教职并不等同于长聘教职，年薪制是对薪酬的发放方式而言。长聘教职属于职业发展及评价范畴，二者并无直接对应联系。在具体实践中，年薪制教职并不完全采用“准聘—长聘”模式，如高层次人才引进、学院院长招募和讲席教授的聘用等，一般是不设置长聘考察期。年薪制教师队伍建设，可借鉴“准聘—长聘”聘期管理机制，对首个聘期内没有晋升高级职称的教师，要认真分析评估，对科研潜力大、成果发表周期较长的青年教师，可适度延长聘期，避免机械执行“非升即走”。对新入职的优秀青年教师，可以“准聘”为副教授岗，不断加强对人才的激励和培养。加强对“长聘”岗位的考核，避免教师获得终身教职后的“躺平”现象，发挥考核评价“服务”“唤醒”内涵作用，让教师的专业自觉性得以复苏或生发，而不是监控和惩戒。

（三）注重关怀引导，增强培养针对性

年薪制教师的主体部分以青年教师为主。以对外经济贸易大学为例，61%的年薪制教师（共 87 人）还处在首个六年聘期内。这部分年薪制教师的职称为讲师，身份正处于由学生向成熟教师过渡期，教学科研处于积累期。他们的年龄多在 35 岁上下，总体上还不能完全算作成熟学者。因此，学校要不断加大对这部分年薪制教师的培育支持力度，做好管理和服务，持续加大对年薪制教师的关怀力度，着力培育青年人才成长。年薪制教师是学校高层次人才的重要“源头活水”，学校要站在建设“人才高地”“人才特区”的角度进一步激发年薪制教师队伍活力，不断提升年薪制教师的获得感和归属感。具体而言，一是要重视发挥青年人才基础支撑作用，探索开展项目实施责任制和“军令状”制度，实行“揭榜挂帅”，破除论资排辈，给年薪制教师在教书育人中挑大梁、当主角的机会；二是引导年薪制教师围绕基础学科问题开展战略性、储备性的理论研究，围绕现实问题开展多学科综合性研究，在重视国际发表的同时，要将年薪制教师国内高水平发表、智库成果、人才培养成果纳入评价体系，引导年薪制教师队伍发挥理论创新和咨政建言作用，引导他们紧密跟踪社会需求，针对热点问题释疑解惑，发挥社会服务作用；三是大力支持年薪制教师组建核心团队，参与集体攻关或跨学科攻关，潜心教学科研，站稳中国立场，围绕哲学社会科学重大问题开展原创性研究；四是学校的各类人才支持项目、团队项目和平台项目要向年薪制教师队伍倾斜，充分发挥年薪制教师队伍的潜力。

（四）加强制度建设，细化流程服务

大部分年薪制教师在海外获得学历，归国后工作环境的变化和工作方式的差异往往对他们的职业适应和融入带来挑战。一方面，学术工作时间具有无边界的特征，备课和学术研究经常会延伸到工作时间之外，挤占休息和休闲时间；另一方面，从海外校院回到国内校院，面临着从学生到教师的身份转变，面临住房、婚恋、子女教育和建立人际关系网络等多方面的压力。因此，学校要进一步加大对年薪制教师的支持力度。一是将年薪制教师的管理纳入学校高层次人才和师资队伍建设的大框架中进行谋划定位，统筹考虑引进人数、部门分布及资金配套情况，依据年薪制人员的科研、教学和社会服务情况，综合评估年薪制教师的表现，依据绩效制定规划，控制规模，建立成本绩效核算机制；二是加强制度建设，进一步修订年薪制教师管理文件，厘清年薪制教师队伍管理过程中“校—院”两级管理权责边界，增加考核评价的多元维度；三是发挥学院管理主体作用，年薪制教师薪酬由学校和学院共同承担，学校可按现行标准提供基础薪酬，学院可在

学校薪酬基础上，根据人才发展潜力，提供激励薪酬，建立校–院两级薪酬分担机制，促进学院落实管理主体责任；四是按教育评价改革和“破五唯”精神，将年薪制教师的合同内容在强调国际高水平发表的基础上，拓展到国内高水平发表、主持和参与重大科研项目、人才培养和社会服务多个维度上来，建立立体多元、定性定量结合的评价体系，促进年薪制教师既有国际视野，又兼具家国情怀，真正将科研写在祖国大地上。

（五）畅通参与机制，提升归属意识

参与感与归属感是青年教师职业发展的内在需求。从青年教师角度讲，渴望参与学校的管理，就学校的发展表达自己的意见建议，是教师“主人翁”地位的体现。从学校发展角度讲，在全面推进国家治理体系和治理能力现代化的背景下，倾听年薪制教师群体的意见建议也是完善学校治理体系的内在要求。高校在完善现代治理体系过程中，不仅要发挥教授等高层次人才的治理能力和作用，也要广泛吸纳青年教师的意见和建议。具体来说，一是要在教代会、工会主席团等各类各级决策小组或机制中保障年薪制教师的参与机会，注重倾听他们的意见和建议；二是相关职能部门要定期举办青年教师座谈会，倾听年薪制教师的心声和诉求，关心帮助他们成长；三是在学校管理制度出台和修订过程中，确保将年薪制教师纳入意见征集范围，确保他们的意愿得到表达和尊重。

年薪制教师是学校“双一流”建设高水平师资的重要组成部分，是学科领军人才等高水平人才培养的蓄水池，他们兼具国内国际学术视野，在人才培养、科学研究和社会服务方面发挥着“外”字特色作用，特别是通过高水平国际发表，促进中国学术走向世界，表达中国声音，阐明中国立场方面发挥着重要作用。进一步保障和服务好年薪制教师队伍，是优化学校师资结构，提升学校科研和教学影响力的重要举措。在年薪制教师队伍建设过程中，通过成本效益分析，让学校师资人才结构更为均衡，平衡好不同师资队伍的资源配置，形成科学合理的师资队伍结构。

参考文献

［1］苏经强. 地方大学实行年薪制的驱动分析与风险应对［J］. 教育评论，2016（4）.

［2］张奇伟，刘婉华，姜云君等. 探索年薪制推进高校收入分配机制改革［J］. 中国高等教育，2011（11）.

［3］徐雷. 我国高校教师差异化聘用格局的表现、成因及评价［J］. 湖南师范大学教育科学学报，2020（3）.

［4］刘鸿. 美国高校教师聘用类型的分层［J］. 中国高教研究，2014（12）.
［5］苏经强. 地方大学实行年薪制的驱动分析与风险应对［J］. 教育评论，2016（04）.

作者简介

尤永红，对外经济贸易大学人力资源处，副研究员，社会学硕士；研究方向：高校人力资源管理；电子邮箱：youyonghong@uibe.edu.cn。

数字化背景下高校青年教师成长路径研究

王梦真　刘利琼　梁怀新

摘　要：党的二十大首次将“教育数字化”写进报告，指出要建设全民终身学习的学习型社会、学习型大国，这不仅为我国今后高等教育的发展指明了方向，也向广大高校教师提出了更高的要求。对于刚刚走上工作岗位的青年教师而言，要抓住教育数字化这一发展机遇，结合自身相对熟悉数字技术、学习能力强、接受速度快等优势，将自身成长与教育数字化深度结合，促进自身的职业发展。本文结合当前国内教育数字化发展的现状，从三个方面剖析青年教师在当前数字化背景下遇到的新问题和新挑战，即教师数字化能力有待提升、高校相关配套设施不完善、各项机制仍不健全，并从教师和高校两个层面提出了措施建议：教师自身要增强数字意识和数字化能力；高校应统筹数字教育资源建设，从而为广大青年教师的成长提供可能的路径选择。

关键词：教育数字化；数字技术；高校青年教师；数字化能力

一、引言

当今世界，数字技术快速发展，数字经济奔涌向前，后疫情时代的国际数字秩序初见雏形，数字技术正在重构后疫情时代的国际政治经济格局。在数字化背景下，传统教育理论解释力正在呈现不断下降的趋势，新的教育需求不断出现，亟待形成新的教育分析思路与理论框架。2019 年 10 月《中共中央关于坚持和完善中国特色社会主义制度、推进国家治理体系和治理能力现代化若干重大问题的决定》中提出：“发挥网络教育和人工智能优势，创新教育和学习方式，加快发展面向每个人、适合每个人、更加开放灵活的教育体系，建设学习型社会。”[①]党的二十大报告进一步提出了“推进教育数字化，建设全民终身学习的学

① 中共中央关于坚持和完善中国特色社会主义制度、推进国家治理体系和治理能力现代化若干重大问题的决定［N］. 人民日报，2019－11－06（001）.

习型社会、学习型大国”[①]的要求。因此，在我国高等教育数字化转型的大背景下，如何充分认识和适应数字化时代，对高校教师，特别是青年教师的自身成长尤为重要，进一步探寻数字化背景下高校青年教师成长面临的问题、出现的契机以及优化的路径，亦具有重要的理论和实践价值。

二、当前教育数字化的发展对高校青年教师成长的重要意义

2023 年 2 月 13 至 14 日，以“数字变革与教育未来”为主题的世界数字教育大会在北京召开。会上，教育部部长怀进鹏在主旨演讲中介绍了中国高等教育数字化发展的成就：经过十年建设，依托国家智慧教育公共服务平台，目前已上线 2.7 万门优质慕课课程，1 800 门国家一流课程，超过 1 300 万国际用户注册，覆盖了 166 个国家和地区[②]。当前，依托 5G、大数据、人工智能、虚拟现实、元宇宙等技术手段，数字技术正在深入各行各业，在教育领域，尤其是高等教育领域进行数字化转型也是大势所趋。作为一线教育工作者，高校教师，尤其是青年教师更应当将自身成长和发展与数字化相结合，不断提升数字素养，积极融入教育数字化发展大势。

与此同时，当代大学生“数字原住民”的新特点也要求高校教师高度重视数字化发展。目前 00 后已成高校学生主力军。他们出生于互联网爆炸式发展、新媒体快速进化的新时代，在生活中高度依存互联网，强调差异，彰显个性，追求多元[③]，在学习上具有“自然交互、个性化、具身学习、主动学习”的特点[④]，因此这一代大学生的学习不再仅仅是被动、单一的接受现有知识，而是追求整个学习过程更加个性化、多元化，更加适应自己的学习特点和需求。这些特点都对传统教学方式产生了较强的冲击，如果仍一味地遵循旧模式，灌输式地传授固有知识，将无法满足当代大学生的新需求。这就要求高校教师必须将自身发展与数字化时代相结合，转变教育理念，创新教学方式方法，真正实现“因材施教”的个性化教育。

---

① 习近平. 高举中国特色社会主义伟大旗帜　为全面建设社会主义现代化国家而团结奋斗——在中国共产党第二十次全国代表大会上的报告［J］. 党建，2022（11）：4-28.

② 怀进鹏. 数字变革与教育未来［N］. 中国教师报，2023-02-15（001）.

③ 段俊吉. 教育数字化转型中的数字代沟：数字反哺的教育镜像［J］. 中国远程教育，2023，43（03）：46-54.

④ 田小红，季益龙，周跃良. 教师能力结构再造：教育数字化转型的关键支撑［J］. 华东师范大学学报（教育科学版），2023，41（03）：91-100.

三、高校青年教师在教育数字化背景下面临的问题与挑战

高校青年教师大多学历较高，其中不乏优秀的留学归国人员，专业理论水平和综合素质较高，有很大的发展潜力。但他们基本上是从学校到学校，缺乏社会实践经验，缺乏沟通和管理技能，存在专业发展不平衡的问题，加之薪酬、婚恋、职业晋升等多重压力，使当代高校青年教师面临专业成长、职业发展和现实生活等多重困境。除此之外，面对教育数字化发展大潮，高校青年教师可能还面临着一些新问题和新挑战。

（一）广大青年教师数字化能力仍有待提升

首先，目前高校青年教师的数字意识还不够强。虽然教育数字化已成大势，国家已经建立了智慧教育公共服务平台，也拥有海量优质的慕课资源，但当前国内高校教学仍旧以传统授课方式为主，高校青年教师推行数字教育、提升数字素养的意识还不够强。其次，高校青年教师的数字技术和手段的使用水平参差不齐。当前数字技术蓬勃发展，新技术、新设备不断涌现，5G、4K/8K 高清传输、AI 大数据分析、AR/VR 沉浸式互动、智慧云平台、线上课堂等都为教育数字化发展提供了强有力的技术支撑，OpenAI 近期推出的 ChatGPT 也在高教领域引发了广泛的关注和讨论。可以说，新技术、新设备的涌现为数字教育提供了无限可能，但不可避免地对使用者也提出了一定的要求。高校青年教师一般以自身专业为主攻方向，并非所有教师在入职前都接受了数字化训练，若在工作过程中没有自学或接受相应的培训，其数字化技术水平就有可能难以满足推行数字教育的需求。最后，受到技术手段的限制，高校青年教师的数字化教学方法仍需优化。在疫情期间，为实现“停课不停学”，各高校教师通过各类平台开展线上课堂，为线上教学积累了较为丰富的经验，也为之后的线上线下融合教学提供了基础。但数字化教育不仅仅是线上课堂，涉及应用场景创新、教学资源优化、动态教学评估等教学各环节，因此，要真正实现数字教育，势必要进一步优化教师的教学方法。由此可见，高校青年教师的数字化能力将是制约推行数字化教育的基础性因素。

（二）各高校相关配套设施不完善

教育数字化离不开智慧校园建设。智慧校园涉及校园全覆盖的高速网络、完善的教学设施设备、简洁高效的统一认证服务平台以及丰富的教学、培训资源等全方位的布局和建设，可为推进数字教育提供有力的物质和技术支持，协助青年

教师探索数字教育的新方法、新模式。目前很多高校，如浙江大学、华东师范大学等都在进行尝试，且形成了自己的一些特色[①]，但各地各高校发展仍不平衡，有很多高校在智慧校园建设方面仍存在一些问题：首先，建设系统单一，未将高校各项事务纳入统一的服务平台，数据采集和共享仍存在壁垒；其次，建设方向模糊，有些高校尚未制定明确的建设方案，制约了建设效率；再次，建设专业性较弱，部分高校仍缺乏专业的建设人才，或有专业人才但未能充分理解高校教育教学和运行管理，导致建设的专业性不强，难以推动智慧校园建设持续发展[②]。这些不足也会掣肘教育数字化发展以及青年教师数字化能力的提升。

（三）各项考核、激励、培训等机制仍不健全

目前高校的考核和评估机制标准高、管理严、行政程序繁琐，仍主要依靠科研、论文发表、各类奖项等显性指标来量化，并没有凸显有关推进数字化教育的内容[③]。广大青年教师为了满足越来越高的考核和评估要求，只能压缩在教学方面的投入，难以有充分的时间和精力投入到提升自身数字化能力、探索数字教育新方式的工作中来。而各高校的奖励机制中，虽也有针对教学成果的奖励，但针对教育数字化，如实验教学、混合式教学等，仍有较大的提升空间。

此外，针对青年教师数字化能力提升的相关培训仍然较为缺乏。其实目前针对青年教师成长的培训，包括职业技能、成长路径等都没有形成较为完整的体系，导致很多青年教师对自己的职业成长缺乏系统的规划和明确的预期[④]，其中对青年教师数字化能力培养的缺乏更加明显。鉴于广大青年教师的数字化素养程度不一，为切实推动教育数字化，各高校需要对青年教师进行系统的专门的培训，以帮助青年教师了解相关的教育资源，理解教育数字化的新模式新思想，掌握前沿的数字技术，增强自我学习、自我提升的能力，以更好投入到教育数字化的建设发展进程中。

---

① 杨萍，姚宇翔，史贝贝，等．智慧校园建设研究综述［J］．现代教育技术，2019，29（01）：18－24.

② 布英塔．互联网背景下的高校智慧校园建设策略分析［J］．互联网周刊，2023（03）：69－71.

③ 郑彩莲，王嘉璐．用系统化的关怀教育化解高校青年教师的发展焦虑——以浙江高校为例［J］．广东青年研究，2022，36（02）：43－51.

④ 庄严，姜岩，张林，等．坚持问题导向　提高新时代高校青年教师队伍素质［J］．中国高等教育，2019（05）：32－34.

四、高校青年教师在教育数字化背景下可采取的路径分析

高校青年教师的成长是一个复杂的系统性问题，需要国家、社会、高校、教师个人等各方面的共同努力。在教育数字化背景下，要实现青年教师的成长，势必要着眼于全方位为提升青年教师数字素养提供条件，以促进其成长。鉴于目前国家已从顶层设计规划了国家教育数字化的整体发展路径，本文着重从教师层面和高校层面探讨可采取的措施和路径。

（一）教师层面：增强数字意识，不断提升自身数字化能力

如前所述，高校青年教师的数字化能力是制约其开展数字化教学的基础性因素，因此，为实现广大青年教师在教育数字化背景下的成长，其首先要从自身着手，切实提升数字化能力。

第一，增强数字意识，提高主观能动性。广大青年教师应当从思想观念上提高对教育数字化的认识，深刻理解教育数字化对国家教育事业，特别是高等教育事业的重要意义，认识到自身作为一线教育工作者对促进教育数字化发展的关键作用①。唯如此，才能在工作和生活中更加主动、更有针对性地加强学习和实践。

第二，转变思维，调整在教育数字化背景下自身的角色定位。教育数字化并不是简单的开设线上课程，也不是线上资源的简单堆积，而是要将“数字技术整合到教育领域的各个层面，推动教育组织转变教学范式、组织架构、教学过程、评价方式等全方位的创新与变革”②。在此基础上，教师的角色就不再是单纯的“教授者”，而是“引导者”“辅助者”，引导学生找到适合自己的学习资源，制定个性化的学习计划，运用大数据观察学生的学习进度，实时收集教学反馈，对学习效果进行动态评估，帮助学生们“用网络学”。由此，教师在课堂上不仅仅是传授知识，而是更多地和学生们进行思想交流和情感沟通，对学生的学业、处事态度甚至是人生规划进行引导，从而更好地实现“立德树人”这一教育的根本目的。

第三，学习数字化技术，尝试数字化教学，在实践中不断提高数字化能力。在当今数字化技术日新月异的时代，不掌握一定的数字技术，就难以享受数字技

① 祝智庭，林梓柔，魏非，等. 教师发展数字化转型：平台化、生态化、实践化［J］. 中国电化教育，2023（01）：8－15.

② 祝智庭，胡姣. 教育数字化转型的理论框架［J］. 中国教育学刊，2022（04）：41－49.

术带来的更加便利、丰富的社会生活，也会影响学习、工作的效率和成效。对于面向“数字原住民”的00后大学生的广大高校教师而言，是否具备较好的数字化能力，在多大程度上能够实现人机互动、人机协同，不仅关系到个人的职业发展，更关系到高等教育的水平和质量，关系到每个学生的成长[①]。当前的教育数字化是“集开放式教育资源（OER）、社交网络、物联网、人工智能、虚拟现实和增强现实、大数据、编程等技术创新集体推动”[②]，这就对广大青年教师的技术水平提出了更高的要求。目前的青年教师大多是90后，与大学生的成长环境最为相近，也见证了数字信息技术迅猛发展的进程，相较于资深教师而言，学习能力强、接受速度快，对学习数字技术和开展数字化教学具有天然的优势，应该主动拥抱数字技术，积极尝试数字化教学，在实践中不断提高自身的数字化能力。

（二）高校层面：统筹数字教育资源建设

第一，各高校应根据自身实际情况，加大智慧校园建设力度。高校应着手完善校园的各项配套设施，包括高速5G网络、智慧教室设施（如教学大屏、智能平板等设备[③]）、校园统一认证服务平台、云端数据库等，只有不断完善各项配套设施，推进智慧校园建设，才能为广大青年教师提供施展所思、所学的平台，才能真正地实践数字化教育，在实际的教学应用中不断完善自己的教学思维、教学模式，从而提升数字化教学水平。目前已有一些高校取得了比较好的效果，形成了自己的智慧校园特色，其他高校可以通过交流、学习和探索，不断推动本校的智慧校园建设，为青年教师提供更好、更优质的平台。

第二，要下大力气丰富本校的数字教育资源。该资源不仅包含本校各学科的全面的前沿的专业课程资源，还应包含可供老师自我学习、提升数字化能力的各类培训资源。一方面，教育资源不是简单的各类网上课程、数据库的简单堆砌，而应是开放性的、动态性的“资源池”，不仅要鼓励本校青年教师不断制作、产出新的课程资源，还应扩展其外延，方便学生通过本校资源的链接，与外校乃至国外的学习资源相联通，由此可帮助广大师生获取更多的、适合自己的学习资源，

---

① 袁振国．教育数字化转型：转什么，怎么转［J］．华东师范大学学报（教育科学版），2023，41（03）：1－11.

② 联合国教科文组织．教师信息和通信技术能力框架（第三版）．2018．https://unesdoc.unesco.org/ark:/48223/pf0000371113

③ 李海伟，王龚，陆美晨．教育数字化转型的路径探索与上海实践［J］．华东师范大学学报（教育科学版），2023，41（03）：110－120.

增强学习兴趣，提高学习效率[①]；另一方面，有相当一部分青年教师需要在入职后进行相关的技能培训和知识储备，除了学校定期组织的培训外，丰富的自学资源将为广大青年教师灵活安排学习计划、挑选合适的学习资源提供极大的便利，也有利于激发教师自主学习的主动性。

第三，加强制度建设，增加、完善对实行数字化教学的老师的激励机制。首先，可研究出台相应的推进数字化教学新模式的制度性文件，推进其常态化应用，为教师开展数字化教学提供制度性保障；其次，在此基础上，改革教学评价机制，将推行数字化教学纳入到考核和评估中，增加诸如加分、绩效奖励等措施，鼓励广大青年教师实行数字化教学[②]；最后，可在教师中开展关于实行数字化教学的创新比赛或项目申报等活动，给予老师实际的资金支持和奖励，以激发其他教师推行数字化教学的主动性和积极性。

五、结语

《无限的可能：世界高等教育数字化发展报告》将高等教育数字化发展划分为转化、转型、智慧三个阶段[③]。我国虽然已建立了国家智慧教育公共服务平台，拥有规模庞大的优质慕课资源，但各地各高校的智慧校园建设还有待进一步推进，数字技术融合高等教育的程度还需进一步提升，因此目前我国尚处于转化阶段，需要升级打造更加丰富、优质的教育资源库，加快智慧校园建设，转变传统的教学思路，将数字技术融入内容设计、教学、管理、评价等各个环节，实现向打破时间、空间局限的数字化教育转化。

青年教师是高校教学实践活动的主体，也是未来开展数字化教学的主力军，促进其健康成长、为其畅通成长路径，不仅能不断壮大高校教育教学的中坚力量，更可为高等教育数字化发展、高等院校数字化转型提供充分的后备力量，因此必须将高校青年教师的成长置于数字化背景下，多管齐下，多措并举，切实提升广大青年教师的数字化能力。

---

① 袁振国．教育数字化转型：转什么，怎么转［J］．华东师范大学学报（教育科学版），2023，41（03）：1－11．

② 袁振国．教育数字化转型：转什么，怎么转［J］．华东师范大学学报（教育科学版），2023，41（03）：1－11．

③ 世界慕课与在线教育联盟秘书处．高等教育数字化的趋势、阶段与变革——《无限的可能：世界高等教育数字化发展报告》节选一［J］．中国教育信息化，2023，29（01）：3－8．

参考文献

[1] 中共中央关于坚持和完善中国特色社会主义制度、推进国家治理体系和治理能力现代化若干重大问题的决定 [N]. 人民日报，2019－11－06（001）.

[2] 习近平. 高举中国特色社会主义伟大旗帜　为全面建设社会主义现代化国家而团结奋斗——在中国共产党第二十次全国代表大会上的报告[J]. 党建，2022（11）：4－28.

[3] 怀进鹏. 数字变革与教育未来 [N]. 中国教师报，2023－02－15（001）.

[4] 段俊吉. 教育数字化转型中的数字代沟：数字反哺的教育镜像 [J]. 中国远程教育，2023，43（03）：46－54.

[5] 田小红，季益龙，周跃良. 教师能力结构再造：教育数字化转型的关键支撑 [J]. 华东师范大学学报（教育科学版），2023，41（03）：91－100.

[6] 杨萍，姚宇翔，史贝贝，等. 智慧校园建设研究综述 [J]. 现代教育技术，2019，29（01）：18－24.

[7] 布英塔. 互联网背景下的高校智慧校园建设策略分析[J]. 互联网周刊，2023（03）：69－71.

[8] 郑彩莲，王嘉璐. 用系统化的关怀教育化解高校青年教师的发展焦虑——以浙江高校为例 [J]. 广东青年研究，2022，36（02）：43－51.

[9] 庄严，姜岩，张林，等. 坚持问题导向　提高新时代高校青年教师队伍素质 [J]. 中国高等教育，2019（05）：32－34.

[10] 祝智庭，林梓柔，魏非，等. 教师发展数字化转型：平台化、生态化、实践化 [J]. 中国电化教育，2023（01）：8－15.

[11] 祝智庭，胡姣. 教育数字化转型的理论框架 [J]. 中国教育学刊，2022（04）：41－49.

[12] 袁振国. 教育数字化转型：转什么，怎么转 [J]. 华东师范大学学报（教育科学版），2023，41（03）：1－11.

[13] 联合国教科文组织. 教师信息和通信技术能力框架（第三版）. 2018. https://unesdoc.unesco.org/ark:/48223/pf0000371113.

[14] 李海伟，王龚，陆美晨. 教育数字化转型的路径探索与上海实践 [J]. 华东师范大学学报（教育科学版），2023，41（03）：110－120.

[15] 张慕文，祝士明. 职业教育数字化转型的内涵、逻辑与策略 [J/OL]. 现代教育管理：1－9 [2023－03－12]. DOI：10.16697/j.1674－5485.2023.03.013.

[16] 世界慕课与在线教育联盟秘书处. 高等教育数字化的趋势、阶段与变革：《无限的可能：世界高等教育数字化发展报告》节选一 [J]. 中国教育信息化，

2023，29（01）：3－8.
［17］杨晓哲，王若昕. 困局与破局：教育数字化转型的下一步［J］. 华东师范大学学报（教育科学版），2023，41（03）：82－90.

作者简介

王梦真，对外经济贸易大学国际关系学院；研究方向：高等教育；电子邮箱：mwang@uibe.edu.cn。

刘利琼，对外经济贸易大学发展规划处学科建设办公室，研究员；研究方向：高等教育管理；电子邮箱：liuliqiong@uibe.edu.cn。

梁怀新，对外经济贸易大学国际关系学院，讲师；研究方向：大数据教育国际化；电子邮箱：Lianghuaixin1989@126.com。

完善高校国际师资队伍建设工作体制机制研究
——以对外经济贸易大学为例

耿慧芳　武子琪

摘　要：高校是国际高端人才的集聚之地。国际师资是高等院校高层次人才的重要组成部分，对学校的人才培养、科学研究以及国际交流合作发挥着重要的作用，建设好国际师资队伍能够极大推动、促进学校高质量人才队伍建设工作。目前不少高校的国际师资保障机制在某些方面已经不能满足国际教师的发展需求，也不能保障“双一流”建设中对国际师资的要求。本文以对外经济贸易大学为例，在政策研究和文献研究的基础上，结合工作实际，深入分析外籍教师对“双一流”学科建设的作用和意义，通过重点研究国际师资队伍建设管理现状，对如何实现国际教师“引得来、留得住、用得好”提出战略性规划以及有针对性的对策方案。

关键词：国际师资；人才队伍建设；外籍教师管理

一、引言

高校不仅是人才培养的前沿阵地，也是国际高端人才的集聚之地。国际师资是高等院校高层次人才的重要组成部分，建设好国际师资队伍能够极大推动、促进学校高质量人才队伍建设工作，服务高校实现人才培养目标，助力“双一流”建设及学校事业发展。

“对外开放”“教育”“科技”“人才”是党和国家近年来关注的重点领域，更与高校各项工作息息相关。党的二十大报告首次用一整个章节专门对“实施科教兴国战略，强化现代化建设人才支撑”做出了重大部署，具有深刻意义，展示了国家深化改革、破除体制机制障碍的决心。报告指出，“人才是第一资源；实施更加积极、更加开放、更加有效的人才政策；加快建设世界重要人才中心和创新高地；加强人才国际交流，用好用活各类人才；深化人才发展体制机制改革，把各方面优秀人才集聚到党和人民事业中来。[①]”随后，2023 年两会期间通过了国务院机构改革方案，负责引进国外智力的工作职责由科技部划入人力资源和社会保障部。政策密集变化的动向为我们进一步打造高水平高素质国际化师资队伍制定了行动纲领，注入了坚定信心，提出了更高要求。

外籍人才的引进和管理是高校师资队伍国际化的一个重要方面。目前，关于国际师资的管理规定散见于各类上级文件中，政策指导的重点也随着我国深入推进高水平对外开放逐步发生着变化。国家早期出台的专门文件，例如《外国人在中国就业管理规定》（劳部发〔1996〕29 号）[②]、《在中国境内就业的外国人参加社会保险暂行办法》（中华人民共和国人力资源和社会保障部令〔2017〕第 16 号）[③]《关于全面实施外国人来华工作许可制度的通知》（外专发〔2017〕40 号）[④]，主要对引进国外人才进行规范。

近年来发布的教育相关文件，进一步要求将外籍教师纳入师资队伍统一管理、加强对国际师资的服务保障能力。例如 2018 年《中共中央、国务院关于全面深化新时代教师队伍建设改革的意见》[⑤]提出，“深化高等学校教师人事制度改革。配合外国人永久居留制度改革，健全外籍教师资格认证、服务管理等制度。”；2020 年 7 月，为健全外籍教师管理法律制度，加强外籍教师管理，教育部会同科技部、公安部、外交部在深入研究和广泛征求意见基础上，制定了《外籍教师聘任和管理办法（征求意见稿）》[⑥]，对外籍教师的概念、资质、签证、兼职、在线外教、合同管理、诚信体系等进行了详细的规定，其中“服务和管理”单列一章，凸显其重要性；2021 年 11 月，教育部发布《中华人民共和国教师法（修订

① 习近平：高举中国特色社会主义伟大旗帜 为全面建设社会主义现代化国家而团结奋斗——在中国共产党第二十次全国代表大会上的报告［EB/OL］. https://www.xuexi.cn/lgpage/detail/index.html?id=17478440677105407928&item_id=17478440677105407928.

② 外国人在中国就业管理规定［J］. 劳动内参，1996（02）：23－25.

③ 在中国境内就业的外国人参加社会保险暂行办法［EB/OL］. http://www.gov.cn/gongbao/content/2012/content_2106864.htm，2021－09－06/2021－09－06.

④ 关于全面实施外国人来华工作许可制度的通知［EB/OL］. https://oice.sdut.edu.cn/2020/0417/c7035a378632/page.htm，2017－03－28/2020－04－17.

⑤ 中共中央、国务院关于全面深化新时代教师队伍建设改革的意见［EB/OL］. https://www.xuexi.cn/lgpage/detail/index. html?id=7240129925005462093，2018－01－20/2019－10－08.

⑥ 外籍教师聘任和管理办法（征求意见稿）［EB/OL］. http://www.moe.gov.cn/jyb_xwfb/s248/202007/t20200721_474014.html，2020－07－21/2020－07－21.

草案）征求意见稿》[①]，面向社会公开征求意见，首次将外籍教师作为一项专门内容纳入其中。

从相关研究动态来看，改革开放四十年有关国际师资的研究一直呈现上升趋势，研究者们从多种角度对外籍教师群体进行了探究，对于我国引进优质人力资源和加强国际师资队伍建设具有十分重要的理论意义和实践价值，另一方面也表明在外籍教师管理中存在一些突出问题亟待解决，存在改进空间。

在高校国际化人才队伍建设实践过程中，与中国教师相比，由于政策、制度上的偏差和现实操作困难的问题，外籍教师在社会保险保障方面、住房保障方面、科学研究参与机会方面以及工会组织加入方面均未能与中国教师享有同等的保障。而随着教育对外开放程度进一步加深，越来越多的外籍教师有意愿长久地参与到高校事业发展中，以对外经济贸易大学为例，近几年越来越多的外籍教师申请办理了永久居留许可证，愿意长期留在中国工作并考虑未来养老，中青年外籍教师也对自身学术科研发展有更加明确的追求，更加渴望有明确可行的个人职业发展通道和路径。不少高校现有的校内国际师资保障机制在某些方面已经不能满足国际教师的发展需求，也不能保障“双一流”建设中对国际师资的要求，如何实现国际教师引得来、留得住、用得好是高校国际师资队伍建设的一个重要内容。

二、对外经济贸易大学外籍教师整体情况分析

根据外籍教师在华工作时间，学校外籍教师队伍一般划分为长期外籍教师（在华工作时间超过三个月）和短期外籍教师（在华工作时间三个月以内）两类，对外经济贸易大学长期外籍教师年均四十人左右，短期外籍教师年均 150 人左右。

长期外籍教师可以分为三大类：语言类外籍教师，主要承担英语和外语的教学工作；专业类外籍教师，主要承担专业类课程的教学；年薪制外籍教师，主要以学术研究为主，同时承担一部分人才培养工作。

对外经济贸易大学短期外籍教师主要分为两类：暑期学校短期授课外籍教师和来校科研交流工作的短期专家，包括通过国家外专局项目引进的各类高端外籍专家以及部分外籍海外特聘教授。暑期学校的外籍教师主要为贸大学生开设相关课程，专业主要分布在经济、管理、法律、文学、艺术等领域，与长期外

① 中华人民共和国教师法（修订草案）（征求意见稿）[EB/OL]. http://www.gov.cn/hudong/2021-11/29/content_5654845.htm，2021-11-29/2021-11-29.

籍教师相比，其开设的课程定位于用英语传授专业课程，在培养学生国际化视野、促进专业知识的理解方面起到了良好的引导作用。短期访学的外籍教师更多的是与学院教师开展相关研究合作，以及在学术方面对学校青年教师、博士生进行科研指导，这种影响更加隐形但也更为深远，对高水平、高层次的人才培养发挥着独特的影响作用。

基于不同的外籍教师类别，根据国家对外国人在华工作的相关管理规定，学校对于长期外籍教师实行分类管理制度。本着中外教趋同化原则，学校于 2019 年 6 月出台了《对外经济贸易大学长期外籍教师聘任与管理办法（试行）》，这一办法对贸大长期外籍教师的引进、聘任、管理、考核等方面进行了明确的规定，尤其是办法中明确规定为引进的长期国际教师按照国家要求缴纳社会保险，这从一定程度上为外籍教师提供一定的保障机制。从管理和服务流程来讲，明晰了外籍教师的管理流程，国际合作交流处、人力资源处和外籍教师所在的二级学院权责更加明确：国际合作交流处负责外籍教师的全流程工作，人力资源处负责相关社会保险手续办理，二级学院负责安排、考核外籍教师的教学科研活动。

表 1　　2022 年贸大外籍教师国籍情况统计

国籍	美国	韩国	加拿大	法国	澳大利亚	日本	其他
人数	7	8	2	1	1	3	15
比例	19%	22%	5%	3%	3%	8%	41%

表 2　　2022 年贸大外籍教师年龄情况统计

年龄	30 岁以下	30－40 岁	40－50 岁	50－60 岁	60－70 岁	70 岁以上
人数	0	13	12	9	2	1
比例	0%	35%	32.5%	25%	4.5%	3%

表 3　　2022 年贸大外籍教师学历情况统计

学历	博士	硕士
人数	28	9
比例	73%	24%

三、外籍教师对高校“双一流”学科建设的作用和意义

国际师资队伍建设是高校国际交流合作的一项重要组成部分，是高校国际化办学水平的一项重要考核指标。长期外籍教师数量也是教育部“双一流”学科

建设中衡量国际合作交流水平的一项重要指标。对外经济贸易大学《"十四五"事业发展规划纲要（2021—2025)》明确提出：积极开拓长期外籍教师的招聘渠道资源，通过配套制度完善保障机制建设，做好国际引智的软环境建设，组建一批长短期相结合、中高端相结合的稳定的国际师资队伍。无论是长期外籍教师还是短期外籍教师，都在人才培养、科学研究以及国际交流合作中发挥不同的作用。

（一）长期外籍教师对"双一流"建设的促进作用

授课型外籍教师直接承担着学校相关的课程建设和专业人才培养任务，其专业素养、教学水平和教学方法直接关乎教学质量，可以说对高校国际化人才培养的教育质量和水平产生直接的影响作用，具体表现在以下几个方面：

语言类授课外籍教师对学生的人才培养质量发挥着明显的作用。贸大共开设12个小语种语言专业，除越南语外均配备有专职外籍教师，主要教授口语、写作、文化等课程。基于语言学习的特殊性和专业性，外籍教师对学生的语言学习起到不可替代的作用，是对中国籍教师授课的有益补充。通过对小语种学生的调研也了解到，外籍教师的教学更加有助于学生提高语言技能，尤其会帮助学生对语言使用国的政治、经济、历史、文化等领域形成更加深入和全面的认识。

专业类授课外籍教师对学校的国际化人才培养质量起到了重要的补充作用，尤其对于实验班培养项目而言，有助于提升学生的专业知识能力和英语语言表达能力，对学生未来出国继续深造学习奠定了一定的基础，专业和语言的结合也逐渐成为国际化人才培养的鲜明特色。以贸大法学院的外籍教师为例，其主要承担了学院实验班的专业授课，语言加专业为实验班复合型人才培养提供了不可替代的优势。

学术科研类外籍教师更多的是与中国教师团队共同从事科学研究等相关学术研究，对高校教师的整体科研水平起到积极的推动和促进作用，尤其是在国际顶级期刊的发表方面起到了一定的带动作用。虽然这类外籍教师没有对教学产生直接的影响，但是与本土的教师的融合和科研产出从一定程度上会产生管理学领域中所出现的"蝴蝶效应"，间接地影响到学生的教学质量和人才培养质量。

（二）短期外籍教师对"双一流"建设的积极影响

为了进一步提升学校人才培养的质量，拓展学生的国际化视野，对外经济贸易大学从2013年开始举办国际暑期学校项目，截至目前，共邀请近五百位外籍教师来贸大进行暑期授课，学校从外语水平、教学内容、教学方法、教学资料、教学效果五大维度、十项指标对外籍教师的授课质量进行评估，分别为：表达的清晰、流利程度及语音、音调的可接受程度；对提高学生外语技能的效用；阐述基本理论的深度和广度；教学重点和难点的讲解情况；对整个课程知识结构的系统掌握；教学方法对于保证教学效果的意义；课堂讨论或案例分析的有效性；教材、参考书及其他教学资料的准备情况；学生对课程所讲授的基本理论、基础知识的掌握；学生对掌握教学内容和提高外语技能的热情。根据教学评估调查反馈，学生的专业知识和语言能力都得到了一定程度的提高，体现了暑期学校课程所设定的为学生提供“原汁原味”的国际课程的初衷。

除暑期项目的外籍教师授课之外，对外经济贸易大学每年通过学校的海外人才引进项目及科技部外国专家引智项目引进的短期外国专家约有 60～70 人左右，这类专家一般都是本行业或本研究领域的知名学者，来我校主要从事科学研究相关工作，尤其是与我校青年教师结对子组成科研小组，带动我校青年教师实现高水平的国际论文发表。在人才培养方面，短期外籍教授通过讲座、专题报告等形式为学校的本、硕、博学生传递前沿的学术动态和最新的专业思想理论，虽然这部分教师没有直接参与到学生的具体培养过程中，但学术大咖的知识传播极大地拓宽了学生的国际化视野，是对学校人才培养的有益补充。

四、高校国际师资队伍建设管理现存挑战

（一）新冠疫情及国际形势变化对引进外籍教师带来不利影响

近几年，国际局势动荡不安，大国之间博弈加剧，2020 年以来的新冠疫情加速了这种不稳定的局面和态势，影响着跨国往来和人员流动。对于高校而言，招聘长期外籍教师也变得更加困难，具体表现在外籍教师在海外办理相关流程所需时间增加，因此从招聘到入职的流程变得更加漫长。部分外国人受到相关媒体的影响对来华工作的热情也呈现下降态势，其中比较突出的现象就是在华工作的外籍教师在过去三年内离职率提高，入职率降低，更多的外籍人员返回其母国或者前往其他国家就业。

（二）长期外籍教师在高校师资队伍建设规划中有待深入谋划

以对外经济贸易大学为例，根据学校“双一流”建设规划，长期外籍教师应在“十四五”期间占到全校整体师资队伍的 8%，但是在部分学院实际发展和规划中，并未将长期外籍教师的招聘和管理纳入整体师资队伍建设中，部分学院的

长期外籍教师数量偏少，如何招聘到合适的长期外籍教师已经成为急需解决的问题之一。

（三）现有的政策环境下外籍教师个人职业发展路径不够通畅

虽然国家政策提倡中外教趋同管理，但是在各高校实际的工作中，由于高校本身固有的人事体制机制，存在编制与非编制等等区别，始终对外籍教师进行单独管理。虽然部分高校已经开通了外籍教师职称评审的流程和路径，但是由于国籍问题，外籍教师无法和中国籍教师一样获得平等的科研资源和机会，缺乏科研项目申请的路径和资助，尤其是无法申请国家或省部级的课题，这都对其职称评审带来更多的困难。对于愿意从事行政工作的外籍教职工而言，目前更无相关的职业发展通道。

（四）由于文化和制度差异，外籍教师对高校管理模式不适应

通过日常的调研和问卷调查显示，外籍教师在高校工作中最大的困惑来自学校的管理模式，中国的高校大多数都是科层制管理模式，行政权力和学术权力并存，这种组织结构对于外籍教师的适应带来一定的挑战，处于非管理层的外籍教师几乎没有行政话语权。

同时，高校学院和职能部门部分行政人员无法和外籍教师进行无障碍交流，导致外籍教师无法了解相关的政策和情况，无法融入学校和学院整体，长此以往，外籍教师无法获得归属感和认同感。

五、多措并举完善高校国际师资队伍建设工作

（一）开拓引进渠道，提升高校国际师资队伍水平和层次

根据英国大学联盟（Universities UK）2018 年发布的报告显示，在 2016—2017 年度，英国大学中来自海外的学术雇员已达到 30%，并且这个比例在过去十年内一直保持持续稳定增长。[①]这些来自全球各地的外籍学者群体不仅为聘用高校带来了精深的学识和文化多样性，同时也提升了所在高校的国际影响力和学术话语权。加大引进国际教师不仅对高校“双一流”学科建设非常重要，对提升学校的整体国际化水平和国际声誉都具有非常重要的意义，应根据学校的学科专业

① 俞蕖. 中国顶尖大学外籍学者集聚现状及其制约因素探析——基于 30 所“双一流”建设高校的数据调查与分析 [J]. 中国高教研究，2019（08）：62－69.

特色与发展规划，有效规划海外人才引进学科与层次，加强统筹，实施分类引进战略。

对于普通长期外籍教师而言，要加大招聘力度，拓展招聘途径，充分利用校内学院和教师的海外学术资源寻找合适的外籍人才，尤其是随着来华博士留学生数量不断增加，也可以寻找优秀的博士留学生加入学校的建设中。同时，积极寻找海外人才招聘的平台和网络资源，例如每年召开的海外人才招聘大会，英国人才招聘网等渠道，让更多的外籍人才知晓学校的招聘计划。

对于高水平外籍教师的引进，秉承“不求所有，但求所用”为原则进行柔性引进，如担任实践导师、特聘教授、科研合作伙伴等，都是实现智力服务的途径。要充分利用高校校际合作项目和全球高端学术会议的资源，通过国家高端引智项目、“111”学科创新引智平台、AEA 招聘年会等大型招聘活动持续稳定地引进高端外国专家学者，获得更加优质的国际智力资源，进而提高高校外籍人才的整体层次、规模。

（二）重视加强软环境建设，部门协同完善机制体制保障

目前大多数高校已经出台了外籍教师的管理办法和制度，但仍存在一些实际问题需要协调解决。例如有部分贸大外籍教师来校时间较久，面临社保补缴和退休问题。对于青年外籍教师而言，高昂的住宿成本往往是其综合考虑薪酬的重要影响因素。贸大住宿资源紧张，没有专门给外籍教师和专家的住宿公寓，虽然提供部分住房补贴，但对于同等薪酬待遇，住房优势是部分外籍教师选择其他高校工作的重要原因。

高校应统筹考虑，从机制体制方面入手加强软性环境建设，通过多部门协作推进长期外籍教师的社保补缴工作，解决历史遗留问题；努力寻找可供外籍教师居住的校内住宿资源；充分利用附属幼儿园、附小附中资源，解决部分长期外籍教师子女就学困难等问题，提升高校吸引外籍人才的优势和魅力。

（三）创新科学合理的评估机制，提高外籍教师聘请效益

工作压力适度理论认为，适度的工作压力能够使员工的工作绩效达到最佳，工作压力过小和过大都会导致员工工作绩效的下降[①]。因此考评制度的完善与否、执行的严格程度都直接影响着外籍教师工作压力水平，间接影响了他们的工作绩效。目前对外经济贸易大学已形成校院两级评估考评体制，对外籍教师采用

---

① 史万兵，李广海. 基于工作压力理论的高校外籍教师考评制度评析［J］. 国家教育行政学院学报，2015（04）：27－32.

年度考核的方式，各学院每年组织外籍教师进行考核，填写《对外经济贸易大学外籍教师年度考核表》，并报国际合作交流处备案。

虽然目前这种考核方案是高等教育国际师资队伍建设中的一种通常做法，但对于充分促进外籍教师作用发挥还有改进空间。学校相关职能部门和学院之间应做好协调统筹，将全部的国际师资纳入整体评估体系中，对其教学过程中的教学检查、教学督导、听课制度等实现全流程覆盖。

同时，为了更好地激励国际师资发挥作用，可以探索建立更加具有吸引力的薪酬奖励制度，尤其是对那些为学校的事业发展做出卓越工作和突出贡献的外籍教师给予一定的精神和物质奖励，提高其对学校的认同感和使命感，为学校的事业发展发挥更大的作用。

参考文献

[1] 习近平：高举中国特色社会主义伟大旗帜 为全面建设社会主义现代化国家而团结奋斗——在中国共产党第二十次全国代表大会上的报告[EB/OL]. https://www.xuexi.cn/lgpage/detail/index.html?id=17478440677105407928&item_id=17478440677105407928.

[2] 外国人在中国就业管理规定[J]. 劳动内参，1996（02）：23-25.

[3] 在中国境内就业的外国人参加社会保险暂行办法[EB/OL]. http://www.gov.cn/gongbao/content/2012/content_2106864.htm，2021-09-06/2021-09-06.

[4] 关于全面实施外国人来华工作许可制度的通知[EB/OL]. https://oice.sdut.edu.cn/2020/0417/c7035a378632/page.htm，2017-03-28/2020-04-17.

[5] 中共中央、国务院关于全面深化新时代教师队伍建设改革的意见[EB/OL]. https://www.xuexi.cn/lgpage/detail/index.html?id=7240129925005462093，2018-01-20/2019-10-08.

[6] 外籍教师聘任和管理办法（征求意见稿）[EB/OL]. http://www.moe.gov.cn/jyb_xwfb/s248/202007/t20200721_474014.html，2020-07-21/2020-07-21.

[7] 中华人民共和国教师法（修订草案）（征求意见稿）[EB/OL]. http://www.gov.cn/hudong/2021-11/29/content_5654845.htm，2021-11-29/2021-11-29.

[8] 俞蕖. 中国顶尖大学外籍学者集聚现状及其制约因素探析——基于30所“双一流”建设高校的数据调查与分析[J]. 中国高教研究，2019（08）：62-69.

[9] 史万兵，李广海. 基于工作压力理论的高校外籍教师考评制度评析[J]. 国家教育行政学院学报，2015（04）：27-32.

作者简介

耿慧芳，对外经济贸易大学国际合作交流处副处长，副研究员；研究方向：行政管理；电子邮箱：genghuifang@uibe.edu.cn。

武子琪，对外经济贸易大学国际合作交流处科长，助理研究员；研究方向：高等教育国际化；电子邮箱：ziqi@uibe.edu.cn。

“破五唯”与“立新标”
——推进高校教师评价改革的成效、困难问题及对策建议

于海莹　高一琼　马　颖

摘　要：科学有效的教师评价机制是高校建设高质量师资队伍的有力支撑。中共中央、国务院印发的《深化新时代教育评价改革总体方案》，对坚持师德师风第一标准、突出教育教学实绩、完善立德树人体制机制、扭转不科学的教育评价导向、坚决落实“破五唯”等方面做出了全面部署，各方高度重视，深入贯彻落实，稳步推进教育评价改革并取得了阶段性成效。本文结合各相关高校评价改革典型案例，对现阶段教育评价改革取得的成效、面临的困难进行分析，并从创新多元评价指标体系、探索增值评价改革路径、推进数字化教育治理体系几方面提出建议对策。

关键词：破五唯；师资队伍；评价改革

2020 年 10 月，中共中央、国务院印发《深化新时代教育评价改革总体方案》，对坚持师德师风第一标准、突出教育教学实绩、完善立德树人体制机制、扭转不科学的教育评价导向、坚决落实“破五唯”等方面做出了全面部署。为深入贯彻习近平总书记关于抓好深化新时代教育评价改革总体方案落实落地的重要指示精神，教育部组织相关高校开展教育评价改革工作，各高校对标对表，切实推进综合评价，破除“五唯”顽瘴痼疾，特别是对改革方案中的“严禁”“不得”“坚决克服”等事项进行了改革，并取得了一定成效。

一、改革主要成效

（一）重视教学蔚然成风，落实立德树人根本任务效果显著

1. 严守师德考核第一标准，推进师德教育常态化

在教育评价改革过程中，各高校严格落实坚持把师德师风作为教师评价的

第一标准，将教师的师德师风考察置于教师引进、评奖评优、岗位聘任、职务职级晋升、绩效考核等工作中的首要位置，除了对师德考核评价结果为“不合格”的反向结果运用外，各高校还积极探索强化师德师风正向引导作用。对外经济贸易大学将师德考核优秀与年度考核优秀进行等效认定，同时推进师德教育常态化，将师德教育纳入新入职教师培训，将“师德主题月”“师说·师德”“师说·心语”等专题、品牌活动贯穿日常；北京航空航天大学设立“立德树人奖”作为学校引领师德师风建设的经典品牌，全体教师争先做出教学业绩，以获评“立德树人奖”为最大光荣，基本形成了崇尚师德、争创典型的风尚。各类举措切实激发了广大教师坚守为党育人、为国育才的内生动力。

2. 落实立德树人根本任务，强化教书育人效果评价

各高校能够将认真履行教育教学职责作为评价教师的基本要求，在教师评价改革过程中高度重视教育教学成果在人才评价体系中的应用，贯彻落实“立德树人”根本任务，提升教育教学工作量和成果在人才评价中的作用和比重，采用多种方式突出对教育教学实绩的评价。清华大学建立教师教学档案袋制度，多维度记录教学过程、教学成效，开展院系教师教学档案袋评审工作；西安交通大学建设教学质量实时检测大数据平台，以实现对课堂教学的精准采集、精准评价、精准督导、精准帮扶；对外经济贸易大学等将教学质量评价前置于职称评审申报，近两年均有教师因教学核查情况取消当年职称晋升资格情况，并按照与同级别科研成果等效的原则，将教学类成果纳入职称评审。中南大学完善学生评教制度，突出评价过程，同时改革教学督导制度，引导教学督导执行力聚焦课堂。各类举措引导教师安心教学、潜心育人，为推进落实立德树人根本任务、提升教学质量保驾护航。

（二）分类发展多元评价，充分激发各类人才活力卓有成效

1. 着力推进教师分类发展，畅通各类人才发展通道

在进一步深化分类评价改革过程中，各高校在教师岗位设置方面普遍采用了教学为主型、教学科研并重型、科研为主型的分类方式，并对各类岗位构建差异化的考核体系；也有更多的高校在职称评审中细化教师分类。上海交通大学制定了思政课、科研、实验、成果转化与推广、文科实践、体育训练等 17 个教师分类评价标准；西北农林科技大学也根据教师所在岗位、突出学科差异性，设置 12 个职称类别，分系列、类别制定各有侧重的职称评价标准；南京大学在职称评审中新增“专用先进技术组”和“冷门绝学”特殊岗位学科组。各类举措实现了把不同的“运动员”放到了各自的“赛场”上，让不同类别的教师都有发展的通道和成长空间。

2. 大力构建多元评价体系，全面激发教师发展活力

各高校积极探索，切实做到“破立结合”，引导评价工作突出科学精神、创新质量、服务贡献，将除论文、著作、项目、获奖以外的教学类成果、决策咨询报告、专利、艺术作品等各类成果纳入评价体系，积极推行代表性成果评价制度，同时采取定量评价与定性评价相结合的评价方式。对外经济贸易大学将师德、教学、学术和智库等各类成果全面纳入教师评价体系，对各类成果进行同级别等效认定，并为在人才培养、科学研究、师德师风及社会服务等方面取得高质量代表性成果的教师开辟职称晋升绿色通道，分别有获得省部级以上师德荣誉称号且在安心教学、潜心育人方面有突出表现的教师以及在服务国家战略方面有突出贡献的研究人员成功晋升职称。南京大学在职称与岗位聘任中设立专用先进技术学科组，为学校教师从事专用先进技术研究、服务国家重大需求提供了重要保障，为专用先机技术学科的有组织、跨学科科研提供专门增量资源，并系统谋划评价结果与增量资源分配联动机制。各类举措均大力引导在评价工作中突出科学精神、创新质量、服务贡献。

二、改革困难问题

（一）分类评价清晰但分层评价不足

2018 年中共中央办公厅、国务院办公厅印发的《关于分类推进人才评价机制改革的指导意见》中明确指出，要根据不同类型高校、不同岗位教师的职责特点，分类分层次分学科设置评价内容和评价方式。随着教育评价改革，各高校关于分类、分学科的评价相对比较成熟，但对教师的分层次评价还不够。导向和激励是教师评价的重要功能，而教师的专业发展具有一定的阶段性，对于教师个人而言也有自身阶段性的发展目标。例如把青年教师与成熟学者放在同一个群体维度下进行评价，评价标准很难完全符合各层次教师的发展需求，则可能出现被评价者为了迎合评价标准而放弃个人的发展目标的情况，这样既会挤压青年教师科研能力成长的空间，也可能削弱成熟学者的科研积极性。因此在教师评价中要尽可能充分考虑年龄、学历、岗位、职称、发展阶段等影响成果产出的重要因素，建立教师分层评价体系，切实做到以评价促发展。

（二）指标结构优化但增值评价不足

目前的教师评价体系仍旧以论文、项目、获奖、教学成果等便于量化的指标

作为评价标准，多为重结果轻过程，只是在“破五唯”的背景下，通过重新组合或改变权重来构建相对更为科学的评价体系，但对于开展过程性评价和增值性评价的探索还不够。高校教师是知识的生产者、传播者与应用者。作为知识的生产者，对其的增值评价主要体现在对知识产出的创新性方面；作为知识的传播者，增值评价体现在知识传授效果以及人才培养目标的实现情况；作为知识的应用者，增值评价主要体现在教师的社会服务职能与知识成果的转化方面。增值性评价在

识别教师对学生教育获得“净”效应上具有优势，各方都高度重视并推进教师质量增值性评价的研究，积极将其引入管理实践。因此，增值评价对于教师评价的质量导向发挥着极为重要的作用，但现有关于高校教师增值评价的研究较少，研究关注度还有待加强，而已有研究多集中在教学效能也就是作为知识传播者这一层面，还缺少多维度的评价视角，且研究内容多为增值评价“是什么”，却没有提出增值评价要“怎么做”。

（三）评价功能全面但诊断反馈不足

有学者将高校教师评价的主要功能总结为：“鉴定—选拔功能、导向—激励功能、诊断—改进功能、反馈—调节功能”。各高校在教育评价改革过程中更多地聚焦于对“鉴定—选拔功能”以及“导向—激励功能”的体现，往往忽视了“诊断—改进功能”与“反馈—调节功能”的重要性。对评价结果进行诊断并有效反馈给被评价者是教师对评价满意度的关键性影响因素，应当作为评价过程中不可或缺的重要环节。评价结果的诊断与反馈可以帮助教师发现自身的优势和进步空间，明确不断前行和发展的方向，通过精准施策实现以评促升，形成“评价—引导—反馈—提升”的闭环。在现有的教师评价体系中，评价维度具备多元性、评价要素具备全面性，但是对于评价结果的深入分析与及时反馈还存在不足。

三、解决对策建议

（一）创新多元评价指标体系，构建分类分层动态平衡评价模式

教师评价的分类和分层并非固化不变，应以质量为导向，扎根教师发展实际需求情况，不断完善分类分层评价的交叉融合和动态平衡机制，充分彰显多元化、多维度的评价理念。在学科分类、岗位分类、职称分类等基础上，以教师职

业路径和发展诉求为核心关注点，逐步建立起基于人才成长规律的教师分层动态评价管理的专业标准，进一步区分青年教师、重点培育人才、成熟学者、学科带头人、学术领军人才等不同层次的评价指标。对青年教师以促进专业发展和成果提升为主要目标，合理设置评价周期以及定量评价指标体系；对有潜质的培育人才适当放宽成果产出数量限制，同时适当延长评价周期，侧重鼓励高质量、高水平研究成果的产出；对具备较高学术素养的成熟学者以及领军人才，更加强调其对学科发展额贡献和团队带头人的作用，更加侧重对其人才培养效果以及长周期的发展性评价。

（二）探索增值评价改革路径，建立以创新质量和贡献为导向的评价机制

科学开发和合理使用教师评价工具，聚焦教师专业发展和成长过程，将增值评价融入更为多元和综合的教师评价体系中。强化由“量”到“量+质”的转变，侧重教育教学成果的实质贡献、创新能力、科学价值及社会效益。要最大化地发挥增值评价的价值，从因果效应角度揭示教师质量的构成要素或形成路径，以助力教师质量提升。在当前各高校开展的同行评议制度框架下，逐步实现在学科、跨学科、超学科等不同知识体系间的融合性评价。一是探索长周期评价，重点评价学术贡献、社会贡献以及职称人才培养情况，全面反映教师一定时期内的业绩积累、职业赋能与增值效能；二是科学设置增值指标权重，处理好与结果性指标、过程性指标的合理关系，确保评价结果的公平性和可信度；三是完善学术评价制度，建立科学、合理、规范的评价程序和制度，构建良好的学术共同体文化，充分发挥同行专家及学术共同体在学术评价中的主体作用；四是完善个人评价与团队评价相结合，坚持“破五唯”与“立新标”相结合，激发“有组织科研”的创新活力。

（三）推进数字化教育治理体系，助力教师评价精准反馈、科学决策

大数据引发了教育领域新的革命，也为教育评价变革带来了机遇，大数据、人工智能等新技术与本科教学质量评价的深度融合已成为必然趋势，且逐渐成为我国教育政策的关注重点。以科技赋能教师评价改革，基于大数据、云计算等技术，建立以动态数据监测为基础的服务于教师引进、考核评价和绩效管理的大数据可视化平台。对教师教育教学、科学研究及社会服务行为进行多维度的数据分析和精准画像，提供动态、实时的监测评价和反馈干预。一是要加强数据标准

和规范建设，建设多元主体综合评价机制。统筹学校人事、教务、科研等各类数据资源，探索建设教师电子档案袋，实施资源共享、过程管控、决策分析和精准服务；二是要规范数字化管理服务流程，提升服务质量和效率，助力科学决策和精准管理。既有对过往和现存状态的观察、测量、描述与判断，更侧重于对教师未来发展前景的预测和分析。以依托信息技术支持的评价管理，创新推动高质量教师队伍建设，提升高校教育治理能力。

参考文献

[1] 中共中央、国务院印发《深化新时代教育评价改革总体方案》[EB/OL].（2020－10－13）[2020－12－30].

[2] 操太圣. 高校教师评价标准化的问题及反思 [J]. 大学教育科学，2019（2）

[3] 杨雄，苑莉莉.“双一流”背景下高校科研管理机制改革的政策思考 [J]. 复旦教育论坛，2019，17（3）.

[4] 姜华，王淼. 高等教育增值评价的研究进展 [J]. 教学研究，2022，45（05）：8－15＋2.

[5] 张威，贾建锋，李昱颖. 学科评估视域下高校教师评价体系：改革动因、要素构成和体系建构 [J]. 现代教育管理，2022（09）：84－93.

[6] 张曦琳. 高校教师学术增值评价变革：内涵、困境与突破——基于知识生产创新视角 [J]. 中国高教研究，2022（08）：42－48.

[7] 孔令帅，王超. 教师表现性评价的困境与超越 [J]. 教育研究，2022，43（07）：140－151.

[8] 张帅，段姝. 破“五唯”背景下高校教师分类评价体系建设探究 [J]. 苏州科技大学学报（社会科学版），2022，39（03）：100－106.

[9] 金凤. 破五唯　南京大学多元评价擢人才 [N]. 科技日报，2022－01－27（002）.

[10] 吴冬梅. 教师科研“代表性成果”评价机制探讨 [J]. 重庆科技学院学报（社会科学版），2020（01）：116－118＋126.

[11] 钱明霞，赵磊磊. 大数据赋能本科教学质量评价：价值意蕴、现实困境与路径选择 [J]. 重庆高教研究，2023，11（05）：40－48.

[12] 梁文燕. 探索教师质量的增值性评价：国际经验与本土展望 [J]. 教育科学研究，2022（04）：91－96.

作者简介

于海莹，对外经济贸易大学人力资源处师资办公室科长，助理研究员，管理学硕士；研究方向：人力资源管理、高等教育管理；电子邮箱：02621@uibe.edu.cn。

高一琼，对外经济贸易大学人力资源处副处长，副研究员，文学硕士；研究方向：高等教育管理、人才资源管理；电子邮箱：02021@uibe.edu.cn。

马颖，对外经济贸易大学人力资源处师资办公室科员，经济师，工学硕士；研究方向：高等教育管理、人才资源管理；电子邮箱：02683@uibe.edu.cn。